本书由国家级一流本科专业建设点、重庆市一流本科专业建设点——重庆工商大学会计学、财务管理、审计学专业建设项目，重庆市高等教育教学改革研究重大项目"高校高质量党建引领育人的探索与实践——以重庆工商大学为例"（项目编号：221023）资助出版

财会类专业课程思政创新与实践

顾飞　黄辉　◎　编著

西南交通大学出版社
·成　都·

图书在版编目（CIP）数据

财会类专业课程思政创新与实践 / 顾飞，黄辉编著. —成都：西南交通大学出版社，2023.6
ISBN 978-7-5643-9293-2

Ⅰ.①财… Ⅱ.①顾…②黄… Ⅲ.①高等学校–思想政治教育–研究–中国 Ⅳ.①G641

中国国家版本馆 CIP 数据核字（2023）第 088900 号

Caikuailei Zhuanye Kecheng Sizheng Chuangxin yu Shijian
财会类专业课程思政创新与实践

顾 飞　黄 辉　**编著**

责任编辑	罗爱林
封面设计	墨创文化

出版发行	西南交通大学出版社 （四川省成都市金牛区二环路北一段 111 号 西南交通大学创新大厦 21 楼）
邮政编码	610031
发行部电话	028-87600564　028-87600533
网址	http://www.xnjdcbs.com
印刷	郫县犀浦印刷厂

成品尺寸	170 mm × 230 mm
印张	26.5
字数	474 千
版次	2023 年 6 月第 1 版
印次	2023 年 6 月第 1 次
定价	85.00 元
书号	ISBN 978-7-5643-9293-2

图书如有印装质量问题　本社负责退换
版权所有　盗版必究　举报电话：028-87600562

前言
PREFACE

2004年8月26日,中共中央、国务院发出《关于进一步加强和改进大学生思想政治教育的意见》,强调要"充分发挥课堂教学在大学生思想政治教育中的主导作用",明确指出"高等学校各门课程都具有育人功能,所有教师都负有育人职责",要求"广大教师要以高度负责的态度,率先垂范、言传身教,以良好的思想、道德、品质和人格给大学生以潜移默化的影响。要把思想政治教育融入到大学生专业学习的各个环节,渗透到教学、科研和社会服务各个方面。要深入发掘各类课程的思想政治教育资源,在传授专业知识过程中加强思想政治教育,使学生在学习科学文化知识过程中,自觉加强思想道德修养,提高政治觉悟"[①]。

党的十八大以来,以习近平同志为核心的党中央高度重视教育工作和思想政治工作,围绕"培养什么人、怎样培养人、为谁培养人"这个教育的根本问题,先后发表了一系列重要讲话,作出了一系列重要指示批示,系统深刻地回答了学校落实立德树人根本任务,坚持为党育人、为国育才,全面提高人才自主培养质量的一系列重大理论和实践问题,为全面贯彻党的教育方针,培养德智体美劳全面发展的社会主义建设者和接班人作出了全面战略部署和科学系统安排,为推进新时代的课程思政建设提供了根本遵循和行动指南。

课程作为学校教育系统中最微观、最终端的问题,它是人才培养的核心要素,也是落实立德树人根本任务的关键环节。课程所要解决的是教育中培养人这一最根本的问题。因此,如何用好课堂教学这个"主渠道",充分调动和发挥每位教师"主力军"、每门课程"主阵地"的协同育人作用尤为重要。2016年12月8日,习近平总书记在全国高校思想政治工作会议上指出"要用好课堂教学这个主渠道,思想政治理论课要坚持在改进中加强,提升思想政治教育亲和力和针对性,满足学生成长发展需求和期待,其他各门课都要守好一段渠、种

---

① 中共中央国务院发出《关于进一步加强和改进大学生思想政治教育的意见》[N]. 人民日报, 2004-10-15.

好责任田，使各类课程与思想政治理论课同向同行，形成协同效应。"①2019年3月18日，习近平总书记在学校思想政治理论课教师座谈会上又强调"要坚持显性教育和隐性教育相统一，挖掘其他课程和教学方式中蕴含的思想政治教育资源，实现全员全程全方位育人"②。为了贯彻落实好习近平总书记的重要讲话精神，2019年8月中共中央办公厅、国务院办公厅印发了《关于深化新时代学校思想政治理论课改革创新的若干意见》，明确提出了"整体推进高校课程思政"的任务要求，强调要"深度挖掘高校各学科门类专业课程和中小学语文、历史、地理、体育、艺术等所有课程蕴含的思想政治教育资源，解决好各类课程与思政课相互配合的问题，发挥所有课程育人功能，构建全面覆盖、类型丰富、层次递进、相互支撑的课程体系，使各类课程与思政课同向同行，形成协同效应"③。2020年5月28日，教育部印发了《高等学校课程思政建设指导纲要》，强调"全面推进课程思政建设是落实立德树人根本任务的战略举措""是全面提高人才培养质量的重要任务"。同时，进一步明确了"课程思政建设目标要求和内容重点"，并就"科学设计课程思政教学体系""结合专业特点分类推进课程思政建设""将课程思政融入课堂教学建设全过程""提升教师课程思政建设的意识和能力""建立健全课程思政建设质量评价体系和激励机制""加强课程思政建设组织实施和条件保障"④等推进课程思政建设的关键性问题提出了政策性要求和实践性指引，有力地推进了我国高校课程思政建设，有效地落实了立德树人根本任务，极大地促进了高校人才培养能力与人才培养质量的提升。

2012年以来，重庆工商大学会计学院以习近平总书记关于注册会计师行业要"紧紧抓住服务国家建设这个主题和诚信建设这条主线"⑤的重要批示为统揽，坚持以立德树人为根本、以教书育人为中心、以诚信教育为特色，聚焦党和国家"培育具有全球竞争力的世界一流企业"⑥"进一步加强财会监督工

---

① 习近平谈治国理政（第二卷）[M].北京：外文出版社，2017：378.
② 习近平谈治国理政（第三卷）[M].北京：外文出版社，2020：331.
③ 中共中央办公厅 国务院办公厅印发《关于深化新时代学校思想政治理论课改革创新的若干意见》[J].中华人民共和国国务院公报，2019（24）：9-15.
④ 教育部关于印发《高等学校课程思政建设指导纲要》的通知[EB/OL]. http：//www.gov.cn/zhengce/zhengceku/2020-06/06/content_5517606.htm，2022-05-28/2023-05-04.
⑤ 中国注册会计师协会2012年工作总结及2013年工作要点[J].中国注册会计师，2013（2）：13-22.
⑥ 习近平.决胜全面建成小康社会 夺取新时代中国特色社会主义伟大胜利[N].人民日报，2017-10-28（1）.

作"①对德才兼备高素质财会类专业人才的需求，依托国家级特色专业、国家级"一流本科专业"建设点以及重庆市"三特"专业、重庆市"一流本科专业"建设点等专业建设项目，立足财会类专业人才培养特性、结合财会类专业课程教学特点，以"德知能一体"优化人才培养的结构性目标，以"本硕一体化"创新升级"财经素质链"，因事而化、因时而进、因势而新，将课程思政、价值引领全方位、多维度、有机化地融入财会类专业课程"教学做合一"的全过程。经过多年来矢志不渝地坚守、传承与创新，逐渐探索形成了一套以课程思政为价值引领、以协同育人为构建逻辑，以"一体两翼三结合六协同"为运行架构的"财会类专业课程思政内生性融合育人体系"，有力地推动了立德树人根本任务在财会类专业课程教学体系及其运行系统中全方位、全过程地落地生效，形成了课程思政与教学创新"双向发力"，专业课程教学体系日趋优化，专业课程教学和人才培养质量稳步提升，专业学科特色优势愈发凸显，课程、专业、学科协同互促，学风、考风、教风全面向好的财会类专业高质量发展良好态势，为国家和地方的经济社会发展培养了一大批德才兼备的高素质财会类专业人才，为建设好国家级"一流本科课程""一流本科专业""重庆市一流学科"添注了课程思政价值引领的新动能，相继涌现出"财务管理案例""基础会计学"等2门国家级课程思政示范课程和"财务报告分析""财务管理学"等4门重庆市高校课程思政示范课程，有力促进了1项国家级教学成果奖二等奖以及1项重庆市教学成果奖特等奖、2项重庆市教学成果奖二等奖等系列教学成果的孵化培育。"德知能一体　教学做合一：财会类专业课程思政内生性融合育人体系的探索与实践"获得了重庆市教学成果奖二等奖。

　　为了系统地梳理和总结近年来重庆工商大学会计学院在推进财会类专业课程思政建设与创新实践领域所取得的理论成果和经验范式，重庆工商大学会计学院课程思政研究中心专门组织了一批长期致力于财会类专业课程思政建设理论研究与创新实践的专家和博士骨干教师，从课程思政建设、课程思政教学、"三全育人"实践三个方面撰写了54篇论文，并将其编著为《财会类专业课程思政创新与实践》一书。本书以财会类专业课程思政建设为主线，坚持理论联系实际，注重创新驱动发展，突出课程思政内生性融合育人特色，既具有较强的学术性和理论性，又具有鲜明的时代性和实践性，其中不乏教育专家、教学名师经过深思熟虑的真知灼见以及一线专业教师亲身探索的实践经验与改革范式总结，不少观点令人耳目一新、给人以启迪。党的二十大明确了"全面建成

---

① 中办国办印发《关于进一步加强财会监督工作的意见》[N]. 人民日报，2023-02-16（1）.

社会主义现代化强国、实现第二个百年奋斗目标，以中国式现代化全面推进中华民族伟大复兴"的中心任务，强调"教育是国之大计、党之大计""教育、科技、人才是全面建设社会主义现代化国家的基础性、战略性支撑"，并提出了"坚持为党育人、为国育才，全面提高人才自主培养质量""育人的根本在于立德。全面贯彻党的教育方针，落实立德树人根本任务，培养德智体美劳全面发展的社会主义建设者和接班人"[①]等一系列新的目标、新的任务，对于高水平建设财会类一流专业、高质量培养造就德才兼备的财会类一流专业人才提出了新的要求、新的挑战，同时也为创新引领我国财会类一流专业建设、持续深化财会类一流人才培养改革提供了新的机遇、新的空间。在"坚持为党育人、为国育才，全面提高人才自主培养质量"，以中国式现代化全面推进中华民族伟大复兴的"新时代新征程"背景下，本书的某些观点和做法对于高校财会类专业落实立德树人根本任务，将思想政治教育融合贯穿于人才培养体系，全面推进财会类专业课程思政高质量建设，充分发挥好每门专业课程的育人作用，促进财会类专业人才自主培养能力与质量提升具有较强的指导意义和参考价值。

  本书由重庆工商大学顾飞副教授和黄辉教授编著，其公开出版受到了国家级一流本科专业建设点、重庆市一流本科专业建设点——重庆工商大学会计学、财务管理、审计学专业建设项目以及重庆市高等教育教学改革研究重大项目"高校高质量党建引领育人的探索与实践——以重庆工商大学为例"（项目编号：221023）的资助，是重庆市高等教育教学改革研究一般项目"基于内生性融合的'财务管理案例'课程思政有效教学模式探索与实践"（项目编号：213208），重庆市研究生教育教学改革研究一般项目"基于培养造就德才兼备高层次人才的会计专业硕士内生性融合课程思政体系化建设与探索"（项目编号：yjg223108），重庆市高等教育教学改革研究重点项目"会计类专业智能财务实践能力培养的探索与实践"（项目编号：182030），重庆市教育科学规划课题"创新生态视阈下科教融合特色专业课程教学范式研究：基于《财务管理案例》的微观实践"（项目编号：2018-GX-345），教育部人文社会科学研究专项任务项目（中国特色社会主义理论体系研究）"以创新引领高质量发展的路径研究"（项目编号：19JD710014），重庆市社会科学规划项目"创新驱动发展战略引领重庆高质量发展研究"（项目编号：2018YBMK002），教育部课程思政示范课程——重庆工商大学"财务管理案例"课程，重庆市2022年高校课程思政示范项目（综合类项目）——重庆工商大学"财务管理学"课程，重庆市2021年高校课

---

① 习近平.高举中国特色社会主义伟大旗帜 为全面建设社会主义现代化国家而团结奋斗[N].人民日报，2022-10-26（1）.

程思政示范项目——重庆工商大学"财务管理案例"课程的阶段性研究成果。

同时，本书也是重庆工商大学会计学院立足财会类专业的"大思政"育人实践，深入开展学习贯彻习近平新时代中国特色社会主义思想主题教育的成果，其出版得益于重庆工商大学会计学院党政领导对财会类专业课程思政建设的高度重视和亲切关怀，得益于重庆工商大学会计学院广大教师在教书育人实践中长期不懈的教学研究与实践探索，得益于及西南交通大学出版社万方编审、罗爱林编辑的鼎力帮助，在此一并深表感谢。由于本书收录的论文篇目较多、涉及面广，加之编著者的水平有限，书中难免存在个别疏漏与不足，恳请广大读者朋友批评指正。

本书的编辑出版恰逢重庆工商大学建校七十周年华诞，谨以此书作为校庆之献礼！衷心祝愿重庆工商大学各项事业蒸蒸日上，未来发展更加辉煌！

编著者
2023 年 6 月 6 日于重庆

课程思政建设

002 ● 基于 OBE 理念的财务管理课程思政改革探究 ……… 唐俐　潘小旺　李传琴

011 ● "双一流"建设背景下财务管理专业"课程思政"的实践路径研究 …… 徐辉

018 ● 财会类专业课程思政教学模式创新探索与实践 …………………………… 陈欢

027 ● 思政引领下会计交叉融合类课程改革 ——以"会计信息化"课程为例
　　　……………………………………………………… 王世杰　丁心怡　方懋凤

036 ● 新时代下"审计学"课程思政建设路径探索 ………………… 何帆　付萌菡

045 ● 财务管理专业课程思政建设的实践路径探讨 ——基于加快建设世界一流财务
　　　管理体系的视角 ……………………………………………… 顾飞　杨沁霖

057 ● 基于"四位一体"的课程思政改革与探索 ——以"审计学"课程为例
　　　………………………………………………………………… 李晓羽　阳园

064 ● "红色文化资源"融入课程思政育人实践的教学改革与路径探索
　　　——以"审计史"课程为例 ………………………………………… 蒋秋菊

072 ● MPAcc 专业"管理会计理论与实务"课程思政探讨 ………………… 崔飚

083 ● 研究生审计学课程教学与思政教育融合研究 ……………………… 袁利华

090 ● 应用商科专业课施行价值观隐性教育初探 ………………………… 陈中洁

097 ● "财务管理学"课程思政教学团队建设的路径与模式探讨
　　　——基于重庆工商大学的实践 ……………………………… 顾飞　陈丹丹

107 ● "一流课程"建设背景下"财务管理学"推进课程思政的提升路径探索
　　　………………………………………………………………………………… 徐辉

113 ● 课程思政视角下的"公司并购与价值评估"课程教学改革探讨
　　　………………………………………………………………… 任成林　赵颖

120 ● 普通高等学校"内部控制"课程思政教学探索 …………………… 邓杰

- 125 "资产评估原理"课程思政建设的五个关键点 ………………………… 徐茜
- 130 基于课程思政的财务管理教学设计探讨 ……………………………… 张婉君
- 134 高校二级学院推进课程思政建设的实践路径及其未来展望探讨
  ——基于重庆工商大学会计学院的实践 ……………………… 顾飞　唐玲玉

课程思政教学

- 142 "企业内部控制"课程思政教学方案设计与实现探讨
  …………………………………………………………… 刘胜强　张宇　黄琳芮
- 147 "财务管理"总论中课程思政相关内容探析 ………………… 唐俐　罗文静
- 151 关于高校"审计学"课程思政教学改革的探讨 …… 谭蕴林　蒋水全　尹长萍
- 158 "诚信精业，润物无声"——课程思政融入"基础会计学"教学的思路、实践与经验 ……………………………………………………… 幸素园　杨矛
- 165 新文科建设背景下财务管理专业推进课程思政的探索：内涵、问题及对策
  ……………………………………………………… 徐辉　骆淑恬　何悦
- 175 财经类课程思政元素案例库资源生成体系的构建探讨
  ——基于"三融"驱动的视角 ……………………………… 顾飞　程欣竹
- 185 "财务报告分析"专业课程思政教学的探索与实践 ……… 陈欢　刘璐萌
- 194 融入课程思政的"审计法律研究与案例"课程教学改革探索 李晓羽　陈晨
- 201 加强会计专硕课程思政的难点及对策研究 ……… 刘胜强　陈泓宇　白浩然
- 207 金融资产评估课程思政 ——基于价值观的思考 ……………… 陈中洁　温蓓
- 214 基于OBE理念的"财务管理学"课程思政教学探讨 …………………… 张婉君
- 219 思政元素融入"财务报表分析"课程教学的探索与实践 ……………… 兰宗
- 226 会计专业硕士"商业伦理与会计职业道德"课程思政建设的目标与路径探讨
  ——以重庆工商大学为例 ……………………………… 顾飞　钱思洁
- 237 "一流课程"建设背景下商业伦理融入"财务管理学"课程思政教育路径探索 …………………………………………………… 徐辉　刘雯　骆淑恬
- 248 财务会计课程思政的案例教学探讨 …………………………………… 刘淑蓉
- 254 会计专业硕士"公司战略与风险管理"课程思政教学探索 …………… 张婉君
- 259 新商科背景下"财务管理"课程思政教学探索与思考 ……… 陈欢　张秋月

- 268 ● 会计信息类课程思政教学设计探索与实践 ——以"Excel 会计信息处理"为例 ...... 赵青华
- 275 ● "法治守护评估价值"课程思政教学案例设计 ——基于商誉减值测试评估违规案例的启示 ...... 徐茜 罗惠玉

"三全育人"改革

- 282 ● 高校高质量党建引领育人的内在逻辑与实践路向研究 ...... 顾飞
- 293 ● 会计专业学生危机意识培养和竞争优势构建 ——以"严出"理念为指导 ...... 蒋弘
- 299 ● "三全育人"理念下高校教学督导工作的重难点及策略分析 ...... 崔飚
- 305 ● 基于"三全育人"的"财务管理学"课程思政建设探索 ...... 任成林 杨昊天
- 312 ● 财会监督融入"内部控制"课程的内在逻辑及实施路径研究 ...... 袁利华 刘胜强
- 320 ● 我国大学生财商教育的现状及对策探讨 ...... 张婉君
- 325 ● "财务管理案例"一流本科课程建设及其实践路径探讨——基于打造又红又专"金课"的视角 ...... 顾飞 陈丹丹
- 333 ● 大学生 ADD 患者的情绪调节与教师疏导 ——文献回顾与启示 ...... 赵青华
- 339 ● 高校贫困生社团化育人实践模式探索 ——以感恩基金会为例 ...... 王婷
- 345 ● 财会类大学生"三有"人才观的培育 ——基于志愿服务活动的视角 ...... 彭文涛 冯文雨 张佳媛 王恩梅 刘钰婷 丁静
- 360 ● 红岩精神助力高校学生党建工作创新 ...... 陈曦
- 367 ● 高校高质量党建引领育人的研究进路与展望 ...... 顾飞 朱婧文
- 377 ● 财务管理教学中关于化解 A 股市场股权质押危机方式的思考 ...... 唐俐 刘云
- 386 ● 成渝双城经济圈背景下会计专业人才的高校培养模式研究 ...... 韩超 唐瑶
- 396 ● 供给侧结构性改革视角下高质量会计人才培养路径初探 ...... 唐嘉尉
- 401 ● "一带一路"背景下审计硕士的国际化建设：需求、现状与路径 ...... 周宇杰 郭敏
- 406 ● 基于学生满意度的会计学线上课程教学研究 ...... 刘胜强 齐晨星 曾昭玥

课程思政建设

"要坚持显性教育和隐性教育相统一，挖掘其他课程和教学方式中蕴含的思想政治教育资源，实现全员全程全方位育人。"

"要完善课程体系，解决好各类课程和思政课相互配合的问题，鼓励教学名师到思政课堂上讲课。"

——摘自《习近平谈治国理政（第三卷）》第331页、第332页

基于 OBE 理念的财务管理课程思政改革探究

◎ 唐俐　潘小旺　李传琴

一、引言

2016 年 12 月，习近平总书记在全国高校思想政治工作会议上强调："要坚持把立德树人作为中心环节，把思想政治工作贯穿教育教学全过程……要用好课堂教学这个主渠道……使各类课程与思想政治理论课同向而行，形成协同效应[1]。2017 年 10 月，党的十九大报告再次提出，落实立德树人根本任务，实现高等教育内涵式发展。2020 年 5 月，教育部印发《高等学校课程思政建设指导纲要》，全面推进课程思政建设，并强调结合专业特点分类，深入梳理课程专业内容与思政元素，并进行有机融合。由此可见，为了顺应时代新要求，课程思政改革已经成为全国各大高校全面提高人才培养质量的重要任务。

财务管理是企业发展不可或缺的关键环节，该专业需要较强的应用性和实践性，目前各高校在教学与课程设置方面主要都以企业的岗位需求和工作任务为导向，更注重培养学生的实践能力，以致很多高校因重实践、重应用而忽略了学生思想道德与综合职业素养的培养。因此，本文基于 OBE 教育理念的人才培养模式，对高校财务管理专业课程思政改革进行研究，深入挖掘思政元素并融入教学内容，从而确保学生在掌握专业知识的同时树立正确的"三观"，促使高校完成立德树人的根本任务，培养出德才兼备的应用型财务管理人才。

二、相关理论概述

（一）OBE 教育理念

OBE 教育理念，亦称成果导向教育，是指教学设计和教学实施的目标是学生通过教育过程最后所取得的学习成果，其核心内涵是由以学生为中心、以成果为导向、持续改进 3 个部分构成的。该理念强调以下 4 个问题：课程教学希望学生取得何种学习成果？为什么要让学生取得这些学习成果？如何通过教学帮助学生取得这些学习成果？如何评价学生是否已经取得这些学习成果？[2]相对于传统教育遵循专业设置按学科划分的原则，OBE 理念的教学设计则遵循反向设计原则，以预期的最终学习成果为起点，反向进行课程设计，确定培养目标、教学内容、评价方式等，同时还强调应该持续跟进教学进度，根据环境或需求的变化，不断调整课程体系与教学方式。目前，我国高等教育已经进入了内涵式发展阶段，更注重人才质量的提升，各大高校纷纷开始进行课程思政教学改革的相关研究与实践，学术界也积极开展了相关研究。基于OBE理念设计教学方案，便于深入挖掘专业课程中的思政元素，更有利于两者之间的相互融合。财务管理课程思政反向教学设计思路如图1所示。

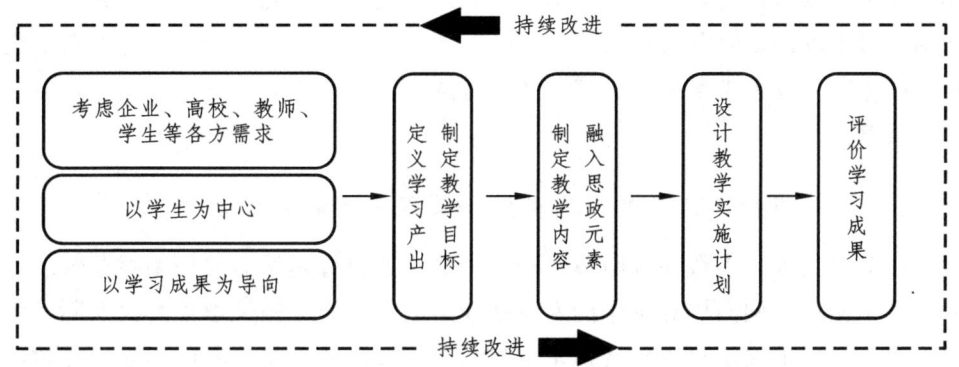

图1 财务管理课程思政反向教学设计思路

（二）课程思政的科学内涵

上海高校在2014年率先开展了课程思政试点工作，正式开启了我国高等教育从思政课程转向课程思政的教学改革。近年来，各大高校正在深入推进课程思政改革，积极探索以课程思政为载体的、知识传授和价值引领相互融合的全课程育人新模式。课程思政本质上是一种新型的课程观和理念。针对课程思政的科学内涵，众多学者通过相关研究提出了许多不同的观点，其中具有代表性的观点有：高德毅（2017）等认为，课程思政的实质不仅是增开一门思想教育课程，也不是单增设一项思政实践活动，而是将高校思想政治教育融入专业课程教学的各个环节，从而实现立德树人润物无声。他认为，课程思政就是以构建全员、全程、全课程育人格局的形式，促进各类课程与思想政治理论课同向同行，形成协同效应，把立德树人作为教育的根本任务的一种综合教育理念。此外，他还提到将高校所有课程划分为思政教育显性课程与隐性课程，而课程思政实施的主要目的就在于发挥高校所具有的全方位德育大熔炉的合力作用，既要在价值传播中凸显知识底蕴，又要在知识传播中融入价值引领，促进两者的有效融合[3]。

三、财务管理课程融合思政元素的必要性

（一）顺应新时代经济发展的必然要求

目前，我国已经进入中国特色社会主义新时代，国民经济也从高速增长阶段转向高质量发展阶段。新时代、新经济、新业态的快速发展也意味着对财务管理人员的综合素质要求更高，不仅是专业技能、应用能力等，还包括道德素养方面，所以财务管理专业人才培养模式改革已成必然趋势。因此，各大高校必须与时俱进创新财务管理人才培养模式，基于OBE理念，重塑教学目标，优化课程体系，改善教学手段，将思政教育融入专业课程教学，全面培养学生的综合素养。

（二）培养德才兼备的应用型财务管理人才的必要途径

目前，我国大多数高校财务管理专业的主要目标是培养应用型财务管理人才，注重实践，偏向培养学生的专业技能与应用能力，锻炼学生解决实际问题的能力，但这也逐渐显现出普遍重理论与应用而忽略道德素养的问题，导致部分学生存在缺乏诚信意识、道德选择偏差等问题，尤其在财务领域，容易造成严重的不良影响。因此，急需加强对学生的思想政治教育。而推进课程思政改革就是非常有效的途径，以专业知识为载体，潜移默化地进行思政教育，能够扭转现存的轻德现象，培养出新时代所需的德才兼备的应用型财务管理人才[4]。

（三）发挥财务管理专业隐性教育功能的重要条件

随着我国社会主义市场经济的快速发展，无论是对企业发展，还是对社会经济发展，财务管理人员的重要作用都愈加凸显。但是，近年来我国财务领域常发现财务造假、非法避税、虚开增值税发票、侵占公款等不良行为，导致财务信息失真，严重影响我国市场经济的健康发展。在各类利益诱惑下，财务人员若可以坚守职业道德，就能有效减少或杜绝这些不良现象的发生。而提升财务人员的道德水平需要高校从源头上努力，除了依靠思政理论课程的显性作用，还可以利用课程思政将思政元素融入专业课程教学过程之中，发挥其隐性思政教育功能，构建全课程育人格局。

四、基于 OBE 理念探讨财务管理课程思政教学设计

（一）重塑财务管理教学目标

传统的财管课程教学希望学生的学习成果主要是财管理论知识及实践应用，但随着层出不穷的不良事件出现，表明提升财务人员的道德水平刻不容缓，不仅要传授专业知识，也要引导学生形成良好的思想品质，所以需要重塑财务管理的教学目标。实施课程思政的教学目标应该集理论知识传授、应用能力培养、价值引领三位一体，即学生课程结束后的学习成果主要包括以下3个方面：一是掌握基本的专业知识，以笔者所在专业使用的《财务管理学》教材为例，共有十二章内容，主要内容有财务管理的目标、货币时间价值、财务分析、筹资管理、投资管理、营运资金管理、利润分配等；二是锻炼应用能力，即运用所学的基本财务知识分析并解决实际问题，主要通过案例教学或开展实践活动的方式进行教学，做到学以致用；三是提升综合职业素养，以立德树人为根本任务，引导学生熟悉相关的法律法规，培养学生诚实守信、严谨负责、德法兼修的素质，帮助学生树立正确的消费观、价值观与理财观。

（二）挖掘思政元素，重组教学内容

为了实现上述总体培养目标，需要重新梳理教学内容，从原有的专业知识中寻找隐性思政元素，并将其巧妙地融入后续的教学设计中，通过深入挖掘专业知识与思政的融合点，自然地将思政教育融入相关课程教学中，从而真正实现专业课程承载思政教育，起到协同育人的作用。具体的融合点如表1所示。接下来，选择以下几个方面来举例分析其具体表现：

1. 风险与报酬

在讲解风险与报酬章节时，要强调投资收益与风险的双面性，可以通过案例对比分析不同投资方式的优缺点，并利用资本资产定价模型、证券市场线、多因素模型等让学生理解收益越多风险越大的原理，有助于学生树立风险意识，理性看待投资收益。部分学生可能也会尝试进行一些投资，希望本节课程的学习能帮助他们客观分析收益背后的各类风险，不要盲目追求高收益，从而避免损失[5]。

2. 财务分析

财务分析章节的讲解以企业财务报告等会计资料为基础，计算企业的偿债能力、盈利能力、营运能力与发展能力指标，用于分析企业财务状况。本章节的教学可以从财务造假相关案例导入，如安然事件等，批判财务不实、舞弊等行

为，培养学生求真务实的精神，升华会计职业道德价值观。

3. 筹资管理

筹资管理是核心内容，知识点多，难度较大，涉及的思政元素也较多。其中，在讲解筹资方式与渠道时，可以引用非法集资的案例，帮助学生树立法治观念，提醒学生一定要诚信守法，不得组织或参与非法集资。在讲解债务性筹资方式时，无论是银行借款的信用借款与担保贷款，还是发行债券前的企业信用评级程序，都体现了信誉的重要性，可以借此开展诚信教育，让学生认识到失信带来的损失，并告诫他们，要想长远发展，诚信必不可少。

4. 投资管理

投资管理也是极其重要且非常有用的一个知识点，教学过程中可以采用比较灵活的教学方式，如让学生分小组合作，虚构一家企业，模拟其筹资、投资、运营决策，以引导学生树立创新创业思想与团队合作意识，培养学生敢于冒险与创新、合作共赢的企业家精神。

表1 财务管理课程思政教学内容体系

章节	专业教学内容	课程思政元素	思政展现形式
第一章 财务管理总会	财务管理目标、企业财务关系	社会责任感、依法纳税、遵纪守法	案例：蒙牛新扶贫工作、鸿星尔克捐赠等
第二章 财务管理的价值观念	货币资金时间价值、风险报酬、证券估值	理性消费、风险意识、慎重理财	案例：校园贷风险意识内容陈述，如何有效分散风险
第三章 财务分析	财务指标计算、财务能力分析	诚信教育、会计职业道德底线	案例：AR事件
第四章 财务战略与预算	财务战略的选择依据、筹资数量的预测、财务预算编制	不打无备之战、心有成算、学会规划、计划	凡事要有准备，要提前计划，包括人生规划、职业生涯规划等
第五、六、十章 筹资管理	长期筹资、杠杆利益与风险、资本结构决策、短期筹资管理	诚信守法、辩证思维、"度"的把握、良好的信用	案例：非法集资、乐视资金链危机等；社会主义核心价值观内容陈述

续表

章节	专业教学内容	课程市政元素	思政展现形式
第六、八章 投资管理	长期投资概述、投资决策指标的计算与分析、投资决策实务	脚踏实地、切勿好高骛远、创新创业教育	案例分析、仿真模拟实训、情景教学
第九章 营运资金管理	现金、短期金融资产、存货与应收账款管理	会计职业道德底线、保险储备、合规合法催收	洁身自好、莫起贪念、有备无患等内容陈述
第十一章 股利理论与政策	利润分配与股利理论、股利政策及其选择、股票分割与股票回购	公平公正；契约精神；要有大局观，兼顾各方利益	案例：方大特钢利润分配案例；相关内容陈述
第十二章 并购与重组	公司并购的价值股评方法、财务危机即预警	未雨绸缪、危机意识、忧患意识	相关内容陈述

（三）课程思政教学实施过程

重塑教学目标、改进教学内容后，应该考虑如何在课堂上进行教学，设计具体的教学步骤，针对不同的教学内容选择合适的教学方式，还得合理控制教学课时。本文选择投资决策章节的课程来设计一个教学实施过程，具体内容详见表 2。此外，本次课程教学需要提前进行相应准备工作，对学生进行分组，每组 5~10 人，教师提前给一个企业投资决策实际案例，包含企业基本信息与相关数据资料。小组成员通过分析讨论做出认为合理的投资决策，并制作 PPT 进行课堂展示。

表 2 投资决策教学实施过程

步骤	教学内容	教学方式	课时
目标引入	以一个投资案例引入，让学生有一个基本认识	启发式教学	10 分钟
专业知识讲解	长期投资概述、投资项目现金流量的构成与计算、投资决策方法与决策规则、投资决策实务	问答式教学	20 分钟

续表

步骤	教学内容	教学方式	课时
学生展示	学生分组上台展示本组针对案例的投资决策方案，其他学生进行提问或评价	学生上台演示相互评价、提问、研讨	40分钟
教师总结评价	评价各小组的方案，穿插投资风险、脚踏实地、切勿好高骛远等思政内容的陈述	讲授式教学	10分钟
布置课后仿真模拟实训任务	巩固专业知识的同时，开展创新创业教育，最后要分小组提交案例报告	模拟情景教学	1~2周
学生展示	教师评阅后选择优秀的小组进行汇报	学生展示	30分钟
教师评价学生成果	教师针对每组的成果进行简要评价	讲授式教学	20分钟

五、课程思政改革改进措施

通过上述分析发现，在推进财务管理课程思政改革的整个过程中，即"重塑教学目标—重组教学内容—具体教学实施—评价反馈"，各环节都存在一定的难点，针对这些难点，可以提出以下改进措施：

（一）优化课程内容，构建思政知识体系

首先，重组教学内容环节的难点在于识别相关思政元素，课程思政改革的首要任务就在于先深入挖掘专业知识中蕴含的思政元素，从而进行融合。但是，目前很多专业的课程思政建设中都存在脱嵌性问题，即思政元素不充分、与专业知识点的匹配性较弱等，导致课程思政改革逐渐标签化，重形式而轻内容，缺乏灵魂。而教师一直是挖掘思政育人资源的第一主力，要想解决思政元素不充分的问题，提升专业课教师挖掘思政元素的能力是一个重要途径。课程思政改革要求专业教师具备跨学科、宽视野的复合思维和创新思维，但部分专业课教师对思政理论与思政资源在教学中的应用并不娴熟，可以通过加强培训力度来提高专业教师的思政教育意识和能力，完善课程思政内容体系。

（二）创新教学方法

确定好课程内容后，选择何种教学方式才能将思政知识潜移默化地灌输给学生则是另一大难题。设计一个良好的教学实施过程，能够激发学生的学习热情和积极性，有效提升教学效果，真正实现全课程思政育人的目的。因此，完善教学实施过程设计，创新教学方式至关重要。除传统的讲授式教学外，教师还应该多采用优秀案例分析教学、情景模拟的诱导式教学、线上线下混合式教学、运用信息技术进行仿真模拟实训等，从而更好地用好课程教学的主渠道来推进思政教育。

（三）改进评价考核体系

合理评价课程思政开展后的成果也是重要的一环，但是，对学生思政内容的学习成果本就难以评判，又没有健全的考核制度，导致考核难度较大，也容易让部分专业课程的课程思政建设流于形式，缺乏实质性进展。因此，构建完善的考评体系，将思政内容融入最终考核中，完善考核指标与标准，才能真正了解是否达成教学目标，再运用考核结果的反馈，进行课程思政教学改革。此外，还应该采用多样的考核方法，而不局限于考试，如心得分享、研讨交流、成果汇报等。

六、结语

为实现立德树人的根本任务，实施课程思政改革是必然选择，能够有效解决高校学生的德育困境，提升教学效果，培养合格的人才。针对财务管理专业，基于OBE理念设计课程内容，将思政元素融入专业课程教学的全过程，能充分发挥其隐性德育功效，引导学生树立正确的"三观"，最终成长为一个具备诚信守法、客观公正、不做假账、洁身自好等良好职业道德素养的财务管理人才，从而符合新时代社会与企业对财务管理人才的需求。

参考文献

[1] 习近平在全国高校思想政治工作会议上强调:把思想政治工作贯穿教育教学全过程 开创我国高等教育事业发展新局面[N]. 人民网—人民日报，

2016-12-09.

[2] 朱紫嫣，吴克平，严爱玲. 基于"OBE+ADDIE"理念的财务管理专业线上课程教学设计与实施——以税收筹划课程为例[J]. 成都师范学院学报，2022，38（5）.

[3] 高德毅，宗爱东. 从思政课程到课程思政：从战略高度构建高校思想政治教育课程体系[J]. 中国高等教育，2017（1）.

[4] 耿刘利，王琦，陈若旸. 高校财务管理专业课程思政教学改革的思考[J]. 西南石油大学学报（社会科学版），2019，21（2）.

[5] 周谦，赵娟. "课程思政"视阈下财务管理学课程教学改革探索[J]. 财会通讯，2021（11）.

"双一流"建设背景下财务管理专业"课程思政"的实践路径研究

◎ 徐辉

一、引言

2015年11月国务院发布《统筹推进世界一流大学和一流学科建设总体方案》，优先支持一批高水平大学和学科进入世界一流行列，简称"双一流"建设。特别地，强化人才质量，集中优势资源重点培育拔尖创新人才是"双一流"建设过程中亟须完成的根本任务。"课程思政"是有效解决"双一流"建设根本任务的科学方法，并能够将其合理地融入教育教学的全过程，进而重构集"思政课程"和专业课程于一体的全新教学体系。"课程思政"是结合新时代大学生思想政治教育实际情况，并积极探索而逐渐凝练出的新型教学理念和思想政治教育模式，目的在于构建以"思政课程"教学为主、以形势政策教育和课外社会实践相结合为辅的大学生思想政治教育教学体系及人才培养新格局。

财务管理专业毕业生肩负着为国家在会计制度设计、会计准则制定、预算管理以及国民经济其他领域开展高水平工作的使命。而财务管理专业"课程思政"是落实"立德树人"根本任务和贯彻新时代教育方针的基本要求，是解决学生道德品质不高、理想信念动摇等问题的基本途径，有助于在财务管理专业课程教学中融入思想政治教育内容，强化政治意识与思想价值引领，引导学生树立正确的价值观。可见，财务管理专业推进"课程思政"是破解财务管理专业教师教育教学思想观念僵化、人才培养质量适应性不强等难题的迫切需要。

基金项目：本文得到重庆市教委2020年高等教育"课程思政"专项项目（"双一流"学科建设背景下财务管理专业推进"课程思政"改革创新与实践研究，项目编号：202019S），重庆工商大学会计学院2020年教育教学改革与研究项目（"双一流"建设背景下的高校青年教师科研创新能力研究，项目编号：KJ2002），2022年重庆工商大学教育教学改革研究项目（"一流课程"建设背景下《财务管理学》"课程思政"改革创新与实践，项目编号：2022121）资助。

二、"课程思政"的科学内涵

习近平总书记在 2016 年全国高校思想政治工作会议上指出:"要用好课堂教学这个主渠道,思想政治理论课要坚持在改进中加强,提升思想政治教育亲和力和针对性,满足学生成长发展需求和期待,其他各门课都要守好一段渠、种好责任田,使各类课程与思想政治理论课同向同行,形成协同效应。"在这一讲话精神指引下,高校积极优化思想政治理论课教学,同时大力推进"课程思政"改革实践。学术界对"课程思政"的科学内涵也开展了积极的探讨,形成了 4 种具有代表性的观点。一是以邱伟光(2017)为代表的学者指出,"课程思政"是指授课老师讲解知识点时,积极、正确引导学生主动地将接触到的知识点相应地内化为德性,内化为自我精神系统的有机构成,内化为素质或能力,从而逐渐内化为认识和改造世界的强大潜力、必备技能。二是以高德毅等(2017)为代表的学者强调,"课程思政"的本质不在于增设一门课,更不是增开一项活动,而是在高校课程教学与改革的各个环节嵌入思想政治教育元素,以此实现"立德树人"的目标。三是以陆道坤等(2018)为代表的学者认为,"课程思政"是将思想政治教育融入课程教学的各个环节,以"显性思政"和"隐性思政"架构全课程育人的新格局。四是以宫维明等(2018)为代表的学者指出,"课程思政"是以"思政课程"为主渠道,并将思想政治教育理念融入全部课程,构建同思想政治理论课同向同行、产生协同效应的思想政治理论教育课程体系,以达到全程育人、"立德树人"的目标。

本文综合以上 4 种代表性观点得出,"课程思政"是指在专业课程教学过程中融入思想政治教育元素,换言之,是指在专业课程教学内容和过程中积极开展社会主义核心价值观教育,培养学生以爱国主义为核心的民族精神、以改革创新为核心的时代精神,旨在构建以思想政治理论课教学为主渠道、专业课程教学与思想政治教育同向同行、产生协同效应的思想政治教育新格局,最终实现"立德树人"的根本目标。

三、"双一流"建设背景下财务管理专业推进"课程思政"的必要性分析

"双一流"建设对高等教育的质量和发展目标提出更高的要求与挑战。特别地,提升人才培养质量,培养拔尖创新人才便是"双一流"建设过程中亟须完成的关键任务。同时,在全国教育大会等重要场合习近平总书记对"双一流"

建设做出重要指示。可见,"双一流"建设对实现新时代人才培养目标具有重要意义。

国家依托顶层设计和制度创新引领高等教育进入新的发展阶段。其中,提升人才培养质量,落实"立德树人"根本任务是"双一流"建设的重要目标。而"课程思政"是将这一根本任务融入教育教学全过程的有效途径,有助于构建一套"思政课程"与专业课程相结合的教学体系,有助于加深对高等教育本质的认识,也为办好中国特色社会主义高等教育提供了新的发展思路。

(一)财务管理专业推进"课程思政"是新时代高等教育发展的内在要求

习近平总书记在2016年全国高校思想政治工作会议上强调:"要用好课堂教学这个主渠道……使各类课程与思想政治理论课同向同行,形成协同效应。"2018年9月,全国教育大会上习近平总书记特别强调了"九个坚持""六个下功夫"是新时代高等教育发展改革的基本遵循和努力方向。可见,"课程思政"是新时代高等教育发展的现实需求。

数字经济时代,大数据、人工智能、移动互联网、区块链以及"云"计算等新兴数字技术已经广泛应用到了财务管理理论与实践教学活动中。与此同时,财务共享服务也随之实现了跨越式发展,这在很大程度上使财务管理专业人才需求及其人才结构都出现了显著的变化。显然,"重会计核算、轻投资管理""重理论教学、轻技能培养""重专业能力、轻理想信念"的传统人才培养模式是不可取的,已经难以满足新时代赋予财务管理专业人才的新要求,这很好地反映了财务管理专业发展及其人才培养承受着教育教学改革创新和人才市场挑战的双重冲击。因此,财务管理专业人才培养模式需要积极顺应强化课程体系创新、融合专业知识与职业道德修养的新型人才培养模式的主流趋势。换言之,财务管理专业积极、稳步推进"课程思政"是新时代高等教育发展的内在要求。

(二)财务管理专业推进"课程思政"是"双一流"建设的客观要求

2018年5月习近平总书记在北京大学师生座谈会上的讲话强调:"古今中外,每个国家都是按照自己的政治要求来培养人的,世界一流大学都是在服务自己国家发展中成长起来的。我国社会主义教育就是要培养社会主义建设者和接班人。"财务管理专业毕业生肩负着为国家在会计制度设计、会计准则制定、预算管理以及国民经济其他领域开展高水平工作的使命。因此,对财务管理专业学生的专业水平和政治素养均有严格的要求。而"课程思政"有助于财务管理专业课程教学融入思想政治教育内容，强化政治意识与思想价值引领，引导学生树立正确的价值观（石书臣，2018）。

（三）财务管理专业推进"课程思政"是课程设置的现实需求

现阶段，高校财务管理专业培养方案中的思想政治理论必修课依然是对其开展"思政"教育的主渠道，据此传播马克思主义理论，扮演思想政治教育的角色。然而，这些思想政治理论必修课通常集中在前4个学期，且课时占比相对较少，自然对财务管理专业的学生难以发挥持续性引导作用。此时，"课程思政"可以与"思政课程"形成优势互补，并依托财务管理专业案例和充足的专业课程学时，有助于持续开展思想价值引领，弥补"思政课程"的育人短板。因此，积极动员专任教师，激励专业课程履行育人责任，统一进行"显性"教育与"隐性"教育，构建"三全育人"新格局，是财务管理专业推进"课程思政"的现实需求。

四、"双一流"建设背景下财务管理专业"课程思政"的实践路径

"双一流"建设的核心目标是为中国特色社会主义建设培养一流人才，落实"立德树人"根本任务。"课程思政"建设是一项系统工程，其可以与"思政课程"形成优势互补，依托财务管理专业案例和充足的专业课程学时，持续开展思想价值引领，弥补"思政课程"的育人短板，从而真正实现"课程育人"的目标。

（一）优化顶层设计，强化"课程思政"制度保障

"课程思政"是对高校学生深入开展"思政"教育活动的主渠道，更是引导高校学生形成正确意识形态的科学方式。为此，各高校党委需率先提高政治站位，积极发挥示范效应，将"立德树人"贯穿于工作主线，聚焦于"课程思政"目标，明确具体、细化的工作机制，为顺利开展"思政"教育活动提供坚实的制度保障（郭明辉，杜文鑫，2021；王荣，2020）。

立足于校院系三级管理工作构架，统筹协调教务、宣传以及学工等职能部门与院系之间的关系，明确责任分工，构建上下联动、互利共赢的工作格局。具体到政策制定与实施层面，需要紧紧围绕教学管理、教学评估、岗位考核以及职称评定等关键环节，在充分征求相关意见的基础上，合理制定"课程思政"的考核指标，以此明确大力倡导"课程思政"的政策导向（王珩，2020；刘宇

文，范乐佳，2020）。与此同时，需要向院系提供适当的政策自由裁量权和经费，鼓励院系立足于各自的学科与发展特点，合理创新人才培养方案、学科建设、师资培训教学管理以及绩效评估等关键环节，从而有效贯彻"课程思政"理念。更为重要的是，"课程思政"应该在一流学科或优势学科中优先试点，设置"课程思政"示范课，邀请校级领导以及知名专家加入示范课的具体建设过程中，率先垂范，然后将积累的经验向各个院系积极推广。

（二）强化理想信念教育，完善财务管理专业"课程思政"内容体系

财务管理专业导论课程是针对大学一年级新生而开设的一门综合性基础课程，主要涉及专业认知、专业能力素质要求以及专业培养方案等方面。因此，有必要强化以专业导论课程教学为基础的理想信念教育（张莉，2019；章维，2019）。具体而言，在专业导论课程教学过程中，专任教师需要客观剖析财务管理专业未来的发展趋势及其就业形势，高度重视大学生的职业生涯规划，坚定职业理想信念，积极引导大学生树立中国特色社会主义共同理想。在此基础上，进一步结合财务管理专业课程教学地位和内容，合理设计"课程思政"的内容与方法，将思想政治教育有效地融入财务管理专业课程教学，实现专业教育与思想政治教育相互融合、优势互补，以此完善财务管理专业"课程思政"体系。

（三）依托实践教学体系，积极推进团队合作教育

诚然，财务管理专业具有鲜明的就业适应面广、社会实践性强的特色，这就意味着夯实实验实训内容教学是提升财务管理专业人才职业素养的有效途径。具体而言，财务管理专业实验实训体系主要包括学校内部以计算机模拟训练为主导的相关实训项目，同时还涉及基于毕业综合训练目标的校外人才培养基地等市场实战课程。

依托校内外实验实践教学，充分发挥校内外实验实践教学的优势互补。一方面，积极开展技能培训，增强大学生实践能力，开拓大学生创新精神，历练大学生刻苦学习、自强不息的钻研精神，引导大学生培养勇于奋斗的职业信念、积极乐观的人生态度（朱强等，2019；冉艳，2018）。另一方面，根据财务管理专业毕业生的就业去向与实际岗位需求，凸显职业素质培养，历练社会适应能力，以此培养大学生乐于思考、勇于创新的良好习惯与敬业精神。此外，考虑到管理者角色技能培养和基本工作分析需要，有必要引导、鼓励财务管理专业学生自主组队、自主研发设计相关的实验项目，增强其发现、分析和解决问题的能力，从而增强财务管理专业学生的沟通能力，培养其团队协作精神。

五、结语

"双一流"建设的根本目的在于培养出符合时代发展需求的高素质人才，而新时代大学生高度依赖网络，其一直处于思想舆论相对多元的环境之中，对信息的吸纳与甄别通常具有较高的选择性与自主性，极易厌烦甚至排斥单纯说教。显然，这对"课程思政"的教学方式提出了更高的要求。运用更丰富的教学方式，是发挥"课程思政"实效的重要发力点。"课程思政"是"双一流"建设过程中纳入教育者和教育管理者视野的必要内容，其成效是"双一流"建设监测与成效评估的重要指标。因此，"双一流"建设背景下高校及其学科建设应积极向国际先进水平靠拢，加强统筹规划，完善教育机制，将重心置于学科建设及教研科研层面。特别地，对于财经院校，在财务管理专业推进"课程思政"是新时代高等教育发展的内在要求、"双一流"建设的客观要求、课程设置的现实需求。鉴于此，"双一流"建设背景下财务管理专业推进"课程思政"亟须采取合理、有效的改革措施，主要包括：优化顶层设计，强化"课程思政"制度保障；强化理想信念教育，完善财务管理专业"课程思政"内容体系；依托实践教学体系，积极推进团队合作教育。

综上，财务管理专业是以培养技术性、应用型及复合型人才为导向，其学科教育改革应以专业发展需求、实践操作需求为依据，持续完善协同与人、产教结合人才培养模式，以实现课程内容与职业内容高度契合。尤其是要在"双一流"建设过程中，将"课程思政"的工作做实、做细，充分协调与整合师资队伍、课程体系、管理培训和制度设计等多项资源，精准把握学科和财务管理专业学生的特点，依托反复实践、持续反馈和跟踪改进，不断完善"课程思政"工作体系，将思想政治教育有效地融入财务管理专业课程教学，实现专业教育与思想政治教育相互融合、优势互补，以此完善财务管理专业"课程思政"体系，从而真正实现"课程育人"的目标。

参考文献

[1] 郭明辉,杜文鑫. 课程思政视角下国家精品课程木材学教学改革探索[J]. 高教学刊，2021（9）.

[2] 王荣. "双一流"大学立德树人之路径选择[J]. 江苏高教，2020（11）.

[3] 王珩. "双一流"建设背景下课程思政的实践路径研究——以中国地质大学（武汉）地质学专业为例[J]. 湖北社会科学，2020（18）.

[4] 刘宇文，范乐佳．"双一流"背景下课程思政的价值意蕴与实施策略研究[J]．当代教育理论与实践，2020，12（3）．

[5] 张莉．财务管理专业推进"课程思政"建设的策略[J]．学校党建与思想教育，2019（18）．

[6] 章维．高等教育"双一流"建设背景下的业财融合[J]．财会月刊，2019（15）．

[7] 朱强，谢丽萍，朱阳生．财务管理专业"课程思政"的理论认识与实践路径[J]．学校党建与思想教育，2019（6）．

[8] 冉艳．"双一流"背景下高校财务管理框架创新——环境嬗变观下的探讨[J]．西南师范大学学报（自然科学版），2018，43（5）．

财会类专业课程思政教学模式创新探索与实践

◎ 陈欢

一、引言

2016年12月,习近平在全国高校思想政治工作会议上强调,要坚持把立德树人作为中心环节,把思想政治工作贯穿教育教学全过程,实现全程育人、全方位育人。课程思政的根本任务是立德树人,强调"三全育人"(即全员育人、全程育人、全方位育人)。2020年6月教育部印发的《高等学校课程思政建设指导纲要》中明确提出,课程思政建设要在所有高校、所有学科专业全面推进。"立信,乃会计之本",不做假账是会计从业人员必须要遵守的职业道德,会计诚信表达了会计行业对社会的一种职业承诺。因此,在财会类专业课程中融入思政教育,对于提高财会类专业学生的思想觉悟、职业道德至关重要。

"不以规矩,不能成方圆",遵纪守法是会计职业人士应该坚守的底线。将法制理念引入会计职业,提倡会计从业人员在工作中遵守会计准则以及各种法律法规的要求,是"立德树人"教育的核心要素。诚信是个人价值观的具体体现,职业诚信是会计人的从业要求,也是市场经济高效运转的必要条件。IFM国际财务管理师的教材,对我国财务人员的职业道德做了如下概述:爱岗敬业、诚实守信、廉洁自律、客观公正、坚持准则、提高技能、参与管理、强化服务,更加突出了对财会类专业学生思想政治教育的要求。

二、文献综述

为解决思想政治理论课与其他课程之间"两张皮"以及大学生思想政治教育的"孤岛"困境,许多高校积极探索将思想政治教育融入全课程的教育实践活动。2014年,上海高校在通识教育中开设"中国系列"课程,由名师大家主讲国家建设发展成就,并将社会主义核心价值观根植于课堂教学,进而由此升

基金项目:本文为重庆工商大学研究生课程思政建设项目"财务理论研究"、教育部产学合作协同育人项目(202101364049)、重庆工商大学校内项目(1951027)和重庆工商大学2020年会计学院教育教学改革研究项目(KJ2001)的阶段性成果。

华出课程思政的理念。课程思政的概念提出以来，诸多高校开展了课程思政教学的实践，也形成许多研究成果。已有文献主要集中于对课程思政的内涵及其与"思政课程"的关系、课程思政改革中面临的问题和实现路径3个方面。

课程思政是一种理念创新，还是一种"大思政"理念，目前学术界仍有不同的观点。但大部分学者更加认同"大思政"的理念，赵继伟（2019）在讨论课程思政的含义时明确认为，课程思政是一种"大思政"的理念，是将思想政治教育寓于或融入专业课、通识课的教育实践活动。课程思政要将"思政元素"融合到不同类型的课程教育中，以培养学生的思政素养，构建"大思政"格局（张丽君等，2022）。刘国城等（2022）认为课程思政是指以构建全员、全程、全课程育人格局的形式将各类课程与思想政治理论课同向同行，形成协同效应。课程思政与思政课程既有联系，又有区别。两者的核心内涵都是育人，都是高校思想政治工作的内在要求，但又有不同侧重（石书臣，2018）。高德毅和宗爱东（2017）强调了思政课程到课程思政的理念转变，从战略高度提出了构建高校思想政治理论课、综合素养课程、专业课程三位一体的高校思政课程体系。要正确把握两者的关系，才能充分发挥各自的思想政治教育功能和育人优势，形成协同效应，增强育人合力。如何有效推进专业课程思政的过程中也面临了诸多难题，大多数高校面临的核心问题包括课程思政的设计、专业课教师思想政治素养和思想政治教育能力、专业课程思政的评价以及专业课程思政与思想政治理论课程的关系问题（陆道坤，2018）。针对这些问题，许多学者也从经验总结和理论思考中提出了许多建议措施。刘晴和侯森（2020）从课程思政视角下，提出了财经类专业人才培养的活动应树立课程思政人才培养理念、强化课程思政组织体系保障、加强课程思政内容体系建设。对于财会类专业课程思政教育的实现路径，学者们基于教学实践经验，对《中级财务会计》《会计学》《财经法规与会计职业道德》等具体课程提出了推行课程思政的方法路径（刘慧芳，2019，刘国城等，2022；蒋晓改，袁军伟，2022）。经过几年的实践探索，学者们总结出了许多宝贵的经验，为我们实践和研究课程思政提供了文献基础。但由于专业课程本身的特殊性，具体课程教学中如何发挥思想政治教育功能仍没有形成可复制、可推广的普适性的建设方案。特别是"互联网"时代，如何结合现代信息技术进行教学手段和方法创新推动课程思政教学也是亟须解决的问题。基于此，我们通过剖析"管理主体——高校、实教主体——教师、受教主体——学生"三者在课程思政中的职责任务，构建以学生为中心，以专业课程为载体，以互联网大数据平台为手段，探索专业课程思政教学模式改革的实现路径。

三、财会类专业课程思政教学中存在的问题分析

(一) 教师课程思政教学改革动力不足

目前,由于部分高校的考核评价体系以及职称评定标准更加注重教师的科研,而对教师教学改革成果的认可程度并不高,这就导致了教师们对课程教学创新的意识不强。尽管国家提出课程思政理念的倡导已有近10年时间,但各高校的推进进展却并不如人意。其中一个重要原因就是高校教师进行课程思政改革的主动性不足。课程思政改革的推进,首先要将专业课程中蕴含的思政元素提炼出来,并将其与专业知识点进行有机融合与匹配;其次还需要调整已有的教学模式,深入思考如何将思想政治教育与专业知识进行结合。对于教师而言,已有的课程教学大纲、教学设计、教学资源等均需重新准备,这无疑是一个较大的工程,教师的备课工作量会加倍增加。这些付出对教师职称评定却并无多大帮助,因此,教师进行专业课程思政的意识和动力并不强。

课程思政建设系统是教学、管理过程的集合体,高校的激励机制和引导方向决定了教师的教学改革行为选择。此外,部分教师对课程思政认识的深度不够,难免存在部分教师对课程思政的误解。传统的专业课程教学只注重专业理论知识的传授,对学生职业道德培养和价值观塑造的意识不强。尽管近年来不断突出课程思政建设的重要性,但大部分学校的专业课程教师还在探索,存在思想政治教育与专业课的融合度低、教学体系不完善等问题。部分课程相对容易与思政内容结合,如"财经法规与会计职业道德"课程更容易提炼思政元素,因此,很多学校该课程思政的教学改革做得就比较好。部分教师为了完成课程思政,在专业课程教育中生硬地加入一些思政内容,反而本末倒置,影响了专业理论知识的学习。如何避免在专业课程中教条僵化地推行思政教育,避免专业教育与思政教育完全脱节则成为课程思政改革成功的关键所在。课程思政实质是一种课程观,是将高校思想政治教育融入课程教学和改革的各环节、各方面。

(二) 课程思政教学方式落后

自国家提出课程思政理念后,各高校也积极响应,出台了一系列文件以推动课程思政的实施。由于课程思政改革在大部分学校尚处于探索阶段,教学方式和教学方法单一仍是许多高校面临的关键问题。近年来,随着互联网信息技

术的发展，课堂教学的方式有所改变，但由于思想政治教育课程历来以"严肃"、严谨示人，教师教学方式方法改革创新亦是谨小慎微，特别是涉及思政内容教育，很多教师担心因为言论不当而陷入麻烦，于是宁愿墨守成规，也不愿进行教学方式的改革创新。尽管网络资源丰富，但要搜索与课程教学有用且匹配的资源，教师需要花足够的时间去准备。一些高校教师探索出了很多有效的教学方式以引导学生积极参与，如 4F 引导法、头脑风暴、智慧站点、角色扮演、情景模拟、PBL 等，这些教学方式的应用均需要教师进行教学设计才能达到效果。但目前的教学方式仍然以教师讲授为主，双方之间的互动较少。传统的教学方式，学生到课率、抬头率偏低，不能吸引学生的兴趣，也不能从学生的需求出发，不能实现以学生为中心的目标。学生学得枯燥无味，教师教得无奈无力，教学效果堪忧。特别是互联网信息爆炸时代，学生盲目乐观、信息误读等现象频现，主动进行专业思政动力不够。如何改变现状，打破思政课程的瓶颈是我们面临的巨大挑战。

（三）课程思政教学师资力量缺乏

高校思想政治教育不仅要从马克思主义理论学科建设中获取理论源泉和学术支撑，还应广泛吸取综合素养课程和专业教育课程中的思想元素。以专业教育课程知识为载体，是提升思想政治理论教育实效性和说服力的有效途径。就开展课程思政教学而言，财会类专业课教师的思想政治教育意识、能力都还存在着一定差距。同时，专业课教师的思想政治素质、思想政治教育意识与能力也因学科的不同而有所差异。即使专业课教师的思想品德端正，但并不能代表这个教师能将思政理论融于专业课程，以学生乐于接受的方式展开教学。提高课程思政教学质量，教师队伍是关键，如何使专业课教师在开展思想政治教育的时候胜任、善任、乐教、善教，成为课程思政推进中的重大课题。课程思政改革工作的落地首先要解决师资队伍问题，急需培养专业知识和思政教育知识能够有效融合的高水平的思政教师队伍。如果仅靠专业课教师各自摸索，将会花费大量的时间，并且教学效果也会良莠不齐。针对部分高校聘请思政课教师对专业课教师进行短期培训，这在一定程度上提升了专业课教师的思政教育知识。但目前高校思政课教师承担大量的教学任务，虽然思政课教师在思政教育方面经验丰富，但大部分专业课程教师在学习完后仍存在不知如何有效与专业课知识融合的问题。

四、财会类专业课程思政教学模式的创新路径

(一)统一课程思政理念,厘清参与主体的职责

我国高校课程思政在培养学生构建社会主义核心价值观倡导的精神中肩负着重要的责任和使命。高校管理者、课程教师以及学生是课程思政建设中重要的3个主体,学校作为管理主体,主要负责顶层设计,并为教师和学生提供管理服务;教师作为课程思政的施教主体,是课程教学直接参与人,也是课程思政改革最重要的主体;学生作为课程思政的受教主体,他们的反馈和感受是课程思政效果的最终体现(见图1)。通过对教管主体在课程思政建设中的演化博弈分析发现,高校管理者和课程教师的稳态均衡策略取决于各自投入成本、所得收益的比较和考量,同时也受相互行动策略的影响。为提升管理主体高质量推进课程思政建设的积极性和行动力,实现协同育人,高质量推进课程思政建设应坚持整体性原则,做好顶层设计;遵循动态性原则,提升教师的获得感;秉持目的性原则,构建科学的评价机制。面对目前大部分高校"立德树人"的课程教育中存在的问题,以习近平总书记在全国高校思想政治工作会议上的讲话精神和2020年教育部发布的《高等学校课程思政建设指导纲要》为指导,秉承"以学生为中心"的教育理念,学校层面通过激励考评体系设计提高教师进行专业课程思政改革主动性,为教学改革提供经费保障;在具体的课程改革中,教师团队要深入挖掘专业课程的思政元素,实现专业知识与思政元素的有机融合,同时,充分利用现代化信息技术,拓宽学习时空构建"课程思政"的系统化落实机制,在专业课程教育中把社会主义核价值观融入高校课程教学的全过程。

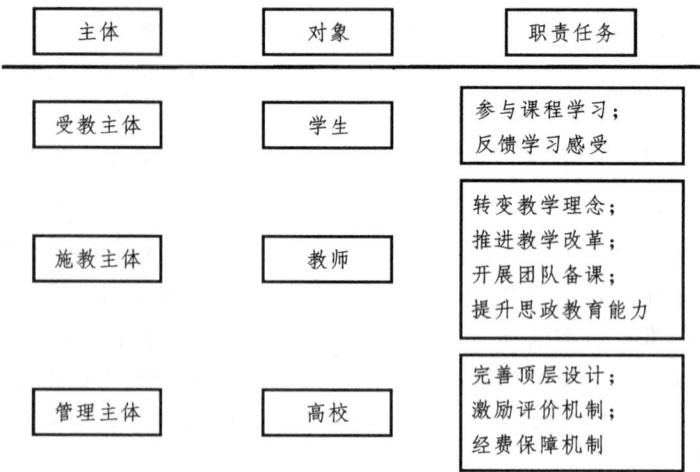

图1 高校协同高质量推进课程思政的主体及职责

（二）建立多维考评体系，提高教师课程思政改革的主动性

课程思政是一个全员、全过程、全课程的教学改革过程，在全员推动的过程中，最直接的参与人就是专业课程教师，教学改革的首要任务是激发一线教学人员改革创新的主动性。传统的高校教学中"重智轻德、单向灌输"的方式为人诟病，要改变这种教学模式，首先就要让教师转变教学理念。教师是教育工作的最直接参与者和一线人员，必须建立引导教师转变教学思维的考评机制，让教师深刻体会到教学改革带来的好处。专业课教师只有认识到课程思政的重要性和必要性，才能够形成开展思想政治教育的内在需求，积极提升思想政治素养和思想政治教育能力，精研教材，加大和加深对专业课程的思想政治教育内涵的开发，将专业课程育人和思想政治教育有机结合起来，并形成有效的自我激励机制。因此，学校应该建立健全多维度的课程思政建设成效考核评价体系，在教学成果奖、教材奖等各类成果的表彰奖励工作中，突出课程思政要求，加大对课程思政建设优秀成果的支持力度。在职称评审中，破除"唯科研"的要求，突出课程思政成果的重要作用。同时，加大对课程思政建设的资金支持力度，鼓励教师开展课程思政教学。鼓励学校将课程思政纳入教师岗前培训、在岗培训和师德师风、教学能力专题培训，建立课程思政集体教研制度。建立科学的制度设计和机制激励，让课程思政理念深入人心，形成可复制、可推广的建设方案。

（三）挖掘思政元素，实现专业课程与思政素材相匹配

习近平总书记在2016年全国高校思想政治工作会议上强调："要用好课堂教学这个主渠道……使各类课程与思想政治理论课同向同行，形成协同效应。"如何将立德树人的总要求转换为具体的课程制度安排，是有效实施课程思政的关键。加大专业课程目标、课程内容、课程评价等环节的改革创新，结合财会类专业课程自身的特点，寻找专业知识与思政知识的契合点与关联性，将思政教育思想体系细化为点滴知识理念有机融入专业知识的学习过程，用渗透性的、潜移默化的方式使学生在耳濡目染中受教育，使课程思政通过专业课以"浸润"的方式传输给学生。目前，传统的专业课程教学模式均需要进行修改，可以通过修订课程教学大纲，加强专业课程的教学设计创新，将专业课与课程思政同步改革，让诚信教育、商业伦理、学术规范、职业道德等思政教育内容融入专业课程知识内容中。比如"会计学""审计学""财务报告分析"等课程中，都可以在会计法规、审计独立性、识别错报等专业知识讲授中融入诚信、法制等思想政治教育。

以笔者执教的"财务理论研究"为例,在具体的课程教学改革中,遵循"教书育人"基本理念,围绕"知识传授与价值引领相结合"的课程目标,修订完善教学大纲等要件,利用互联网平台,打造"线上线下"两个教学平台,充分挖掘线上线下资源,不仅可以利用国家精品课程的名师讲授课程视频资源,也可将网络上一些经典案例作为课程讨论的素材,如引入"宝万之争"的控制权争夺案例将企业家精神融入财务管理中的两权分离知识点,将公司的信用评级、ESG评级影响融入企业融资成本知识的讲解中。同时,突出"一课多师"教学方式,创新多元化教学方法,将专业课程从单一专业知识传授向德才育人转变,发挥专业课程资源的特点和优势,深挖专业课程在学生文化素养、职业素养、能力素养等方面的教育功能,实现专业知识与思政教育的有机融合,充分发挥专业课程的育人价值。具体实现路径如图2所示。

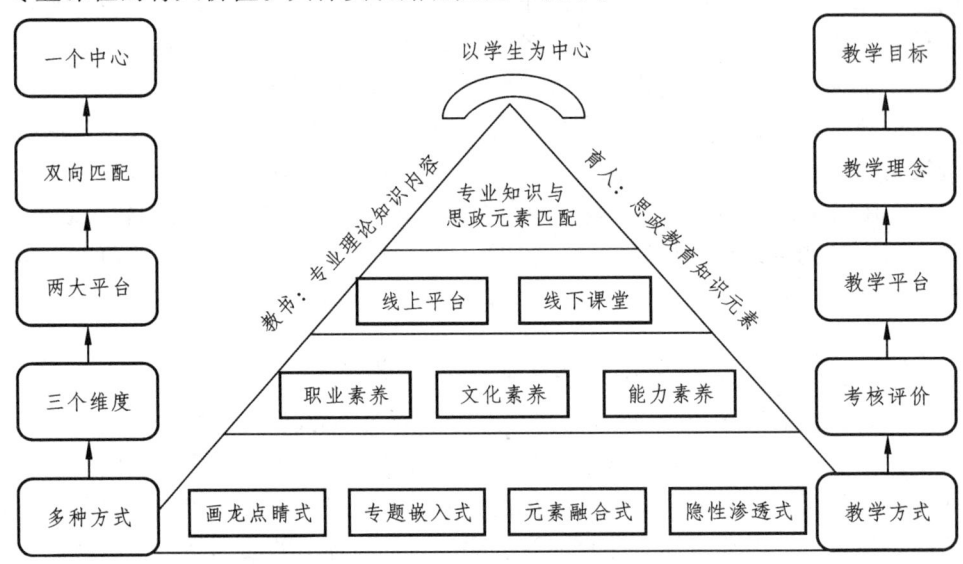

图2 财会类专业课程思政的教学方式改革实施路径

(四)利用互联网平台资源,延伸学生思政学习时空

互联网信息技术的使用让我们的生活学习方式发生了翻天覆地的变化。现在的学生高度依赖网络,对于如何利用网络资源有着天然的优势。特别是新冠疫情暴发后,线上平台为学生们提供了很好的学习方式,也填补了各地、各校教育资源不公平的"鸿沟"。现有的学习强国、学堂在线、爱课程等平台为学校教学提供了丰富的资源,不仅有清华大学、北京大学等名校教师的专业课程,也有诸多课程思政教育视频和素材。"互联网+课程思政",打破了传统课堂的

时空局限，让传统课堂从封闭转向开放。互联网平台汇聚大量优质师资和优质课程，不仅有名师在线课程、线上学习资料库等共享资源，而且能够创造新的学习空间和学习方式，弥合地区、校际差异带来的教育鸿沟。对于财会类专业的学生，网上曝光的财务造假事件，中央财经频道中知名企业家的采访，上市公司披露的社会责任报告等，这些都为财会类专业课程思政的教学提供了天然的资源。对网络大数据的利用，不仅增强了思想政治教育的可信度和说服力，也能让教师通过课程学习平台和社群对学生学习习惯进行跟踪分析，以学生易于接受的方式，从学生自身需求出发，对症下药，有针对性地提供价值观教育的内容。

参考文献

[1] 杨涛，黄斌. "社会调查+思政教育"协同育人教学模式构建的四重逻辑[J/OL]. 西安财经大学学报，2022-07-13.

[2] 汪利，周达勇. 基于 OBE 理念的课程思政教学研究——以会计学专业为例[J]. 财会通讯，2022（14）.

[3] 许汉友，李媛媛，李莹. 新时代会计学类课程的课程思政教学研究[J]. 财会通讯，2022（14）.

[4] 董必荣. 论课程思政的建设思路与落地路径——以"会计学"课程为例[J]. 财会通讯，2022（14）.

[5] 傅瑶. 高校党建推进课程思政建设的功能、目标及路径[J/OL]. 现代教育管理，2022-07-13.

[6] 宋丽娜，金丽馥. 博弈与调适：高校教管主体协同高质量推进课程思政建设[J]. 高校教育管理，2022，16（4）.

[7] 崔丽丽，刘冬磊，张志勇. 高校体育课程思政教学改革的价值意蕴、践行方向与保障机制[J]. 北京体育大学学报，2022，45（6）.

[8] 韩俊，金伟. 数字技术融合下思想政治教育智能转型探赜[J]. 思想教育研究，2022（6）.

[9] 刘建军. 课程思政：内涵、特点与路径[J]. 教育研究，2020，41（9）.

[10] 崔戈. "大思政"格局下外语课程思政建设的探索与实践[J]. 思想理论教育导刊，2019（7）.

[11] 伍醒，顾建民. 课程思政理念的历史逻辑、制度诉求与行动路向[J]. 大学教育科学，2019（3）.

[12] 石书臣. 正确把握课程思政与思政课程的关系[J]. 思想理论教育，2018（11）.

[13] 邱仁富. 课程思政与"思政课程"同向同行的理论阐释[J]. 思想教育研究，2018（4）.

[14] 陆道坤. 课程思政推行中若干核心问题及解决思路——基于专业课程思政的探讨[J]. 思想理论教育，2018（3）.

[15] 高燕. 课程思政建设的关键问题与解决路径[J]. 中国高等教育，2017（Z3）.

[16] 刘淑慧. "互联网+课程思政"模式建构的理论研究[J]. 中国高等教育，2017（Z3）.

[17] 李国娟. 课程思政建设必须牢牢把握五个关键环节[J]. 中国高等教育，2017（Z3）.

[18] 邱伟光. 课程思政的价值意蕴与生成路径[J]. 思想理论教育，2017（7）.

[19] 闵辉. 课程思政与高校哲学社会科学育人功能[J]. 思想理论教育，2017（7）.

[20] 高德毅，宗爱东. 课程思政：有效发挥课堂育人主渠道作用的必然选择[J]. 思想理论教育导刊，2017（1）.

[21] 高德毅，宗爱东. 从思政课程到课程思政：从战略高度构建高校思想政治教育课程体系[J]. 中国高等教育，2017（1）.

思政引领下会计交叉融合类课程改革
——以"会计信息化"课程为例

◎ 王世杰　丁心怡　方懋凤

一、引言

新技术新经济的发展对会计研究和教育产生了极大的冲击，诸多院校开展了智能会计、大数据会计等专业或专业方向试点，会计学专业开设了众多信息科学、数据科学与会计学科相互融合的学科交叉类课程，并不断完善。但大多数高校这类交叉类会计课程在建设过程中过多地强调信息技术，而忽略了会计专业教育和思政教育，导致诸多课程沦为纯粹的技术课程或应用操作课。习近平总书记在学校思想政治理论课教师座谈会上强调："思政课是落实立德树人根本任务的关键课程。"2020年5月教育部印发的《高等学校课程思政建设指导纲要》也指出："要把思想政治教育贯穿人才培养体系，全面推进高校课程思政建设，发挥好每门课程的育人作用，提高高校人才培养质量……"新时代会计人才既要熟练掌握会计学专业知识、熟悉信息技术应用，同时需要拥有正确的政治思想。如果学科交叉融合类课程缺少思政的沐浴，就难以培养出有正确的价值体系和认知态度的人才，这些单纯具有会计专业知识和信息技术能力的学生在执业过程中一旦违反职业道德、违反公益良俗带来的负面影响更大。因此，会计学在新文科建设过程中面临的当务之急是将思政教育融入交叉融合类课程，如何巧妙地将思政教育与会计交叉融合类课程相结合是值得探讨的问题。本文将以国家级一流本科课程"会计信息化"为例，聚焦思政教育，结合已有实践，讨论并提出将思政教育与"会计信息化"课程结合的举措，为深层次探讨新文科背景下会计交叉融合类课程改革的改进思路与完善举措提供借鉴。

二、文献综述

（一）思政教育

思想政治工作是学校各项工作的生命线。各高校应注重思政教育在人才培养中的重要地位，紧紧围绕政治认同、国家情怀、文化素养、宪法法治意识、道德修养等重点优化课程思政内容供给，系统进行中国特色社会主义和中国梦教育、社会主义核心价值观教育、法制教育、劳动教育、心理健康教育、中国优秀传统文化教育。2016年习近平总书记在全国高校思想政治工作会议上指出："高校思想政治工作关系高校培养什么样的人、如何培养人以及为谁培养人这个根本问题。"高校需因材施教，针对不同专业类别特征开展思政教育。

传统文科人才培养模式主要呈现出学科导向、专业分割、被动适应的特征。文科下属的管理类、经济类、文学类等门类依据自身学科导向开展教学，在人才培养中注重专业课程的设置，突出专业技能训练，缺乏文理学科课程的交叉融合，其人才培养模式的前瞻性和创造力不足（董必荣，2022）。而新文科倡导知识领域的融合驱动和交叉创新，其本身也蕴含课程思政。思政教育引领下的新文科教育具有思政引领、科技赋能、学科交叉、产教融合、国际视野等特征。新文科视域下，新文科和课程思政具有价值建设的同构性与互惠性，与知识传授具有学科发展的交互性与协同性，与课程思政、知识传授具有方法路径的共通性（杨国栋，马晓雪，2022）。在教学思路方面，新文科理念与课程思政要求相结合的"学-研"一体教学思路，通过"学习"与"研究"的互动、融合最终实现二元"一体"，以心理认知与思维科学为指导理念，以实现学习研究与价值树立的均衡发展为目标，以问题析出、知识整合、结构搭建为主体要素构建紧密关联的三大教学模块，以此为支点进行系统化的教学改革（李硕，2022）。在课程建设方面，文科专业课教师要积极挖掘育人要素，实现价值观塑造、知识传授及能力培训的结合；同时，在专业教师方面，文科专业课教师也需自觉提升素质，提升课程思政建设站位（陈琳，2022）。新文科教育要求不同学科之间相互交叉融合，实现科技赋能文科，要求实现知识领域的融合驱动和交叉创新，而课程思政教育本身就具有交叉融合性质。

（二）会计思政教育

新技术新经济发展给会计行业带来了极大的冲击，在会计行业需要一批拥有良好政治素质和职业素养，且能够掌握经济学和管理学基础理论、会计学专业知识甚至计算机技术的高素质复合型人才。各大高校的会计技术教育火热，但思政教育略逊一筹。《高等学校课程思政建设指导纲要》要求经济学、管理学和法学类专业课程"在课程教学中……加快构建中国特色哲学社会科学学科体系、学术体系和话语体系……培育学生经世济民、诚信服务、德法兼修的职业素养"。在复合型会计人才培养过程中必须加快思政教育改革进程。

会计课程思政建设需要从教师的课程建设能力培育和提升开始，不仅包括会计专业知识的丰富和执教技能的培养，也包括思想政治意识的把握（潘俊等，2022）。思政教学内容还需与时俱进，思政教育应将新时代的会计需求与中国传统会计文化适度融合（许汉友等，2022）。应该适时将政府会计行业的专家资源和行政事业单位的实践资源来补充课程思政教学，依托学术界等校外软硬件资源优势补充课程思政育人，实现"专业课程—前沿讲座—实践项目"三位一体的政府会计人才培养体系（潘俊等，2022）。也可尝试将"大数据""移动互联网""互联网+"等智能科技融入会计学"课程思政"示范专业建设之中，通过搭建专业思政网络化支持平台，打造政府、企业、学校、教师、学生等多方联动的专业思政建设模式，进而推动"政产学研用"一体化发展（刘国城等，2022）。

在当前高校会计人才培养过程中，会计思政教育逐渐成为热门话题，诸多高校已逐步开展新一代会计思政教育改革。但适应于单一课程的思政改革研究较少，特别缺乏新文科建设中交叉融合类课程的思政教育研究。面对新一代信息技术的冲击，诸多高校开设了智能会计、大数据会计专业方向或专业，开设了一大批大数据智能化与会计交叉融合课程。大数据智能化方法和手段赋能会计发展，能够提高会计效率；同时工作失误、故意犯错也会带来更大的破坏力，所以会计交叉融合类课程建设过程中，在注意新技术与会计交叉融合时，不能忽视思政元素的融合。而当前该问题的研究存在缺失。本文以国家级一流本科课程"会计信息化"为例，将会计专业知识和信息技术能力与思政元素有机融合，为会计交叉融合类课程思政教育改革提供借鉴。

三、"会计信息化"课程概况

"会计信息化"课程是"本科专业类教学质量国家标准"中规定的会计学专业核心8门课程中，唯一的跨学科跨专业的交叉融合课程。该课程将信息技术应用能力与会计学专业知识相结合，长期以来在广大院校中以会计软件总账模块的操作应用为主，以培养学生应用会计软件完成账务处理、编制财务报表的能力。学生学完课程后对会计软件知其然不知其所以然，会计软件运行的原理、设计的思路方法如同黑箱，只知道如何操作应用编制财务报表，无法知道操作背后的运行逻辑。当前新技术的冲击下，这样的教学内容已经难以适应时代的需求，但众多院校囿于师资力量和教学资源，无法开设新课程让学生了解会计软件背后的运行逻辑和设计思路，使这门交叉融合课程，并未实现真正的交叉融合。

事实上，诸多院校在会计信息化人才培养之初，开设的会计信息化课程就包含着软件开发和系统设计的能力，因为人才培养方案的不断调整和教学实践，为了降低教学难度、适应学生学习能力，当前几乎所有院校"会计信息化"课程都以会计软件操作应用"点点点"为主。但个别院校仍坚持讲授会计软件系统设计和分析开发的内容，如哈尔滨大学艾文国教授负责的国家级精品课程、国家级精品资源共享课程"会计信息系统"、重庆理工大学陈旭教授负责的国家级精品课程、国家级精品资源共享课程、国家级一流课程"会计信息化"。这类课程真正实现了跨学科跨专业的交叉融合，通过剖析会计软件功能结构、数据库设计、运行逻辑等，使学生了解会计软件的运行逻辑。当会计工作面对新产业新技术新业态新模式时，会计人员可以根据业务需求对商品化会计软件进行二次开发或者提出二次开发方案，使会计软件能够伴随企业业务发展而不断发展，而不受软件预设功能的限制，限制功能的优化和拓展。这类课程真正实现了交叉融合，培养能够懂业务、懂会计、懂技术的复合型会计信息化人才。

本文以陈旭教授负责的"会计信息化"课程为例。陈旭教授毕业于上海交通大学工业自动化专业，1994年即开始进行"会计信息化"课程建设。经过长期建设，该课程先后获得了重庆市精品课程（2006年）、国家级精品课程（2010年）、国家级精品资源共享课程（2016年）、国家级一流本科课程（2020年）。该课程内容也由最初的以单纯的软件设计开发，经过近30年的建设，反复迭代，逐渐融入会计内容，最终实现业财技的融合，实现真正的学科交叉融合。目前该课程构建了包含会计软件开发技术和会计信息系统分析与设计两部分内容的课程体系，将信息技术与会计业务与专业知识紧密结合。

该课程坚持立德树人，培养学生"诚信为本，不做假账"的基本职业道德与素质，激发学生的行业情感和家国情怀；强调以学生为中心，坚持知识、能力、素质有机融合，突出创新精神、协作沟通及实践能力，着力培养信息化环境下发现、分析、解决复杂财会审计问题的综合能力和高级思维。在课程设计之初即注重人才的职业道德、行业情感和家国情怀的培养，将思政元素融入培养目标中。

该课程将会计信息化课程内容重新梳理构建了4大板块，分别是基础理论、会计软件应用、会计数据处理技术、会计信息综合分析（见图1）。各大板块分别对教学目标、教学内容和教学环境进行了细分。

会计信息综合分析	会计信息系统分析与设计			
	教学目标	教学内容		教学环境
		理论	实验	
	掌握会计信息系统分析设计与开发的方法，培养对会计信息进行综合分析与管理的能力	会计信息系统各子系统的分析设计与开发；业财一体化	账务处理系统、进销存系统分析设计与开发；业财一体化实现；数据稽核审计与综合分析	自主开发原型案例，包括账务处理、工资、固定资产、进销存、数据稽核审计、会计报表计算、财务指标分析等
会计数据处理技术	会计软件开发技术			
	教学目标	教学内容		教学环境
		理论	实验	
	熟悉会计数据处理技术，掌握应用SQL进行数据基本处理、账表计算、稽核审计、统计分析的方法，具备一定的会计软件开发的能力	会计软件开发方法；Power Builder开发平台	数据增加、删除、修改、查询、计算、稽核、审计、统计、分析等系列实验	SQL Server Power Builder等软件；自主开发进销存教学案例、数据稽核审计教学案例
会计软件应用	会计软件操作应用			
	教学目标	教学内容		教学环境
		理论	实验	
	掌握会计软件操作的基本技能，培养对业务处理流程的分析理解与应用软件操作处理日常数据的能力	账务处理系统、工资、固资、进销存系统的目标、业务处理流程、功能分析	会计软件操作应用：账套初始化、会计日常业务处理、工资核算处理、固定资产核算处理、进销存管理等	会计软件：金蝶、用友等商品化软件
课程基础理论	会计信息化基础理论			
	教学目标	教学内容		教学环境
		理论	课外实践	
	掌握会计信息化基本原理与方法	会计信息化基本原理；信息系统分析设计与实施方法	企业参观、调研	企业会计信息化案例、辅助教学资源、PPT演示

图 1　会计信息化课程体系图

在课程设计中，为学生科学“增负”，给课程学习增加挑战度，注重差异化培养，使学生始终满怀希望、勇于挑战、刻苦勤奋、获得进步、感受快乐。教学案例具有原创性，全面推动了课程教学方法以及考核方式的改革。课程还通过课内外学习、翻转课堂、优秀作品评选等形式多样的学习方式，让学生经过刻苦努力地学习，不断收获知识、提高能力。另外，课程针对学生个体差异，基于基础性、扩展性和创新性"BEI阶梯式案例教学法"提出差异化学习要求，体现了"以人为本、因材施教"的教育理念，打破了一套标准、一纸定乾坤的考核传统，让学生注重学习过程，将精力花在平时。每一次的翻转课堂让学生分组展示自己的作品，通过互评、自评、教师评定等方式确定平时成绩，充分激发学生的创作、开发热情，增强学生通过不断挑战自我、战胜困难、获得进步的幸福感与自豪感。

首先，真正实现了学科交叉融合，构建了以"会计数据处理技术和会计信息综合分析能力"为导向的会计信息化课程体系，改变了多数院校以会计软件操作应用为主的应用型基础能力培养，以满足新产业新技术新业态新模式带来多变的会计工作和信息需求，实现会计信息化复合型人才培养。其次，坚持课程思政，将素质教育有机融入教学过程，体现了课程定位的高阶性与教学理念的先进性。再次，坚持开发设计会计软件原型案例，将会计理论、会计实务与系统设计开发相结合，真正实现理论与实践结合、工科与文科跨学科交叉融合，将系列原型教学案例用于教学，激发学生热情，降低学习难度，突破讲授难、学习难的问题。最后，是教学方法的创新，利用基于基础性、扩展性和创新性"BEI阶梯式案例教学法"，针对不同学生的能力和知识背景，实现不同类型学生差异化学习，在原型案例降低学习难度基础上，实现学生的分类分层培养，满足学生差异化学习的需要。

通过系统合理的课程设计，将会计知识、会计业务和实证教育巧妙有机地融合起来，学生学完整个课程后，会计数据处理能力与会计信息综合分析能力显著提高，团队精神、表达能力、创新意识等综合素质显著提升，学生挑战自己、坚忍不拔、追求完美的学术精神得以培养。本课程让学生体验到了"跳一跳才能够得着"的学习挑战，以及经过刻苦勤奋的努力、受苦受累的坚持后获得能力和素质提高的"苦尽甜来"的成就感。

四、"会计信息化"思政教育探索

（一）明确思政导向，挖掘思政元素

1. 确定思政主题

思政教育体系庞大，内容繁多，为构建系统性会计思政教学，可依据会计学科和课程特色，确定主要的思政主题，寻找相应的思政元素，进行主题教学。"会计信息化"的教学目标是坚持立德树人，培养学生"诚信为本，不做假账"的基本职业道德与素质。因此将思政主题定为诚信中国，强调与诚信和信用相

关的思政教学，融入相应思政元素，选择适当的案例，开展对应的教学活动。

2. 深挖思政元素

思政元素应充分体现在教学内容中，教学团队可根据教学目标和课程特点深入挖掘思政元素并将其精心布设于课程教材的各章节之内。"会计信息化"课程充分实现学科间交叉融合，顺应新技术新经济发展需要，满足新文科建设要求。首先，课程团队把握时代契机，将信息技术赋能会计发展正反两方面的案例和相关政策加入课堂内容，让学生知道信息技术对会计和经济发展的巨大作用，努力激发学生利用信息技术为会计工作赋能、为经济发展赋能的家国情怀，强化承担国家发展的历史责任。其次，通过负面案例教学，让学生知道信息技术不当使用带来的巨大破坏力，引导学生在会计工作中正确使用信息技术，赋能会计工作而非破坏会计工作。再次，在课程教学中，要求学生分组完成作业，培养学生团队合作、互帮互助、沟通交流的能力，使学生具有团队精神。最后，"会计信息化"是一门强调信息技术开发、程序设计的课程，软件设计和开发需要精益求精、吃苦耐劳，同时要具有创新精神，有助于培养学生的"大国工匠"精神。

（二）重构课程体系，融入思政教育

1. 增加课程自学环节

"会计信息化"中包含许多浅显易懂的知识点，如概念界定，可转为线上教学模式，即授课教师选择相关网课，网课可来自 MOOC（慕课）、学习通等教学软件，或挑选对应书籍，在开课前让学生先自行学习。用这样的方式不仅增加了授课和学习效率，同时腾出了思政教育时间，培养了学生的自学能力和克服困难、自主创新的精神。

2. 编排思政教学内容

"会计信息化"课程中适当增加思政教学内容，如以章节为单位编排不同的思政内容，将相应思政元素融入其中，在学生不断探索迭代完善软件功能时，及时加入精益求精的工匠精神元素；在学生遇到设计难题时，及时加入克服困难、不断创新的思政元素，将思政教育和专业教育真正交叉融合。

（三）斟酌案例内容，嵌入思政元素

1. 编制案例故事，穿插思政元素

"会计信息化"以企业实际业务为主，通过进销存、会计业务处理等案例，自始至终贯穿前后，在诸多环节加入正反两方面的案例，设计穿插思政元素，使学生自我比较分析编制贯穿全书的、有连续性的案例故事中，并在其中穿插具有思政元素的情节。对于企业信息泄露、数据造假等问题结合真实案例和教学案例，让学生了解数据造假等舞弊手段和治理方法，同时了解造假舞弊对会计行业和个人发展的影响，将警示和引导相结合，通过案例故事将职业道德和专业能力相结合，通过巧妙设计实现润物细无声，做好课程思政教育。

2. 增加实时案例，优化作业安排

对真实案例进行系统精简改造，并及时结合企业实践，对最新案例进行必要改编，并融入思政内容，在传授技术的同时，引导学生的价值观；优化作业案例，赋之以思政色彩，并要求学生以小组形式进行汇报，甚至组织小组对抗赛。小组汇报形式应多样化，如角色扮演等。

五、结论和启示

新一代会计思政教育建设是高校立德树人的重要举措，也是实现新时代高等教育高质量发展的重要变革。会计思政教育改革，不仅优化了新文科教育的内涵，还在课程思政与知识传授之间架起连接桥梁，推动思政教育与专业课教学同向同行。数字时代下，要将会计交叉融合类课程与思政教育紧密结合，必须深入思考课程架构，挖掘课程中潜在的思政元素，穿插与时俱进的思政案例，弘扬新时代的思政精神。同时，还得结合实践教学，优化作业安排，带领学生进行课前自主学习、团队合作学习和综合实践学习。会计交叉融合类课程思政教育建设方兴未艾。思政课程的落地和普及除了把课程理论和教学流程安排得面面俱到之外，还需要教师团队和学生一步一个脚印，查错防漏，持续创新，更需要各大高校齐心协力，献计献策，为探索更好的会计交叉融合类课程思政教育，培养担负起民族复兴大任的"有理想、有本领、有担当"的"时代新人"而作出贡献。

参考文献

[1] 董必荣. 思政引领下的新文科人才培养模式探析——以会计学专业为例[J]. 财会通讯，2022（18）.

[2] 杨国栋，马晓雪. 新文科视域下课程思政与知识传授融合的基本逻辑与实现路径[J]. 高校教育管理，2022，16（5）.

[3] 潘俊，姚继晴，李佳林. 课程思政建设中政府会计人才培养问题思考[J]. 财

会通讯，2022（15）.

[4] 李硕. 新文科背景下铸牢中华民族共同体意识的课程思政——基于中国政治制度史"学-研"一体教学模式的应用[J]. 民族学刊，2022，13（4）.

[5] 闫伟宸. 新时期高校专业课教学融入思政元素探析——以会计学专业为例[J]. 北京航空航天大学学报（社会科学版），2022，35（4）.

[6] 董必荣. 论课程思政的建设思路与落地路径——以"会计学"课程为例[J]. 财会通讯，2022（14）.

[7] 许汉友，李媛媛，李莹. 新时代会计学类课程的课程思政教学研究[J]. 财会通讯，2022（14）.

[8] 姚静. 构建新时代高校理科课程思政教育长效机制的研究[J]. 高校地质学报，2022，28（3）.

[9] 刘国城，董必荣，黄中生. 会计学"课程思政"示范专业建设的研究动态、实现路径和保障策略——以南京审计大学为例[J]. 财会通讯，2022（12）.

[10] 陈琳. 新文科背景下专业课教师推进课程思政建设探究[J]. 中学政治教学参考，2022（12）.

[11] 王宝军. 大学理科专业课程思政的特点和教学设计[J]. 中国大学教学，2019（10）.

新时代下"审计学"课程思政建设路径探索

◎ 何帆　付萌菡

一、引言

习近平总书记于 2016 年首次提出将思政元素有效融入专业课程建设的要求。教育部随后在 2020 年 5 月印发《高等学校课程思政建设指导纲要》的通知，提出各高校结合专业特点分类推进课程思政。2023 年 2 月，重庆市教育委员会等十二部门印发《重庆市全面推进"大思政课"建设重点举措》的通知，要求各地各校全面落实"大思政课"建设各项任务。"审计学"作为财经院校财会专业的必修课程，长期以来强调专业化授课，讲求审计理论与实践高度结合式教学，课程建设与思政元素的融合还不充分。专业课程思政政策引领下，亟须挖掘"审计学"课程思政建设潜力，探索、创新课程思政建设路径。

二、"审计学"课程思政建设的现状

教育部在《高等学校课程思政建设指导纲要》中指出，全面推进课程思政建设是落实立德树人根本任务的战略举措，要寓价值观引导于知识传授和能力培养之中。我国高校审计专业教育始于 1985 年，随审计事业的发展而快速发展。据统计，截至 2022 年，全国共 319 所大学开设审计专业。为响应教育部号召多数高校加快推进审计思政建设进程，更有不少学者开始展开针对审计类课程思政教育的研究。

"审计学"课程作为审计专业以及会计专业的专业必修课，涉及审计性质、审计关系、审计对象和方法等一系列理论问题，以及与之相关的实务问题，要求审计人员在整个审计过程中都要以社会主义核心价值观为导向，做好社会经济活动的监督者，所以"审计学"课程开展课程思政建设得天独厚，让思政教育与专业教育同向同行，形成协同效应，成为各高校推进课程思政改革的典型范例。但由于其理论知识抽象、晦涩且实践性强，审计教学内容和教学方式存在一定滞后性，导致思政培育渗透存在以下几方面问题：

基金项目：本文是重庆市高等教育教学改革研究一般项目"基于内生性融合的'财务管理案例'课程思政有效教学模式探索与实践"（213208）的阶段性研究成果。

（一）课程思政教学内容不够新颖

许多教师在进行"审计学"课程思政教学与实践过程中仍采用传统的专业知识教授模式，教学内容以一成不变的教材、教案、演示文档等资料为主，无法满足学生对课程思政内容的学习需求。例如审计经典案例 AR 与 ADX 事件，这一事件的爆发极大地损害了资本市场对审计师的信任，不少教师会每年重复使用这一案例进行教学讨论，讲授注册会计师应如何遵守执业准则、坚守职业道德等。然而这些陈旧的思想政治教育内容，导致课程思政教学与实践内容严重脱节，无法激发学生的学习兴趣，也无法实现学生对课程思政内容的深入理解。因此，在利用经典案例的教学内容设定上，应结合当前市场与社会经济发展中的最新状况，积极挖掘案例中蕴含的新思政元素，比如在 AR 事件中可以引入学生对红船精神和工匠精神的理解及感悟，将思政教学加强学生理想信念的作用真正落到实处，为学生今后步入社会展开相关工作奠定基础。

（二）课程思政实施互动性不强

传统的审计案例教学大多是理论教学，部分教师只在形式上将思政元素加入课堂教学中，依托教材进行机械枯燥的"填鸭式"教学，导致思政育人的效果不理想。想要在教学过程中自然而然地融入社会主义核心价值观，互动性才是案例教学成功与否的关键因素。现阶段的审计教学课堂中尽管存在互动环节，但往往仅限于某一章节或对给定案例中被审计单位存在问题的分析，有一定的局限性。例如在学习中国注册会计师独立性这一章节内容时，能够通过案例学习识别分析出注册会计师在执业过程中违反独立性的操作、受到的违规处罚，但对于"独立性"是审计的灵魂这句话，学生只认为是存在于教材中的一项知识点，没有自身作为注册会计师应承担相应社会责任、遵守相关职业道德的感悟。为防止产生这样的教学效果，教师可以在提供相关案例的基础上，鼓励学生结合自身实践、时事热点编写案例，主动挖掘知识目标中体现的思政元素，自行探讨设定学习模式，使学生能够参与到课程思政教学全过程的实施中，最大限度地调动学习积极性，在互动性学习中达到启迪学生思想和引导学生树立正确的人生观和价值观的目的。①

---

① 盛庆辉，刘淑芹.以学生为中心的课程思政建设探索——以"审计学"为例[J].中国大学教学，2021（11）：46-50.

（三）课程思政教学反馈不够灵活

课程考评是检验教学效果、确保教学质量的重要手段之一，为做好专业知识和课程思政内容教学的双总结、双反思，可以通过双考评机制来帮助"以考促教、以考促学"。例如对于货币资金的审计，教师在教授这一章节知识时可以在雨课堂、学习通或中国大学 MOOC 等线上学习平台上传课后习题及单元测试，借助平台强大的数据采集与分析功能，根据测试完成率、正确率、用时等数据的记录为"教与学"改进提供科学的依据。线下考评可以通过布置小论文的形式实现，并细化论文评分标准，如"货币资金审计所思所感"。论文中除涵盖对章节专业知识的理解把握外，还应包括如要加强职业道德建设等课程思政内容，最终依据线上测评成绩与线下论文成绩按照加权平均法来确定专业综合成绩。而课程思政成绩则根据学生的出勤率、课堂表现、完成作业的质量和考试诚信度等采用权重赋值法和层次分析法进行考评。有了双考评机制，学生在学习专业知识的过程中会有意识地学习思考课程思政内容，形成惯性思维，这对于养成正确的行为习惯和"三观"的树立等都有所帮助。①

三、新时代下"审计学"课程结合思政建设创新的必要性

"审计学"是一门年轻的学科，具有交叉学科属性，如经济责任审计、自然资源资产离任审计、政策跟踪审计等业务都涉及多学科知识。但在大多数院校中审计学科一直依附于会计学科，按照会计学科的人才培养模式培养审计人才，这样的学科定位一定程度上影响了我国审计人才职业化建设的发展。人才是社会发展前进的动力与核心，新时代下审计人才培养目标应将"知识传授"和"价值引领"相结合，"审计学"课程结合思政就是要深刻把握两个大局，将世界观、人生观、价值观教育融入课程知识传授和学生能力培养中，站在为党育人、为国育才的高度，打造新时代中国特色社会主义发展背景下拥有正确价值观的审计人才，实现高校育人和育才的统一。②

此外，专业课程结合思政建设还能让学生深刻理解审计存在与发展的现实意义。囿于审计工作核心目标是确保政府、企事业单位财政财务收支真实性、

---

① 陆迎霞.审计综合实训课程的学习评价研究[J].教育理论与实践，2014，34（33）：51-53.

② 吴其阳，陈骏.新文科建设背景下审计专业人才培养新探索[J].财会月刊，2022（2）：108-113.

合法性、效益性，上述目标实现又离不开宏观与微观因素影响，这样才能确保审计任务顺利完成、审计报告准确出具。因而，让学生从宏观上具有大审计思想既是课程思政的需要，也是完善审计课程体系建设的要求。"审计学"课程思政建设的总体目标在于与国家治理紧密结合，使授课对象更加清晰地认识审计的现实意义，深入了解审计行为本质。而具体目标与专业知识联系紧密，即如何顺利完成审计任务。

中国注册会计师职业道德准则采用的是与国际会计师职业道德准则趋同的模式，教材内容映射的意识形态在对社会主义政治制度的认同和价值判断上可能出现偏移。因而"审计学"课程的思政建设能够加强我国大学生对中华民族传统文化的认同，推进适合我国国情的审计职业化建设发展。

四、落实"审计学"课程思政建设的路径探讨

（一）明确课程思政目标，搭建课程思政体系

授课目标一般包括专业知识目标和课程思政目标。"审计学"课程的专业知识目标是使学生系统掌握主流审计方法，熟练灵活地分析、评估、判断、处理审计过程中出现的现实问题，为未来职业发展奠定基础。"审计学"课程的思政授课目标旨在让学生深入了解审计发展的"前世今生"，尤其是我国近现代史上红色审计的出现及其重要作用的体现，坚信随着党的领导，审计理论体系将会不断完善，并以思政元素为媒介，通过"润物细无声"的形式让学生将专业知识同职业理想和社会担当相结合，推动学生科学和人文素养相辅相成。

在平时的教学中，并不需要将审计教材中的全部知识都纳入课程思政教学范畴，需紧密围绕"与工作相关、与生活相关、与未来职业发展相关"的知识点，开展有效的思想政治教育。例如针对爱国主义、自信中国等有关理想信念的思政元素，可以通过引入管仲"明法审数"的思想以及中国审计署参与联合国审计事件来对审计的产生与发展相关课程内容进行讲授。不断推敲可融入、应融入的知识章节，并借用一些能振聋发聩的现实案例来冲击学生的认知观，从而达到更好的课程思政教育效果，构建与专业知识体系相得益彰的课程思政体系，如图1所示。

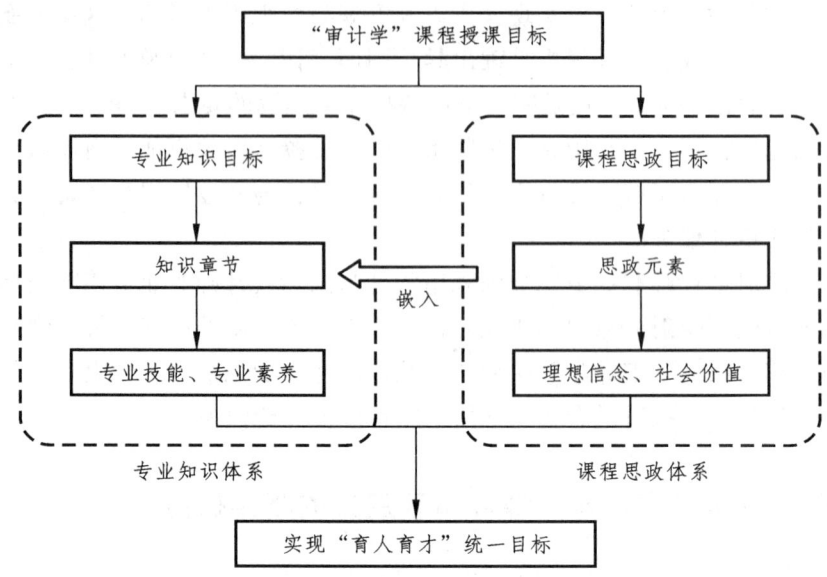

图1 "审计学"课程授课体系

(二)优化师资思政培育,创新思政嵌入模式

"审计学"课程思政建设对教学资料、教师能力和教学方案都提出了更高要求。目前审计学课程的教材以注册会计师考试用书《审计》为主,专业理论知识丰富但缺乏相贴合的思政元素,这就需要审计学教师既要立足教学实际,也要高于教材,多结合现实中的思政素材,灵活运用,做到两者相互融合,以自身经验编写一本"定制"教科书。

要实现育人目的、拔高教学目标,教师队伍自身政治素养的培育也是非常关键的一环。一方面,由于高校具有学科类型丰富的优势,通过与本校思政类院系进行合作互通有无,为实现"1+1＞2"的效果开展思想政治教育主题沙龙,并组织一支团队专门研究审计思政方面的相关内容,帮助审计学教师进一步提升思政素养水平和提高思政元素洞察力;另一方面,可以针对"审计学"课程开展有关思政教学方案的革新,例如与各大高校合作建立起一个完善的有关审计课程思政方面的教学案例库,收录上市公司有涉及思政问题的审计案例以及国内外杰出的审计学者相关事例。通过收录整理审计学从无到有、从萌芽到繁荣的历史经验教训,将知识点和思政元素相结合,实现多元化的思政目标,做到"有内容可讲,有意识去讲",更好地传达"育人"的思政元素,而不是空讲"大道理"。

（三）差异划分思政教学，实训升华思政主题

"审计学"课程是以"会计学原理""中级财务会计"，甚至"高级财务会计"知识为基础的基本理论应用学科，是本科学习阶段的后置课程，高等院校通常将其安排在大三或大四阶段。这一阶段的思政教学任务主要以讲授与引导为主，通过思政教学呈现审计活动所承载的价值理念，注重思政元素与业务实践的结合，让学生关心社会、了解社会，增加爱国情怀，树立报国志向，培养学生的职业道德，引导学生树立正确的职业理念，为其即将开展的实训实践打下坚实基础。

审计是一门实践性较强的学科，审计精神是在脚踏实地、扎实苦干的实践中不断形成的，是一种与时俱进、开拓创新的精神。基于此，在审计教育中融入实践教育，加强对学生实践能力的提升十分必要。综合实训模块是在专业主干课程理论教学基本完成之后进行的综合性实验，其开展应结合思政主题，以当前国际国内的热点问题、需要攻关的重要课题、人们普遍关心的重大问题为背景或选题，让学生结合具体业务对审计事项进行分析或者模拟，充分发挥其"审计职业判断"能力，鼓励学生在实践中形成开放式的答案和个人见解，从灵魂深处认识到自己肩负的职责担当，努力做新时代有灵魂的审计人。①

五、"审计学"课程思政建设实施示例

审计课程作为我国高校重要的专业课程之一，无论是专业素养、知识技能，还是职业发展都离不开思政意识的把控。因此，可以根据不同的课程目标，将知识体系划分为多个教学模块来深入探索和挖掘其中的思政元素，再结合专业教学任务形成与之相对应的思政教学任务。本文以审计理论与实务课程为例，从不同的知识模块、课程目标、专业教学任务和思政教学任务的对应关系发生进行示例说明，具体如表1所示。

表1 审计理论与实务课程专业与思政教学任务的对应关系

知识模块	课程目标	专业教学任务	思政教学任务
初步认识	注册会计师执业准则体系，职业道德规范和法律责任	职业信念、职业理想、职业道德	崇尚法治，诚实守信
	风险评估	全局观和风险意识	保持独立，忠于职守

---

① 单德伟，黄中生，谢雨豪.新文科背景下"思践制一体"课程思政模式构建研究——以南京审计大学会计学专业为例[J].财会通讯，2022（24）：38-42.

续表

知识模块	课程目标	专业教学任务	思政教学任务
审计计划	编制审计工作总体计划和具体计划	科学严谨、团队精神的交流沟通和组间协作	坚持准则,专注执着
审计执行	不同业务流程的实质性程序	合理分配、公正客观,强化严谨、细致的职业作风	执业谨慎,勤勉尽责
审计结论	审计意见	独立思考,综合分析	操守为重,社会责任

针对不同的教学任务,还应构建灵活多变、德技并修的教学模式。如在风险导向审计原理部分,可以给学生播放电影《安然:房间里最聪明的人》,结合电影讲解如何了解被审计单位及其环境并评估重大错报风险,如何确定重要性水平与识别审计风险,引导学生树立正确的社会主义核心价值观;如在有关审计风险识别及处理部分,教师可采取案例分析法进行教学,学生自由选取案例中感兴趣的角色,并分组进行展示,再结合资本市场真实的舞弊案例引导学生思考防范与应对措施。此类方法不仅能提升学生自主学习的积极性,更能对案例中蕴含的有关审计舞弊的专业知识进行多维度分析,以当事人视角在价值冲突中进行合理的伦理道德抉择,培养学生合法合规、诚实守信的品质;如在讲解审计工作流程模块,可以为学生创设商谈、咨询、签约、外勤审计、沟通等常见的企业审计实务场景,再通过实操审计计划阶段全流程工作要点培养学生良好的职业操守,利用模拟场景教学解决传统教学中抽象晦涩的难题,加深学生对于场景和角色的沉浸感,使教学趣味化和生动化,加强学生对审计工作的理解和运用,培养学生的审计思维,实现在学习中应用,在应用中学习的良性互动等。①

在原有课程教学内容的基础上,融"教、学、做"于一体,使审计课程教学内容尽力贴近审计实践,在模拟实践中嵌入思政思考,结合思政元素要求引导和教育学生爱岗敬业,增强职业使命感和认同感,让学生更加直观地感受教学过程中想要传达的审计职业道德内涵,深刻领悟"坚持准则,诚信从业"的重要性,达成专业知识与思政教育深度融合的教学目标。

---

① 柳廷俊,刘国城,刘锦.思政课程与课程思政融合发展的现代审思与应然之策——以"会计学"课程为例[J].财会通讯,2022(24):34-37.

六、结语

审计作为监督体系的重要组成部分，在新时代背景下肩负着重要使命。目前我国在审计专业课程思政建设方面已取得了进步，但也存在明显不足。审计工作者践行社会主义核心价值观，首先，必须要有坚定的政治思想，对党绝对忠诚、立场不移、方向不偏。其次，坚决维护大局稳定、政治稳定、企业稳定、社会稳定。审计实务中所体现的公正、诚信等原则就是对社会主义核心价值观的彰显。最后，教学上思政内容要紧跟国家政策和时事热点，将中国特色社会主义市场经济发展的最新成果和经验纳入其中，将国家各种政策、优化营商环境工作与教学内容有机结合，传授更先进、更具成效性的审计知识，提升学生的政治站位。另外，要求教师能够创新运用场景教学、演绎教学等多种教学方法，如模拟场景、融入真实企业案例，让学生借助真实业务场景，理解审计程序背后的原理，树立学生对财务报表和资本市场的敬畏之心。审计课程面向不同学历教育的学生开设，每一阶段都要更加注重将审计职业道德融入教学中，培养学生的责任意识和底线意识，在日后工作中对违法现象、造假现象零容忍，守住初心，坚持原则，理解"经济越发达、审计越重要"的道理。

参考文献

[1] MOCKLER N. Teacher professional learning under audit: reconfiguring practice in an age of standards[J]. Professional Development in Education，2022，48（1）.

[2] SIDDIQUI J，NASREEN T，CHOUDHURY LEMA A. The audit expectations gap and the role of audit education: the case of an emerging economy[J]. Managerial Auditing Journal，2009，24（6）.

[3] CHU J，FLOROU A，POPE P F. Auditor university education: does it matter？[J]. European Accounting Review，2022，31（4）.

[4] 郝炜,董必荣,牛建平.中国式现代化审计法治教育的体系设计与实施路径[J/OL].财会通讯,2023-04-24.

[5] 盛庆辉,刘淑芹.以学生为中心的课程思政建设探索——以"审计学"为例[J].中国大学教学，2021（11）.

[6] 吴其阳,陈骏.新文科建设背景下审计专业人才培养新探索[J].财会月刊，2022（2）.

[7] 郑水金，郑全军，王大山.大数据时代背景下审计复合型人才培养研究[J].中国注册会计师，2022（10）．

[8] 张瑞芳，徐鹏杰.新时代高校思政课程引领课程思政建设的逻辑理路[J].教育理论与实践，2022，42（6）．

[9] 王士红，郑玮，潘澳琳.国家审计人员胜任能力框架研究[J].审计研究，2022（6）．

[10] 章轲.认真学习宣传贯彻党的二十大精神 奋力谱写审计理论研究工作新篇章[J].审计研究，2022（6）．

[11] 郝玉贵.会计专硕课程"思政+特色"的融合教育目标与实现路径[J].财会月刊，2021（24）．

[12] 肖明芳，徐伟，李岩岩.审计国际化专业《税法》课程思政建设与实践——以南京审计大学ACCA项目为例[J].财会通讯，2022（24）．

[13] 晏维龙，李曼.研究型审计的人才效应研究[J].审计与经济研究，2022，37（1）．

[14] 柳廷俊，刘国城，刘锦.思政课程与课程思政融合发展的现代审思与应然之策——以"会计学"课程为例[J].财会通讯，2022（24）．

[15] 单德伟，黄中生，谢雨豪.新文科背景下"思践制一体"课程思政模式构建研究——以南京审计大学会计学专业为例[J].财会通讯，2022（24）．

[16] 许汉友，李媛媛，李莹.新时代会计学类课程的课程思政教学研究[J].财会通讯，2022（14）．

[17] 李建良.新时代高校思政建设路径探索与实践[J].食品研究与开发，2023，44（5）．

[18] 李晓慧.国家审计变革与审计学科建设[J].审计研究，2017（4）．

[19] 陆迎霞.审计综合实训课程的学习评价研究[J].教育理论与实践，2014，34（33）．

[20] 邱群霞.审计课程思政建设的教学探析——以资金审计为例[J].商业会计，2021（9）．

财务管理专业课程思政建设的实践路径探讨
——基于加快建设世界一流财务管理体系的视角

◎ 顾飞 杨沁霖

一、引言

财务管理是现代企业管理的中心环节，也是企业高质量发展、实现基业长青的重要基础和基本保障。早在2017年，党的十九大报告就明确提出要"培育具有全球竞争力的世界一流企业"[①]。2022年2月28日，中央全面深化改革委员会第二十四次会议，审议通过了《关于加快建设世界一流企业的指导意见》，提出要"加快建设一批产品卓越、品牌卓著、创新领先、治理现代的世界一流企业，在全面建设社会主义现代化国家、实现第二个百年奋斗目标进程中实现更大发展、发挥更大作用"[②]。为了有力地支撑建设世界一流企业的国家发展战略，2022年2月18日，国务院国资委发布了《关于中央企业加快建设世界一流财务管理体系的指导意见》，确立了"通过5年左右的努力，中央企业整体财务管理水平明显跃上新台阶，通过10~15年左右的努力，绝大多数中央企业建成与世界一流企业相适应的世界一流财务管理体系，一批中央企业财务管理水平位居世界前列"的中央企业财务管理体系建设"两步走"总体目标并提出了相关的政策举措。其中，在"完善面向未来的财务人才队伍建设体系"这一领域，该指导意见提出了"健全财务人才选拔、培养、使用、管理和储备机制，

基金项目：本文是教育部人文社会科学研究专项任务项目（中国特色社会主义理论体系研究）"以创新引领高质量发展的路径研究"（19JD710014）、重庆市社会科学规划项目"创新驱动发展战略引领重庆高质量发展研究"（2018YBMK002）、重庆市高等教育教学改革研究一般项目"基于内生性融合的'财务管理案例'课程思政有效教学模式探索与实践"（213208）、重庆市研究生教育教学改革研究一般项目"基于培养造就德才兼备高层次人才的会计专业硕士内生性融合课程思政体系化建设与探索"（yjg223108）、重庆市2022年本科高校课程思政示范项目（综合类项目）——重庆工商大学"财务管理学"课程的阶段性研究成果。

① 习近平. 决胜全面建成小康社会夺取新时代中国特色社会主义伟大胜利[N]. 人民日报，2017-10-28（1）.
② 中央深改委审议通过《关于加快建设世界一流企业的指导意见》[J]. 中国总会计师，2022（2）：10.

打造政治过硬、作风优良、履职尽责、专业高效、充满活力的财务人才队伍"的总体要求,并强调要"推动财务人才不断提高政治素质和党性修养,坚守职业操守和道德底线"①。这无疑从财务管理专业人才素质能力结构的需求侧,对我国高校扎根新时代加快建设世界一流企业和世界一流财务管理体系的伟大实践,推进财务管理专业课程思政建设与教学实践,培养德才兼备的高素质财务管理专业人才提出了明确的要求。因此,基于加快建设世界一流企业的国家战略以及建设世界一流财务管理体系的新要求,厘清和探索推进国家级一流本科专业建设点——重庆工商大学财务管理专业的课程思政建设新思路显得尤为急迫和重要。

二、相关研究综述

高校教育界对财务管理专业课程思政建设的研究关注始于2019年,郑钟琴（2019）基于财务管理专业的视角对课程思政与专业教育的创新融合模式予以探讨,强调了思想政治教育融入专业教育的重要性意义。此后,学者们相继对财务管理专业课程思政建设与教学实践的相关论题予以研究,其关注的要点主要集中于财务管理专业推进课程思政建设与教学实践的重要意义与实现路径两个方面。

（一）财务管理专业推进课程思政建设与教学实践重要意义的相关研究

学者们分别从适应新时代经济发展的需要（耿刘利等,2019；熊玲,2020；宫相荣,2021）、落实立德树人根本任务（耿刘利等,2019；朱强等,2019；张莉,2019；姜美琴,2019；陈中斌等,2021）、发挥财务管理专业课程隐性育人功能（耿刘利等,2019；杨静,2019；张敏等,2020；魏少玲,2021；陈中斌等,2021）、深化财务管理专业教学改革（朱强等,2019；熊玲,2020）、建构全课程育人格局（耿刘利等,2019；朱强等,2019；熊玲,2020；宋泓锦,2020；张敏等,2020；陈中斌等,2021；王明睿等,2021）、培养德才兼备财务管理专业人才（耿刘利等,2019；姜美琴,2019；宋泓锦,2020；张敏等,2020；陈庆红等,2021；陈中斌等,2021；王明睿等,2021）等方面分析了财务管理专业推进课程思政建设的必要性和重要性。

---

① 关于中央企业加快建设世界一流财务管理体系的指导意见[J]. 中国管理会计,2022（1）:5-11.

（二）财务管理专业推进课程思政建设与教学实践实现路径的相关研究

学者们强调开展课程思政建设与教学实践必须在充分尊重财务管理专业的人才培养规律与课程教学规律（耿刘利等，2019）的基础之上，将课程思政建设与课程建设、教学改革予以一体化推进（耿刘利等，2019）。他们针对制约财务管理专业推进课程思政建设与教学的现实问题（陈中斌等，2021；许珂，2021），提出了7大实现路径：一是要重新审视并完善财务管理专业的人才培养目标（耿刘利等，2019；王明睿等；2021；许珂，2021），补齐课程思政的育人目标短板（郑钟琴，2019），并据此修订专业人才培养方案（耿刘利等，2019；姜美琴，2019；宋泓锦，2020；王明睿等；2021）和相应的课程教学大纲（耿刘利等，2019；王明睿等；2021），形成全课程育人格局（耿刘利等，2019；熊玲，2020）。二是要理清财务管理专业课程教学的思政逻辑（耿刘利等，2019；熊玲，2020；张敏等，2020），建构完善财务管理专业教学的课程思政内容体系（朱强等，2019；熊玲，2020；陈庆红等，2021），在深度挖掘相关专业课程知识体系中蕴藏的思政元素（杨静，2019；宫相荣，2021；仇小微，2021）基础上，以财务管理伦理与职业道德为财务管理专业课程思政提供价值依托与丰富滋养（耿刘利等，2019），以财务管理专业发展历史以及典型的代表性人物的事迹为财务管理专业课程思政提供课程思政元素支点（耿刘利等，2019），立足相关专业课程的教学实际将思政元素化整为零隐形融入（张莉，2019；杨静，2019）。三是要系统性地改进和持续性地优化财务管理专业的课程教学设计（耿刘利等，2019；张敏等，2020），将课程思政教学内容有机融入专业课教学（王明睿等；2021）与考核（许珂，2021）之中，并通过课程教学方法手段的创新激发课程思政的说服力和吸引力（耿刘利等，2019；宋泓锦，2020；耿刘利等，2019；陈庆红等，2021）。四是要注重财务管理专业实践教学中的课程思政资源开发（杨静，2019；耿刘利等，2019），优化完善财务管理专业实践教学平台（郑钟琴，2019），找准专业实践教学与课程思政的有机结合点（郑钟琴，2019；张莉，2019），有效整合专业实践教育教学资源推进课程思政建设（郑钟琴，2019；张莉，2019；姜美琴，2019；宋泓锦，2020）。五是要加强专业教师队伍建设与培训（姜美琴，2019；熊玲，2020；宋泓锦，2020；王明睿等；2021；许珂，2021），增强专业教师开展课程思政的意识（耿刘利等，2019；宫相荣，2021；陈中斌等，2021），提升专业教师有效实施课程思政的教学能力（耿刘利等，2019；陈庆红等，2021；陈中斌等，2021），与思政课教师形成伙伴式（耿刘利等，2019；王明睿等，2021）的育人合力。六是要以学生所关注和感兴趣的现实专业问题为切入点（张莉，

2019；杨静，2019；宫相荣，2021），适当增强课程思政教学的学生参与度（郑钟琴，2019），重视课程思政教学的实践反思与持续优化改进（郑钟琴，2019）。七是加强财务管理专业课程思政的顶层设计(耿刘利等,2019；王明睿等,2021)、统筹协调（陈中斌等，2021；许珂，2021）与制度保障建设（陈中斌等，2021；许珂，2021；仇小微，2021），强化在教学组织管理（耿刘利等，2019；陈庆红等，2021；耿刘利等，2019）及其评价过程中的价值引领导向（耿刘利等，2019；许珂，2021；仇小微，2021），多渠道、全方位地形成协同育人的体系（姜美琴，2019；宋泓锦，2020；魏少玲，2021；王明睿等；2021），为财务管理专业课程思政建设及其实施提供保障（朱强等，2019）。

上述相关研究，学者们从高校财务管理专业人才培养适应新时代经济发展需要及其落实立德树人根本任务等角度强调了财务管理专业推进课程思政建设的现实背景和重要意义。同时，也相继从重塑人才培养目标、厘清专业思政逻辑、优化课程教学设计、强化实践教学环节、加强师资队伍建设、突出以学生为中心、注重顶层设计与组织管理等7个方面探讨了推进财务管理专业课程思政建设与教学实践的路径。但上述研究未能在适应新时代经济发展需要的背景下尤其是在加快建设世界一流企业与世界一流财务管理体系的新要求、新背景下对推进财务管理专业课程思政建设与教学实践新思路进行探讨。这也为本文基于加快建设世界一流财务管理体系的新视角及其对财务管理专业加强课程思政建设的新要求，厘清和探索高水平推进课程思政建设与教学实践的新思路提供了可供进一步拓展的学术空间。

三、基于国家级一流本科专业建设的财务管理专业课程思政建设实现路径

专业课程的教学是高校专业人才培养过程中最为核心、最为基础、最为关键的环节，同时也是深化"三全育人"综合性改革，落实立德树人根本任务的重要渠道。重庆工商大学财务管理专业始建于2001年，经过20余年的努力建设，已经于2020年获批国家级、重庆市一流本科专业建设点。专业设立以来，就一直高度重视发挥专业课程在财务管理人才培养过程中的育人功能。近年来，重庆工商大学财务管理专业在推进一流本科专业建设以及一流本科课程建设、研究生优质课程建设的过程中，秉持"人才培养一定是育人和育才相统一的过程，而育人是本"的"人才培养的辩证法"理念，坚持以学生为中心，立足学科专业内涵，深度挖掘思政资源，融合创新教学方式，扎实推进课程思政教学

实践与理论研究，2门课程入选首批国家级"课程思政示范课程"，4门课程入选重庆市高校"课程思政示范课程"，4位教师入选首批国家级课程思政教学名师，13位教师入选重庆市"高校课程思政教学名师"。财会类课程的国家级、重庆市"课程思政示范课程"获批立项数均位居全市高校首位，初步探索形成了与加快建设世界一流财务管理体系相适应的课程思政建设与教学实践新思路。

（一）坚持"理实融合"，增强课程思政效度

财务管理专业在推进课程思政建设与教学实践中，始终紧扣财务管理专业课程及其人才培养定位要求，坚持"价值性和知识性相统一""理论性和实践性相统一""显性教育和隐性教育相统一"①，基于课程体系化、节点化、专业化的人才培养内生性要求，"因事而化、因时而进、因势而新"②，集成采用案例式、启发式、研讨式、探究式等有效教学方式，将习近平经济思想以及深化供给侧结构性改革中的"去库存""去杠杆"和"降成本"，"加快建设世界一流企业"的财务管理体系，"新冠疫情防控下企业复工复产的融资难题""科创板上市融资与创新驱动发展""财务风险传导与'总体国家安全观'""资本市场财务造假案件频发与财务诚信"等党和国家重大关切的财务管理现实热点问题、专业理论难点问题，应机契理、有机融入财务管理专业课程相关知识节点与能力培养的教学设计与教学实践中，通过理实融合、理实相印，把道理讲深、讲透、讲活，在潜移默化、绵绵发力的"传道受业解惑"中，接续优化课程思政的针对性、学理性、说服力和内化度。财务管理专业推进课程思政的典型经验和有效做法相继受到《中国教育报》《重庆日报》《光明日报》客户端，"新华网""全国高校思想政治工作网"等主流媒体的关注报道。专业教师相继获得"重庆市高校教师教学创新大赛"二等奖2项以及校级"教师教学创新大赛"一等奖和二等奖、"课堂教学创新大赛"二等奖、"课堂教学质量等级奖"三等奖、"课堂教学优秀奖"、首届"'智慧树杯'课程思政示范案例教学大赛"普通本科赛道优秀奖等10余项教学奖项，学生对专业课程教学的总体评教成绩优秀，课程思政相关评价指标得分率位居前列，课程思政教学的针对性强、接受度高、内化度好。

（二）突出"诚信自律"，引导学生德法兼修

财务管理专业着眼于为"加快建设世界一流企业"和"加快建设世界一流财务管理体系"培养德才兼备高素质财务管理专业人才的总体目标，基于"社

---

① 习近平. 思政课是落实立德树人根本任务的关键课程[J]. 奋斗，2020（17）：4-16.
② 把思想政治工作贯穿教育教学全过程[N]. 人民日报，2016-12-09（10）.

会主义市场经济是信用经济、法治经济"①的重要理论判断,立足新时代财务管理专业高素质人才的结构化胜任能力要求,结合专业课程教学内容体系中涉法、涉规的知识节点以及专业领域鲜活的热点案例,通过"以案说法""由案析理",在日常的专业课教学实践中,以"理实融合"德课程思政教学实践,突出了社会主义核心价值观"法治"价值取向、"诚信"价值准则要求,推动了习近平法治思想"三进",促进了"守诚信"等中华文明精神特性的阐释与传承,有效引导财务管理专业学生强化诚信自律、德法兼修的职业素养。2001年,财务管理专业在全校首倡并启动实践了以"不做假账从考试不作弊开始"为价值引领逻辑的诚信"免监考"行动教育,21年一以贯之、行而不辍,相继受到《光明日报》《中国教育报》等中央级媒体的关注和报道,并陆续在全校推广,已成为培养经济管理类专业学生"诚信自律"职业素养行之有效的课程思政实践载体。根据习近平同志对注册会计师行业作出的"紧紧抓住服务国家建设这个主题和诚信建设这条主线"的重要批示②,财务管理专业还在课程教学之中积极探索"实务专家进课堂"嵌入式课程思政、"移动课堂"情境式课程思政、课程思政"实务名家大讲堂"、财务违法犯罪案例反思"警示教育"、"会计诚信从业宣誓"仪式教育等课程思政教学实践载体,通过产教深度融合促进学生德业并举、德法兼修。

(三)"科教融合"赋能,促进创新驱动转化

财务管理专业教师依托主持的课程思政类重庆市高等教育教学改革研究项目2项、重庆市研究生教育教学改革研究项目1项,主研的课程思政与党建育人重庆市高等教育教学改革研究重大项目2项以及主持的相关省部级教学改革研究项目、教育科学研究课题以及校级教改项目等教学学术研究项目,积极探索课程思政内生性融合的有效教学路径,以系统性的教学学术研究推进课程思政高水平建设与有效教学实践,副主编重庆市会计从业资格考试《财经法规与职业道德》教材及习题集各1部,发表课程思政等教改论文30余篇,主编《财务管理专业建设的理论与实践》《新时代会计教育转型与教学改革探索》等 2部教改论文集,并正在着手编著《财会类专业课程思政创新与实践》论文集。专业教师撰写的课程思政教改论文相继获得重庆市教育科学院"思政课程与课程思政(学科德育)优秀案例及论文评选"高校组优秀论文一等奖、重庆市会

---

① 习近平. 论坚持全面依法治国[M]. 北京:中央文献出版社,2020:26.
② 牢记行业使命服务国家建设——庆祝中华人民共和国成立70周年注册会计师行业工作与发展成就掠影[J]. 中国注册会计师,2019(10):9-12.

计学会优秀论文一等奖、"重庆市第二届高等教育研究与教学改革优秀论文"二等奖、校级教育教学改革发展研讨会暨"三全育人"工作研讨会优秀论文一等奖。同时，财务管理专业教师还依托主持国家社科基金、教育部人文社科研究项目、重庆市社科规划项目等省部级科研课题，积极探索构建促进高质量发展的中国特色财务管理学科体系、学术体系和话语体系，深度挖掘相关科研成果中的财务管理专业课程思政元素，并将其及时转化为有理论说服力、有现实针对性的课程思政教学资源，切实增强了财务管理专业课程思政价值引领的学理性、针对性、时效性和说服力。

（四）融入"双创"教育，激发强国责任担当

面对数智化技术对于财务管理工作的新挑战以及加快建设世界一流财务管理体系对于财务管理学生"科学思维能力"和"创新提效能力"[1]培养的突出要求。在指导财务管理专业学生参与创新创业大赛、完成学生科创基金、撰写学术论文研究等创新性教学活动中，财务管理专业教师尤其注重引导学生传承以爱国主义为核心的民族精神和以改革创新为核心的时代精神，强化"经世济民"的家国情怀与"开拓创新"的职业品格，聚焦党和国家的重大关切，开展创新研究和创业探索，"把论文写在祖国大地上"[2]，将专业创新智慧、创业激情倾注到加快建设世界一流企业和世界一流财务管理体系的强国富民时代伟业之中。在专业教师的指导下，财务管理专业学生紧扣高质量发展、创新驱动发展等时代主题撰写专业论文，获评重庆市会计学会优秀论文一等奖、二等奖、三等奖等奖项；成功申报获批以高科技企业财务战略、疫情防控跟踪审计治理、金融风险管控、国有资产招租治理为主题的校级学生科创基金项目10余项；指导学生撰写的疫情之下企业财务风险管理案例获"第七届中国 MPAcc 学生案例大赛"各类奖项，在学校"商工融合"发展的"双创"人才培养过程中，以课程思政价值引领有效地激发了财务管理专业学生创新、创造的强国责任担当与加快建设世界一流企业的专业使命。

（五）"讲活讲好"道理，推进案例教学创新

财务管理专业教师在发挥传统讲授法"言传身教"价值引领优势的同时，依托 20 余年专业建设与课程育人所积累的丰富教学资源与财务管理专业人才

---

[1] 关于中央企业加快建设世界一流财务管理体系的指导意见[J]. 中国管理会计，2022（1）：5-11.
[2] 习近平主持召开经济社会领域专家座谈会并发表重要讲话[J]. 中国注册会计师，2020（10）：5.

培养经验，坚持"理论联系实际"的马克思主义学风，在财务管理专业课程的教学中结合课程内容与教学需要，集成采用了嵌入式案例教学、追踪式案例教学、研讨式案例教学、论辩式案例教学、行动式案例教学等多种教学方法。在专业课教学中，打好案例教学的"组合拳"，在讲活、讲好中国财务管理故事、挖掘阐释中国财务管理智慧的课程建设与教学实践过程中，帮助学生"学、思、践、悟"环环相扣、接续递进，在潜移默化中启发引导学生对标党的十九大提出的"培育具有全球竞争力的世界一流企业"以及中央全面深化改革委员会2022年2月28日第二十四次会议提出的"加快建设世界一流企业"这一强国富民的新时代使命，勤学善思，探究诚信科学理财的强企报国之道。

（六）推进"网络融合"，拓展课程思政时空

互联网技术在改变现代教学形态及其实现方式的同时，也深刻地推动着财务管理专业的转型变革。以网络融合拓展课程思政教学实践的时间和空间显得尤为必要。故此，财务管理专业近年来积极依托校级"财会类课程思政虚拟教研室"，探索和利用现代信息技术推进课程思政建设与教学实践，相继组织教师参加"大数据+课程思政背景下高校会计与财务教学与学术研讨会"等课程思政教学能力研讨培训。学院课程思政研究中心主任顾飞副教授还依托"新浪微博"专门开设了"顾飞先生课程思政虚拟工作室"，累计发布课程思政教学资源、资讯944条，粉丝关注量达742人，资源、资讯的阅读量近10万人次，部分课程思政精品资源、资讯的单篇阅读量高达5000人次以上。财务管理专业课程开展的"新冠肺炎疫情防控情境下缓解企业资金链压力的融资问题"网络研讨、推动的"教师理论学习成果进网络课堂"、课程思政市级教改项目开题网络教学研讨会等网络教学和教研活动受到了《重庆日报》"新华网""新浪网""重庆市高等教育学会"官网等媒体的关注与报道。财务管理专业教师创作的课程思政微课作品相继获评重庆市高校微课教学比赛本科组二等奖、三等奖，并被"重庆高校在线开放课程平台""智慧树"在线网络教育平台等网站刊载推广，累计观看次数达4093次；撰写的课程思政融合教学应用创新案例获评"重庆市高校在线课程建设与应用优秀示范案例"，是全市本科组评选出的13个"课程思政融合应用创新案例"中唯一入选的经济管理类课程思政融合应用创新案例。该案例经重庆市高校在线课程资源中心组织专家评审，入选《重庆高校在线课程建设与应用优秀案例集》，是该书收录入选的8个"课程思政融合应用创新案例"中，唯一入选的经济管理类课程思政建设优秀案例。首批国家级"课程思政示

范课程"——"财务管理案例"课程负责人、国家级课程思政教学名师孙芳城教授应邀为"全国财经类高校课程思政联盟"做第三期"课程思政云讲堂"主题报告,受到了"新华网""央广网""新浪网""上游新闻"等主流媒体的广泛关注与报道。

(七)对标"一流课程",做强做优课程思政

财务管理专业聚焦打造"金课"的高阶性、创新性和挑战度标准,对标一流本科课程建设及研究生优质课程建设的高水平课程建设要求,立足财务管理专业特性及其课程内涵的价值理性要求,以"诚信精业、理财兴邦"为财务管理专业课程思政建设的价值引领主线,探索形成了将课程思政建设与一流本科专业建设、一流本科课程建设、研究生优质课程建设同频共振、协同推进的融合创新课程建设新模式,推动了财务管理专业本科与硕士研究生课程思政多维度、全覆盖、一体化的建设与教学研究,打造了一批在重庆市乃至全国均具有一定专业影响力的又红又专的"足金课",为培养德才兼备的高素质财务管理专业人才提供了最牢靠、最基本的课程保障基础体系。截至2022年9月,财务管理专业共获批首批国家级"课程思政示范课程"2门、重庆市"高校课程思政示范课程"4门、校级"课程思政示范课程"6门、校级研究生课程思政建设项目5门。其中,"基础会计学"课程既是首批国家级、重庆市一流本科课程,又是首批国家级、重庆市课程思政示范课程;"财务管理案例"既是首批国家级、重庆市课程思政示范课程,又是重庆市一流本科课程;"财务管理学""财务报告分析"既是重庆市一流本科课程,又是重庆市课程思政示范课程;"管理会计理论与实务"既是重庆市研究生优质课程,又是学校研究生课程思政建设项目。课程思政与一流本科课程、研究生优质课程之间相互促进、协同发展的财务管理专业课程建设生态业已初步形成,有力地支撑了国家级、重庆市一流本科专业建设点——重庆工商大学财务管理专业的高水平建设。2022年,财务管理专业也获批了校级课程思政示范专业,形成了课程思政建设与专业思政建设同步推进的"大课程思政"育人格局,为继续做强做优财务管理专业课程思政、专业思政,有力支撑工商管理学科思政奠定了坚实的基础。由财务管理专业教师主要参与孵化培育的教学成果——"德知能一体教学做合一:财会类专业课程思政内生性融合育人体系的探索与实践",2022年荣获重庆市教学成果奖二等奖。

四、结语

本文以习近平总书记关于教育的重要论述为根本遵循和行动指南,基于我国加快建设世界一流企业和世界一流财务管理体系的时代新背景,对标加快建设世界一流财务管理体系对培养造就德才兼备高素质财务管理人才提出的"打造政治过硬、作风优良、履职尽责、专业高效、充满活力的财务人才队伍"的总体要求以及"推动财务人才不断提高政治素质和党性修养,坚守职业操守和道德底线"的素质能力的具体要求,以重庆工商大学财务管理专业推进课程思政建设与一流本科课程建设、一流本科专业建设、一流学科建设协同发展的实践为基础,从 7 个方面较为系统地梳理并探索了推进财务管理专业课程思政高水平建设与教学实践有效落到的实现路径,以期从财务管理专业人才素质能力结构的供给侧视角,为我国加快建设世界一流企业和世界一流财务管理体系夯实培养德才兼备高素质财务管理人才的育人基础和课程保障。

参考文献

[1] 习近平. 决胜全面建成小康社会夺取新时代中国特色社会主义伟大胜利[N]. 人民日报,2017-10-28(1).

[2] 习近平谈治国理政(第二卷)[M]. 北京:外文出版社,2017.

[3] 习近平谈治国理政(第三卷)[M]. 北京:外文出版社,2020.

[4] 习近平. 论坚持全面依法治国[M]. 北京:中央文献出版社,2020.

[5] 习近平. 思政课是落实立德树人根本任务的关键课程[J]. 奋斗,2020(17).

[6] 把思想政治工作贯穿教育教学全过程[N]. 人民日报,2016-12-09(10).

[7] 习近平主持召开经济社会领域专家座谈会并发表重要讲话[J]. 中国注册会计师,2020(10).

[8] 牢记行业使命服务国家建设——庆祝中华人民共和国成立 70 周年注册会计师行业工作与发展成就掠影[J]. 中国注册会计师,2019(10).

[9] 任文岱. 教育部印发《高等学校课程思政建设指导纲要》[N]. 民主与法制时报,2020-06-06(1).

[10] 中央深改委审议通过《关于加快建设世界一流企业的指导意见》[J]. 中国总会计师,2022(2).

[11] 关于中央企业加快建设世界一流财务管理体系的指导意见[J]. 中国管理

会计，2022（1）.

[12] 纪纲，程昔武. "课程思政"理念融入财务管理课程教学方法论[J]. 佳木斯大学社会科学学报，2022，40（4）.

[13] 常真机. "课程思政"视域高校财务管理专业规范化教改研究[J]. 中国标准化，2022（14）.

[14] 姚江红. 基于OBE理念的财务管理专业课程思政实践路径研究[J]. 陕西教育（高教），2022（5）.

[15] 张乐乐. 课程思政视域下财务管理专业教学研究[J]. 理财，2022，（1）.

[16] 翟一. 高校课程思政的专业协同创建研究——以财务管理专业为例[J]. 公关世界，2021（24）.

[17] 许珂. 财务管理专业推进课程思政建设的探索与实践[J]. 科教文汇（上旬刊），2021（10）.

[18] 仇小微. 财务管理课程思政的转向、定位与路径初探[J]. 江苏商论，2021（10）.

[19] 王娜，赵凯，郭梦娇. 新时代财务管理专业开展课程思政的思考[J]. 投资与合作，2021（9）.

[20] 杨森，张洁慧. 财务管理课程思政建设的实践与思考[J]. 会计师，2021（15）.

[21] 王明睿，侯荣新，朱晓佳. 高校财务管理专业课程思政教学实施研究[J]. 中外企业文化，2021（5）.

[22] 陈中斌，杜春华. 财务管理专业实施"课程思政"的问题及对策[J]. 湖北经济学院学报（人文社会科学版），2021，18（6）.

[23] 魏少玲. 应用型本科高校财务管理专业人才培养的课程思政研究[J]. 经济研究导刊，2021（12）.

[24] 陈庆红，曹愉. 课程思政在财务管理专业教学中的实施路径[J]. 教书育人（高教论坛），2021（12）.

[25] 宫相荣. 财务管理专业课程思政讲授探讨[J]. 上海商业，2021（4）.

[26] 张敏，赵奥，祝恩扬. "课程思政"在民族高校财务管理专业课程教学中的实施路径研究[J]. 产业与科技论坛，2020，19（9）.

[27] 宋泓锦. 高校财务管理专业课程思政教学改革的思考[J]. 营销界，2020（15）.

[28] 熊玲. 财务管理专业"课程思政"的理论认识与实践路径[J]. 长江丛刊，

2020（8）.

[29] 姜美琴. 高校财务管理专业课程思政教学改革的思考[J]. 纳税，2019，13（34）.

[30] 杨静. 高职财务管理专业融入"课程思政"的路径研究[J]. 纳税，2019，13（33）.

[31] 张莉. 财务管理专业推进"课程思政"建设的策略[J]. 学校党建与思想教育，2019（18）.

[32] 朱强，谢丽萍，朱阳生. 财务管理专业"课程思政"的理论认识与实践路径[J]. 学校党建与思想教育，2019（6）.

[33] 耿刘利，王琦，陈若旸. 高校财务管理专业课程思政教学改革的思考[J]. 西南石油大学学报（社会科学版），2019，21（2）.

[34] 郑钟琴. "课程思政"与专业教育创新融合模式探索——以财务管理专业为研究视角[J]. 企业科技与发展，2019（3）.

基于"四位一体"的课程思政改革与探索
——以"审计学"课程为例

◎ 李晓羽　阳园

一、引言

自全国高校思想政治工作会议召开以来，探索如何围绕以立德树人为中心环节做好思想政治工作、落实立德树人根本任务，成为各高校以及教育行业从业者反复研究、探讨的重要议题。在 2018 年北京大学师生座谈会上，习近平总书记指出"要把立德树人的成效作为检验学校一切工作的根本标准""要把立德树人内化到大学建设和管理各领域、各方面、各环节，做到以树人为核心，以立德为根本"，强调了在高校教育中育德的重要性，为思政建设提供了重要的方向指导。

近年来，随着课程思政建设的不断深入，课程思政在认识上、理论上及实践上都取得了迅速的发展。然而在课程思政建设过程中，仍存在一些令人忧虑的问题，如在实践中，有的忽视了课程思政建设与落实立德树人根本任务、建设高水平人才培养体系、健全"三全育人"体制机制的关系；有的忽略了课程与思政之间的关系，忽视了思政理论、课程思政与专业思政之间的关系等。这些问题制约了课程思政建设的高质量发展。

以审计为例，无论是国家审计、社会审计还是内部审计，都可能因审计人员对被审计单位缺乏充分的了解或在审计工作中存在过失行为或缺乏应有的职业关注、缺乏独立性或缺少应有的职业道德而导致审计失败，进而给被审计单位利益相关者以及社会造成经济损失。因此，在高校教育中，如何利用课程思政的立体多元结构，把握不同专业的学科特色，以思想政治理论课为基础，将德育融入专业课、通识课、实践课程教授的各环节当中，发挥各类课程与思想政治理论课的协同效应，提高学生的法律意识、增强学生的职业道德，是审计

基金项目：本文是 2018 年度重庆市社科规划项目"基于大数据背景下财务审计模式变更及效率提升研究"（2018PY66）的研究成果。

学课程思政建设发挥德育作用的重要任务。

二、"四位一体"课程思政体系的内涵

"四位一体"课程思政体系主要包括思想政治理论课、通识选修课、专业核心课、社会实践课，全方位、多角度覆盖。秉持"一课一思政"理念，推动各学院、各专业基于人才培养方案和办学宗旨，立足学科视域、理论与方法，将思政元素融入课堂教学各环节，努力实现课程思政覆盖所有课程、思政教育覆盖各个培养环节。

（一）思政理论

思政内容包括思想政治教育的理论和知识、价值观念以及精神追求。它是课程思政的理论基础，以马克思列宁主义为指导，为党在不同时期的基本路线和政治方针服务，鼓舞人们为实现各个时期的革命目标而奋斗。思政理论是指导人们正确认识世界、改造世界的科学的方法论。对思政理论的系统学习，有助于增强学习者思想的硬度和深度，提高政治素质和政治觉悟。开展诸如新时代中国特色社会主义理论与实践课程、马克思主义原理等公共必修课，夯实学生理论基础，引导学生树立正确的价值观念。

（二）通识思政

通识思政是指利用通识选修课所具有的基础性、整体性、综合性、广博性的特征，将思政元素融入其中，不但可以避免学生涉猎知识的狭隘化，消除学科之间的偏见，赋予学生更多的主动性、提高其在课堂上的专注度与积极性，还能扩大学生接受思政教育的渠道。通识课程更强的人文性，在与思政元素融合后，更易于理解，并通过转化促进学生的精神世界发展。

（三）专业思政

专业思政是指将课程中包含的专业知识点与相应的思政元素以案例或其他形式进行融合，注重学生专业能力和科学素养的培育，同时强调对思想价值的引领作用。专业思政最重要的不是对思政元素的机械植入，也不是生硬的政治教育。这是一种春风化雨、润物无声，追求在潜移默化中对学生施加影响的隐

性教育方式。

课程思政是专业思政的基础，而专业思政应站在专业的高度，确定思政目标，融入人才培养方案，通过专业内教学各环节的课程思政协同化，促使课程思政的教学各司其职、有序实施，因而专业思政是课程思政的深化，是课程思政的系统提升。

（四）思政实践

思政实践是指在校内课程实验或校外社会实践过程中，利用亲身体验的实践方式，开展浸润式思政教育。校内课程实验的形式包括案例教学、专家讲座、学术报告以及计算机模拟实验等，校外社会实践包括企业实习、专业调查等。在思政实践当中，需格外强调教师的价值引领作用以及专家的先锋模范作用，让学生在实践中切实体会思政的内涵以及思政与现实生活的关联。

三、高校"审计学"课程思政建设的现状

（一）审计学课程教学与思政建设之间存在断层

长期以来，高校的思想政治工作，大多以开设理论性较强的马克思主义和思想政治课程的方式进行，专业课程未能与思政教育有机融合。在这种模式下，并不能有效发挥思政课与专业课的协同效应。

在思想政治教育过程中，教学内容比较枯燥乏味，常以讲师单方面输出内容为主，甚至个别教师有照本宣科之举，学生接收信息十分被动，对传授的知识也缺乏理解。与此同时，多数学生对思政类课程不够重视，在分配学习时间时远远不如诸如审计学、会计学之类的专业课程，因此在此类课堂上，学生大多参与度不高、积极性低，以致教学效果不佳。然而，站在实现中华民族伟大复兴的全局和战略高度，需努力培养德智体美劳全方位发展的社会主义建设者和接班人。专业技能固然重要，但是品德与思想政治素质决定了一个人的事业能走多远。

（二）专业课教师对思政教育的认识不足

目前，我国高校的课程思政建设过程中，普遍存在专业课程教师与思政课程各成一派的现象。思政课程主要讲解纯粹的马克思主义和马克思主义中国化的一系列理论思想，而专业课程则注重培养专业理论知识丰富、职业技能扎实的应用型人才。虽然，在课程思政建设的研究当中，强调两者的有机结合能起

到事半功倍的效果，但在实践应用时，仍是各行其道。大部分专业课教师并没有认识到自己在课程思政中的作用，认为思政教育与专业课教学之间并无直接联系，忽视了对学生职业道德和社会责任感的培养。

要想在潜移默化中对学生的价值观念、责任抱负加以影响，必须将思政教育渗透到教师的日常生活与工作当中。忽视思政教育，同样会使教师缺乏正确的政治素养和社会责任感，难以培养符合新时代要求的具有综合素质的人才。

（三）缺乏科学的评价方法和体系

目前，一般高校课程的考核主要包括平时考核和期末考核两部分。前者包括出勤率、作业、课堂参与度等，后者则以考试或课程论文的方式进行，从普遍情况来看，期末考核分数所占比例更高，且在考核中鲜有课程思政方面的内容。此外，在平时成绩考核中常存在教师打分随意、学生课后作业完成质量不高等问题，缺乏对课程思政的考核，也大大降低了课程的教学效果以及学生的上课积极性。

四、"审计学"课程思政"四位一体"目标的实现路径

（一）重构教学目标，优化课程思政内容设置

传统的"审计学"课程教学主要关注的是审计的基本原理、基础知识的讲解和专业实务技能的培养，其教学目标在于使学生系统地掌握审计理论、审计方法以及审计程序，培养审计实务操作技能。在传统的教学目标下，培养出的审计专业学生大多具有相应的业务胜任能力，但法律意识不足、社会责任感有所欠缺，审计人员执业行为失当、失信或失职而导致的行政处罚案例，屡见不鲜。

为落实立德树人根本任务，高校应加强顶层谋划，扎实推进，紧扣人才培养目标、毕业要求、课程体系、教学大纲等核心环节，力求将思政教育全方位融入审计专业人才培养计划之中。这就要求教师在授课过程中要挖掘课程思政元素，把知识传授、能力培养以及价值观引领结合起来，使学生了解审计人员职业道德和法律责任，树立正确的职业道德观念、法律意识以及社会责任感，在执业过程中严格遵守执业准则、坚持独立性基本原则，坚持客观公正、诚实守信，保持应有的职业谨慎，主动承担起维护社会经济秩序的责任。

另外，课程思政实施的基础是课程的设置。教师要将课程思政元素融入当前课程教学体系之中。目前，国内大部分高校并未对审计学进行学科方向的细

分,审计类课程的特色化程度不高。各高校应顺应社会经济发展、把握学科前沿研究方向,将审计学研究方向进行细分。根据不同的审计研究方向,融入相应的思政元素。例如:低碳审计、环境审计要基于国家的形势政策、家国情怀的视角,强调社会进步的必然要求、环境保护的重要性;大数据审计可基于国家战略视角,强调大数据战略的重要性以及经过"加工"后实现的增值;对于所有审计研究方向而言,必不可少的是从科学思维、人格修养和立德树人视角的思考与践行,强调学生在实务中以发展的眼光看待问题,不孤立、片面地进行思考,在职业生涯中培养严谨务实的工作态度,严格遵守法律法规,培养良好的职业道德。

(二)强化教师思政意识,加强教师团队建设

高校思政教育改革对任课教师的专业素养、教学及科研能力、思政素质水平提出了更高要求。高校教师不仅要有充足的知识储备和较高的专业胜任能力,还应树立较强的思政意识,善于挖掘思政元素,并将其有机融入日常课堂教学之中。教师应发挥其经验、经历优势,灵活运用经典案例教学,融合思政元素进行教学,强调职业道德的重要性。如以 AR 事件作为案例:AR 联合 ADX 会计师事务所进行财务造假,审计人员职业道德严重缺失,这也成为 ADX 倒闭和 AR 破产的原因之一。教师应不断完备自身知识结构,不断开阔视野,要从人才培养方案和课程目标出发,熟悉审计学的课程设置要求,灵活运用思政元素,以教学全过程的视野,将传统的课堂教学为主体的教材内容扩展到一体化内容体系建设之中,从课程本身所带有的育人思想和育人功能出发,实现"授业"与"传道""解惑"三者统一。

首先,高校应采取措施,加强教师团队建设,构建专业课教师与思政教师之间信息沟通与交流机制,严格落实课程思政任务,及时发现并探讨思政教育中出现的问题以及改进途径;其次,在学校或学院层面,定期组织学习研讨活动,加深专业课教师对思政教育重要性的认识,鼓励优秀教师进行教学经验分享,充分发挥其带头示范作用,提高教师将思政元素融入课堂的能力;最后,也可通过讲座,邀请专家对课程思政进行深刻解读,与专业课教师进行思想交流。

(三)完善课程考核方式,建立综合评价体系

随着过程化考核方式的逐步推广,"一考定优劣"的考核方式已逐渐淡出高校的课程考核范畴,大多数高校的审计学课程考核方式采取"期末考试成绩+

平时成绩"的形式。以"过程性考核"为思路，结合"四位一体"的课程设置模式，将思政元素纳入课程考评体系。

"审计学"课程考核应加强对平时成绩的考核，采取更丰富多元化的日常考核方式，突出对品德和能力的考核，同时融入对课程思政的教学效果的衡量。日常考核可分为两种，分别是课内考核和课外考核。课内考核，应重视随堂测验环节，一方面可以及时反映学生的学习效果；另一方面可以方便教师查漏补缺，对教学内容进行补充。课外考核，强调课外研讨类活动，即在思政实践中，要求学生参加相关的论文、讲座等，如博士论坛、中国商业会计学会学术会议、会计或审计学术大讲堂，以及会计、审计实务大讲坛等各类专家讲座、学术会议，并撰写思想汇报，学生不仅可以在讲座中接触到学科前沿理论成果，还可以学习专家、教授的实务经验；在教学过程中，通过实务案例、翻转课堂等，对有关审计人员职业道德的知识点进行深化，增强学生对审计职业生涯中不良执业行为、不良道德观的印象，学会如何约束自己的行为，以树立良好的职业形象和遵守严格依法、爱岗敬业、勤勉尽责的职业道德观与法律意识。

五、结语

教学改革探索并非一朝一夕，审计学课程思政的教育内容同样需要在持续不断的教学实践中得到扩展和完善。随着时代的发展与改革，经济社会将不断赋予大学生新的使命与任务，对大学生的能力和素质提出更高、更新的要求。课程思政元素的凝练和内容的设计必将紧随时代发展的步伐而不断创新，课程思政的教学实践路径也会随着基本技术的进步开启多个通道。

本文以"审计学"课程思政建设为例，分析了高校审计课堂教学与思政教育融合的现状及存在的问题，探讨构建知识传授、能力培养以及价值观引领结合的教学目标，建立过程考核和期末考核相结合的评价体系，将学生的学习模式从被动灌输转换为主动思考，最终使学生获得思政素质和专业素养的双重提升。为更好地实施课程思政教学改革，提升育人素质，专业课教师应重视课程思政教学改革，切实将思政知识融入专业课堂的教学中，在培养学生理论知识和专业技能的同时，提高学生的社会责任感法律意识、职业道德水平。

参考文献

[1] 姜学军，邓庆莹. "三位一体"研究生课程思政体系构建研究[J]. 辽宁广播电视大学学报，2022（1）.

[2] 王改霞. 课程思政视角下高校会计专业《审计学》课程改革研究[OL]. 中国乡镇企业会计，2022-03-09.

[3] 冯晓双. 审计学课程思政教育的开发初探——基于元素凝练、内容设计与实践路径[J]. 商业会计，2020（24）.

[4] 刘国城，董必荣，黄中生. 会计学"课程思政"示范专业建设的研究动态、实现路径和保障策略[OL]. 南京审计大学会计学院，2022-06-05.

[5] 陈华栋，苏镠镠. 课程思政教育内容设计要在六个方面下功夫[J]. 中国高等教育，2019（23）.

[6] 郑石桥. 关于本科审计学专业的审计类课程设置若干思考[J]. 财会通讯，2019（28）.

"红色文化资源"融入课程思政育人实践的教学改革与路径探索

——以"审计史"课程为例

◎ 蒋秋菊

一、课程思政背景下审计类人才需求的特点

在我国,"课程思政"较早起源于上海一些高校对教育教学改革的探索活动中,目的是要解决思想政治课程与其他专业理论课程之间存在的"两张皮"现象,即"课程"与"思政"貌合神离的问题,致力于通过寻找专业理论课程知识点中具有价值引领功能的思政元素,充分发挥其教育教学价值,达到全方面协同育人的效果。2020年4月发布的《关于加快构建高校思想政治工作体系的意见》要求高校在所有学科中全面推进课程思政建设,这标志着我国开始进入高校课程思政的全面建设新时期。

重庆工商大学是我国较早从事经济与管理类教学与科研的单位之一,学校坚定不移地走高质量发展之路,不断深化教育教学改革。近年来,重庆工商大学会计学院高度重视课程思政教学改革探索,会计学院的课程思政建设工作在重庆市乃至全国的课程思政教育中走在前列。

作为一所地方办学的院校,重庆工商大学的发展一直以来都深受所在地——重庆市的优良文化的熏陶。众所周知,重庆地区拥有的红色文化资源包括红岩精神、抗战文化、红军遗址以及移民精神等。在开展课程思政和教学改革的过程中,高校可以充分利用这些独具特色的文化资源帮助学生在学习专业课程知识的同时,正确地了解和领会重庆红色文化资源中所蕴含的革命先辈们艰苦卓绝、永不放弃的革命精神,树立起正确的三观,端正学习态度,激励学生在学习专业知识的同时,认真"听党话""跟党走",打牢学生基于社会主义核心价值观建立的思想根基,探索重庆红色文化资源转化为课程思政的方法,夯实和发挥重庆红色文化资源的精神根基。

在这一背景下,笔者在重庆工商大学会计学院审计学专业硕士主讲的"审计史"课程也积极进行教学改革,对于如何充分发挥红色文化资源价值积极思

考和组织探讨，尝试基于重庆市红色文化资源的内容构建"审计史"课程的课程思政实践教育体系，对于提升教师的教学技能和教学质量具有重要作用。鉴于此，本文基于重庆工商大学会计学院审计专硕"审计史"的"课程思政"教学改革实践，探讨红色文化资源融入"审计史"课程思政育人实践的教学改革与路径。相关经验可以为其他课程的课程思政提供借鉴。

二、"红色文化资源"融入"审计史"课程思政实践教学的必要性与可行性

（一）红色文化资源作为课程思政元素必要性探讨

随着市场经济的繁荣，企业审计需求日益攀升，而审计人员却十分缺乏。我国审计人才培养体系还不完善，人才培养模式还不够新颖。在此背景下，2011年，国务院学位委员会颁布的《审计硕士专业学位设置方案》决定，在我国设置审计硕士专业学位。高校作为审计人才培养的重要场所，将红色文化资源融入人才培养是培养符合时代发展和市场需要的审计人才的必由之路。当前，全国共有近50个审计专硕专业，通过专任教师、产学研协同等方式开展办学，要求学生既要掌握专业知识，也要学习和锻炼审计实务方面的能力。但是，在审计专硕的培养过程中，虽然部分高校开设了"商业伦理""会计职业道德""审计职业道德"等有关思政教育的课程，但部分任课教师和学生对这类课程知识点的认识和挖掘不够，导致对学生的思政教育效果不佳且没有实质性作用。

2002年，重庆工商大学会计学院成立审计系，2019年开始招收审计专硕研究生，同年开设"审计史""政府审计理论与实务""审计职业道德"等必修课程。其中，"审计史"课程是一门主要探讨不同审计（社会审计、政府审计、内部审计）的起源、发展的专门学科，研究内容包括探究审计文化的渊源、历代审计机构的设立、审计机构的工作内容与职权范围、审计方法的演变、审计立法的过程、审计制度得失利弊、审计人员的职责和能力要求的演变。该课程是审计学专业本科生和研究生核心课程的组成部分，也属于经济史中的一个门类。课程的教学目的在于从历史视角探究审计在社会经济发展过程中的角色，并从审计视角印证国家发展与社会变迁。

近年来，重庆工商大学会计学院要求课程教学大纲有明确的课程思政内容、课程教学日历有课程思政的具体计划与做法，开展课程思政观摩示范课、"立德垂范"党员示范课、课程思政调研与培训，以及学院的免监考、诚信宣誓、新入职教师和大二学生的入院宣誓等活动。学院的课程思政建设已取得一定的成

效,在校园网、重庆日报、新华网有一些总结报道,但仍需要再接再厉,积极探索将"红色文化资源"融入课程思政的路径,提升教师运用恰当的方法进行课程思政教学的意愿和综合能力。

（二）红色文化资源作为思政教学材料的可行性

1. 深厚的红色文化资源提供了资源支撑

红色文化资源（尤以红岩精神、抗战精神著称）在中华民族优秀传统文化和中国革命精神谱体系中具有非常重要的地位,具有分布集中、精神价值深远、内涵广泛、传承效果显著等方面的特点,涵盖了我国历史上的大革命时期、土地革命战争时期、抗日战争时期、解放战争时期等重要历史阶段（王婧,2021）。相关的红色文化景区包括渣滓洞、白公馆、桂圆、重庆谈判遗址、周公馆、红色村、红岩魂陈列馆、红岩魂广场及红岩文化景区等,大部分集中分布在重庆主城和邻近区县。可见,重庆市红色文化资源丰富,种类多样,分布广泛且密集。这些红色文化精神蕴含着充裕的思政育人功用,为现代历史类课程的课程思政育人提供了宝贵的资源支撑。可见,红色文化精神资源可以作为教学材料融入相关课程的课程思政教学内容之中,更有利于教学目标的实现。

"审计史"课程可以将思想政治教育内容与课程知识相结合,运用人工智能等信息化手段,通过线上线下混合式教学,积极组织学生参观,开展基于情景的沉浸式教学,课堂讨论主题丰富,考核方式灵活,综合使用多本教材和教辅资料。"审计史"课程思政的部分教学要素如表1所示。

表1 课程思政教学计划表

红色文化资源	课程思政目标	思想政治教育元素（教学内容）	教育方法和载体途径	预计教学效果
白公馆：是一处缅怀英烈的革命遗迹	融入中国共产党党史教育	审计的组织结构	文献阅读、史料梳理、分组总结	加强学生对于党史学习的动力
红岩革命历史博物馆：中共中央南方局暨八路军驻重庆办事处所在地	融入中国共产党的监督理念与国家治理战略	审计的作用与功能	国家治理方面重大政策、方针和会议内容学习与探讨	帮助学生理解我国行政制度

续表

红色文化资源	课程思政目标	思想政治教育元素（教学内容）	教育方法和载体途径	预计教学效果
歌乐山烈士陵园	有机融入社会主义核心价值观（爱国）	审计职业道德	课堂讨论	深化学生对社会主义核心价值观的认识
解放碑：抗战胜利纪功碑	有机融入中国优秀传统文化教育	审计的起源与发展	信息化载体、参观体验	强化学生对中国传统文化和政府审计起源的认同
重庆抗战遗址博物馆	有机融入习近平新时代中国特色社会主义思想的"四个自信"	《审计法》修改，或政府审计人员法律责任	案例学习	提高学生对我国特色社会制度的信心
渣滓洞：国民党时期的监狱，来此缅怀革命先烈	有机融入"中国精神"教育	财政审计、政策落实跟踪审计	文献阅读、新闻检索、实地调研走访	强化学生责任感和公民意识
重庆大轰炸惨案遗址、"六·五"隧道惨案遗址	有机融入"风险防范"教育	审计风险	国家金融领域重大政策、方针解读，新闻检索、实地调研走访	提高学生风险防范意识
桂园：国共两党在此签署了著名的《双十协定》。桂园是国共谈判的重要见证地	有机融入"团队协作"教育	审计团队	审计项目组团队成员组建	提高学生团队协作和育人合作意识

2. "产—学—研""协同育人"特有优势提供了实践保障

"产—学—研"融合、校企"双元"人才培养"协同育人"模式是大数据时代下的一种产教融合创新教学模式,对提升学生理论学习和社会实践能力、满足企业应用型人才需求具有十分重要的意义(张龙等,2020)。以重庆工商大学会计学院审计专硕的培养为例,审计专硕每年招生规模约为50人,且呈现逐年上升的趋势,与每年招生规模为150余人的审计学本科生相比,审计专硕在学生组织、管理、培养、就业、人才输送等方面的教育优势更为显著,"产—学—研"融合、校企"双元"人才培养"协同育人"的教学模式可在一定程度上保障课程思政实践更加到位。笔者所在的重庆工商大学会计学院将课程思政作为教学改革的重要方向,在校企协同育人、完善人才培养体系、双导师教学队伍建设、校外实践平台和实习企业管理评价体系、教学改革项目与人才培养的资金经费支撑等方面均大力扶持,全面保障了课程思政教学的顺利实施,取得了良好效果。

三、"红色文化资源"融入审计史教育课程思政实践育人面临的问题

(一)教学思想政治水平不高,"审计史"教学未能有效激发学生的学习热情

当前,审计专硕实行双导师(在校教师+校外事业导师)制培养模式。一方面,大部分学院教师缺乏接触史料和审计工作的机会,对审计学科和审计职业的任职较为缺乏,导致教师不容易以审计实务为基础开展思想政治教育,不能达到培养满足社会和企业所需的德才兼备的人才要求。在"审计史"教学过程中,理论与实践相结合进行教学不明显,两者之间的脱节问题较为严重,课堂上多以教师为主,学生仅作为知识的被动接受者,而学生对于被动接收教师讲解的各种审计史专题缺乏主动学习的意愿和积极性,严重影响"审计史"的课程教学效果,这也是造成"审计史"课堂教学气氛不活跃、学生缺乏学习兴趣的原因之一,对于学生认识审计职业和提高审计实践能力没有产生积极影响。

另一方面,事业导师对学生的指导则较多侧重于讲授管理实践、工作技巧和相关经验,而事业导师在实践指导进程中很少提及职业精神、职业道德、工

匠精神、优良企业文化等思想。"红色文化资源"融入课程思政教学实践的方式没有固定下来，没有具体到一定规范的教学范式。

（二）教学组织管理不规范，"审计史"重理论、轻实务

校园与社会企业同为人才培养方，共同承担着培养人才的育人使命，以培养具有一定的专业知识、技能、创新能力的人才为目标。然而，双导师制教学仍没有形成规范，也没有制定相关的评价指标体系对实施效果进行评价，因而在课程思政方面的经验非常匮乏，也缺乏效仿榜样，课程思政的考核评价机制缺失，学校和企业在思政育人方面缺乏行之有效的沟通，无法统筹课程思政育人实施方案。部分院校的课程思政机械式地融入"红色文化精神"，甚至以参观拜访、浏览、观看网络视频、小组讨论汇报为主要内容，课程思政未能全面覆盖到课程内外、线上和线下、校内和校外，亟须构建起一个具有分明的层次和规范的考核评价方法的育人教学体系。

（三）"红色文化资源"挖掘不全面、不系统，未充分整合

学者们对于"红色文化精神"的研究已有多年，重庆市现有人民解纪念放碑（被誉为见证历史的精神堡垒，"抗战文化"）、红岩魂陈列馆（"红岩精神"）、三峡博物馆（"移民精神"）等重要红色纪念基地。尽管重庆具有十分丰富的"红色文化精神"资源，但是高校对"红色文化精神"中蕴含的精神资源和将"红色文化精神"融入思政教育的挖掘还不足。

四、以"红色文化资源"为引导进行课程思政教学改革的原则与路径

高校审计专业教学的首要目标应突出德育、专业性，重庆地区高校可充分利用本地特色"红色文化资源"，加以深度提炼，融合"红色文化"与校园文化、企业文化，探索实现课内—课外、线上—线下、校内—校外相结合的课程思政教学方法和教学过程，探索具有重庆特色的课程思政教学范式。

（一）"红色文化资源"融入课程思政实践育人的原则

课程思政教学不仅要立足理论课堂和实务工作中的具体岗位，也需要走出课堂，到具体的红色文化资源单位进行走访，搜集相关的资源素材，对相关人

物的事迹进行学习，让学生身临其境，将课程思政融入"红色文化精神"之中，积极鼓励学生单独或分组行动和学习，让学生主动走出校门，真正让"红色文化精神"融入学生的内心。

（二）"红色文化资源"融入课程思政实践育人路径

1. 校企协同教学体系整体设计

（1）明确教学目标和课程内容体系。国家提倡"每门课程都要有思政，每位教师都要讲思政"，各门课程都要守好这个学科领域的原则底线，教师尽到课程教学和思政教学的责任。然而，校企协同开展专业课程思政的难点在于，不同学科领域的专业课程具有不同的课程目标、人才培养目标、知识架构、教学方法、实务安排，导致课程思政融入不同课程时会面临一定的门槛和限制，因而教师或课程团队需要对教学内容进行精心设计，并认真思考如何自然地将课程思政案例穿插到课程教学之中。

（2）梳理统一合理的考核评价机制。教师可以对学生在课堂内外的思政表现进行评分。该评分可以在该门课程平时成绩中占有一定比例，课堂实践可以侧重于对学生道德、职业素养的评价，企业岗位实习过程则可以强化对学生工作态度、行为规范等方面的考核，对学生社会实践活动进行综合考核和评价。

2. 双导师模式下"三位一体"育人

"红色文化资源"进入课程思政教学的形式必须贯穿于育人体系的全过程，学校和企业都需要共同付出努力。一方面，教师需要学习如何深挖"红色文化资源"的内涵，结合相关专业课程特点从"红色文化资源"中挖掘思政元素；另一方面，企业则可以从自身企业文化中凝练出与"红色文化精神"相契合的元素，事业导师可以通过言传身教、以身作则发挥示范引领作用，将职业素养、"红色文化"、工匠精神和优良的企业文化融入工作之中，培养学生的思政意识。

3. 保障机制构建

坚持将"红色文化"融入思政育人，建立课上与课下、校内与校外、企业与社会协同育人的相关机制，坚持双导师引领与学生自学相结合的培养模式，形成教学系部牵头，企业高度参与教务处与学院相互配合的模式，确保学校与企业形成有效合作。

总的来说，将"红色文化"融入课程思政中，能一定程度上激发学生的学习热情，塑造出具有宏大家国情怀、良好职业道德、较高科学素养和严谨科学精神的高素质审计人才。

参考文献

[1] 秦专松. 让重庆红色文化资源转化为铸魂育人的精神动力[N]. 企业家日报，2021-05-20，http：//www. entrepreneurdaily. cn/2021-05-20/3/2400027. html.

[2] 王婧. 发挥重庆红色文化的资源优势[J]. 当代党员，2021（13）.

[3] 张龙，陈世崑，丁剑平，等. 产学合作协同育人机制下的学生实习实训模式探究[J]. 科技风，2020（14）.

MPAcc 专业"管理会计理论与实务"课程思政探讨

◎ 崔 飚

课程思政是高校落实立德树人教育目标的重要途径，是确保研究生培养质量的内在要求，是新时代教育教学改革的新要求。课程思政既是一种教育理念，也是一种思维方法。任何研究生课程教学都应肩负思政教育的责任。"管理会计理论与实务"是学校 MPAcc 专业的专业核心课程和审计专硕的必选课，是省级研究生优质课程，2019 年成为校级研究生课程思政精品在线开放课程建设项目。该课程涉及多个专业，课程组师资队伍优秀，已经积累了一定的课程思政经验，并形成了比较丰富的成果。

一、"管理会计理论与实务"课程思政的目标

"管理会计理论与实务"课程思政的目标是吸收管理会计前沿观点，运用现代教学理念，充分发掘课程思政元素，充分利用现代信息技术手段，在教学内容与体系、教学手段与方法等方面进行跨越性的创新与改革，精心设计，巧妙地将思政教育与专业知识传授、专业实战能力提升深度融合，以实现"德知能"均高的会计高端专业人才培养目标。

二、"管理会计理论与实务"课程思政融入方式

专业课程思政不能体系化、系统化地进行，否则会将专业课变成纯思政课，效果不佳。专业课程思政必须结合课程特点，不断寻找德育思政元素，进行非体系化、系统化的教育，应坚持循序渐进、手段方式多元、突出重点、注重实效的原则。"管理会计理论与实务"课程思政主要采用了以下 4 个"相结合"的融入方式：

基金项目：本文是重庆市研究生教育教学改革研究项目"基于培养造就德才兼备高层次人才的会计专业硕士内生性融合课程思政体系化建设与探索"（yjg223108）的阶段性研究成果。

（一）课程讲授与思政元素渗透相结合

课堂知识讲授前，课程组特别注重思政元素发掘和思政课堂教学设计；课堂知识讲授时，特别注重思政元素的巧妙融入，利用发掘的思政元素，或强调或提问或稍作拓展，让思政元素以春风化雨的方式自然地渗透到学生的认知中，让学生自然地树立积极向上的人生观、价值观。

（二）理论讲授与实际案例相结合

课程思政教育不能喊口号，不能背答案，应从社会实际生活中寻找经典的故事和案例，以案例讨论、反思的方式融入。研究生教学离不开案例，无论成功还是失败的案例中都蕴含着思政元素。比如，一个成功的创业，必然具有正确的价值观、坚定的政治立场、诚信的品质、锲而不舍的精神等思政元素。利用案例分析，让学生去体会、感悟做人做事的道理，然后专业课老师顺势正确引导，逐渐让学生树立正确的价值观。

（三）正面积极引导与必要的纪律约束相结合

该方式主要适用于课堂管理。比如，通过适时关注学生到课情况、听课状态、作业完成情况等有感而发，引导学生端正态度、认真学习，帮助学生养成良好的学习、生活习惯。正面积极引导是指采用积极的方式，通过摆事实、讲道理，让学生明辨是非善恶，提高认识，形成正确观念和道德评价能力；纪律约束是一种消极的引导方式，即直接对不良行为做出惩戒。课程思政教育和教学，必须坚持以正面引导为主，积极疏导，启发教育，必要时才采取纪律约束，最终引导学生品德向正确、健康的方向发展。

（四）任务驱动、翻转课堂、案例讨论、移动课堂等多种方式相结合

这些方式均属于主动学习的教学方式，有利于激发学生兴趣、提高学生的主动性，从而培养学生的综合能力。任务驱动是指把学习内容寓于工作任务之中，让学生带着任务主动学习。比如，课程的追踪案例，是让学生根据教学进度追踪一家公司的相关管理会计行为，对公司理财目标、财务活动进行分析并形成报告。这可以大大提高学生资料收集能力、团队协作能力、文字表达能力和财务分析实战能力等。同时，通过案例报告反思，学生能客观地评价自己，进一步明白认真学习和终身学习的重要性。翻转课堂可以让学生真切体会当老师的感受，明白"台上一分钟，台下十年功"的艰辛，从而更加尊敬老师。案例讨论是让学生在课前精心准备、在课中采用多角色扮演（或阐述或质疑或讨

论），在课后总结反思的全过程综合训练的一种教学方式。这种方式可以大大激发学生兴趣、提高课堂活力和团队创造力。移动课堂是指适时带着问题，把课堂延伸到企事业单位，或参观现场或听一场专题报告或与实务界的专家坐在一起交流探讨，感知企事业单位的真实情况。这种方式是学生感悟和学习企业家精神的最好方式。

三、"管理会计理论与实务"课程思政教育教学方案设计

"管理会计理论与实务"课程教学目标是让学生掌握管理会计的基本理论和重要方法工具，能够对信息进行客观科学分析与判断，为管理者提供决策、战略规划和控制所需要的信息。课程组根据研究生课程思政要求，结合课程特点和课程大纲，发掘提炼出能够与爱国、诚信和敬业等思政元素相结合的知识点，然后进行巧妙设计与安排，形成了比较详细的"管理会计理论与实务"课程思政教育教学方案（见表1）。该方案经过多年的实践，效果良好。

表1 "管理会计理论与实务"课程思政教育教学方案

课程思政目标	思想政治教育元素（教学内容）	教育方法和载体途径	预计教学成效
科学认识管理会计的本质，培养学生严谨的学术态度和科学理解事物的习惯	第一讲：管理会计导论 管理会计的本质之争——管理的会计或会计的管理	收集资料、课堂讨论、分析报告	能够以科学的思维方法理解管理会计的本质
培养学生用全局观和整体观看待问题	第一讲：管理会计导论 登高望远——管理会计理论框架解析	课堂讲授、案例分析、分析总结	能够用全局观和整体观对相关学科、自身进行分析
培养学生为人之道，懂得做人要诚实劳动、信守承诺、诚恳待人	第一讲：管理会计导论 诚信——管理会计师职业道德解析	课堂讲授、案例分析、在线讨论、分析总结，行动学习，故事分享、行为跟踪	让学生明白诚信的重要意义，立志争做诚实劳动、信守承诺、诚恳待人的公民

续表

课程思政目标	思想政治教育元素（教学内容）	教育方法和载体途径	预计教学成效
让学生理解牺牲的价值和奉献的意义	第二讲：成本基础与变动成本法 牺牲的价值——成本的深层认识	案例分析、情景分析、故事分享、行为跟踪	能够在实际行动中敢于牺牲自己、乐于奉献
学习企业管理中的精细化思想和工匠精神，培养学生踏踏实实、精益求精的做事习惯	第三讲：作业成本法基本原理及应用 细节决定成败与敬业——作业成本管理理论与案例	理论讲授、案例讨论、参观体验、分析报告	让学生能够踏踏实实做事、精益求精，不再应付敷衍，分析报告用心完成
学习成本控制的原理，理解成本控制的重要性，培养节俭的美德，让学生明白养成勤俭节约的重要意义	第五讲：成本控制与标准成本系统 节俭——成本控制	课堂讲授、案例分析、在线讨论、分析总结，行动学习，故事分享、行为跟踪	让学生理解节俭是一种美德，明白事前控制和前馈控制的重要性，逐渐养成勤俭节约的好习惯
培养战略思维，学会长远安排	第六讲：价值链与战略成本管理 长远观——战略成本管理	理论讲授、案例讨论、参观体验、分析报告或职业规划报告	有理想有目标，不急功近利，职业规划报告科学可行
培养勤俭节约的美德，合理谋划未来	第十一讲：全面预算管理 合理谋划——全面预算管理	理论讲授、案例讨论、参观体验、分析报告	有理想、有目标、有谋划，不再闲散懒惰，学习生活井井有条
培养客观、全面、科学的评价态度	第十三讲：业绩评价和平衡计分卡 全面评价——平衡计分卡	理论讲授、案例讨论、参观体验、分析报告	科学评价自己，敢于正视自身的缺点，不断进步

续表

课程思政目标	思想政治教育元素（教学内容）	教育方法和载体途径	预计教学成效
向优秀者学习，树立积极向上的人生价值观，向优秀者学习，培养家国情怀	第十三讲：业绩评价和平衡计分卡 榜样的力量——标杆管理 第十五讲：经济增加值原理及应用 科学评价自己——经济增加值原理及应用	理论讲授、案例讨论、视频分享、参观体验、行动学习，寻找爱国企业及企业家	树立积极向上的人生价值观，向优秀者学习，让自己成为别人的榜样，让自己成为爱国的榜样

四、"管理会计理论与实务"课程思政教育教学方案实践路径

课程思政是一个艰巨的系统工程，必须构建一个全过程、全方位、协同立体的课程思政教育体系，才能获得较好的效果。"管理会计理论与实务"课程组边研究边实践，边实践边总结，形成了一套比较完善的课程思政教育教学方案实施流程（见图1）。课程组认为，本课程的思政教育教学方案的有效实施，必须适时抓好以下一系列的配套工作。

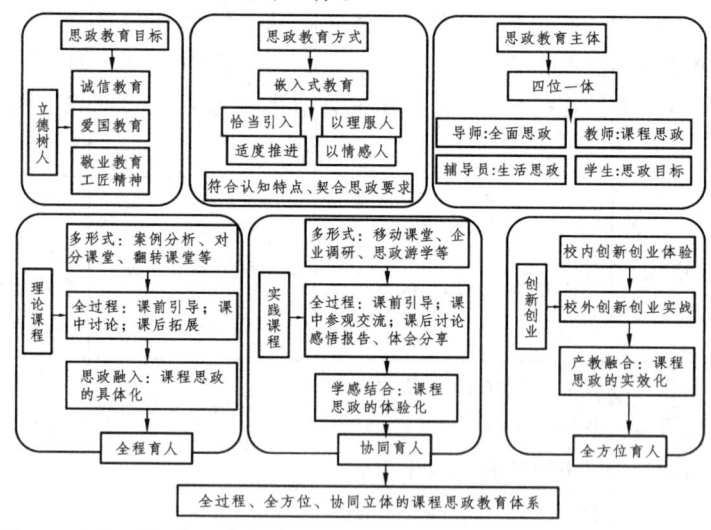

图1 "管理会计理论与实务"课程思政教育教学方案实施流程

（一）内培外引双手抓，加强师资队伍建设，提高教师思政素质

为了提高教师思政素质，课程组要重点做好 3 项工作：①"外引内培"优化师资结构。②实施中青年教师培养计划，提高中青年专业业务能力、外语水平和教师职业道德教育水准。③定期举办思政知识学习与思政午餐会，让专业课程教师集中学习思政知识和课程思政教学技巧。

（二）强化思政理念，优化教学内容，加强课程教学资源建设

为持续提高课程思政的教学效果，专业课教师不断研究改革教学内容，不断完善课程大纲、计划、教案、案例、习题等课程要件，开发录制了思政微课，收集了符合思政教育的热点案例，如 RX 咖啡的财务造假、LS 帝国负债累累等，建立了课程思政案例库，并申报了思政金课建设项目。课程组根据思政教育的要求，结合课程自身特点，不断实践与总结，对课程内容进行优化和思政融入，形成了详细可行的课程思政教学计划。

（三）提高平时成绩比重，优化过程考核，注重学生德育能力的培养

把思政考核融入教学过程管理是课程思政教育落地的最好手段，提高平时成绩比重，增加思政道德素养平时考核环节是专业课思政做实的重要措施。比如，课程组把课前准备、课后练习、案例撰写、案例分析、小组讨论、PPT 演讲、寻找榜样、正能量故事或行为分享等纳入平时考核，制定了科学有效的过程性考核办法。

一方面，课程思政将所学理论知识、思政内容内化为理想和信念，进而转化为实际行动，实现"知识教育"向"知行合一"的行动教学转变，贴紧学生的思想实际和学生基本素养的要求，跟进学院对学生进行教育、管理的各环节，融入学生校内外的各项实践活动，引导学生"学有所思，学有所行，行有所获"。另一方面，课程思政打破了传统的一纸闭卷的考核方式，采取多元化的动态过程考核。课程考核在时空上均有延伸和拓展，比如，除了在校期间的课内与课外考核，还涵盖寒暑假的课程调查、实践等，多维度地设立考核指标，将思政考核贯穿于学生校内外学习的全过程。

（四）利用现代信息技术，创新教学形式与教学方法，实施全方位思政教学

结合课程特点与变化，利用现代信息技术，积极深入开展教学方法和教学

手段研究，丰富思政元素传播形式。比如：开展移动课堂，让学生到企业去体验，学习工匠精神；翻转课堂式的课程思政报告，让学生分享一些爱国、敬业的感受；对分课堂，抛出思政话题，让学生讨论，并加以引导；请实务专家讲座，采取案例教学、情景教学和对抗演练等。再比如：充分利用"互联网+"的优势，建立课程微信群、QQ群，适时分享正能量新闻和话题。

不断创新教学形式，提升课程思政的趣味性和效果。教学形式应该由传统单一的"课堂教学"转变成"网络平台+课堂教学+实践教学"结合的多元形式。首先，网络平台可以有效拓展思政教学渠道。比如，课程组已经利用超星学习通、企业微信、慕课网为学生提供丰富的学习渠道，让学生自主学习基础知识、巩固重点、进行习题训练和自测，超时空讨论重难点和思政话题，分享思政故事，讨论思政小案例等。其次，课堂教学变为"学生为主、激发学生兴趣"的多元模式，即由小组讨论、小组辩论、案例分析、抽签讨论、知识竞答等多种形式相结合的课堂教学模式。最后，实践教学是思政的最好形式。课程组主要根据课程教学内容，安排了一系列实地调查、移动课堂来学习课程知识和提高思政素质。

教学方法围绕"德知能"三位一体的教学目标进行改革，注重全面培养学生分析问题和解决问题的能力来进行教学方法的设计。课程组主要采取了一系列有利于提高学生主动性的教学方法，如任务驱动、翻转课堂、案例讨论、移动课堂等。

（五）加强教育教学研究，推动教学改革，实现育人育才效果同步提升

课程组教师围绕课程教学内容和教学方法从事科研活动，特别重视育人方面的研究，充分融入思政理念，实现课程立德树人的目标。贯彻教学科研化与科研教学化的理念，把科研成果贯穿到教学中去。将教师自身的课题、学生的论文等与思政元素相结合，既丰富了教学内容，也锻炼了学生对课程知识的理解能力和应用能力，提高了学生发现问题、分析问题和解决问题的能力，提高了教学质量和学生的道德素质。

五、"管理会计理论与实务"课程思政教育实践存在的不足

"管理会计理论与实务"课程思政教育是一个复杂的系统工程，应该全方位多角度入手，循序渐进推进。从目前的实践看，整体效果不错，但还是存

一些需要改进的地方。

（一）资助力度不够大且不平衡

理论源于实践，反过来又指导实践。实践需要资金支持，资金支持力度大且合理，就会产生良好的效果。但是，高校对专业课思政资助不太理想。一方面，研究生课程思政理论研究相对滞后，近年各高校开始加大研究生课程思政项目的资助力度，但力度不够，导致项目成果偏形式化。建设、丰富和优化思政教学资源需要大量资金支持；多元化的教学方法运用、多种教学模式的实施需要增加资金开支；提高教师的思政素质，就得对教师进行专门培训，必然需要资金支持。因此，目前高校专业课思政教育的资金支持不到位，导致思政效果不明显。课程思政的效果主要取决于思政教学资源的优劣、教学形式与方法多元性以及教师自身思政素质等多个方面。高校还应进一步加大投入，设立研究项目，出重资鼓励支持专任教师和相关人员成立教研团队，对课程思政相关问题进行深入研究并实践，以便形成一系列优秀成果，然后为其他课程提供指导和示范，最终促进立德树人教育目标的落实。另一方面，学校对专业课思政资助与思政专业课的支持不平衡。一般而言，思政专业课老师的教学投入和教学设计难度远远低于专业课思政老师。但从薪酬方面看，思政专业课老师的薪酬因为思政教育改革大趋势直接提高了30%，但专业课思政老师的薪酬没有因为课程思政而受益。

（二）课程思政不深入，未形成协同效应

课程思政是研究生思政教育的重要手段。但目前的课程思政是只是任课教师自己的事，未与其他方面的思政教育沟通、协调，没有进行适当分工，基本上各自为政，存在思政内容重复，进而学生厌烦，未形成协同效应，思政教育效果不明显。

（三）部分教师思政教育方式激进，导致学生反感

课程思政教育重要而迫切，一些任课教师教育方式太激进。比如，在专业课课堂上大部分时间讲爱国、诚信、敬业等，占据了专业知识的讨论与讲解，专业知识留给学生自学，思政元素却在课堂占据了大量时间，专业课堂由原来只讲专业知识变为主讲思政内容，导致学生对课程思政产生反感与厌恶。课程思政仪式感太强，影响了专业知识的传授，实则理解片面，对教学效果产生极不利的影响。

（四）课程思政教学资源更新不及时，缺乏动态性

课程思政教学资源是课程思政的基础，应与市场需求和社会时事热点保持同步，与时俱进，不断丰富和完善。但是因为更新需要花费更多时间和精力，且没有明显的资助，大多数专业课教师只能把精力用在专业知识的更新上，导致很多思政素材没有及时更新。

六、"管理会计理论与实务"课程思政教育质量提升的策略

"管理会计理论与实务"课程（其实任何一门研究生的专业课程）思政教育质量提升，是一个复杂的系统工程，需要多方施策和支持。目前应重点做好以下工作：

（一）加大资助力度，平衡支持思政专业课与专业课思政

课程思政的难点和重点是思政教育与知识教育的深度有机融合，以及课程思政融入的巧妙把握。要有效解决这一问题，就必须拿出一部分资金重点支持思政课题深度研究，形成真正优秀的成果，逐渐共享，逐步规范。研究的重点主要包括：①中华优秀传统文化和时政热点与课程的结合点；②社会主义核心价值观与课程内容的结合点。

同时，注重协调，平衡思政专业课与专业课思政的资金支持，在提高思政课教师薪酬的同时，更应该提高专业课思政教师的报酬。从某种程度上讲，对专业课程思政教师的支持力度应该更大，因为专业课程思政难度更大、效果可能更好。

（二）构建立体思政育人模式，提升课程思政育人效果

课程思政是研究生思政教育的重要手段，单凭任课教师单方面的课程思政很难获得明显效果。应该从导师、任课教师、辅导员和研究生自身4个方面构建一个立体的思政教育育人模式，多方协调，注重沟通，尽力发挥协同效应，同时要注重全过程的育人格局。首先，导师是第一责任人，应通过专业知识传授、课题申报、竞赛指导、实习实践等环节全过程及时掌握学生的思想动态，帮助他们解决学习、生活、工作和思想等方面的问题，用自身言行潜移默化地引导学生全面发展。其次，辅导员应主动走进学生的学习生活，关心和及时解决学生面临的生活问题，积极开展思政教育主题特色活动，引导学生德育与科研能力协同进步。再次，专业课教师在课程中融入思政教育元素，同时积极主

动关心研究生学习生活。最后，学生自己应及时转变观念，摒弃功利主义，重视德育素质的提升，力争让自己成为德艺双馨的学生。此外，导师、任课教师、辅导员和研究生应注重沟通交流，注重循序渐进，重视研究生先进典型的塑造与宣传，以点带面，激发学生实现德育素质自我发展需求的主观能动性，引领学生成长成才。

（三）丰富教育教学手段，增强思政教育吸引力

转变传统课堂教学模式，运用新技术，丰富教学手段。比如，变"教师讲授为主"的传统课堂为"学生为主"的对分课堂，进行案例讨论，充分发挥学生的主观能动性；利用发达网络技术，线上线下结合，遵循把握思想性、讲求方法性、突出故事性的原则，根据学生需求设计开展思政教育活动，提升思政教育的高度和温度；利用新媒体技术，通过微信朋友圈、QQ空间、微博、抖音、课程群适时分享与课程有关的思政案例或话题、视频等；利用校友资源、事业导师开展移动课堂或组织游学，让学生到爱国企业学习，到革命基地参观，然后讨论，写报告谈感悟和体会，提升思政教育的趣味性，增加吸引力，提升教育效果。

（四）及时更新课程思政教学资源，确保思政素材的新颖性

学校应该加大专业课程思政教学资源建设力度，确保课程思政教学资源与市场需求和社会时事政治保持同步，与时俱进更新思政素材，提高思政素材的新颖性和学生的兴趣。

（五）思政教育应该做到润物无声

思政教育尽管重要而迫切，但不能一蹴而就，应该树立标杆，但不能喊口号、大搞形式、生搬硬套，应该在恰当的环节以身示范，润物无声地进行思政德育教育工作。具体而言，专业课教师可以从以下方面入手：①加强思政理论知识学习，不断提升自身的思政素质；②进一步学习规范礼仪、交际等相关知识，规范自身言行，塑造学生喜爱的良师益友形象，以便言传身教；③注重专业课程相关知识点的研究，探寻与德育教育的结合点，收集恰当的实例，修改教学要素六大件（大纲、教案、课件、日历、案例、考核细则），实现思政教育与专业知识教授的巧妙结合，在润物无声的状态下实现教书育人的目标；④融入学生，适时转换身份，亦师亦友，在课程讲授时，以教师的身份引导学生学习广博的专业知识技能，在课堂讨论或课后交流时，以朋友的身份探讨问题、

畅谈引导三观（世界观、人生观和价值观），让学生在学习交流中，潜移默化地实现德育素质提升。

参考文献

[1] 习近平：把思想政治工作贯穿教育教学全过程[EB/OL]. http：//www.xinhuanet. com/politics/2016-12/08/c_1120082577. htm.

[2] 习近平主持召开学校思想政治理论课教师座谈会并发表重要讲话[EB/OL]. http：//www. chinanews. com/shipin/2019/03-18/news807951. shtml.

[3] 习近平：思政课是落实立德树人根本任务的关键课程[EB/OL]. http：//www. gov. cn/xinwen/2020-08/31/content_5538760. htm

[4] 苏缪缪. 基于对分课堂的泛在学习模式在大学生思想政治教育中的应用[J]. 思想教育研究，2016（1）.

[5] 王星月，黄勇，等. 全员全过程全方位育人视域下的研究生课题思政模式初探——以四川大学华西临床医学院为例[J]. 西华大学学报（哲学社会科学版），2020（1）.

[6] 卫婷婷，陈大勇，冉小风. 立德树人理念下研究生思想政治教育问题与对策研究[J]. 教育探索，2019（12）.

[7] 季书会，王琦峰. 新时代背景下高校研究生导师立德树人的路径研究[J]. 开封教育学院学报，2019（11）.

研究生审计学课程教学与思政教育融合研究

◎ 袁利华

一、引言

习近平总书记在 2016 年全国高校思想政治工作会议上要求各层次高校各学科的教学都要做到"守好一段渠、种好责任田,使各类课程与思想政治理论课同向同行,形成协同效应"。各层次的高校要将立德树人贯彻到课堂教学全过程、全方位、全员之中,推动思政课程与课程思政协同前行、相得益彰,构筑育人大格局,是新时代中国高校面临的重要任务之一。

在我国当前的教育体系之中,研究生教育不仅有着重要的地位,而且意义非凡,能够为我国的社会经济发展培养高级人才。众所周知,审计学专业的学生毕业后,大多要走向会计师事务所、走向企业的内部审计部门,或者成为审计署或审计局的一名公务员,他们在成为注册会计师的过程中,在执行审计工作的过程中,靠的就是独立性、是专业胜任能力、是身上沉甸甸的社会责任感,这些品格都与社会主义核心价值观不谋而合。教师在课堂中应将新时代背景下研究生审计学课程教学与思政教育融合,引导学生树立正确的职业观和价值观。

但是,如果只重视学生的实践能力,忽视对学生职业素养的提升,则无法跟上时代的发展(刘金金,2020)。为培养品学兼优、全面发展的复合型人才,审计学课程开展思政教育势在必行(冯晓双,2020)。因此,思想政治教育在研究生教育之中,是必不可少的一个重要环节(周磊,2021)。

综上所述,新时代背景下党和国家多次强调发挥审计反腐败利剑作用,对高层次审计人才培养也提出了新的要求。现有部分学者已经对思政教育融入审计学课程教学进行了开拓性研究,也有部分学者对思政教育融入研究生教学进行了初步探索,但是鲜有学者关注到新时代背景下研究生审计学课程教学应如何与思政教育的融合问题。因此,我们认为有必要进一步拓展新时代背景下研究生审计学课程教学与思政教育融合研究,破解高校思政教育"孤岛"困境的教学理念和有效途径,激活或融入思政元素,优化教学方法,促进形成专业培养与立德树人相得益彰的教学形态。

二、审计学课程思政的学情分析

（一）现状分析

目前学校审计专业硕士除了职业能力培养外，还应特别注重研究生的思想政治教育，主要体现在以下几个方面：

一是强化专职辅导员队伍建设，不仅在学校层面设置党委研究生工作部门，还应在学院层面配备审计专业硕士点的专职辅导员和负责研究生思想政治工作的专职副书记。

二是实行严格的导师遴选制度，明确导师"教书"和"育人"两项基本职责，真正把"育人"作为遴选和考核导师的必要条件。

三是通过开设系列课程等措施，强化研究生职业素养培养。现阶段，审计学专业所在会计学院、审计系广泛开展多方、多维协同育人模式。

学校审计专业硕士审计学课程担负着新时代的使命，在明确的课程专业教学和思政育德双重目标的指引下，以审计专业技能知识为载体，以社会主义核心价值观为灵魂和主线，将思政教育元素融入审计学硕士课堂教学内容，从理论与实践层面育德，推进习近平新时代中国特色社会主义思想进课堂，实现全员、全过程、全方位育人，切实提高审计硕士高校人才培养的质量。

（二）迫切需要解决的现实问题

教学研究及其实践要解决的主要问题是如何以教、学、产、研联盟的方式，来协同推进审计学研究生课程思政。即如何在教学和研究双层面，把专业知识与"专业思政+课程思政"理论进行有机结合，转化为立体化"师资—教材—实训"等资源和平台，推动更有温度、有触感、有质量的"专业思政""课程思政"建设。具体问题体现在以下方面：

（1）如何紧密结合国家、地方经济社会发展政策和规划，识别并制定审计学研究生课程思政内容。

（2）如何结合培养模式将审计学研究生课程思政内容融入师资知识储备之中，着力培养具备良好政治素质和职业素养的教师。

（3）如何系统掌握现代审计基本理论及相关知识、技能，具有较强爱国情怀、专业能力、开阔的国际视野，能从事相关工作的高层次、应用型审计专业人才，实现研究型硕士和审计专业硕士"两翼齐飞"，为国家和地方经济社会发展，特别是为重庆打造内陆开放经济高地和实现"314"总体部署提供有力的人才支持和智力支撑。

三、审计学课程思政的主要目标与方法

（一）审计学课程思政教学改革的主要目标

教学研究及其实践的总目标：积极引导学生树立共产主义远大理想和中国特色社会主义共同理想，培养有理想、有道德、有文化、有纪律，德、智、体、美全面发展，适应社会主义市场经济发展和现代化建设需要，有一定战略眼光，基础扎实，知识面宽，素质高，能力强，富有创新精神，具有系统的审计基本理论知识，掌握较全面的审计实践规律，拥有基本的审计实践技能，具有民族自豪感、自信心的爱国情怀，熟悉有关经济法律法规，掌握宽广的经济管理知识，能胜任政府机关、企事业单位的审计管理与实务操作，从事审计鉴证、纳税筹划，提供管理咨询服务和会计服务的复合型、应用型高级专门人才。为了更好地实现总目标，我们做好以下几方面的工作。

（1）专业思政、课程思政和师资思政协同聚力，实现立德树人目标。打造成国家一流课程思政、思政案例、思政项目，大力培养课程思政优秀师资。

（2）实施审计学硕士专业思政系统工程，实现全面系统的审计学研究生教育教学体系目标。将本专业现已获取的校级优秀基层组织、校级思政项目、校级优秀思政案例，打造申报重庆市乃至全国相关优秀组织、项目和案例。

（3）将专业思政与科研相结合，实现教研互促互进目标。积极申报国家社会科学基金思政专项课题，确保后续在重庆市相关项目中成功申请。

（4）充分利用先进的现代信息技术，实现专业思政系统工程的网络传播效应。例如，尽快探索课程思政微课、抖音、微信小程序进课堂等思政教学新举措。

（二）审计学课程思政教学改革的主要方法

为了研究在新时代背景下研究生审计学课程教学与思政教育的融合问题，本研究拟采用以下教学研究及其实践方法和措施。

首先，积极探索"专业思政—师资思政—课程思政—实践思政"系统协同培养模式，即挖掘专业课程中的思政内容，与思政教师一起协同作战。

其次，实现思政内容在专业知识体系中的具体化，落地生根，达到春风化雨式培养效果。

再次，加强与国内外高水平大学、审计实务界合作交流，在信息化、智能化教学、双创教育、科教结合、产教融合等方面有标志性成果。例如，2021年4月加入全国审计学专业教育联盟，学习国内审计高水平学校的办学经验、先进理念和培养模式。

最后，不断推出彰显办学特色的产教融合项目，与规模以上企业共建产学研平台，与用人单位共建长期稳定的实践育人基地等。

四、审计学课程思政的主要内容与设计思路

（一）审计学课程思政的主要内容

审计作为社会持续健康发展"免疫系统"，在促进环境治理水平、提升国家治理能力和锻造企业核心竞争力等方面的作用日益凸显。无论从经济责任还是环境责任角度，抑或公司治理、区域治理还是国家治理层面，都急需环境审计、国家治理审计与企业整合审计等高层次、应用型人才的持续供给。针对高等院校研究生审计学课程教学与思政教育融合的研究内容，我们主要从培养目标、培养方案、师资队伍以及课程体系4大方面进行研究（见图1）。

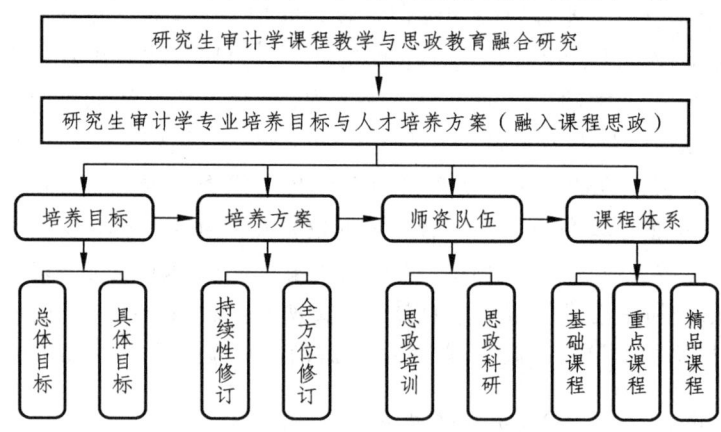

图1 研究生审计学课程教学与思政教育的融合研究内容

1. 培养目标

本校审计学研究生教育教学坚持以培养高素质、国际化、应用型人才为目标，按照"夯实基础、拓宽专业、注重素质、培养能力"的指导原则，充分发挥区域经济特色与学校财经多学科优势，积极实施素质教育、专业教育与创新创业教育相结合的人才培养模式，构建并持续完善人才培养质量多级监督评价机制，培养审计专业硕士人才具备爱国主义情怀，坚持正确的政治路线，积极引导学生树立共产主义远大理想和中国特色社会主义共同理想，确保培养质量持续最优。

2. 培养方案

在培养方案层面，我们坚持定期修订人才培养方案制度。力争每年5月召

开一年一度的培养方案修订工作会,专业负责人邀请具有审计学硕士点的兄弟院校、用人单位、业界专家、毕业研究生代表进行课程思政专题讨论,修订过程中广泛吸纳业界专家和硕士毕业生代表的意见建议,进而确保课程思政能更好地融入课程体系。同时,探寻思政元素与审计培养方案结合的"靶点",并将其有机融入培养方案中,从而确保审计研究生毕业后能从事审计分析与预测、企业管理与咨询工作,成为相关领域的高水平研究人才,或者可在国内外大中型企业、行政事业单位及其他经济组织从事会计、审计与财务等工作。

3. 师资队伍

教师是课堂教学的一线责任人,也是教学实践的主体。如何打造能理解并实践其教育理念师资队伍是"课程思政"建设的关键环节。本校审计系师资队伍已经形成年龄、学历、职称的合理结构,教研能力方面具备国际化、高水平的师资团队。对于师资队伍的建设可以从以下几个方面着力:首先,"课程思政"理念的实现需要教师具备思政教育的意识与能力,是确保"协同育人"理念实现的人力资源基础;其次,现阶段我们已经形成"会计学院—审计系—审计教学团队+审计教研室+课程小组"的师资层级结构,课程思政要做到教学名师、教学标兵、教学新星,逐渐形成课程思政师资队伍的优势互补、层次分明、协同联动、相互促进的专业教师团队;最后,审计系专任教师在科研以及教学过程中,应注重教学目标的完整与充实,还需要注重思政教育与学科教育的联系与拓展,更需要不断改进教学方法,将"课程思政"要求落到实处,激发学生主动思考和探究,以保证课程思政的教学效果。

4. 课程体系

审计学硕士的课程体系优化教学内容、改革教学方法。根据学科专业的特色和优势,深入研究审计专业的育人目标,深度挖掘提炼审计专业知识体系中所蕴含的思想价值和精神内涵。特别强调课程思政,将思想政治工作贯穿于审计学科体系、专业体系、教材体系、管理机制体系之中,在传授课程知识的基础上引导学生将所学到的知识技能转化为内在德性和素养,注重将学生个人发展与社会发展、国家发展结合起来。

其中,审计学的专业核心课程是开展社会主义核心价值观教育的重要平台,更是学生学习审计知识和审计文化、培养审计思维、塑造审计人格、走向审计职业的起点,实施审计学课程思政教育意义重大。因此,可以基于审计学课程性质,审计学课程思政以引导价值追求、培育职业精神为切入点,将学生的理想信念、爱国情怀、科学精神、职业伦理教育融入教学设计,培养有情怀的审计人。确保新的课程体系可以使学生在课程学习过程中了解我国审计制度,明确审计在国家治理中地位作用，树立"四个自信"，实施爱国情怀教育。

（二）课程思政的主要设计思路

教学研究及其实践体现为稳步推进新时代背景下研究生审计学课程教学与思政教育的融合方面的教育教学改革，具体体现在以下几个方面。

一是打造适应新时代审计学硕士培养变革需要，以审计学"三特"建设为依托，着力打审计学硕士专业思政系统工程，首先在"审计学基础""政府审计理论与实务"和"审计专题案例"等课程大纲和教案中融入思政教育。

二是利用学校启动课程思政教育教学范式改革"大讨论"，组织开展系主任说专业、教师说课和学生说学的"三说"活动，"活动学习""案例教学""移动课程""翻转教学"等思政课程公开课。

三是学校之间、校企之间可以建立"课程思政"教育横向合作，组建"课程思政"教育"共同体"。一方面，具有审计硕士点的兄弟院校之间的横向合作有助于各学校借鉴优秀经验，为"课程思政"保障优质教师资源。另一方面，校企之间的横向合作可以为"课程思政"课堂教学提供直接案例支撑，同时使学生将"课程思政"所学运用于社会实践，促进学生深入思考问题，引领价值观建设。只有通过多方合作，"课堂教学、社会实践、网络运用"三位一体的教学模式才能落在实处，使学生的知识能力和情感态度价值观得到不同维度的培育，由浅入深、由知到行，由知识掌握到内生情感态度价值观。

参考文献

[1] 刘金金. 思政元素在《审计学》课程中的应用探讨[J]. 知识经济, 2020（12）.

[2] 冯晓双. 审计学课程思政教育的开发初探——基于元素凝练、内容设计与实践路径[J]. 商业会计, 2020（24）.

[3] 周磊. 基于"双一流"建设与研究生思政教育的创新探究[J]. 公关世界, 2021（8）.

[4] 邱群霞. 审计课程思政建设的教学探析——以资金审计为例[J]. 商业会计, 2021（9）.

[5] 安宁, 陆迎霞. 审计学课程思政教学改革与实践[J]. 会计师, 2021（5）.

[6] 王文燕. 课程思政在审计学教学中的探索与实践[J]. 教育信息化论坛, 2021（2）.

[7] 赵玉婷,方玉鹏."课程思政"与审计案例分析专业课程融合创新模式探索[J].教育现代化,2020,7(42).

[8] 陈娟.新时代思政教育融入审计学课程教学的应用探索[J].会计师,2021(2).

[9] 周嘉.基于课程思政的高职审计专业教学改革研究[J].知识经济,2020(12).

[10] 梁晓舒,梁君.工匠精神融入高校审计专业思政教育的研究[J].管理观察,2019(35).

应用商科专业课施行价值观隐性教育初探

◎ 陈中洁

托马斯·克里纳说，纵观历史，世界上任何一个国家，都为教育树立了两个伟大的目标：使受教育者聪慧，使受教育者高尚。在国家教育体系中，价值观是与学识同等重要的教学目标。价值观是关于价值的一定信念、倾向、主张和态度的系统观点。马克思指出，价值这个普遍的概念是人们对待满足他们需要的外界物的关系中产生的。价值观作为一种社会意识，主要有认知反映功能、行为导向功能、道德规范功能和动力催化功能。价值观对于人的行为具有制约、导向和驱动作用，影响人们的思考、评价、选择和行动。面对多变的国际关系和极具挑战的社会发展，社会存在着诸多价值观的矛盾、冲突和斗争，代际之间、传统与现实、利益与道德、公平与效率的碰撞体现得尤为明显。培育和弘扬核心价值观，有效整合社会意识，是形成"真善美"社会风气的保障，也是国家长治久安的重要途径。

辩证唯物主义和历史唯物主义的世界观、方法论，是马克思主义最根本的理论特征，也是当前中国社会主义核心价值的基本指导思想。中共中央办公厅印发《关于培育和践行社会主义核心价值观的意见》指出："富强、民主、文明、和谐、自由、平等、公正、法治、爱国、敬业、诚信、友善是社会主义核心价值观的基本内容。"如何通过价值观教育，使社会主义核心价值观内化于心、外化于行，是当前大学德育的重要任务。

一、价值观的践行需要教育者有目的地引导

《论语·为政第二》指出，道之以政，齐之以刑，民免而无耻；道之以德，齐之以礼，有耻且格。价值观教育从古至今都是国家治理的重要手段，有利于形成符合社会进步的良好的社会道德风气并实现可持续发展。知荣明耻是价值观践行的基础，价值观践行更需要"知情意行"的系列推进。在价值观教育探索中，形成了一系列价值观模式。这些模式包括价值澄清模式、道德认知发展

基金项目：本文是重庆工商大学教改项目"大数据时代无形资产评估立体交互式教学模式"（2019212）的研究成果。

模式、体谅模式、新品格教育模式、全人教育模式和社会行为模式。

价值澄清模式产生于20世纪60年代，主张价值观形成的过程中，教师不能施加具体价值观，而是通过引导来帮助澄清自身的价值观念，进而增强学生理解价值能力。其积极意义在于，学生逐渐将自己视为政治性的、社会性的存在，认识到自身作为道德主体的存在，激励学生建立影响公共决策的社会问题意识。

道德认知发展模式将心理学应用于教育理论和实践研究。科尔伯格结合元伦理学研究了道德推理的发展规律，形成了一套完整且系统的道德发展心理学理论体系——"三水平六阶段"的道德认知发展模式。该理论认为道德发展是一个螺旋式上升的过程，贯穿于人的一生。该理论主要运用道德两难法，结合道德认知、道德发展、道德行为和道德评价的全过程，进而推动道德认知水平的提高。

体谅模式形成于20世纪70年代，该模式吸收了马斯洛等人的心理学思想、人本主义教育思想，从情感角度出发，注重体谅和理解他人，同时使自己感到幸福、满足。将体谅式的传统价值观念和利他主义思想融入价值观教育实践活动之中，强调体谅情境、道德情感和人际关系在价值观教育中的作用，认为价值观教育培养出的人应该是具有"人性"的真正的人。

新品格教育模式在批判相对主义和极端个人主义的基础上，强调通过设置特定的价值观教育课程，直接输出具体的核心价值观。以社会核心价值观为内容定位，以全员育人、全程育人为基本理念，以促进知行合一为基本原则，在学校教育过程中帮助受教育者塑造良好的道德品格。

全人教育模式在"以人为本"和"以社会为本"两种教育观点的基础上，构建了以"人的整体性"发展为宗旨的教育理论，形成同时重视社会价值和人的价值的教育新理念，强调学生的整体性发展，注重从生活实际出发，生动活泼地开展价值教育，旨在唤醒学生的学习热情和对生活的敬畏与热爱。

可见，价值观教育模式随着社会发展而演变。其中，在价值澄清模式中，"如何获得价值观念"比"获得什么样的价值观念"更重要，强调了教育对象的主体地位及思维能动性，促进主体人格的形成，促进学生深层次的思索，澄清价值观念。但是，由于提倡价值相对主义，强调每个人的价值观都应该被尊重，而没有公共价值，造成价值选择是完全自由而不受限制的假象，产生价值观混乱，造成利己主义和个人主义思想蔓延的社会后果，导致世风日下而遭到批判。当今的价值观教育中，以核心价值观为内容定位，对学生输出具体的核心价值观的教育模式得到广泛运用。

二、专业课是价值观隐性教育的重要载体

价值观教育的实施通常是显性教育和隐性教育并存,多维度发挥价值观教育的作用。将社会主义核心价值观融入专业课程中,不仅有利于培养完整而高尚的公民,也有利于形成学生对中国文化的认同感和归属感,树立强有力的社会文化自信。

(一)价值观教育中的显性教育与隐性教育

显性教育是通过学校思政(道德)课程开展的价值观教育。隐性教育将价值观教育融合到其他知识或活动中,主要包括3种类型:一是综合的哲学社会科学课程(如人文社科、历史课程等)。二是隐性课程,通过团体活动和社会关系如物质情境(如学校建筑、设备)、文化情境(如教室布置、校园文化、各种仪式活动)和人际情境(如师生关系、同学关系、班风、校风、校训等)等隐性课程的元素,通过相关要素引领学生的规范、价值与信仰体系。三是社会活动包括诸如运动会、志愿者活动等。相比思政显性课程的直接性输入,隐性教育能够从体验、思索和实践中潜移默化地形成培养主动、勤奋、忠诚、机智、勇气、慷慨和利他等品质。

道德的形成需要经过一个道德认知、情感、意志和行为的缓慢转化过程。该"知情意行"转换过程需要以实践为导向才能使道德真正地内化于心,外化于行。苏霍姆林斯基说:"知识中蕴含着的思想,是道德信念的源泉。"隐性教育具有隐蔽性、渗透性、愉悦性和持久性的特点。教育过程以间接和潜在的方式启发、暗示,让学生将自我、社会现象进行对比与反思,能够更充分发挥隐性教育尊重学生主体性、遵循发展规律性的功能。大学是学生人生规划并形成自己价值观的重要阶段,隐性教育以"润物细无声"地渗透,潜移默化且多维度地发挥价值观教育课程的理论和实践作用。

(二)运用专业课教育实施价值观隐性教育

专业课的任务是使学生掌握必要的专业基本理论、专业知识和专业技能,了解本专业的前沿科学技术和发展趋势,培养分析解决本专业范围内一般实际问题的能力。相比基础课,专业课更具有实践性,与经济社会等的联系更为紧密。运用专业课进行价值观隐性教育,是思政课程价值观显性教育的重要补充,给社会核心价值观的践行提供了一个良好路径。荀子曰:"师者,教之以事,而喻诸德也。"大学生是价值观形成的重要时期,运用专业课中的价值观教育,通

过价值观引领，形成知识传授、能力培养、价值塑造的价值观教育路径，是高校专业课教师的重要使命。

运用专业课进行价值观隐性教育，结合专业实际，将经济事实与价值结合分析，用动态的、发展的事例进行价值观思辨，不仅可以授人以鱼，更能够授人以渔。它可以强化价值认知和思维能力，建构价值认知结构并强化价值判断、选择能力，从而使个体在面对社会的多元性、时代性和多变性，面对新的价值观点时，能够明辨是非，判断其积极面和消极面，做出正确的价值观选择。

三、运用商科专业课施行价值观隐性教育具有天然优势

经济诺贝尔奖得主阿玛蒂亚森说，考察一个人的判断力，主要考察其信息来源的多样性。个人在多样的信息中，不断地运用自己的经验进行分析判断，决定自己最终所能接受的选择，其信息的思辨能力可以得到不断提高。商业活动中充斥着对财富、人、商业社会运行规律、社会资源调配等一系列社会问题的探索。商业活动中掺杂着人文社科技术等多元的信息，为价值观教育提供了优良的土壤和资源。

（一）商科的人文性特征是价值观隐性教育实施的基础

一般而言，商科以金融、会计、管理、经济学4大专业为代表，具体来说较主流的商科专业包括金融、工商管理、会计、市场营销、商务类专业（包括国际商务、电子商务等）、物流、经济学、人力资源管理。商业活动的根源在于满足人或社会的需要，体现了人与社会的关系和发展。商业活动的开展根植于人的本性之中，蕴含了人的物质需要、人的本性满足，其开展贯穿于人类对社会规律的探索和认识过程。同时个体和集体的价值观、审美观等都会影响商业活动。此外，商业活动中合作与竞争贯穿其中，进取心、上进是企业或行业发展的主旋律，商业体行为与人的行为存在若干的契合点，在商科教育中挖掘人文化特征，运用商科专业课进行价值观教育具有与生俱来的优势，是价值观教育的肥沃土壤。

（二）商科课程内容丰富，易于挖掘价值观契合点

商业活动的人文性特征，为结合商科专业实际挖掘价值观传导环节和时机提供了良好条件。商业活动的运行蕴含着客观需求和规律，商业竞争要求诚信、公正、法治，商务合作以及商务人员需要敬业、文明、平等、友善、合作共赢，

诸如此类，商业活动贯穿着价值观内容。此外，人力资源活动，无论是人员招聘还是绩效考核、激励策略的制定和实施，无不建立在人的心理和行为的研究基础之上，企业管理影响着作为社会经济体的企业的绩效，与社会有着作用与反作用关系，与社会经济文化、地区形象、就业、员工心理、员工激励高度相关，具有显著的社会特征。营销活动中，体现商品价值并得到好的市场表现，需要兼顾产品的内在价值和外在形象的提升；既要有产品自身过硬的竞争力，还需要卖场环境的吸引力、展示和推广人员的沟通表达能力。这些课程可以从多视角融入价值观，并且理解制定决策不仅要考虑自己的感受、自己的利益，还要考虑对周围利益相关群体的影响，应该有共情能力和移情能力，从多角度辩证看待问题，考虑周全。同时，基于决策到实施到产生效果的时间差异带来的不确定性，应该有前瞻性和大局观，充分预估各种可能。通过这些专业课程，将商业伦理、社会公德、思辨方法植入学生的个人成长和发展，实现个体自知、自我定位、合理规划和全面发展，有效实现社会主义核心价值观的传导。

（三）商科课程中的分析工具，提供价值观思辨的系统框架

商科专业课中的分析决策工具，提供了分析的方向和系统框架，有利于学生价值观思辨能力的养成。比如管理类课程中的战略分析工具——SWOT 分析。该工具综合考虑个人优劣势以及环境机会威胁，探讨如何克服环境威胁个人劣势、运用环境机会和个人优势，采取措施寻找适合发展的努力方向，有利于自我审视，发现不足并主动改善，寻找和抓住适合自身的机会，体现出一种正确面对自身不足和挫折，积极进取的人生态度和价值观。学习该契机不仅有利于价值观点的传导，还能帮助锻炼思辨方式，提示学生在决策分析时不仅考虑自身，还应该结合社会要素和社会发展情况，同样也不能只考虑环境要素而忽略了自身的实际情况。此外，对于环境分析，也有特定的宏微观环境分析工具，比如宏观环境分析中的 PEST 分析，提供了政治、经济、社会、技术 4 个通用分析要素，而波特五力模型进行竞争者分析，不仅要考虑同行业，还要考虑潜在的威胁，以及自己上下游关系的竞争。这些分析工具的意义在于有成熟的框架，可以让分析更全面、准确、容易。借助成熟工具进行分析，可以有效避免分析要素的不全面而使结论有失偏颇，提高决策的效益和效率。在教师授课过程中，启发学生将这些方式运用到自己的人生规划或者事务决策中，养成考虑全面和长远的思维决策习惯，有利于学生在面对纷繁复杂的社会价值时，更全面地做出自己的分析和判断。

（四）商科授课形式多样，有助于思辨能力养成，实现价值观内化

商科专业课教学形式多样，讲授、案例讨论、情景模拟、角色扮演、社会实战并存。这些组织形式有利于培养学生的团队合作能力、协调能力。课程中的社会实践活动如社会调研或产品推销模拟，能够在实验中锻炼学生的抗挫折能力、独立应对、分析事情解决事情的能力，培养吃苦耐劳的精神。设计类、营销或管理类型课程中，需要考虑交往对象或者客户的需求，有助于培养共情、移情能力，减轻个人主义和利己主义倾向。商科丰富的案例教学和情景模拟，可以将个人的情感投射到案例及其中的角色分析中，比如一些商业伦理有关的案例讨论中，有利于个人在他人角色中映射出自己不一定愿意暴露的真实想法，及时发现这些观点并进行有针对性的引导。在这些课程中，学生自行思考和老师的合理引导，将这些可能的正向价值刻意地强化并给予正面暗示，既能传导价值观理论，还使学生产生对价值观的认同，并指导其价值观的选择和行为，从而实现价值观的知情意行的转换。

（五）运用不同商科课程的对比，实现对价值观的多角度审视

商科的课程具有多样化特征，不同的课程由不同原理指导，更能开阔学生的知识深度和广度，形成多角度思辨。比如，经济学和管理学是大部分商科专业会同时涉及的内容。在这两门课程中，管理学课程的决策和决策方法更多的是建议在一定的假设上的，运用决策主体（企业等）的经济利益最大化来进行决策。而经济学课程更多考虑社会资源的调配，考虑社会福利问题。因此对同一个事项是否立项决策，从经济学原理和管理学角度出发可能会给出不同的答案。比如核电站建立与否的决策，对于短期高投入高风险的产品，企业自主研发与否的决策，从管理学角度考虑经济利益，是根据项目的投入回报和自身资源的可行性来制定决策的。从经济学角度来看，除了经济利益，还有自然生态、科技可持续发展、社会就业等多方面考量。

运用不同视角的差异对比，明确这些差异如果在决策中发生矛盾的处理思路，这就需要理解企业利益和社会利益的统一以及决策中的权衡。在经济实践中，为了竞争的需要，企业主要以管理学规律来做出决策，但也会考虑一些诸如企业自身的理念、社会责任等多因素。如以华为鸿蒙系统为例，从管理学的角度看它并不经济。它综合了企业和社会的关系，基本思路：首先，对单一供应商高度依赖，预知供应商中止供应对华为的致命打击。因此，企业自主开发。其次，即使企业自身成功研发，但是以一己之力，是否能应对后面的所有危机，因此，应对技术开源，实现全社会在该领域的研发。在这个决策中，既考虑企

业本身，也基于国际关系等，考虑社会整体的研发生态。这种事例也传达了在商务活动中的推己及人、由此及彼、未雨绸缪等思路和战略思想以及企业的社会责任感问题，可以启发学生在分析决策时的前瞻性、多角度、大格局。

但即便如此，经济利益导向的决策是竞争和发展的需要，如果与社会利益发生冲突该如何？那么，政府可以基于社会发展设立一些标准来进行规范，一方面，调整评价方式如运用绿色 GDP 考核地方经济效益，运用碳中和、绿色会计等对企业进行评价；另一方面，制定有关环保等法律和规章制度约束企业行为，营造公平的竞争环境，避免同一行业的企业关注社会责任丧失竞争优势，而粗犷发展不顾及生态的企业反而因为成本低而更具竞争力的不良现象。另外，政府也可以运用财政补贴、税收优惠等对一些行业进行财政或货币政策扶持，使这些符合社会利益但缺乏短期效益的行业得到发展。运用这些辩证的观点和矛盾冲突的解决思路，让学生积极思考问题的根源、理解部门的分工合作以及政府行为的原因，更有利于学生将遵守社会规则、富有社会责任感的价值观内化于心。

四、结语

教师要给学生心灵埋下真善美的种子。"立德树人"要求以马克思主义为指导思想，遵循社会历史和人的思想品德发展规律（真），通过提高人的道德素质为社会进步服务（善），实现人的全面发展（美）。商科课程具有天然的人文性特征，商科课程中的分析工具和商科授课形式的多样性，使商科专业课程在施行价值观教育中具有独天得厚的优势，不仅可以在专业知识传导过程中融入价值观认知教育，也有利于学生形成良好的价值分析、价值判断和价值选择能力，从而在纷繁复杂的社会中明辨是非，树立正确的价值目标，坚定信念，实现对真善美的追求。

参考文献

[1] 习近平主持召开学校思想政治理论课教师座谈会强调用新时代中国特色社会主义思想铸魂育人贯彻党的教育方针落实立德树人根本任务[N]. 人民日报，2019-03-19（1）.

[2] 曾文婕，黄甫全. 核心价值观教育：定位、内容与路径[J]. 湖南师范大学教育科学学报，2020，19（2）.

[3] 高远. 社会主义核心价值观的社会功能与培育路径[J]. 江苏社会科学，2019（6）.

"财务管理学"课程思政教学团队建设的路径与模式探讨
——基于重庆工商大学的实践

◎ 顾飞　陈丹丹

一、引言

教学团队是引领和促进专业教师有组织地直接推进课程思政建设的有生力量，也是集成整合专业教师协同互补的育人优势、强化其育人意识、提升其育人能力的关键性基层教学组织。为了充分发挥教师队伍"主力军"作用，充分地组织调动专业教师承担好育人责任，"守好一段渠、种好责任田"①，形成全员全程全方位育人大格局，2020年5月，教育部颁布《高等学校课程思政建设指导纲要》就明确地将"充分发挥教研室、教学团队、课程组等基层教学组织作用"作为"提升教师课程思政建设的意识和能力"的重要举措，提出要"鼓励支持思政课教师与专业课教师合作教学教研，鼓励支持院士、'长江学者'、'杰青'、国家级教学名师等带头开展课程思政建设"②，并选树了一批国家级"课程思政教学名师和团队"，以进一步发挥教学团队在推进课程思政建设过程中的重要作用。本文基于重庆市一流本科课程、重庆市高校课程思政示范课程——重庆工商大学"财务管理学"课程思政教学团队建设的实践，探索课程思政教学团队建设的"五全"模式，以期对推进财会类及其相关学科专业的课程

基金项目：本文是重庆市2022年本科高校课程思政示范项目（综合类项目）——重庆工商大学"财务管理学"课程，重庆市高等教育教学改革研究一般项目"基于内生性融合的'财务管理案例'课程思政有效教学模式探索与实践"（213208），重庆市研究生教育教学改革研究一般项目"基于培养造就德才兼备高层次人才的会计专业硕士内生性融合课程思政体系化建设与探索"（yjg223108）的阶段性研究成果。

① 把思想政治工作贯穿教育教学全过程[N]. 人民日报，2016-12-09（10）.
② 教育部. 教育部关于印发《高等学校课程思政建设指导纲要》的通知[EB/OL].（2020-05-25）[2022-09-20]. http://www.gov.cn/zhengce/zhengceku/2020-06/06/content_5517606.htm.

思政建设提供实践范式参考。

二、相关研究综述

教学团队是推进课程思政建设的第一资源和主体力量。国内对课程思政教学团队开展系统性的研究始于张景川等（2019）对大学物理课程思政教学团队建设的探索。

（一）课程思政教学团队研究涉及的层次与层面

学者们在研究论文中分别基于中职（易蕾，2021）、高职（杨晓慧，2021；暨星球，2021；高华等，2021；张娟等，2021）、本科院校（张景川等，2019；齐海丽，2020；戴健，2020；赵建军，2022）3个办学层次，对不同课程与专业的课程思政教学团队建设予以了探讨。研究所涉及的专业课程主要包括大学物理（张景川等，2019）、中职"语文"（易蕾，2021）、会计学（柳廷俊，2022）等专业课领域，以及公共管理类（曾益武，2021；陈时禄，2022）、汉语国际教育专业英语类（孔桂英，2022）、理工科物理化学（李丹，2022）等大类专业课领域。此外，还有部分学者将课程思政教学团队的研究由课程拓展到行政管理（齐海丽，2020）、老年服务与管理（高华等，2021）、畜牧兽医（张娟等，2021）、化工（2022）等专业层面，进一步推动了课程思政教学团队的整体性、多层面的建设。

（二）课程思政教学团队的价值作用相关研究

学者们基于集体智慧、团队力量（戴健，2020；张娟等，2021）探讨了教学团队在课程思政建设中的构建价值（戴健，2020；高华等，2021；曾益武，2021；李丹等，2022），强调了其必要性（戴健，2020；易蕾，2021；陈时禄等，2022），并将教学团队建设视为推进课程思政建设的有效切入点与重要支撑（易蕾，2021），认为课程思政是落实立德树人根本任务（戴健，2020；张娟等，2021）的重要渠道之一。学者们分别从不同角度对课程思政教学团队建设的价值作用予以了研究，强调了课程思政教学团队在传播课程思政教学理念（齐海丽，2020）、发掘课程思政教学资源（齐海丽，2020；孔桂英等，2022）、发挥课程思政隐性育人作用（戴健，2020；高华等，2021）、促进专业课与思想政治理论课同向同行（高华等，2021）、提升专业教师（曾益武，2021；张娟等，2021）与学生思想政治素养（曾益武，2021；陈海燕，2022）以及推进课程思政高水平建设（齐海丽，2020）等方面都发挥着重要的作用。

（三）课程思政教学团队的现状及问题相关研究

学者们对课程思政教学团队建设的现状、问题（齐海丽，2020；易蕾，2021；李丹等，2022；周月红等，2022；柳廷俊等，2022）及原因（易蕾，2021；柳廷俊等，2022）也予以了探讨。学者们尤其关注课程思政教学团队的自发形成（柳廷俊等，2022）现象，并对其存在的团队协作意识不足（李丹等，2022）、内部与外部协作力不够强（齐海丽，2020）、未能形成有效管理机制（李丹等，2022）等制约课程思政效果发挥的深层次问题予以了研究关注。

（四）课程思政教学团队建设的实现路径研究

学者们基于课程思政教学团队建构的逻辑起点（戴健，2020），对其目标定位与组建模式（暨星球，2021；曾益武，2021）予以了研究，认为应将课程思政教学团队建设的目标定位为立德树人、教师成长、教学改革的共同体（杨晓慧，2021；曾益武，2021）。据此，从不同的角度对课程思政教学团队建设的实现路径予以了研究。学者们提出，推进课程思政教学团队建设必须要加强对课程思政学理的探索（齐海丽，2020；陈时禄等，2022），推进教学团队思想政治理论学习的常态化（曾益武，2021；陈时禄等，2022）。同时，还要深化教学改革和加强教学研究（李丹等，2022），促进教学团队的内外对接与交流协作（齐海丽，2020；暨星球，2021；陈时禄等，2022），通过组织课程思政教学赛事（周月红等，2022）以及课程思政教学观摩、教研活动（曾益武，2021）等方式，不断提升教学团队教师的课程思政教学意识（杨晓慧，2021；高华等，2021）和教学能力（齐海丽，2020；高华等，2021），尤其是要注重提升教师团队利用互联网技术实施课程思政的教学能力（曾益武，2021）。此外，学者们在研究中也强调了课程思政元素案例库建设对教学团队建设的资源支撑作用，提出要挖掘和开发教学内容中的思政要素（张景川等，2019；曾益武，2021；陈时禄等，2022）以及推进课程思政案例库建设（李丹等，2022），进而将思政元素有机地融于教学之中（张景川等，2019）。此外，学者们还完善了体制机制的视角，提出推进课程思政教学团队建设要注重团队顶层设计（高华等，2021；曾益武，2021；赵建军等，2022），加强制度建设（周月红等，2022），特别是要建立健全考核激励机制（杨晓慧，2021；高华等，2021；暨星球，2021；曾益武，2021），形成团队建设的闭环机制。

上述相关研究基于课程、课程群和专业等不同的层级对加强课程思政建设的重要价值、现实问题及其实现路径予以了探讨，为深化课程思政教学团队建设提供了一定的理论参考。但是就其关注的专业及课程而言，对财会类专业关注严重不足，仅有一篇论文（柳廷俊等，2022）对会计学课程思政教学团队进行了较为系统的探讨，而在财务管理专业及其相关专业课程的课程思政教学团队建设上尚无涉足。同时，学者们虽然基于课程、课程群、专业的不同层级对课程思政教学团队建设的实现路径予以了研究，但是其路径对策的探讨系统性不足，尚未形成具有一定体系化特征的实践模式。这也促成了本文以重庆市高校课程思政示范项目——重庆工商大学"财务管理学"课程为例，对课程思政教学团队建设予以研究探索的初衷。

三、"财务管理学"课程思政教学团队建设的实践

重庆工商大学财务管理专业是首批国家级、重庆市"一流本科专业"建设点，"财务管理学"是重庆市"一流本科课程"、重庆市课程思政示范课程。近年来，"财务管理学"课程教学团队坚持以立德树人为根本，以教学团队建设为动力，聚焦学生成长、深耕学科专业、把准课程定位、强化协同增效，不断夯实课程思政建设基础，积极探索课程思政教学实践，持续推进课程思政模式创新，全面加强了课程思政教学团队的建设，推动了"又红又专"的财会类"金课"打造，在课程思政教学团队建设上开展了一系列探索与实践。

（一）加强师德师风建设，强化立德垂范

"亲其师，才能信其道。"[①]以教学团队为基层组织单元，抓好团队教师的师德师风建设，是有效引导教师将教书育人与自我修养更加紧密地结合起来，促进其"以德立身、以德立学、以德施教"[②]，知行合一地推进课程思政建设的首要举措。近年来，重庆工商大学"财务管理学"课程思政教学团队成员相继担任了 21 个教学班的"财务管理学"课程教学任务，涉及全校 11 个本科专业，学生平均评教成绩为 90.90，最近一个学期评教成绩为 92.43，测评指标中"021 注重课程思政内容的融入"和"041 坚持立德树人的根本任务，老师品行修养好，为人师表"2 项指标平均得分率均位居同类课程前列。团队成员 6 人入选重庆市"高校黄大年式教学团队"，1 人入选首届校级"师德先进个人"。团队成员程文莉教授身患渐冻症仍克服困难、坚守"三尺讲台"教书育人，其优秀

[①] 习近平. 思政课是落实立德树人根本任务的关键课程[J]. 奋斗，2020（17）：4-16.
[②] 习近平. 在北京大学师生座谈会上的讲话[N]. 人民日报，2018-05-03（2）.

事迹被财政部主办的核心期刊《财务与会计》以"欣喜于彩虹无惧于风雨"①为题做了"新时代会计巾帼风采"专题报道。团队教师对标"四有好老师"的新时代高校教师队伍建设要求，既做好"经师"，又甘做"人师"，把师德师风修养摆在首位，涵养德性德行、强化价值引领，为增强课程思政的说服力、感染力夯实了情感认同的基础。

（二）强化培训教研，增强教学本领

课程思政是落实立德树人根本任务的有效路径，也是确保专业课程与思想政治理论课同向同行的关键。唯有不断提升专业教师教书育人、推进课程思政建设的意识和能力，通过专题教学培训与教研交流活动，方才能够不断地增强其教学本领，激发其推进课程思政建设的积极性、主动性、创造性。近年来，重庆工商大学"财务管理学"课程思政教学团队依托首批国家级"一流本科专业"建设点——"财务管理"专业教师团队以及重庆市"一流本科课程"、重庆市高校课程思政示范项目教学研究与教学创新团队，探索形成了常态化的、以参加专题培训、开展集体教研活动为主渠道的课程思政教学能力提升机制。团队成员相继有25人次参加了"2021年高校课程思政建设系列专题研讨会""高校教师课程思政教学能力培训""大数据+课程思政背景下高校会计与财务教学与学术研讨会""商业伦理与会计职业道德师资培训班"等专题学习培训。32人次参加了校级课程思政专题学习培训，2人次做了校级课程思政教研主题汇报。牵头承办了学校课程思政建设工作交流与推进会、学院"润物无声"课程思政专题研讨会以及学院课程思政教学研讨会暨重庆市教改项目开题论证会，举行课程思政示范公开课1次。团队依托定期开展的集体教研活动，以"课程思政教学研讨半小时"为流程性要求将课程思政专题教研活动制度性固化于教研活动之中。同时，教学团队还积极探索党组织生活、教职工政治理论学习与课程思政常态化教研对接联动的"学习备课一体化机制"，推动教职工理论学习成果及时转化为课程思政教学的思想动能与资源势能。此外，教学团队负责人还积极参与学校马克思主义学院牵头举办的"传习书院"课程思政交流活动，紧密增强了与学校思想政治理论课教师团队之间的教研互动，为确保课程思政同向同行、发挥协同效应提供了有效的教研交流保障机制。

（三）深化教学改革，持续改进创新

深化教学改革、持续改进创新是推进课程思政高水平建设的活力所在。要

---

① 程文莉. 欣喜于彩虹无惧于风雨[J]. 财务与会计，2021（6）：35.

增强课程思政教学的亲和力和感染力,提高课程思政教学的针对性和实效性,把道理讲深讲透讲活,必须要推进课程思政的教学学术研究及其成果的实践转换,在教学改革中加强、在教学创新中提高课程思政的教学质量和水平。只有及时地更新教学内容、丰富教学手段,采取恰当的教学方法,才能够增强对学生的思政引领力和价值塑造力,促进学生对课程思政价值引领的理性认同和行为认同,防止课程思政的形式化和表面化。近年来,重庆工商大学"财务管理学"课程思政教学团队成员依托主持的省部级教改、教科项目8项,主研的省部级教改重大项目2项以及校级教改项目12项,相继发表各类教改论文19篇,主编或编著《财务管理专业建设的理论与实践》等教改论文集3部,其中不乏对课程思政建设的真知灼见。团队教师还主编了普通高等教育"十三五"规划教材《财务管理学》等教材4部,在教材编写中有机地融合了"诚信服务、德法兼修"等课程思政元素。团队教师还积极依托专业论文、竞赛指导与案例撰写的专业教育活动,将价值引领有机融入指导过程,引领学生把论文写在祖国大地上,将青春智慧主动奉献到党和国家重要关切的专业领域,相继有2位教师分别获得"全国优秀学位论文""重庆市优秀学位论文"指导教师,1位教师指导学生参加重庆市和全国"挑战杯"大学生课外学术科技作品竞赛市级特等奖、一等奖和全国三等奖;团队成员注重引导学生从党和国家事业发展的大局关注专业现实问题,与学生共同创作财会类案例,将案例研学扎根在祖国大地上,入选"中国管理案例共享中心"38篇,其中4篇入选"全国百篇优秀管理案例"。依托上述深化教学改革、推进教学创新的课程思政建设实践,团队成员参与培育孵化了丰硕的教学成果。2人获"重庆市教学成果奖"特等奖、2人获"重庆市教学成果奖"一等奖、7人次获"重庆市教学成果奖"二等奖。

四、"财务管理学"课程思政教学团队建设的"五全"模式

通过近年来的课程思政教学研究与探索实践,重庆工商大学"财务管理学"课程思政建设逐步形成了以名家示范引领"全员化"、课程教学体系"全覆盖"、贯通课程教学"全过程"、教学改革创新"全动员"、专业终身教育"全融通"为特征的课程思政教学团队"五全"建设模式,并在"财务管理学"课程思政建设与教学的实践运行中取得了明显成效。

(一)加强课程思政师资建设,名家示范引领"全员化"

"财务管理学"课程思政教学团队形成了以专业教师为主体,以党员教师

为骨干的课程思政"教学共同体"。由学院课程思政研究中心主任担任"财务管理学"课程思政建设负责人,协同推进学科思政、专业思政与课程思政建设。团队汇聚了学术名家、教学名师,既包括新世纪百千万人才工程入选专家、享受国务院政府特殊津贴专家、重庆市首席专家工作室领衔专家、重庆市青年专家工作室领衔专家、重庆市青年英才·拔尖人才、重庆市会计领军人才,又包括国家级课程思政教学名师、重庆市高校课程思政教学名师。优质的师资团队与互补的教学分工,推动了科教深度融合,促进了课程教学水平和教学质量的持续优化,在优化学生学习体验、提升其学习获得感的同时,进一步增强了"财务管理学"课程思政价值塑造的权威引领力、师德感召力与专业影响力。

(二)夯实课程思政建设基础,课程教学体系"全覆盖"

"财务管理学"课程思政教学团队以教学大纲和教案设计为重点,夯实课程思政建设的基础工程,更加突出并细化、固化了"以德为先"价值引领内涵性要求,进一步细化并落实了"德知能一体化"的课程教学目标结构化设计,对教学大纲实施了课程思政"全要素""全方位"融合修订并定期予以动态优化,加强了对教材选用、课件使用图文内容的意识形态审读,积极推进对自编《财务管理学》教材课程思政要素的融会贯通修订,系统设计并动态优化课程教案,进一步完善了课程思政教学实现的"技术路线图",强化了对课件内容要素及其视觉传达效果的价值引领功能设计,实现了课程思政对课程教学文本材料的"全融合""全覆盖",为提升课程思政教学水平与教学效果提供了有效保障。团队教师获全国性课程思政示范案例教学大赛优秀奖1项、重庆市课程思政融合创新优秀示范案例1项以及校级课程思政精彩案例1项、研究生课程思政课堂教学技能大赛三等奖1项。

(三)构建课程思政实现路径,贯通课程教学"全过程"

"财务管理学"课程思政教学团队充分利用财务管理案例资源,整合发挥传统讲授法与启发式、研讨式、探究式、论辩式等多种教学方式的协同优势,推动线下课堂面授"言传身教"与线上网络教学"开放共享"同频共振,以正面教育引导为主、反面警示为辅,有破有立,有组织、有意识、有设计地将价值引领与塑造融会贯通于线下、线上师生教学互动以及课内、课外学习研讨、案例追踪、作业测试、课程考核和课堂管理等各环节,并依托"挑战杯""财务案例分析大赛""学生科技创新基金"等课外教学指导过程,推动第二课堂与第一课堂课程思政同向互补,切实增强课程思政的亲和力、实效性和内化度。财务管理专业以及财务管理案例等相关课程思政教学研讨及实践相继受到"新华网""光明日报"客户端、《重庆日报》、"重庆市高等教育学会"官网等主流媒体关注和报道。团队成员指导学生紧扣贯彻新发展理念,聚焦"环保专项资金"绩效和"脱贫攻坚"资金绩效监管创作的科技作品分别获得"挑战杯"全国三等奖以及重庆赛区特等奖、一等奖。

（四）探索课程思政实践模式,教学改革创新"全动员"

"财务管理学"课程思政教学团队成员将课程思政理念有机融入其主持研究的各级教改、教科项目,强化了课程思政对教学改革研究与实践的价值引领。团队成员主持获批重庆市高等教育教学改革研究课程思政项目1项、校级研究生课程思政建设项目2项,6人次主研重庆市高等教育教学改革研究课程思政项目、7人次主研校级课程思政示范课程或研究生课程思政建设项目,其中主研"地方高校财经类专业课程思政元素案例库构建"等相关研究主题的重庆市高等教育教学改革研究重大项目2项。教学团队在课程思政研究与实践中,探索形成了"一体三融两化"的课程思政教学实践模式,有力支撑了学院重庆市教学成果特等奖、二等奖的孵化培育,极大地调动了团队教师推进课程思政建设的积极性、主动性和创造性,形成了以"课题研究—探索实践—优化改进—成果孵化"为次第的课程思政教研一体化、进阶发展有效路径。

（五）推动课程思政接续联动,专业终身教育"全融通"

财务管理是加快建设世界一流企业的关键。"打造政治过硬、作风优良、履职尽责、专业高效、充满活力的财务人才队伍""推动财务人才不断提高政治素质和党性修养,坚守职业操守和道德底线"是高校一流本科与一流课程建设所必须肩负的时代使命和育人责任。这就必然要求推动"财务管理学"课程思政在学历教育与继续教育两个阶段接续联动,实现专业终身教育"全融通"。为此,"财务管理学"课程思政建设教学团队充分发挥学科专业与专家智力优势,在服务地方经济开展财务管理专业培训的过程中,针对财务管理实务中容易产生的价值理性弱化等突出问题,进一步加强了学历教育与继续教育之间课程思政的接续联动;同时,又将在财务管理继续教育中发现并挖掘出的鲜活思政案例素材及时转化为校内"财务管理学"课程思政教学资源,促进两者接续联动、共享互动。教学团队成员、"国家级一流本科专业建设点"——重庆工商大学财务管理专业负责人、重庆市"一流本科课程"——"财务管理学"课程负责人周兵教授结合脱贫攻坚投融资专题深入渝东南贫困区县宣讲十九届五中全会精神;重庆市高校课程思政示范课程负责人顾飞副教授还通过"重庆市党员教育"为全市数万名基层干部直播讲授"乡村财务管理必备常识",相继为重庆市农委、市供销合作总社、水务集团、电建集团等行政企事业单位举办财务管理培训20余场次，并将"诚信自律、德法兼修"的课程思政主线融会贯通于专业培训之中，在切实提高受训管理干部财务管理职业素养与专业能力的同时，强化了对其责任担当与价值引领的塑造，收到了良好的培训效果。

五、结语

本文基于对现有相关文献的梳理，对重庆工商大学"财务管理学"课程思政教学团队建设的实践及其"五全"模式予以了探讨，较为系统地总结了近年来教学团队根据《高等学校课程思政建设指导纲要》与新文科建设的要求，依托学院承担的教育部首批新文科研究与改革实践项目，对标国家级"一流本科课程"、重庆市"高校课程思政示范课程"的建设标准探索和推进课程思政教学团队建设的实践范式，进一步厘清了"财务管理学"课程思政教学团队在加强课程思政教学资源建设，不断深化教学改革，持续探索教学创新，切实提升团队成员"德知能一体化"推进课程思政内生性融合育人的意识与能力等方面的建设模式与经验做法，希望对于推进财会类及其相关学科专业的课程思政教学团队建设有所裨益，更好地以课程思政为实践依托，在课程教学各阶段、全环节推进育人与育才的有机统一。

参考文献

[1] 柳廷俊, 刘国城, 庞超. 会计学课程思政与思政课程协同育人教学团队建设的困境与出路[J]. 财会通讯, 2022（18）.

[2] 周月红, 黎海珍. 应用型民办高校课程思政与思政课程协同育人教学团队建设的探索——以南宁学院为例[J]. 领导科学论坛, 2022（6）.

[3] 陈时禄, 黄如跃. 公共管理课程思政教学团队建设探索[J]. 合肥师范学院学报, 2022, 40（3）.

[4] 李丹, 孟令宗, 马金秋, 等. 理工科物理化学课程思政教学团队建设研究[J]. 河南化工, 2022, 39（3）.

[5] 赵建军, 刘沐鑫, 徐燕, 等. 化工专业课程思政教学团队建设与实践——以蚌埠学院为例[J]. 辽宁科技学院学报, 2022, 24（1）.

[6] 孔桂英, 陈映芝. 汉语国际教育专业英语类课程思政育人新途径——以体验式教学团队实践为例[J]. 梧州学院学报, 2022, 32（1）.

[7] 陈海燕. 基于层次递进的"课程思政"教学团队建设路径的探索[J]. 试题与研究, 2022（4）.

[8] 张娟, 李福泉, 赵樱. 高职院校畜牧兽医专业课程思政教学团队建设及实

践——以内江职业技术学院为例[J]. 湖北畜牧兽医，2021，42（12）.
[9] 曾益武. 公共管理类教师课程思政教学能力提升研究——以桂林理工大学地方政府学教学团队为例[J]. 教育观察，2021，10（45）.
[10] 暨星球. 协同创新理念下高职院校课程思政教学团队建设研究[J]. 时代报告，2021（10）.
[11] 高华，曾朱玲，戴想华. 课程思政教学团队的优化路径分析——以老年服务与管理专业为例[J]. 教育教学论坛，2021（27）.
[12] 杨晓慧. 高职院校课程思政教学团队建设：价值、目标与策略[J]. 中国职业技术教育，2021（17）.
[13] 易蕾. 中职语文"课程思政"教学团队建设研究[J]. 新课程研究，2021（12）.
[14] 戴健. 高校课程思政教学团队建构探析[J]. 江苏高教，2020（12）.
[15] 齐海丽. 教学团队在课程思政中的作用限度及优化路径研究——以行政管理专业为例[J]. 桂林师范高等专科学校学报，2020，34（2）.
[16] 张景川，楚合营，孔德国，等. 大学物理"课程思政"教学团队建设及实践研究[J]. 教育现代化，2019，6（88）.

"一流课程"建设背景下"财务管理学"推进课程思政的提升路径探索

◎ 徐辉

一、引言

2015年11月，国务院印发了《统筹推进世界一流大学和一流学科建设总体方案》，自此正式拉开了高等教育"双一流"建设的序幕。整合优势资源，重点培育拔尖创新人才是"双一流"建设过程中亟须完成的重要任务。众所周知，课程是教学的基本单元，而人才培养质量取决于课程质量。为此，2019年10月，教育部进一步印发了《关于一流本科课程建设的实施意见》，强调大力推进课程改革创新，加快"一流课程"建设进程。特别地，"财务管理学"作为专业核心课程，其在财经院校的课程体系中占据主导地位。显然，"一流课程"建设对"财务管理学"这门传统的基础课程提出了新要求、新标准。

课程思政是契合时代发展的新型教学理念和思想政治教育模式，也是有效解决"双一流"建设根本任务的科学方法（田显怡和李玲，2022；黄叙，2022）。因此，"一流课程"建设背景下推进"财务管理学"改革创新，需要契合新时代大学生思想政治教育的基本情况，将"立德树人"融入教育教学全过程，重构集"思政课程"和专业课程于一体的全新教学体系。可见，"一流课程"建设背景下"财务管理学"积极推进课程思政，是破解传统教学模式"重理论、轻实践、缺乏价值引领"等难题的现实选择（史琪，2022；尹夏楠和孙妍玲，2022），有助于构建以思政课程教学为主，且以形势政策教育和课外社会实践相结合为辅的大学生思想政治教育教学体系和人才培养新格局。

基金项目：本文得到重庆市教委2020年高等教育"课程思政"专项项目"'双一流'学科建设背景下财务管理专业推进'课程思政'改革创新与实践研究"（202019S），重庆工商大学会计学院2020年教育教学改革与研究项目"'双一流'建设背景下的高校青年教师科研创新能力研究"（KJ2002），2022年重庆工商大学教育教学改革研究项目"'一流课程'建设背景下《财务管理学》'课程思政'改革创新与实践"（2022121）资助。

二、"一流课程"建设背景下"财务管理学"推进"课程思政"的重要性

"一流课程"建设对高等教育的质量和发展目标提出更高的要求与更大的挑战。新时代中国高等教育事业快速、健康发展,逐步向高质量发展转型升级。习近平总书记对高等教育事业明确了指导思想,提出了新标准、新要求,其目的在于妥善解决"为谁培育人、培育什么人和怎么培育人"的核心问题。课程思政是契合时代发展的新型教学理念和思想政治教育模式,也是落实"立德树人"的科学方法。如此,高等教育教学重构了集思政课程和专业课程于一体的全新教学体系。因此,"一流课程"建设背景下"财务管理学"推进课程思政,是贯彻"三全育人"、落实"立德树人"、促进大学生内涵式发展的科学举措,有助于构建一套思政课程与专业课程相结合的教学体系,也为办好中国特色社会主义高等教育提供了新的发展思路。

(一)"财务管理学"推进课程思政是"一流课程"建设的客观选择

"财务管理学"属于综合性与应用性较强的经济与管理交叉学科,是财会专业的核心课程,且与"财务报告分析""公司战略与风险管理"以及"税法"等专业基础课程高度相关,具有一定的专业技术门槛(宋晓文,2022;张静,2022)。与此同时,"财务管理学"课程内容涵盖投资、融资、资金运营以及利润分配等财务活动,其培养的财会类大学生将承担预算管理以及国民经济运行等关键核心领域的使命。"财者,为国之命而万事之本;国之所以存亡,事之所以成败,常必由之。"可见,财会人员的思想政治觉悟与行业健康平稳运行密切关联,高素质的财会人员是维持经济社会健康发展的基础支撑。因此,"一流课程"建设背景下"财务管理学"这一传统的基础课程,亟须更新教学内容、教学模式以及教学方法,加强专业知识传授的同时,更需要强化政治意识与思想价值引领,引导学生树立正确的价值观,增强财务管理专业的人才培养与未来执业的契合度。综上可知,"财务管理学"作为传统的专业核心课程,其积极推进课程思政是"一流课程"建设的客观选择。

(二)"财务管理学"推进课程思政是专业课程体系设置的现实需求

"财务管理学"作为财会、金融类以及经济学科的核心基础性课程,其涵盖的内容密切关联社会主义市场体系和现代财税金融体制等核心环节。然而,"财务管理学"通常集中在大学生一年级或者二年级的低年级阶段,而且重视

专业知识而轻视价值引领的传统教学模式，难以适应一流课程建设对高素质人才培养的新标准、新要求。

课程思政是强化大学生政治意识与思想价值引领的"主渠道"，也是落实"一流课程"建设过程中"立德树人"的科学方法。因此，"一流课程"建设背景下，"财务管理学"的授课模式有必要充分利用丰富的财务管理专业案例和充足的专业课程学时，积极提取"财务管理学"蕴含的"思政"元素，将思想价值引领贯穿整个"财务管理学"授课过程，弥补思政课程的育人短板（李莹，2022；张春艳和田景仁，2022）。可见，课程思政融入"财务管理学"，统一"显性"教育与"隐性"教育，构建"三全育人"新格局，是财务管理专业课程体系设置的现实需求。

三、"一流课程"建设背景下"财务管理学"推进课程思政的目标定位

"财务管理学"课程内容丰富，涉及企业资金收支活动管理及其牵扯的各种经济利益关系，其培养的财会类大学生将承担预算管理以及国民经济运行等关键核心领域的使命（张圣利，2022；周谦和赵娟，2022）。因此，财会类大学生的思想政治觉悟与行业健康平稳运行密切关联，高素质的财会类大学生是维持社会经济健康发展的基础支撑。鉴于此，结合"财务管理学"的专业课程内容和"一流课程"建设要求，将"财务管理学"推进课程思政的目标定位为"一底线、两立足、两坚定"。

"一底线"，即坚守法治底线。"财务管理学"课程内容囊括了筹资、投资、营运资金管理以及利润分配等活动，其核心内容是资本运作。"财务管理学"培养的财会类大学生要频繁地与大额资金打交道，极易滋生腐败等违法行为。因此，对于财务人员而言，遵纪守法是始终不可逾越的"红线"。可见，"财务管理学"推进"课程思政"的首要目标便是法治观念，包括遵纪守法与廉洁自律两项具体目标。

"两立足"，即立足于中华民族的优秀传统文化中蕴含的商业伦理和行为规范。"一流课程"建设是服务于"双一流"建设根本任务的，而"课程思政"是落实"立德树人"的"主渠道"。"一流课程"建设背景下财务管理学推进"课程思政"，需要融入"道德人"的理念，有必要将"道德人"思维贯穿于整个授课环节。具体而言，一方面，聚焦于中华民族的优秀传统文化，立足于优秀传统文化中崇尚"讲仁爱、重民本、守诚信"的思想精华中所蕴含的商业伦

理；另一方面，立足于中华民族优秀传统文化中涉及的行为规范。

"两坚定"，即坚定中国特色社会主义市场经济体制自信、坚定社会责任和家国情怀。"财务管理学"课程内容丰富，涉及面比较广，尤其是筹资、投资、资金运营以及分配活动涉及世情、国情、党情以及民情等重要环节。因此，"财务管理学"推进课程思政过程中需要始终坚定中国特色社会主义市场经济体制自信。与此同时，鉴于财务管理活动的最优目标是实现价值最大化，而实现这一目标除了需要权衡股东、债权人、政府以及员工等利益相关者的合法权益，还需要承担环保等社会责任。由此可见，"财务管理学"推进课程思政的过程中社会责任和家国情怀是不容忽视的"思政"元素，理应贯穿"财务管理学"的各个授课环节。因此，坚定社会责任和家国情怀也是"财务管理学"推进课程思政教学的价值重塑目标。

四、"一流课程"建设背景下"财务管理学"推进课程思政的提升路径

"一流课程"建设对"财务管理学"提出了新要求、新标准，落实"立德树人"是"一流课程"建设的核心环节。而课程思政是强化大学生政治意识与思想价值引领的"主渠道"，也是落实"一流课程"建设过程中"立德树人"的科学方法。因此，"一流课程"建设背景下"财务管理学"推进课程思政是优化课程结构的现实需求，有助于持续开展思想价值引领，弥补思政课程的育人短板，从而真正实现"课程育人"的目标。

（一）优化顶层设计，完善课程思政保障机制

课程思政是落实"立德树人"的"主渠道"，也是塑造高校大学生形成正确意识形态的有效途径。因此，优化顶层设计是首要任务，亟须高校党委提高政治站位，充分发挥示范效应，锚定课程思政目标定位，细化工作机制，为顺利开展"思政"教育活动提供坚实的制度保障，有助于将"立德树人"贯穿于"财务管理学"的整个授课流程，实现"三全育人"目标。

"财务管理学"推进课程思政需要学校的制度支持，更需要持续优化相应的保障机制。尤其是教务处需要高度重视课程思政，依托教学制度设计，激励和支持推进课程思政，将年度绩效考核纳入课程思政教学效果，常态化管理课程思政工作。与此同时，建立共享机制，设置课程思政示范课，加强"财务管理学"课程思政的沟通与交流，积极调动专业教师推进课程思政的主观能动性，向各个院系积极推广积累的经验，及时分享课程思政的教学经验，实现资源共享。

（二）学院统筹协调，优化课程教学大纲

立足于院、系、教研室的三级管理工作构架，由学院统筹协调安排系与教研室之间的关系，明确责任分工，构建上下联动、互惠共赢的工作格局。具体到协调机制与实施层面，学院可以通过定期举办职业道德讲座、金融、审计以及投资理财等学科知识竞赛，督促大学生及时掌握财务管理领域的相关法律法规以及国家发展战略等政策，强化财会类大学生的专业素养和职业道德修养。同时，定期邀请行业专家"走进课堂"，近距离指导，有效传播优秀的财务管理文化，便于财会类大学生切身体验企业家精神和企业文化魅力，引导财会类学生形成正确的价值观和人生观。

此外，"一流课程"建设背景下"财务管理学"亟须优化教学大纲。具体来说，优化"财务管理学"教学大纲需要以"课程思政"为指导思想，聚焦于财务管理专业人才培养目标，全面提取"财务管理学"所蕴含的思政元素，同步更新教学内容，及时优化教学方法，综合评估教学效果，以落实落地"财务管理学"课程思政的相关工作。

（三）优化师资队伍，强化任课教师思政教学能力

高素养的师资队伍是推进高等教育高质量发展的中坚力量，也是落实课程思政工作的核心主体和引领者。因此，"一流课程"建设背景下"财务管理学"推进课程思政的关键一环就是师资队伍建设，增强"财务管理学"任课教师的思政育人意识。

"财务管理学"任课教师既要加强专业知识学习，又要强化思想政治理论的领悟，及时接纳新思想、新理念，坚定不移地弘扬社会主义核心价值观。依托院、系、教研室的三级管理工作构架，定期组织现场观摩教学、思政典型案例交流、课程思政比赛等活动，提升"财务管理学"任课教师的思政教学能力，实现思政教育和"财务管理学"专业知识的有机融合。

五、结语

《关于一流本科课程建设的实施意见》的出台加快了"一流课程"建设进程，对"财务管理学"这一传统的核心专业课程提出了新要求、新标准。尤其是对于财经院校，"财务管理学"作为其核心课程，需要高度重视传统教学模式"重理论、轻实践、缺乏价值引领"等现实问题。针对上述问题，"一流课程"建设背景下"财务管理学"亟须大力推进课程思政，立足于"财务管理学"的

专业课程内容和"一流课程"建设要求，将"财务管理学"推进课程思政的目标定位为"一底线、两立足、两坚定"。与此同时，"一流课程"建设背景下，"财务管理学"推进课程思政亟须采取合理、有效的提升路径主要包括：优化顶层设计，完善课程思政保障机制；学院统筹协调，优化课程教学大纲；优化师资队伍，强化任课教师思政教学能力。

综上，"财务管理学"作为财经院校的核心专业课程，是以培养高素质的复合型人才为导向的。因此，"一流课程"建设背景下"财务管理学"需要将课程思政常态化、精细化，依托反复实践、持续反馈和跟踪改进，持续完善课程思政工作体系，真正实现课程育人的目标。

参考文献

[1] 田显怡, 李玲. OBE理念下财务管理课程思政教学改革实践探究[J]. 对外经贸, 2022（8）.

[2] 黄叙. 深度学习视角下的课程思政教学实践研究——以《财务管理》课程为例[J]. 商业会计, 2022（15）.

[3] 史琪. 基于财务管理课程群联动的专业思政教育探究[J]. 商业会计, 2022（11）.

[4] 尹夏楠, 孙妍玲. 专业思政与课程思政一体化建设的探索与实践[J]. 山西财经大学学报, 2022, 44（1）.

[5] 宋晓文. 课程思政在"财务管理原理"中的应用研究[J]. 商业会计, 2022（4）.

[6] 张静. "课程思政"视角下财务管理课程教学改革研究[J]. 财会学习, 2021（32）.

[7] 李莹. 应用型本科院校财务管理"课程思政"实践研究[J]. 当代会计, 2021（18）.

[8] 张春艳, 田景仁. 高校财务管理课程思政教育改革探索[J]. 商业会计, 2021（17）.

[9] 张圣利. 财务管理学课程开展课程思政的路径探析——基于中国传统文化的视角[J]. 高教学刊, 2021, 7（21）.

[10] 周谦, 赵娟. "课程思政"视阈下财务管理学课程教学改革探索[J]. 财会通讯, 2021（11）.

课程思政视角下的"公司并购与价值评估"课程教学改革探讨

◎ 任成林 赵颖

一、引言

我们党一直以来都高度重视对青年大学生的思想教育和政治引领，2016年习近平总书记在全国高校思想政治工作会议强调"要利用好课堂教学这个主渠道"，发挥各类专业课程与思想政治理论课之间的协同效应来实现协同育人。另外，2020年5月教育部印发《高等学校课程思政建设指导纲要》（教高〔2020〕3号）的通知，强调在新时代将思政元素融入专业课课程教学，将相关知识体系与价值体系合二为一，实现全员、全程、全方位育人，逐步成为高校进行人才培养新方向、新措施。本文以经济类课程"公司并购与价值评估"为例，通过课程思政的内涵来分析"公司并购与价值评估"课程思政改革的必要性及思政建设中存在的问题，探索如何在"公司并购与价值评估"教学改革过程中将课程思政融会贯通，以润物无声的方式有效体现该课程思政的内涵，并以此带动专业课程体系的育人作用。

二、"公司并购与价值评估"课程思政教学改革的必要性

（一）从课程思政内涵的角度看

课程思政最初于2014年上海市高校课程改革中提出，其内涵在我国高等教育教学实践过程中不断发展完善，达成主要共识：课程思政是高校教师以单一思政课以外的专业课和通识课为载体，将思政元素融入专业课程，使相关知识体系与价值体系合二为一来实现立德树人的教育实践活动。随着高校课程思政实践的持续开展，其重要性越来越突出，内涵也更加深入丰富，学者们逐渐认

基金项目：本文是2019年重庆工商大学教育教学改革研究项目"机电设备评估学情景教学模式研究与实践"（2019214）的研究成果。

识到课程思政的内涵不仅局限于新的课程建设,而是一种课程观,强调通过隐形教育和"全课程育人"的理念来充分挖掘融入各类课程的思政元素。课程思政也不再聚焦于"单一课程"思政元素的开发和挖掘,挖掘主体也不再局限于教师,而是站在学科战略的高度思考构建分科、分类的课程思政元素挖掘体系。以"公司并购与价值评估"为例,需要教师明确课程思政内涵发展的趋势,根据学科实践性强的特点思考课程思政如何给专业课带来协同效应。同时,需不断研究改革教学内容,将思想政治教育融入课程教学和改革的各环节、各方面,以贯彻"全课程育人"理念。

(二)从学生教育内涵拓展的角度看

经济类专业的学生对金钱十分敏感,相较于其他专业的学生,他们对经济、财务、商业价值等也格外关注,正是这样的特性使一些高校学生容易忽略思想政治、道德方面的修养。而大学生仍处于三观的建立阶段,极易受到一些负面思想和不正当言论的影响,易导致他们做出偏离正确航线的行为和不理智的判断。高校教师不仅应该传授专业知识,拓展高等院校教育的内涵,在课程中引入人生道德教育同样十分必要。社会需要具备专业知识与正确政治经济发展观的优秀人才,"公司价值估值与并购"是经济类专业的核心课程,因此课程教学必须注重技能培养和思政传授相结合,在专业教学中培养学生公平公正、求真务实等科学精神,引导学生形成良好的职业操守,清楚社会主义市场经济的优越性。

(三)从人才培养和专业学科建设的角度看

目前世界正值百年未有之大变局时期,为切实解决好中国特色社会主义建设者和接班人的培养问题,高校思想政治工作的教育主体、教育方法和教育形式也需要进行一系列改革。要实现学科建设的目标、培养党和国家需要的具备正确思想政治的专业人才,通过专业课程教学开展课程思政是再好不过的方式。高校教师应当深入挖掘各专业课程的思政教育资源,完善思想政治工作教育体系,更好地实现专业课的育人功能和价值。在大数据、互联网等技术蓬勃发展的今天,经济专业相关的大学生培养方案急需进行相应的变革。因此,"公司并购与价值评估"课程需要发挥专业课的育人功能和价值,实现与思想政治理论课同向同行的协同效应，以培养出既具备深厚学科知识、较强专业素养，又具有家国情怀、创新精神和正确道德伦理认知的优秀人才。

三、目前课程思政教学中存在的问题

（一）高校教师对课程思政的认识仍有欠缺

课堂教学是提升思想政治教育的主渠道，而思政建设的关键在于教师，教师对课程思政的认识直接影响育人质量和课程思政的效果。高校教育者对于课程思政既要有"愿意教"的动力，也要有"教得好"的能力，而目前我国高校教育者对课程思政建设及要求的认识还存在不全面、不系统等问题。主要表现为：思想政治类课程只注重于马列主义、毛泽东思想、社会主义核心价值观等理论的传授，而专业课教师则注重学生实践技能和专业知识的掌握情况。在一些高校中，"公司价值估值与并购"同样存在相关问题，如对课程的思政指导意见不够重视，相关政策制度模棱两可，没有明确要求，导致教师对课程思政的认识欠缺，在实际教学时也存在敷衍了事，不愿投入时间和精力开展课程思政工作的情况，以致难以发挥与专业课的协同效应。

（二）课程思政元素挖掘及融入困难

首先，课程思政需要在遵循课程自身内在逻辑体系的前提下对思政元素进行挖掘和融入，课堂教学不能只是对思政元素的生搬硬套。由于目前我国高校教师的相关思政教育知识还尚有欠缺，想要在遵循专业课程学科逻辑、知识逻辑的前提下充分挖掘教学过程中的思政育人元素还存在一定的难度。而教学思政内容的深度不足，在教学过程中就会出现重形式、思政元素与专业课程知识连接性不高等问题，这些都会使课程思政元素的教学融入困难。另外，目前对课程思政教学元素的挖掘大多只局限于一门课，很少从学科体系的角度去挖掘，也难以产生良好的教学与育人效果。其次，大学生作为教育的接受者，一直以来都忽视了思想政治课的重要性，学习时大多只是走走过场，将大部分精力放在认为对未来自己所从事的工作起着更加直接作用的专业课上，这些也都会对课程思政的教学效果产生影响。"公司并购与价值评估"课程具有很强的实践性，与现实经济情况联系密切，如果教师在进行课堂教学时忽视学科特点和规律，不分时间、内容、形式地融入思政元素则难以达到预期的教学效果。

（三）相关课程思政建设和评价体系不健全

高校进行课程思政建设的目标就是立德树人，培养新时代社会主义建设的接班人。尽管目前各大高校都在积极进行课程思政建设，但大多数高校的思想政治教育工作目标太过于宽泛，且教育部门对一些大学科门类的课程思政建设的方针政策以及指导意见也还有缺失。学校课程思政建设的考核机制和对课程思政效果的评价体系建设目前还并不完备，在大多课程教学中，也仅用一些统计数据来说明课程思政效果，难以真正反映课程思政育人效果，导致课程思政建设考核重形式轻内容，不利于课程思政建设的开展，难以真正体现课程思政的育人效果。

四、推进"公司并购与价值评估"课程思政建设的具体路径

（一）深挖思政元素，创新教学方法

思政教学元素需要遵循学科逻辑、价值逻辑进行挖掘，同时润物无痕地融入。对思政理论的研究发现，课程思政元素的挖掘也逐渐由单一课程向专业、大学科门类拓展。因此，针对"公司并购与价值评估"课程思政元素挖掘的主体也不应仅局限于教师，学校、院系同样也应当成为思政元素挖掘的主体，使思政与专业教育之间的结合更加紧密。根据以上背景，"公司并购与价值评估"课程拟通过深入挖掘课程内容的方式，引导学生在专业理论知识的学习中自主融入课程思政元素。具体的思政目标和教学内容融合如表1所示。

表1 "公司并购与价值评估"课程思政目标和教学内容融合

课程思政目标	思想政治教育元素（教学内容）
科学认识公司价值评估的本质，培养学生严谨的学术态度和科学理解事物的习惯	不看外在看内涵——公司内在价值的实质
培养学生用全局观和整体观看待问题	登高望远——公司并购成败多角度分析
让学生理解牺牲的价值和奉献的意义	牺牲的价值——成本法评估的深层认识
学习评估中的可持续发展精神	活水长流——收益法评估理论与案例
培养战略思维，学会长远安排	长远观——公司并购决策战略解析
养成谦虚的美德，向优秀者学习	榜样的力量——市场法评估理论和案例

续表

课程思政目标	思想政治教育元素（教学内容）
培养坚韧、不轻易放弃的人生态度	可能性的价值——实务期权定价原理及应用
鼓励学生对估值市场的新问题、新需求、新理论和新方法，大胆探索，勇于创新	科学精神——资产估价估值方法的发展历史

对于教学方式的选择，教师可以采取线上和线下等多种方式进行教学，线上主要通过视频学习最新新闻与理论知识，线下学习则针对公司价值估值与并购中的重点、难点等进行讲授。课堂教学可以采用翻转教学、辩论赛、信息化载体、参观体验等形式，进行以学生为中心的探索性学习，培养学生的科学探索精神和团队协作精神。另外，教师还应针对学生群体中存在的一些不良习惯、行为及不适的价值观念进行引导，将实际案例中可能会遇到的一些道德困境进行分析，使他们更加直接深入地了解职业道德的重要性。

（二）转变育人观念，优化教学过程

高校在进行课程思政改革时首先需要调动专业课教师的育人积极性，转变育人观念，抓住教师这个关键点，真正实现教学全过程育人。一直以来，由于认识偏差，很多教师片面地认为自己的职责只是传授专业知识，育人是思想政治理论课教师的事情，导致课程教学过程重理论、轻道德。

新时代下课程思政改革，首先可以通过专业研讨、集体备课、会议、讲座等形式定期组织教师学习党和国家的相关政策、重要会议精神，开展教师职业道德培训，帮助教师认清课程思政的本质，提高教师对"公司并购与价值评估"课程思政教育的重视程度。在全面推进课程思政建设过程中，要切实解决教师"愿不愿""会不会"和"能不能"的问题，使广大教师转变育人理念、增强教学能力、厚植育人情怀。

"公司并购与价值评估"课程组通过成立思想政治研究小组，共同研究如何将思政元素与国家需求相结合，如何将思政元素与专业知识相结合，抓住教材、教师、教学三大核心要素来有效地实施协同教育。在课前准备阶段，专业课教师与思政课教师之间可以合作备课，发挥各自的专长；课中教学阶段，应该发挥课堂"育人"主战场的作用，确定课堂的德育主题，利用真实案例引入

"公司并购与价值评估"相关理论知识进行教学，将思政资源以适当方式适时展示给学生。课外引导学生关注和思考国内外经济形势，关心我国当下的社会变革，关注课程相关时事。综合以上方式，构建"公司并购与价值评估"课程系统的全过程思政教学体系。

（三）建立健全课程思政质量评价体系

《高等学校课程思政建设指导纲要》指出，要建立健全多维度的课程思政建设成效考核评价体系和监督检查机制，在各类考核评估评价工作和深化高校教育教学改革中落细落实高校通过对课堂教学的科学评价，激发任课教师立德树人的积极性和创造性。人才培养成效是课程思政建设评价的核心指标，评价机制作为课程思政教学的反馈和总结、教育成效的检测，是整个教学过程的重要环节。课程思政效果评价力求探究学生专业知识和价值观念是否增值，首先应该从方向维度、转化维度等不同维度来考察课程思政教学设计和实施的合理性。在公司并购与价值评估课程教学中，切实将专业课程思政教学目标如学生思想行为变化、理论知识内化和实践转化融入教学设计，融入学生学习任务，体现到学生的课程学习评价方案中等。其次应该加强过程评价体系，不能单单以论文发表数量、课题立项等结果对课程思政成效进行评估，更要重视教师教学过程中教学材料的运用、思政元素挖掘的科学性和合理性，从教师的课程思政意识、育人情怀、教学成果等多元维度做出系统、全面的综合性评价。

参考文献

[1] 侯湖平，张绍良，公云龙，等. 课程思政理念下不动产估价课程教学改革探索[J]. 高教学刊，2022，8（21）.

[2] 汤苗苗，董美娟. 高校课程思政建设存在的问题及对策[J]. 学校党建与思想教育，2020（22）.

[3] 习近平. 思政课是落实立德树人根本任务的关键课程[J]. 求是，2020（17）.

[4] 何玉海. 关于"课程思政"的本质内涵与实现路径的探索[J]. 思想理论教育导刊，2019（10）.

[5] 王学俭，石岩. 新时代课程思政的内涵、特点、难点及应对策略[J]. 新疆师范大学学报（哲学社会科学版），2020，41（2）.

[6] 赵鹤玲. 新时代高校"课程思政"建设的现状及对策分析[J]. 湖北师范大学学报（哲学社会科学版），2020，40（1）.

[7] 周谦,赵娟."课程思政"视阈下财务管理学课程教学改革探索[J].财会通讯,2021(11).

[8] 田鸿芬,付洪.课程思政:高校专业课教学融入思想政治教育的实践路径[J].未来与发展,2018,42(4).

[9] 谢长旺,刘新梅.课程思政理论与实践——以"资产评估学"课程为例[J].教育教学论坛,2020(43).

普通高等学校"内部控制"课程思政教学探索

◎ 邓杰

一、引言

在 2016 年 12 月召开的全国高校思想政治工作会议上,习近平总书记指出:"高校思想政治工作关系高校培养什么样的人、如何培养人以及为谁培养人这个根本问题。要坚持把立德树人作为中心环节,把思想政治工作贯穿教育教学全过程,实现全程育人、全方位育人,努力开创我国高等教育事业发展新局面。"这一重要论述把高校的思政教育提升到了战略高度,也为当代高等院校各类课程建设与思想政治课程建设的同向而行、协同育人提供了理论指导,使课程思政得以快速发展。

"内部控制"是目前我国绝大部分财经类高校经济管理专业学生的必修课程,也是一门了解我国企业内部控制制度的框架体系、学习企业内部控制制度设计方法、培养具有专业素质内部控制人才的核心课程。该课程涉及大量诚信教育、社会责任、个人道德、商业伦理等与思想政治教育密切相关的内容,对该课程展开课程思政建设有助于提高学生政治素养,落实铸魂育人、立德树人的根本任务,引导学生弘扬和践行社会主义核心价值观,不断增强"四个自信"。

二、"内部控制"课程思政建设的必要性

课程思政并非将任何一门课程与思想政治教育进行简单的捆绑,而是在对思想政治教育具有一定认知的前提下,通过深入挖掘该门课程的思政元素,寻找课程思政建设的切入点,然后再详细展开。从理论上讲,任何一门课程都具有丰富的思想政治资源,同样,每一门课程也都肩负着思想政治教育的使命和责任。对"内部控制"进行课程思政建设,还具备以下 3 个方面的必要性和必然性。

基金项目:本文是重庆市高等教育教学改革研究项目(213193)、重庆工商大学会计学院 2019 年教育教学改革与研究项目(KJ1902)的研究成果。

（一）政策层面的必要性

2022年4月，习近平总书记在中国人民大学考察时提到，"为谁培养人、培养什么人、怎样培养人"始终是教育的根本问题。而立德树人成效则是检验高等学校一切工作的根本标准，课程思政的重要性可见一斑。在教育部印发的《高等学校课程思政建设指导纲要》中更是明确指出，课程思政建设"影响甚至决定着接班人问题，影响甚至决定着国家长治久安，影响甚至决定着民族复兴和国家崛起"。因此，在高等学校进行课程思政建设不仅是必要的，更是迫切的、重要的。

近年来，教育部出台了大量与课程思政建设相关的指导意见，如《高校思想政治工作质量提升工程实施纲要》《新时代高等学校思想政治理论课教师队伍建设规定》等，并开展了一系列课程思政建设工作会，如教育部办公厅召开的加强新时代高校思想政治理论课建设现场推进会、开展课程思政示范项目建设工作、推荐教育部高等学校课程思政教学指导委员会委员等，都是为了加深对高校课程思政建设内涵的理解。习近平总书记更是在《求是》杂志上发表了题为"思政课是落实立德树人根本任务的关键课程"的文章，旨在引导教师办好思想政治理论课、推动课程思政改革创新。这些意见和纲要的提出无疑从政策层面上指出了高校进行课程思政建设的必要性。

（二）实践层面的必要性

从内部控制的演进历程可以发现，内部控制理论是随着实践的需要而逐步发展完善的。比如："内部牵制阶段"就是以实践中的查错防弊需要而发展出职务分离、账目核对等牵制手段；麦克森罗宾斯公司舞弊案的爆发又推动内部控制由内部牵制演变为注重财务数据真实性的"内部控制制度阶段"；"水门事件"使人们更加注重控制环境和会计系统的建设，在一定程度上推动了企业内部控制向"内部控制结构阶段"发展；电子信息技术的发展又给内部控制注入了信息系统、监督等要素，使其发展为"内部控制整体框架阶段"；"安然事件""世通事件"则又将人们的注意力转移到重大风险的防治方面，由此推动内部控制发展到"基于风险管理的内部控制阶段"。

近年来，造假舞弊事件频发，每年的业绩预告期间上市公司暴雷事件层出不穷。而造成这些现象的根本原因还是在于管理人员自身素质出了问题，个人思想政治觉悟低下、退化甚至缺失，在公司经营不善的情况下轻易选择了通过造假的方式维持表面的光鲜。因此，对于"内部控制"这门课程而言，教师不仅需要在课堂上授予学生内部控制的专业知识，更应该教育学生树立良好的价值观、道德观，增强学生的责任感、使命感，为社会培养一批有担当、敢作为的高素质人才。

（三）课程本身的必要性

"内部控制"课程本身蕴含了丰富的思政元素，在进行相关知识点讲解的时候不可避免地需要开展思想政治教育。以我国标准体系中的"三大指引"中的《企业内部控制应用指引》为例，其中的内部环境类指引中包含组织架构、发展战略、人力资源、社会责任、企业文化等教学内容，内部控制活动类指引包含资金活动、采购业务、资产管理、销售业务、财务报告、研究与开发、工程项目、担保业务与业务外包等教学内容，控制手段类指引包含全面预算、合同管理、内部信息传递、信息系统等教学内容，在这些教学内容里面蕴含法律法规意识、职业道德规范、员工品行、操守、价值观、爱国精神、诚信、社会主义核心价值观等思政元素。进行相关知识点讲授时，自然也需要进行相关思政内容的扩展。事实上，尽管内部控制的对象是风险而不是人，但是在内部控制活动面临的风险中，绝大部分都是与人相关或由人引起的，所以课程本身就需要进行大量的思想政治教育，引导学生树立正确的人生观、价值观，勇于肩负时代赋予的使命。

三、"内部控制"课程思政建设设计

对学生开展课程思政教育是一种顶层设计层面的教育，是高校教师在新时代进行教书和育人伟大工作的综合体现。然而要做好"内部控制"课程思政建设，不能只停留在表层，强行将一些思政内容灌输给学生，只会适得其反；同时也要注意把握好"度"的问题，课程思政教育要适度，以课程本身为核心，自然地与思政进行结合，不宜长篇大论进行政治宣传。对此，本文认为"内部控制"课程思政的建设，可以从以下3个环节逐层展开。

（一）课程准备阶段——提升教师素养、丰富教学资源

凡事预则立不预则废，要建好"内部控制"课程思政，最重要的是在课前进行充分的准备。一方面，对教师个人而言，应注重自身思想政治素养的提升。尽管高校教师基本具备普遍的思想政治素养，但与马克思主义学院的教师相比，仍缺乏专业性和系统性，故对于一些思想政治理论可能会出现模棱两可的认知。然而思想政治教育本身是一项非常严肃的事情，任何概念或者细节上的模糊都

可能会引起一些麻烦，务求做到严谨贴切。因此，在遇到吃不透、拿不准的理论时，一定要事先进行大量相关调查和学习，并主动向马克思主义学院的教师请教探讨。在平时，高校教师也应注重加强自主学习，深入了解和掌握一些重要的思想政治理论知识。

另一方面，需要整合教学内容、丰富教学资源，将课程思政融入课程前期筹备建设过程。这需要借助智慧教学工具（雨课堂、学习通等）搭建线上教学资源库、线上案例库、线上习题库、试题库等，除了可以将大量与课程相关的学习资料、案例、习题上传外，还可以在线上资料库上传大量与内部控制相关的思想政治教育视频、新闻，丰富学生的学习形式。例如在"工程项目内部控制"章节部分，可以上传《超级工程》纪录片，让学生了解港珠澳大桥如何攻坚克难、中国路、桥、车、港如何从无到有、从追赶到领先等，帮助学生树立民族自豪感和民族认同感，坚定"四个自信"。案例库、习题库和试题库同样可以穿插类似的富有思政教育意义的元素。

（二）课程授课阶段——思政与内控课程有机结合

当前，很多高校都开展了各类课程思政教育，但内容上要么浅尝辄止、不够深入，要么生搬硬套、削足适履，究其原因，还是在于将课程本身的教学内容与思政教育人为割裂，未能进行有机结合。对此，教师需要根据"内部控制"课程的特点——案例丰富，以案例为媒介，将知识点与课程思政知识点充分结合。

例如在介绍内部控制五要素时，涉及中信泰富炒汇巨亏事件，其主要问题就在于"高估了收益头寸""误判市场风险""忧患意识淡薄""群体决策失效"等，因此除了从内部控制角度告诉学生要优化内部控制环境建设、完善风险评估体系、增强风险意识、加强内外部监督，还可以进行相关思想政治方面的扩展，如教导学生要正确认识客观规律并遵循客观规律、对任何事物都持谨慎与理智的态度、适可而止等思想，同时告诫学生"生于忧患，死于安乐"，在生活中要时刻保持一定的忧患与警惕意识。

又如在讲解"社会责任"章节时，以鸿星尔克捐款事件为例，可让学生深刻理解为什么企业价值创造与履行社会责任是统一的有机体，为什么履行社会责任可以提高企业经济效益，实现可持续发展，以及为什么履行社会责任可以提升企业形象。同时，鸿星尔克的案例可以教导学生要有担当与无私奉献精神，蕴含了儒家"穷则独善其身，达则兼济天下"的思想，并告诫学生在"高光"时刻需要保持理智、回归本心。

（三）课程考核阶段——将思政元素融入考核体系

正如一般课程需要进行教学质量的考核，课程思政同样需要融入考核体系，以检验思政教育的效果，因此需要进行考核体系的优化设计，融入思政元素。首先，在平时考核中，将思政元素融入习题、案例讨论等课后作业，引导学生对思想政治内容的关注和思考；在进行考勤时，借助学习通等软件的动态二维码签到功能可以帮助学生树立诚信意识。其次，在期末考核中，除了在试题中适当加入思政元素，还可以让学生撰写课程论文或学习感想，从某一个思政角度展开对企业内部控制的探讨，让学生在搜集资料和撰写论文的过程中润物细无声地进行自主的思政教育，并对其中优秀的论文展开讨论和评述。最后，还需要建立一个反馈与再反馈机制，形成"设计—实践—考核—反馈—改进"的闭环管理，不断修正和完善"内部控制"课程思政教学体系和教学模式。

四、结语

目前，课程思政已成为我国高校落实立德树人根本任务的关键环节。《易经》有云："蒙以养正，圣功也。"讲的就是要注重对青少年优良品德的培养，对其进行正确的思想引导，是圣人教化的功业。因此，做好课程思政是当代高校教师义不容辞的责任。教师应该有信心、有决心进行课程思政建设，结合每一门课程的具体内容，不断创新教学方法，强化育人效果，凝心铸魂守初心，立德树人担使命。

参考文献

[1] 习近平. 思政课是落实立德树人根本任务的关键课程[J]. 求是，2020（17）.
[2] 代蕾，王静静，崔玉卫.《企业内部控制》课程思政教学实践[J]. 现代商贸工业，2022，43（16）.
[3] 宁宏茹. "防范财务舞弊"课程思政教学探索[J]. 中国乡镇企业会计，2021（4）.
[4] 赵雪艳，王晓菁，耿华. "课程思政"在内部控制课程的实践探索[J]. 现代商贸工业，2022，43（12）.
[5] 陈园，高波. 思政教育在内部控制课堂教改分析[J]. 公关世界，2021（14）.
[6] 刘俊英. 高职院校企业内部控制实务课程思政教学实践的探讨[J]. 当代农机，2021（10）.
[7] 张洁慧. 基于教学设计视角的课程思政推进策略研究——以《内部控制与风险管理》课程为例[J]. 现代商贸工业，2021，42（24）.

"资产评估原理"课程思政建设的五个关键点

◎ 徐茜

《高等学校课程思政建设指导纲要》指明：培养什么人、怎样培养人、为谁培养人是教育的根本问题，立德树人的成效是检验高校一切工作的根本标准。专业课程中如何融入思政元素是当前高等教育必须要解决的现实问题。本文从任课教师角度思考如何推动"资产评估原理"课程的思政建设。笔者认为需把握以下五个关键点：

一、"资产评估原理"课程教学需要思政

（一）立德树人要求专业课程思政

落实立德树人根本任务，必须将价值塑造、知识传授和能力培养三者融为一体、不可割裂。全面推进专业课程思政建设，就是要寓价值观引导于知识传授和能力培养之中，帮助学生塑造正确的世界观、人生观、价值观，这是人才培养的应有之义，更是必备内容。这一战略举措，影响甚至决定着社会主义接班人问题，影响甚至决定着国家长治久安，影响甚至决定着民族复兴和国家崛起。

（二）资产评估需要思政教育

首先，资产评估作为一种专业化市场中介行业，通过对资产价值判断估计起到维护经济秩序和促进经济发展的作用；其次，资产评估机构与保荐机构、审计机构、法律服务机构等都是"资本市场的守门人"。其职责就是要为资本市场把好关，对上市公司的资产价值给予理性、客观的判断与评估，为各类市场主体提供客观、公允的价值参考，为投资者价值投资提供合理的依据。

但在利益诱惑下，部分中介机构往往会迷失方向，在执业过程中未能勤勉尽责。比如：在项目报告中引用虚假记载的审计数据；对项目应收账款执行函证程序时未保持有效控制，对作为评估基础的项目历史财务数据评估程序不到位；未对采用其他服务机构的专业意见内容审慎核查等，若涉及国有资产，会给国有资产造成重大损失。只有思政教育才能向学生传递爱国主义、法治意识、社会主义核心价值观、中华优秀传统文化教育，培养经世济民、诚信服务、德

法兼修的职业素养。

（三）"资产评估原理"课程需要思政

课堂教学是"主渠道"，承担着人才培养的重要功能。"资产评估原理"课程是资产评估专业的第一门专业课，承担着培养具有爱国主义、宪法法治意识、培育和践行社会主义核心价值观、诚信服务、德法兼修的资产评估专业人才的第一步。因而"资产评估原理"课程更需要思政教育。

二、专业目标和课程教学目标需要与时俱进

2016年，习近平在全国高校思想政治工作会议上强调"要坚持把立德树人作为中心环节，把思想政治工作贯穿教育教学全过程，实现全程育人、全方位育人"。思想政治教育工作必须贯穿学生的学习生涯，从而培养合格的高水平、创新型人才。按照教育部《高等学校课程思政建设指导纲要》精神：把思想政治教育贯穿人才培养体系，全面推进课程思政建设，才能发挥每门课程的育人作用。以此为背景，资产评估专业的专业目标及课程教学目标需要重构。

（一）资产评估专业的专业目标

资产评估专业的专业目标应将价值塑造、知识传授和能力培养三者融为一体，落实立德树人。培养具有社会主义核心价值观，适应社会主义市场经济发展需要，政治素质过硬、理论基础扎实、知识面广、专业能力强、富有创新精神，具备良好职业道德修养，能够在资产评估领域胜任专业工作的高素质、复合型管理人才。学生毕业后，能够胜任资产评估公司、金融机构、政府财税管理及国有资产管理部门、企事业单位财务和资产管理部门的资产价值评估与投资管理等实际工作及科学研究工作。

（二）"资产评估原理"课程教学目标

"资产评估原理"课程的教学目标不再仅仅是能力目标，还应包含思政目标。

（1）能力目标：能力目标分解为3层次。①基础能力：第一层次的能力要求，包含诚实守信、基础性知识、信息收集及处理、沟通能力等；②支撑能力：第二层次的能力要求，包含职业道德、专业相关知识、协作能力等；③执业能力：第三层次的能力要求，包含专业素质、专业技能、项目管理能力。

（2）思政目标："资产评估原理"课程思政目标可以概括为4个方面：①培养爱国主义情怀，防止国有资产流失；②增强法治意识，依法执行评估业务；

③培育和践行社会主义核心价值观，树立正确的价值判断标准；④强化职业道德教育，讲诚信，守规则。

三、挖掘重点思政元素，创新教学内容

（一）依据资产评估的特点，以"爱国主义"为主线把握立德树人

目前，国内资产评估业务占比最大的是国资评估。资产评估专业人员不仅是评估业务的执业人员，更是国有资产的看门人。爱国主义教育在资产评估专业的思政元素中处于核心地位。"资产评估原理"课程首先要从思政角度阐释爱国主义要义，让学生了解爱国主义的历史意义与当代价值，正确处理好爱国、爱家、爱党与爱人民之间的关系；同时借助案例分析与典故教学等形式，教育引导学生热爱和拥护中国共产党，听党话、跟党走，立志扎根人民、奉献国家。在教学内容设计方面以学科专业为依托，通过采用新闻报道的负面案例，如国有资产巨额损失的评估案例，将专业知识与评估案例结合，增强学生投身专业研究的使命感，鼓励学生把爱国精神转化成为国学习、为国执业、为国奉献的实际行动。进一步加强培养综合素养的评估项目的设计。从资产评估学科背景出发，为爱国主义提供更多的理论支撑，让爱国主义在学生的心中"既能顶天又可立地"。

（二）将重要思政元素融入每章教学内容

资产评估既是证券市场的看门人，也是国有资产的看门人。对资产评估专业人才而言，德与能，首推德，要德能兼备。以此为指导思想，首先应挖掘重要的思政元素。课程组认为资产评估专业的思政元素首推爱国主义，然后是社会主义核心价值观、宪法与法治意识、职业道德、工匠精神。其次根据教学内容来选择与之匹配的思政元素，再进行思政素材选择。值得一提的是，思政素材的选取不是与专业内容割裂的，而是要选择专业内容与思政元素兼备的素材。素材的选择需要任课教师付出辛勤劳动和科学思考。

四、以现代科学技术为依托，灵活采用多种教学方式和方法

专业教学中融入思政元素，采用何种方式、方法才能让学生既能学到专业知识，又能润物细无声地自觉接受思政理念，这是一个需要长期探讨的重要问

题。否则有限课时中如讲授过多的思政内容，喧宾夺主，会影响专业知识传授，也达不到立德树人的效果。

（一）依托现代科学技术，采用线上线下混合式教学方式

采用福斯特软件平台上的资产评估实训课程作为线上课程，充分利用学习通等现代化智慧教学工具增加课堂测试和互动，线上有学生学习情况记录，线下可以依据线上记录来进行教学内容选配，从而激发学生学习兴趣，进而使课堂教学效果提高，实现线上、线下混合式教学。

（二）依托新闻案例展开问题导向和翻转课堂的案例教学法

采用新闻案例将评估实践引入课堂教学，提升学习效果，既能让学生学到专业技能，又能在专业技能传输中将思政理念植入脑海中。"资产评估原理"课程集基础理论与专业技能于一体，必须坚持以思政为引领来组织专业教学。思政重要性不容置疑，但教学内容枯燥且对没有评估实践的学生而言更显空洞。入选重庆工商大学思政案例集的优秀思政案例《学好和用好资产评估程序也是爱国》是讲述资产评估程序专业内容的课程思政案例。资产评估程序属于评估实践环节，能有效保障评估质量和防范执业风险。其案例来源选用新闻案例：虚假评估导致国资损失 2.4 亿元，评估机构 5 人被判刑，助理年仅 25 岁。运用真实典型案例细化每个知识点和思政理念；教学方法融案例教学、问题导向及翻转课堂于一体；集合了画龙点睛式、案例穿插式、专题嵌入式、性渗透式、讨论辨析式等多种思政融入方式。

结合教学内容和教学大纲要求，依据案例内容及思政元素提出问题，并组织学生分组讨论。如：从资产评估程序角度思考如何避免国有资产流失？依据《资产评估职业道德准则》，思考资产评估从业人员应具备哪些道德品质？让学生主动探究和深度思考。学生进行资料收集整理、PPT 课件制与展示、小组讨论与提问、教师点评和互评等，达到翻转课堂的目标。将新闻案例、问题导向与翻转课堂相结合，科学合理地应用，以取得明显效果。

五、建立与线上线下混合式教学相适应的多元评价体系

线上线下混合式教学综合应用了两种学习途径，其评价体系区别于重结果轻过程的传统评价体系，应侧重学习过程。线上线下混合式教学需要构建多元评价体系，体现为过程与结果、线上线下的有机结合。其内容包含：

（1）线上线下评价分配合理。评价既关注学习过程，又重视学习结果。线上自主学习、作业、测试的评价与线下教学活动的评价分配合理，连贯完整。评价结果重视过程性评价的及时反馈作用，同时结合终结性评价全面评估学生的学习能力。

（2）各种线上线下评价方法结合使用。评价包括线上评价和线下评价两种手段。线上评价主要利用教学平台的智能记录和评阅手段完成线上学习的过程评价。其准备工作是：课前教师对学习时长、学习内容、练习完成等设置不同的评分权重，评价主体由过去的单一主体转化为多元主体，加大非标准化产出任务的评分比重，形成教师、计算机和学生为评价主体的多种评价形式。线下评价主要以教师评价、师生互评和学生自评相结合，评价内容包含作业、小组讨论、PPT 制作等。

单一评价体系向多元评价体系的转换使教师评价结果主观性太强的情况得到了纠正。考核内容除了客观知识的考核，增加了其他形式的评价，如与课程内容相关的论文、报告等。评价不再像过去集中于对知识能力及语言能力的考核，还关注思政元素的融入、思维能力的提升和创新能力的培养等。教学评价结果得以全面反馈，教师通过反馈信息修改教学内容，创新教学活动，为打造金课不断努力。

参考文献

[1] 择远. 资产评估应恪守职业准则为资本市场守好门[N]. 证券日报，2019-12-10.
[2] 王丽丽，张晓慧. 基于产出导向的大学英语混合式"一流课程"建设研究[J]. 黑龙江高教研究，2021，39（3）.

基于课程思政的财务管理教学设计探讨

◎ 张婉君

在高校课程体系中，大学生学习的主体部分是专业课程。课程思政是把思想政治工作贯穿于教育教学全过程，使各类课程与思想政治理论课同向同行、形成协同效应的重要体现。如何将课程思政与专业课程融合起来，通过课程思政的有效落地，将专业学习与思想素养提升有机统一起来，最终做到润物细无声，培养出思想素养高、专业素质好的高级财务人才有一定的现实意义。

一、财务管理课程思政的教学目标

财务管理课程思政的教学目标是在社会主义核心价值观的引领下，以培养学生"树立正确的人生观、世界观和价值观，具有良好财务专业素质和职业道德"为主线，培养学生顾全大局、严谨务实、爱岗敬业、具有社会责任感和团队协作能力，掌握现代企业财务管理的基本价值观念、基本原理和基本分析方法，并学会运用这些理论和方法，分析解决中国企业财务管理实际问题，初步具有从事经济管理工作所必需的财务管理业务知识和工作能力。本课程要求学生掌握企业财务管理的基本概念，了解企业财务管理的环境，熟悉企业财务工作的基本环节；学会运用财务报表分析与财务计划的基本工具；树立财务管理的价值观念，掌握资金时间价值和风险价值以及资金成本的分析计算方法；熟悉企业营运资本管理、投资管理、筹资管理、资本结构和利润分配管理的内容，掌握各类财务决策分析的基本方法。

二、财务管理课程的思政元素挖掘

财务管理课程思政旨在帮助学生树立正确的人生观、世界观和价值观，具有良好的财务专业素质和职业道德，遵纪守法、勤俭节约、严谨务实、开拓创新，具有社会责任感，适应未来职业发展趋势。在传授现代企业财务管理的基本原理和基本方法的同时，本课程将思政元素贯穿课程教学全过程，将思想政

基金项目：本文得到重庆工商大学校级教改课题"依托翻转课堂与网络教学平台的教学改革探索与实践"资助。

治教育融入课程教学的各环节，体现在以下几个方面：①社会主义核心价值观教育——爱国、敬业、讲诚信；②思想品德教育——法律意识、风险意识、诚信意识、职业道德意识、社会责任感与传统美德；③"四个自信"教育——改革开放的成就、经济发展、财税体制、理财文化；④劳动创造价值、精打细算、理性消费教育——诚实劳动、勤劳致富、理性消费、勤俭节约；⑤合理运用权思想教育——合理投资、理性决策、提高投资效益；⑥创新创业教育——创业思维和团队意识。⑦人生教育——经营好人生的资产负债表。

三、财务管理课程思政的教学设计与探讨

在具体对财务管理课程思政的教学设计时，需要考虑将课程思政元素融入教学内容中，并以恰当的课程思政实施方式展开。具体体现在以下教学内容中，融入相应的课程思政元素，采取理论讲授与实例分析等具体方式实施课程思政。

在第一章财务管理导论讲授中可以引入以下思政元素：①社会主义核心价值观教育（爱岗、敬业、讲诚信、顾大局）；②思想品德教育（法律意识、职业道德、社会责任感）；③"四个自信"教育（我国经济发展、财税体制、理财文化）。理论讲授与实例分析使学生懂得实现中华民族伟大复兴需要爱国、爱岗、敬业、讲诚信、顾大局的高素质财务管理人才；企业财务必须依法处理好各种财务关系；为实现企业财务目标，绝不能不择手段，违法乱纪，不仅要注重经济利益，还要关注社会效益，增强社会责任感。讲授财务管理发展过程，让学生了解中国企业的发展。

在第二章财务战略与预算和第三章财务报表分析章节，注重劳动创造价值、精打细算、理性消费教育（诚实劳动、勤劳致富、理性消费、勤俭节约）。理论讲授与实例分析，使学生懂得有付出才有回报，只有诚实劳动，勤劳付出，才能创造价值，取得自己想要的未来；引导学生理性消费，增强金融素养和信用意识，学会精打细算，学会勤俭节约。

在第四章财务管理的价值观念和长期投资管理章节，注重培养合理运用权思想教育（合理投资、理性决策、提高资金投入效益）和创新创业教育（勇于创新、创业思维和团队意识）。理论讲授与案例分析，在讲授企业长短期投资决策分析方法的同时，通过投资决策失败的案例分析，使学生懂得要合理运用投资决策权力，勇于创新，主动创业，合理投资，理性决策，提高资金投入效益。

在筹资管理和营运资金中，短期资产管理章节强调学生的思想品德教育（法律意识、风险意识、诚信意识、职业道德意识、责任意识）。理论讲授与案例分

析，教育学生在企业筹资决策过程中，必须遵守国家有关法律法规，依法履行约定责任，勇于承担风险，维护各方权益，讲求经济和社会效益。用"校园贷"等实际例子向学生揭示校园贷的本质及其危害，培养学生养成理性筹资和消费的良好习惯。在最后进行课程总结与复习时可以引入传统美德教育、人生教育（经营好自己人生的资产负债表）。课后寄语让学生懂得运用资产负债表原理，使学生懂得人生就是一张资产负债表；资产总是与负债相随；要合理运用资产，发扬中华传统美德，承担必要负债，减少不必要负债，增加人生净资产。

四、财务管理课程思政教学案例实施方案

具体而言，在讲授企业财务管理的概念、特征、财务经理的作用及其对企业发展的重要性等内容时，融入爱岗敬业、讲诚信、顾大局教育；在讲授企业财务关系和财务管理目标时，融入法律意识、职业道德、社会责任感教育；在讲授中外企业财务管理的发展阶段时，通过介绍我国经济和企业改革发展成就、财税体制改革及理财文化，融入"四个自信"教育。

（1）财务管理的概念及其重要性——爱国、爱岗、敬业、讲诚信、顾大局的教育。介绍企业财务管理的总体框架，讲授财务管理的概念、特征及其对企业发展的重要作用，使学生懂得实现中华民族伟大复兴需要爱国、爱岗、敬业、讲诚信、顾大局的高素质财务管理人才，做好企业财务管理必须具有大局意识，要善于从企业整体角度出发考虑财务管理问题。

（2）企业的财务关系——合理、合法、公平对待企业利益各方的教育。讲授企业资金的运动过程，使学生懂得要做好企业的财务管理，就必须要合理、合法、公平地对待企业利益各方，依法处理好企业内外各种财务关系。

（3）财务管理的目标——合理处理各种利益冲突，增强企业社会责任的教育。企业财务管理的目标是实现企业价值的最大化，在讲授企业财务管理目标时，要使学生懂得在实现企业价值最大化的过程中，合理处理好股东与管理层、股东与债权人、大股东与中小股东、企业目标与社会责任之间的各种冲突。列举中外企业财务造假的实例，教育学生懂得为实现企业的财务目标，任何企业和理财人员绝不能不择手段，违法乱纪，不仅要注重经济利益，还要关注社会效益，增强社会责任感。

（4）企业财务管理的发展——增强"四个自信"的教育。在讲授中外企业财务管理的发展过程时，提炼我国古代和近代理财思想，介绍我国企业发展的历程、企业财务管理体制的演进、财税改革历程及方向、改革开放取得的伟大

成就,使学生树立"四个自信",让学生能够更好地感受到中国的变化,增强其自豪感。

(5)企业财务管理的环境——政治、法律、金融、社会文化意识教育。讲授财务管理的环境,让学生了解中国企业发展的政治环境、经济环境、法律环境、金融市场环境和社会文化环境,增强企业理财的政治意识、法律意识、金融市场意识和社会文化意识。

参考文献

[1] 况丽平. "课程思政"理念下人力资源管理课程的教育教学探讨[J]. 黑龙江教育(理论与实践),2020(10).

[2] 陈柳源. "课程思政"理念与高校人力资源管理专业融合路径探索[J]. 高教论坛,2020(8).

[3] 马然. 将思政教育元素融入对分课堂的"全方位育人"教学模式改革探究[J]. 高等教育研究学报,2020(6).

[4] 周卓华.《人力资源管理》课程教学改革中的"课程思政"元素研究[J]. 商贸教育,2020(23).

[5] 刘红. 高职院校商科专业"课程思政"蕴含的思政教育元素阐述——以《市场调查技术》课程为例[J]. 现代商贸工业,2021(3).

高校二级学院推进课程思政建设的实践路径及其未来展望探讨
——基于重庆工商大学会计学院的实践

◎ 顾飞　唐玲玉

2016年12月，习近平总书记在全国高校思想政治工作会议上指出"其他各门课都要守好一段渠、种好责任田，使各类课程与思想政治理论课同向同行，形成协同效应"。为了贯彻落实习近平总书记重要指示要求，为党育人、为国育才，将立德树人根本任务落到实处，重庆工商大学会计学院以专业教师为主力军、以课程为主渠道、以课堂为主阵地，深入挖掘专业课程和教学方式中蕴含的思想政治教育资源，以"五抓"为实践路径推进高校二级学院课程思政建设，将育人与育才有机统一地融会贯通于专业课程教学体系及其实践运行的全过程，形成了"五抓促五新"的高校二级学院课程思政建设工作新模式。本文将立足重庆工商大学会计学院推进课程思政建设的实践，在总结梳理其课程思政建设实践路径新模式的基础之上，为进一步健全高校二级学院课程思政建设的工作体制机制，推进课程思政高水平建设提出了相应的对策建议。

一、"五抓促五新"：推进课程思政建设的实践路径

（一）抓党建——促进党建成果转化为课程思政新动能

重庆工商大学会计学院党委依据《中国共产党普通高等学校基层组织工作条例》的要求，积极推动高校党建与人才培养的深度融合，将课程思政与党的政治建设、组织建设、思想建设同部署、同落实。一是在政治建设上，学院形

基金项目：本文是重庆市研究生教育教学改革研究一般项目"基于培养造就德才兼备高层次人才的会计专业硕士内生性融合课程思政体系化建设与探索"（yjg223108）、重庆市高等教育教学改革研究一般项目"基于内生性融合的'财务管理案例'课程思政有效教学模式探索与实践"（213208）、重庆市2022年本科高校课程思政示范项目（综合类项目）"重庆工商大学'财务管理学'课程"、重庆市高等教育教学改革研究重大项目"高校高质量党建引领育人的探索与实践——以重庆工商大学为例"（221023）的阶段性研究成果。

成了党委、党支部书记"分级统揽、两级齐抓"的课程思政工作推进机制,提出了"从加强教师政治理论学习、教师言传身教、加强课堂管理、优化课程设计和抓好诚信考试五个方面着手"的课程思政工作总体思路。二是在组织建设上,学院认真落实"双带头人"制,将党支部建在系上,靠前指挥、直接指导专业思政和课程思政建设;同时遴选优秀党员教师在全校率先开展"课程思政"示范授课、举办课程思政专题研讨与经验分享。三是在思想建设上,学院党委书记、院长采用集中讲授和个别交流方式加强对党员教师尤其是青年教师如何开展课程思政予以指导。此外,学院还建立了党组织生活、"四史"学习等主题教育活动与课程思政工作的常态化对接机制,促进党组织生活的政治理论学习成果转化为党员教师开展课程思政的理论"百宝箱"与"思政元素"库。党员教师将党史学习中了解的涉及专业课程的财经专门史以及"红色"人文事迹有机融入课堂教学。同时,学院还面向学生开展"新中国会计史研究——回顾与展望"征文活动,寓教于研,引导学生学史明理、学史增信,激发学生服务国家建设的专业志趣与责任担当。

(二)抓传承——促进诚信教育转化为课程思政新亮点

诚信是财会工作的根本。重庆工商大学会计学院党委始终坚持以诚信教育作为具有财会专业特性的思想政治教育主线,将立德树人的目标导向与财会诚信的问题导向相统一,并以此为引领促进课程思政扎实开展。学院二十年坚持开展"不做假账从考试不作弊开始"的"免监考"诚信考试,为学生设立"诚信档案",并将诚信教育这条财会专业课程思政的主线,由考试环节全面延伸到人才培养方案的课程体系设计以及课程的教学大纲编制、教案设计、教学日历安排、教学督导督查、考试考核设计等全过程,并通过"恪守会计道德算好人生大账"课程思政实务专家大讲堂、"会计诚信从业宣誓"等第二课堂活动与第一课堂同频共振、内外呼应,形成了以诚信教育为主线,专业课程全覆盖、教学环节全贯穿、课堂内外全参与的"三全一体"闭合环路课程思政工作链,将财政部发布的《关于加强会计人员诚信建设的指导意见》中"加强会计诚信教育"的政策性要求转化为内心性、操作化的课程思政具体措施。

(三)抓队伍——促进专业教师转化为课程思政新力量

教师思想政治状况具有很强的示范性。重庆工商大学会计学院坚持教育者先受教育,以财会类课程思政虚拟教研室为主体,依托教职工政治理论学习、红色文化体验、师风师德教育、课程思政专题教研会、课程组集体备课等活动,进一步增强专业课教师的政治素养和师德修养，通过"全国优秀教师""全国会计先进工作者""重庆市优秀共产党员"等标杆示范、典型引路、以点带面，在广大教师中营造了比学赶超的课程思政教学良性生态。学院注重发挥学术名家、教学名师在推进课程思政教学中的专业影响力。在重点推进国家"新世纪百千万人才"、国务院特殊津贴专家、重庆市首席专家工作室领衔专家、重庆市名师等高水平、代表性专家教师带头打造"课程思政名家名师引领工程"的同时，学院还努力做到专业教师人人学思政、人人讲思政、课课有思政、课课抓育人，切实强化了全体专业教师"守好一段渠、种好责任田"的立德树人使命感，促进专业教师更好地担当起学生健康成长指导者和职业生涯引路人的新时代责任。学院有2个课程团队、16位教师入选国家级首批"课程思政教学名师和教学团队"。

（四）抓科研——促进科教融合转化为课程思政新思路

课程思政是新时代高校思想政治工作和专业课程教学所面临的一项新课题，既要有高度、有深度，更要有温度、有效度，这就势必需要在相关的教学研究和科学研究上不断守正出新。重庆工商大学会计学院专门成立了课程思政教学研究中心，学院党委主要负责人带头主持申报思政育人教改项目，形成了教学改革研究促进课程思政教学创新、专业学术研究升华课程思政教学水平的科教融合双元驱动课程思政创新推进机制。"'双一流'学科建设背景下财务管理专业推进'课程思政'改革创新与实践研究""基于内生性融合的'财务管理案例'课程思政有效教学模式探索与实践"等课程思政省部级教改项目获批立项，为课程思政创新实践提供了新理念、新思想和新思路。专业教师、广大学生紧扣党和国家的重大关切搞研究、做学问、写案例，在"接地气"的理论探索和案例研究中悟真知、受启发、强信念，为课程思政有机融入课堂教学和创新人才培养夯实了学术基础，实现了科教融合促课程思政，切实增强了课程思政的专业性、学理性、现实性和说服力。

（五）抓典型——促进先行经验转化为课程思政新范式

重庆工商大学会计学院尊重专业教师课程思政的首创精神，坚持从教学一线的课程思政探索实践中总结经验、提炼范式、推广应用。学院在"财务管理案例""基础会计学""商业伦理与会计职业道德"等专业课程先行探索的"一体两翼三结合六协同"课程思政融合创新模式基础上，总结形成了"德知能一体、教学做合一的财会类专业课程思政内生性融合育人体系"，以服务国家建设的家国情怀和以诚信为主线的职业操守为重点，将"为党育人，为国育才"作为实施课程思政的根本落脚点，将课程思政与国家级、重庆市"一流本科课程""一流本科专业"和重庆市"一流学科"建设有机融合、同步建设、协同推进，实现了思政育人与专业育人协同互促，推动了课程思政改革创新实践向深处行、往实里走、往心里去，将立德树人的根本任务落实到财会专业课程教学的第一线。"德知能一体教学做合一：财会类专业课程思政内生性融合育人体系的探索与实践"获校级优秀教学成果奖特等奖、重庆市教学成果奖二等奖。

二、"四推进、六有待"：课程思政建设的成果与短板

（一）"四推进"：课程思政建设的主要成果

1. 推进了课程思政示范课程与专业建设

目前，学院2门课程获批首批国家级"课程思政示范课程"，4门课程获批重庆市"高校课程思政示范课程"，6门课程获批校级"课程思政示范课程"；3个专业入选校级课程思政示范专业。

2. 推进了课程思政教研组织的建设

2021年2月，学院在全校率先建立了院级课程思政研究中心。同年6月，获批首批校级课程思政教学研究示范分中心。同年8月，获批校级"财会类课程思政虚拟教研室"。

3. 推进了课程思政教学名师和团队建设

目前，学院获批2个国家级"课程思政教学名师和教学团队"，4个重庆市"高校课程思政教学名师和团队"，6个校级"课程思政教师名师和团队"，获批重庆市高校黄大年式教师团队1个。

4. 推进了课程思政教学研究与案例开发

目前，学院教师主持省部级课程思政教改项目3项、校级1项；主研省部级课程思政重大项目1项、重点项目1项；课程思政教学研究论文获市级一等奖2项、二等奖1项，校级一等奖1项；课程思政案例入选全国性优秀案例1项、省部级优秀示范案例1项、校级课程思政精彩案例7项。

（二）"六有待"：课程思政建设的短板问题

1. 课程思政的体制机制有待进一步健全

学院课程思政研究中心的管理体制及其运行机制尚不健全，中心职责尚不具体明确，组织建设和人员配备尚不到位，制度建设尚未起步，激励青年博士、

中年教授担纲负责课程思政建设的机制尚不健全。

2. 课程思政的日常工作有待进一步强化

以"从加强教师政治理论学习着手、从教师言传身教着手、从加强课堂管理着手、从优化课程设计着手和从抓好诚信考试着手"为主要内容的"五个着力"课程思政工作常态化工作机制尚未建立，激励机制和政策经费投入不够具体明确，课程思政的基础性工作缺乏推进及督导机制。

3. 课程思政的优势特色有待进一步提升

学院的课程思政工作虽然在点上实现了突破，但是在面上缺乏整体性、系统性推进，课程思政的特色优势和影响力还有待巩固提升。

4. 课程思政的示范效应有待进一步发挥

学院国家级、重庆市"课程思政示范课"的后续建设、示范作用发挥以及后续接受评估尚未有系统性规划,示范带动效应和应用推广还有待进一步发力。

5. 课程思政的教学研究有待进一步深化

目前专业教师的课程思政专项研究实力就整体而言还不够强，院级层面缺乏专项研究的孵化机制，影响课程思政实践的改革与深化。

6. 课程思政的面上建设有待进一步加强

虽然学院课程思政在某些课程上实现了重点突破并具有鲜明的特色优势，但是就面上而言，缺乏以研促建、以训促建、以创促建、以赛促建等系统性机制，专业间课程思政建设的结构性失衡问题还比较明显。

三、"六措并举"：推进课程思政高水平建设的对策建议

（一）完善课程思政研究中心组织体制与工作职责

学院课程思政研究中心在学院党委领导下开展工作，下设指导委员会和执行委员会：指导委员会由联系校领导担任顾问，由学院书记、院长任主任，分管本科教学、研究生教育的院领导任副主任，委员包括学院综合办、学团办、MPAcc研究中心、会计系、财务系、审计系、本科教学教指委、研究生教育教指委、人才队伍建设委员会、合作与交流中心、课程思政研究中心负责人以及部分兄弟院校课程思政专家、德技双优实务界专家。设立专门的办公室，由课程思政研究中心主任兼任办公室主任，工作职责参照学校有关文件拟定。执行委员会由分管本科教学的院领导任主任，课程思政研究中心主任、综合办（教务）副主任任副主任，会计系、财务系、审计系、MPAcc中心、国际合作办负责人任委员，工作职责参照学校有关文件拟定。

（二）建立健全课程思政研究中心的相关制度体系

逐步拟定学院课程思政研究中心及其主任、副主任的工作职责；制定"十四五"期间学院课程思政的总体规划和工作方案草案；全面梳理学院现有的涉及教学和教师的制度文件，提出融入课程思政相关内容的拟补充完善条款，建立健全覆盖、融合式的课程思政激励和考核制度生态；推动将担纲负责课程思政建设的要求纳入职称、职级评审以及引进人才业绩考核体系中，是必要条件；逐步建立和完善学院课程思政工作的主题式制度；推动课程思政研究中心主任兼任本科、研究生教指委委员，深度参与人才培养方案的制定和优化。

（三）加强对学院课程思政研究中心的政策经费保障

课程思政成果对学科专业建设以及本科、研究生人才培养具有很强的支撑作用，是相关评估的重要观测点，建议学院据此从工商管理学科、"一流本科专业"建设以及相关预算经费中用于学院课程思政教研交流、教改立项、示范课程建设、专项赛事活动、学习培训交流、督导检查评比以及研究成果推广等予以政策扶持和资金支持。

（四）建立学院课程思政实施定期问卷调查及评价机制

进一步明确教学督导检查的课程思政要求，依托院级教改项目开发设计面向师生的课程思政问卷调查，并辅之以教学督导结果对学院课程思政工作予以定期评价，并向学院党委会定期提交课程思政实施工作年报。

（五）推进课程思政全员全覆盖实现其高质量发展

注重全覆盖的导向性，以点带面孵化更多的优秀课程思政示范课程、教学名师和团队、教改项目、精品案例和理论成果。每年在学院院级教改课题中设置课程思政专项予以扶持、推进课程思政与教工支部党建相融合、开展院级的课程思政示范课程建设立项及其评估推荐、组织课程思政示范课程公开课、开展课程思政教学理论研究成果交流、举办课程思政教学文件（包括但不限于大纲、教案、日志、PPT）和教学案例评比、举办课程思政教学名师论坛暨课程思政教学沙龙午餐会、开展课程思政实务专家大讲堂、出版课程思政教学成果论文集、课程思政教学学生学习心得体会征文等活动，推动课程思政工作高质量发展。

（六）充分挖掘现有课程思政的优势持续打造特色精品

注重现有的国家级、重庆市"课程思政示范课程"的后期建设和应用推广，保持学院目前在全国、全市课程思政工作领域的领先优势，在学院网站开设"财会类专业课程思政建设专栏"定期发布学院相关资讯、示范课程建设成果以及同行研究动态和优秀经验，在宣传学院课程思政成果的同时，更好地学习借鉴，供学院教师和行业参考；通过与首批国家级财会类"课程思政示范课程"院校联系，联合发起建立"全国高校财会类专业课程思政联盟"，举办"全国高校财会类专业课程思政教师暑期集训营暨财会类专业课程思政教学研讨会"活动，打造学院在全国的课程思政特色优势和品牌影响力；加强财会类专业课程思政教学案例的开发，与相关机构合作发起建设"财会类专业课程思政教学案例库"面向全国征集和遴选优秀案例入库并颁发相应证书，与相关杂志联合举办"课程思政教学案例"专栏，定期出版《财会类专业课程思政教学案例研究》，发挥学院现有的案例开发优势，实现在课程思政教学领域的集中突破，形成学院课程思政建设的案例开发名片效应，培育学院在财会类专业课程思政教学案例领域的学术话语权和学术主导权。

参考文献

[1] 习近平. 把思想政治工作贯穿教育教学全过程[N]. 人民日报，2016-12-09（10）.

[2] 习近平. 思政课是落实立德树人根本任务的关键课程[J]. 奋斗，2020（17）.

[3] 习近平. 在北京大学师生座谈会上的讲话[N]. 人民日报，2018-05-03（2）.

[4] 中国共产党普通高等学校基层组织工作条例[N]. 人民日报，2021-04-23（3）.

[5] 财政部关于加强会计人员诚信建设的指导意见[J]. 中华人民共和国财政部文告，2018（5）.

[6] 李志雄，余新. "诚信做人，从诚信考试开始"——重庆工商大学坚持 20 年"免监考"诚信育人的启示[J]. 当代党员，2021（3）.

课程思政教学

"要用好课堂教学这个主渠道，思想政治理论课要坚持在改进中加强，提升思想政治教育亲和力和针对性，满足学生成长发展需求和期待，其他各门课都要守好一段渠、种好责任田，使各类课程与思想政治理论课同向同行，形成协同效应。"

"高校教师要坚持教育者先受教育，努力成为先进思想文化的传播者、党执政的坚定支持者，更好担起学生健康成长指导者和引路人的责任。要加强师德师风建设，坚持教书和育人相统一，坚持言传和身教相统一，坚持潜心问道和关注社会相统一，坚持学术自由和学术规范相统一，引导广大教师以德立身、以德立学、以德施教。"

——摘自《习近平谈治国理政（第二卷）》第378页、第379页

"企业内部控制"课程思政教学方案设计与实现探讨

◎ 刘胜强　张宇　黄琳芮

一、引言

为推进经济健康发展，防范风险，约束企业行为，我国不断加快企业内部控制建设的脚步，许多高校也将企业内部控制作为财会类专业学生的核心专业课进行讲授，期望学生建立起内部控制框架与风险意识思维。但是如今财务造假、舞弊频频发生，追究其根源不仅是内部控制失效，更是财会人员的道德水平缺失，所以在企业内部控制教学中目光不要只单纯地立足于专业知识的教授，而需要将思政课程的元素融入其中，即培养过硬专业知识的同时，也要树立正确的价值观、人生观、职业观。因此，实现"企业内部控制"课程思政教学既能够加强内控风险意识，提升专业素质，还能够塑造正确的职业道德品质，树立学生核心主义价值观，不断为我国新时代建设培养德才兼备的人才，推动我国高等教育改革，促进经济健康持续发展。

二、"企业内部控制"课程融入思政元素的必要性

教育部在 2020 年强调，结合各学科特点进行思想政治教育，是推进教育改革、落实立德树人的关键举措。尤其经济管理类专业更要在坚持在马克思主义思想的指导下，融入思政类元素，帮助学生了解与学习国家法律法规与相关政策，从而培养学生爱国守法、乐于奉献、诚实守信、谦逊谨慎的精神品质，塑造学生专业过硬、深入实践、坚持不懈、一丝不苟的职业态度，以实际行动将思想教育润物细无声地融入专业课程知识之中，为新时代培养德才兼备的建设者。因此，在经管类课程如企业内部控制课程中融入思想政治教育意义重大，也十分必要，以下分别从实施课程思政的意义与内部控制课程自身特点阐述与

基金项目：本文是重庆工商大学校级课题"《会计学》在线课程中师生交互对学习者满意度的影响研究"（2020201）、重庆市研究生教育教学改革研究项目"基于培养造就德才兼备高层次人才的会计专业硕士内生性融合课程思政体系化建设与探索"（yjg223108）的研究成果。

分析"企业内部控制"课程融入思政元素的必要性。

（一）课程思政的积极意义

习近平总书记在全国高校思想政治工作会议上提出"要坚持把立德树人作为中心环节，把思想政治工作贯穿教育教学全过程，实现全程育人、全方位育人"，而课程思政便是落实教育改革的关键举措。所谓课程思政，是在马克思列宁主义指导下，将优秀的中华民族传统文化、道德思想结合于专业课的教学之中，实现两者的有机结合，帮助学生树立起正确的价值观、人生观。首先，课程思政能给予学生全方面的综合指导。专业课知识给学生提供的是应用性的指引，而思想教育却是用社会主义核心价值观等积极向上的思想与观念去影响学生各方面的生活与学习。其次，课程思政能够改变学生学习态度，促进课堂吸收效果。传统的思想教育课程，内容枯燥，形式单一，而内部控制课程中也有很多抽象复杂的概念，将两者结合起来时，即将思政融入内部控制课程，不仅能使原本枯燥的单一课堂变得活泼生动，而且能加强对中华传统文化的弘扬与正确道德观念的传播。最后，课程思政是对教育改革的一项重要举措，是一种全新的思政教育形式。课程思政突破了传统的专业课、思政课堂的模式，具备创新性、可行性，为之后的教育改革提供了以学科结合教学的新方向。

（二）内部控制的自身特点

企业内部控制课程是财会专业学生的核心课程之一，不论从企业内部控制本身的特点来说，还是对于内部控制监督的财会人员来讲，进行思想政治教育都是十分必要的。从 AR 事件到 RX 咖啡等一系列的财务造假事件来看，不仅是内部控制失效的原因，更是会计人员的职业道德问题。企业内部控制的作用是确保企业的运行有效，保证企业资产、会计信息等真实可靠，起到监督的作用，这就要求从事内部控制的会计人员不仅要具备过硬的专业知识，还要保证具有诚实、公正、客观的职业操守。因此，在内部控制课程中融入相关的社会主义核心价值观等道德价值观念，对于加强学生职业道德观念、改善整个行业的诚信问题都具有重要的现实意义。

三、"企业内部控制"课程思政教学方案设计维度分析

"生在红旗下，长在春风里，人民有信仰，国家有力量"，这一切都是党领导我们坚持不懈走中国特色社会主义道路的结果。同样，在高等教育中，更应

始终坚持习近平新时代中国特色社会主义思想，并将课程思政融合于内部控制等专业课教学中，实现以德育人、协同育人的效果。以下将从国家维度、社会维度、个人维度分析企业内部控制课程思政教学方案设计。

（一）国家维度：热爱祖国，坚持走中国特色社会主义道路

从国家层面的宏观角度分析，企业内部控制课程思政应在整体设计上以深化学生爱国主义情怀为基础，始终强调要坚定不移地走社会主义道路。在企业内部控制课程中嵌入思政元素，最首要也是最重要的任务便是将"热爱祖国，坚持走中国特色社会主义道路"融入企业内部控制课程思政的内容设计之中。一方面，热爱祖国、坚持党的领导，是内部控制课程思政的首要要求。企业内部控制是财会类专业必学的核心课程，在这种经管类的专业课中，更要注重意识形态的教育，需要将爱国、爱党之心尽可能地深入、系统、全面、有机地融入企业内部控制课程的内容之中，贯穿于整个教学中，逐渐深化学生的爱国主义情怀。另一方面，不论是企业内部控制构建，还是内部控制课程教学，都是以习近平新时代中国特色社会主义思想为指导，始终坚定不移地走中国特色社会主义道路，才能取得如今的成果。但是由于我国的内部控制发展还处于初级阶段，为了不断加快建设与改革的步伐，对未来社会主义建设者的教育就显得尤为重要，例如在企业内部控制课程中结合相关思政案例、时事热点进行生动有趣的讲解与互动，不断对学生进行潜移默化的教育。

（二）社会维度：承担责任，为社会主义建设贡献自我力量

从社会层面的中观角度分析，在内部控制课程思政设计中应结合学科特点与内容，让学生勇于承担社会责任，为社会主义建设贡献自我力量。企业作为我国经济发展的重要力量，财务人员在企业中进行内控管理工作时，不仅要求专业知识过硬，还要拥有较强的社会责任意识，可以通过以一些企业内部控制案例结合教学的形式，将思政元素融入其中，让学生清晰认识内部控制与自身素质结合对于企业发展、社会进步起到的关键作用。从总体上来说，要建立起学生为社会主义做贡献的决心，以承担起社会责任，为把我国建设成富强民主文明和谐美丽的社会主义现代化国家而努力奋斗。

（三）个人维度：诚实守信，培养与塑造应有的职业素养

从个人层面的微观角度分析，首先，在企业内部控制的课程思政教学中，给学生讲解为什么要进行企业的内部控制，发生财务造假、舞弊等内部控制失

效的原因，以及各部门与企业为此做出的努力，要在讲解这些的过程中潜移默化地培养学生的风险意识、危机意识、法律意识以及安全意识等。其次，在情景教学时，让学生参与其中，真实模拟体验现实的企业运作流程，体会内部控制的重要性，在锻炼其实践能力的同时，更要注重培养学生的服务意识、创新意识、诚信意识和职业素养，为社会与国家源源不断地培养出德才兼备的高素质会计人员。

四、"企业内部控制"课程思政教学实现路径

（一）以恰当的方式将企业内部控制课程与思政教学相融合

企业内部控制课程思政教学是以习近平新时代中国特色社会主义思想为指导，运用正确恰当的方式结合学科特点与内容将思政元素嵌入，以实现全方位、全方面、全过程的协同育人效果。一方面，对企业内部控制课程教材进行思政元素融入的编纂改写，如设置专门的思政案例板块、法律条款与道德底线的小知识单元等，并在重点章节嵌入经典的、具有代表性的小故事与思考题，丰富学生的视野，提升学生的兴趣，从而既能让学生学习专业知识丰富自我、为未来打下基础，又能结合相关的思政课程帮助学生树立正确的职业道德观念，一举两得。另一方面，根据学生的学习情况分情况教学，以专业性好、高素质的学生带动相对落后的学生，从而激发学生的学习热情，让学生体会赠人玫瑰、手有余香的互帮互助精神。

（二）构建多元化教学资源平台：线上+线下教学

传统的企业内部控制课程与思想政治课程是分开进行教学的，并采用线下的面授形式，但随着科技的发展与教育的改革，采用线上线下相互结合的内部控制课程思政教育方法会带来意想不到的教学效果。第一，在线上教学中，可以进行更加丰富的思政与专业课教学资源整合，如在面授课程中可以进行线上提问、抢答，提高学生互动积极性，对重点内部控制章节的思政案例等进行线上主题讨论和学习，设置线上平时考核，以实时掌握学生的学习情况。第二，不断丰富线下课堂的形式，除了情景模式的模拟教学与案例教学，还以第二课堂的形式，与企业进行合作，将实务中"企业内部控制"实例与思政建设带入课堂，切实体验真实的优秀企业文化，培养学生的实践能力、诚实守信品质，

并将其学习感悟与心得进行线上分享，让学生切实体会实际的内控过程与人员的职业素养，以实践引领学生主动学习相关的法律条款、财经法规，不断加强学生的社会主义核心价值观念、爱国主义精神、乐于奉献精神、团结合作精神等。

（三）改变教师的传统授课观念并优化考核体系

在当前的高等教育课堂中，由于"企业内部控制"课程中相关概念抽象，内容偏多且复杂，再加入思政内容，课程变得枯燥并且课时紧张，最关键的是少数专业课教师存在固有的授课观念，认为在企业内部控制课堂中主要进行专业课的教学，思想政治教育是辅导员和思政课教师的工作和义务。因此，加强企业内部控制教师的思想教育，是改变他们固有的传统授课思想的关键方式，更是加强教师的政治素养的良好举措，如定期组织线上或线下加强教师思想政治教学的课程与讲座，并定期进行考核等。除此之外，传统的学生考核体系也并不能满足当前内部控制课程思政的改革。传统的考核方式为平时成绩+期末成绩，其中期末成绩的占比较大。为了加强学生的思想道德修养、加快企业内部控制课程思政的建设，建议加大平时成绩的占比，如通过线上习题的考核来进行平时成绩的评价、进行学习小组形式的成果展示、内部控制结合思政元素的课程论文撰写等。

参考文献

[1] 赵璐.《商业银行经营学》"融入式"课程思政的设计与实现[J].内蒙古财经大学学报，2022，20（3）.

[2] 代蕾，王静静，崔玉卫.《企业内部控制》课程思政教学实践[J].现代商贸工业，2022，43（16）.

[3] 陈倩倩，刘世林."学生主导"的多元化课堂革新——以内部控制课程为例[J].商业会计，2022（9）.

[4] 陈克兢，郝思嘉，王景升，等.高校会计专业课程思政教学改革与实践研究[J].财富时代，2021（8）.

[5] 陈园，徐文臻.内部控制教学中的"课程思政"建设策略[J].文教资料，2021（9）.

"财务管理"总论中课程思政相关内容探析

◎ 唐俐　罗文静

一、财务管理专业课程思政的认识

课程思政指专业课程教学中的思想政治教育，在专业课程的学习中融入思想政治教育的内容，坚持立德树人的理念，不断提升教学质量，最终达到"育人"的目标。2020年5月《高等学校课程思政建设指导纲要》规定，要把思想政治教育贯穿人才培养体系，全面推进高校课程思政建设，发挥好每门课程的育人作用，提高高校人才培养质量。

将思想政治教育融入"财务管理"课程中，有利于将专业理论知识与思政理念相结合，以解决思政教育所面临的"孤岛"难题；有利于在教学过程中帮助学生树立正确的法治观、义利观、价值观等；有利于将财务专业基础知识与价值引领相结合，为社会培育出"德智"兼备的高素质人才。

二、"财务管理"总论中课程思政的融入点

（一）财务关系与思政的融合

企业财务关系是指企业在组织财务活动过程中与各有关方发生的经济关系，与企业内外部都有着广泛的联系，包括在企业实行内部责任核算制度的前提下，企业产供销各部门及生产单位之间在生产经营各环节相互提供产品或劳务进行计价结算，形成了彼此的资金结算关系；企业向职工支付劳动报酬形成的经济关系等。学生根据与企业有联系的各个方面，厘清各种错综复杂的关系，能够正确应对各个部门及个人的请求，并严格遵守会计准则，提升个人的交往能力。

通过这一部分的学习，学生应该懂得企业在处理财务关系时，应遵循按劳分配、公平公正的原则，多劳多得，少劳少得。企业与各方面都存在相应的财务关系，更应谨慎为之，不可偏颇，不可失衡。"中庸之道"强调不偏不倚，公正地处理各项事务，为单位及其职工提供良好的竞争环境。例如华为公司通过

向做出杰出贡献的员工分配股份，利用员工持股的方法，提升员工对公司的归属感和责任感。专业课教学中可以利用案例学习来引导学生重视公平原则，体现客观公正、平等和谐的关系。

（二）财务管理目标与思政的融合

目标的确立是企业为之努力的一个方向，企业的财务管理目标制约着财务运行的基本特征和发展方向，是财务运行的一种驱动因素，股东财富最大化也已经成为大家普遍认同的企业财务管理目标。但从委托代理关系角度来看，股东和管理层的目标不一致；大股东与中小股东的信息不对称，中小股东的利益很可能受到侵害；股东在实施目标时在一定程度上会损害债权人的利益。因此，约定股东所持有的投资报酬要求权是"剩余要求权"，还会设定限定性条款来保护债权人的利益免受侵害。学生需要理解规则、法律、道德约束的重要性，并在实现目标的同时遵守规则。

"吃水不忘挖井人"，要学会饮水思源，股东在获得了相应的利益的同时，也需要承担一定的社会责任。如企业依法纳税，不逃税、不避税，教育学生要遵守国家法律法规，不损害他人合法权益，依法承担纳税义务。股东之间虽然存在控制权的差异，但有共同的发展目标，彼此需要通力合作、协作共赢。不能把利润作为企业的唯一目标，要想实现长远发展，就要积极承担社会责任，努力践行"绿水青山就是金山银山"的发展理念。在学习企业财务目标的同时，告诉学生眼光要放得长远一些，不要因小失大，要通过彼此协作达到互利共赢。

（三）财务经理职能与思政的融合

由于理财活动与企业高层管理者相关，而财务经理在财务活动中扮演着在企业与金融市场之间进行资金运作的角色，并且还要配合公司的经营活动，安排资金收支，进而为公司创造价值。如果任何一个环节发生差错，出现操纵利润、粉饰报表等财务造假、侵占财产和偷税漏税等失德行为，不仅要对其个人追责，还会对公司产生不良影响。因此，要引导学生在工作过程中树立责任意识，爱岗敬业，践行敬业、诚信的观念，为实现中国梦贡献自己的一份力量。

只有忠于事实，才能忠于真理。诚信是企业长远发展的基础，热爱自己的事业并为之奋斗是我们该做的事。在工作中对于每一件事认真负责，坚守自己的道德底线，不做违反公序良俗以及法律的事情。如财务经理负责投资、筹资、分配和营运资本的管理，掌控企业的资金流向，依然要对自己的事业怀着一颗敬畏之心。不断提升学生的诚信意识、责任意识，有一分热，发一分光。

（四）财务管理环境与思政的融合

任何事物总是与一定的环境相联系而产生、存在和发展的，企业只有适应周围的环境，才能生存下来。特别是金融市场环境的影响，金融市场扮演着中介的角色，调节资金余缺，实现长短期资金的相互转化，为公司提供理财的相关信息。学生根据企业对于财务管理环境的适应程度，合理评估企业的可持续发展能力以及企业价值，提升信息的处理能力。

"物竞天择，适者生存"对于企业和人来说依然适用。在适应金融市场时，应加强沟通、组织与协调性相结合，才能达到最终的目的。要明白环境不会改变，能改变的只有自己，引导学生深入社会现实、关注热点问题，培育学生以诚待人、关注民生、尊重法律的职业理念。

三、财务管理专业"课程思政"的实践路径探索

如何保证思政教育的施行是我们进行课程思政建设的首要任务，为此探索了以下可促进课程思政建设的路径。首先，学校需要树立科学的教学理念，贯彻落实立德树人的教学目标，财务管理课程不能只以课程分数作为最终考核方式，要将德育素质教育作为考核重点。其次，教师在财务管理课程内容的解惑过程中，应当结合社会经济发展需要以及社会关注的热点问题，引导学生从中悟出一些人生的道理，更要从案例背后隐藏的价值观念来启发学生思考。进而引导学生树立正确的择业观，坚定职业发展的初心，坚守本真守好道德底线，促进和培养团队意识进而提高彼此的沟通能力，为国家培育高精尖人才。最后，学校指导与教师教学要相适应，建立健全财务管理课程的教学体系，深入贯彻习近平总书记关于教育的重要论述，提升教学质量，加强财务管理专业课程思政的保障，让学生在专业课程的学习中也能学到更多的人生道理，为国家培养新时代德智体美劳全面发展的社会主义建设者和接班人，最终实现教育强国的目标。

四、结语

高校是为国家培育高素质专业人才的摇篮，而专业课程思政建设就是其中

重要的一环，就必须重视学生德育素质的培养。财务管理专业课程中蕴藏着责任意识、诚信理念、底线意识、敬业观念等促进学生在德育方面进一步发展的思想。在高校财务管理专业课程思政建设中，教师作为与学生交流的桥梁需要贯彻学校关于思政建设的理念，引导学生树立正确的职业素养、承担更多的社会责任、以诚待人，为国家培养一批德才兼备、品性纯良的高素质人才。

参考文献

[1] 魏少玲. 应用型本科高校财务管理专业人才培养的课程思政研究[J]. 经济研究导刊，2021（12）.

[2] 郭素娟. 高职财务管理课程思政建设实施路径探析[J]. 山东商业职业技术学院学报，2021，21（1）.

[3] 曾秋香. "课程思政"在会计专业课程中的实践探究——以"财务管理"课程为例[J]. 岳阳职业技术学院学报，2021，36（1）.

[4] 杜丽. 基于"课程思政"财务管理课程改革探讨[J]. 当代会计，2020（21）.

[5] 冯若钦，马宝珠. 万华化学财务指标分析[J]. 中国集体经济，2020（24）.

[6] 盛宝柱. 卓越财务管理专业人才培养融入"课程思政"的研究[J]. 科学大众（科学教育），2020（4）.

关于高校"审计学"课程思政教学改革的探讨

◎ 谭蕴林　蒋水全　尹长萍

一、引言

"把思想政治工作贯穿教育教学全过程，实现全程育人、全方位育人，努力开创我国高等教育事业发展新局面。""各门课都要守好一段渠、种好责任田，使各类课程与思想政治理论课同向同行，形成协同效应。"这是习近平总书记立足我国高等教育高质量发展的现实需要在全国高校思想政治工作会议上提出的重要论述。2020年5月，教育部发布《高等学校课程思政建设指导纲要》（教高〔2020〕3号），强调要将思政教育贯穿于课程教育和人才培养的全过程，引导教师言传身教，强化为国育人意识，创新育人方式方法，竭力发挥每门课程的铸魂育人功能，推进全方位协同育人。本文以"审计学"为例，分析课程思政的必要性、必然性，剖析当前"审计学"课程思政建设的困难，探讨"审计学"课程思政建设的优化路径，力争以润物无声的方式传递理念，实现协同育人、全方位育人。

二、"审计学"课程思政改革的必要性

（一）以往教学模式重"实操技能"轻"思政理论"

审计学是介绍审计技术、方法、流程、模式的专业课程，帮助学生熟悉并掌握审计流程、审计标准、审计程序、审计规则等。正因为这一特性，传统"审计学"教学模式往往侧重传授审计技术和技能，不重视思政教育的重要性。在新时代背景下，"审计学"课程教学须注重技能培养和思政传授相结合，加强学

基金项目：本文是重庆市教委高等学校教育教学改革研究项目"'数智'时代智能财务人才培养模式探索与实践"（223226）、重庆市研究生教育教学改革研究项目"基于供需双向对接的审计硕士人才培养模式探索与实践推广"（yjg192034）、重庆工商大学教育教学改革研究项目"大数据、云计算技术与审计专业数据挖掘和分析能力培养研究"（2017304）、重庆理工大学教育教学改革研究项目"基于供需双向对接的审计专业人才培养模式改革探究"（2020YB04）的研究成果。

生思政教育和价值引领,引导学生树立正确的"三观",形成良好的审计职业操守,提升审计职业素养。例如,让学生形成审计国家治理观,提高审计政治站位,使审计真正成为"治已病、防未病"的"审计卫士"。

(二)现在学生重"商业价值"轻"社会道德"

与一般的非经济系大学生相比,经济系的学生更有金钱观念,注重商业价值。他们更在意物质上的生活无忧,有钱就代表着能力强、地位高,更希望能早日实现财务自由。如今的一部分学生对于传统的教育教学方式以及讲授的课程内容持怀疑态度甚至不屑,因为许多内容他们早已通过网络就有了一定了解,就算是从没接触过的东西,掏出手机也能立刻获取相关资料信息。许多大学生更是衣食无忧,从小到大没经历过吃不饱穿不暖的日子,也几乎没有遭遇比较大的困难与挫折。而且,大学生尚处于"三观"的建立阶段,思想还未成熟,这就导致网络上的一些负面信息和不正当言论易扭曲大学生的思想,使他们做出偏离正确轨道的行为和不理智的判断。

(三)相当多的学生重"虚拟网络"轻"现实场景"

现在网络的发达,购物、吃穿住行、社交、求职都可以通过网络完成,如今大学生更是完全被"数字化"所包围。学生们最日常的学习和生活貌似都与数字化脱不了关系,就连平时日日相见的人以及自己身边最亲近的人都可以通过数字化的形式来呈现。

(四)课程思政教学改革是审计专业教学的内在要求

近年来,科技迅猛发展,以前只注重对理论知识的教授,而不注重实践的培养方式已经不能跟上时代的脚步,也没有办法让受到这种教育的大学生满足新时代的需求。在大数据、互联网等技术蓬勃发展的今天,财会专业学生的培养方案需要变革。因而重庆工商大学会计学院会计学专业为了应对这样的情况,专门增设了智能会计学方向。除了要适应时代,掌握最超前的技术方法,职业道德也格外重要。要经常与金钱打交道的财会专业的大学生就更要注重"三观"的培养。这样看来,思想政治教育的重要性就不言而喻了。为了使课程最大化,将思想政治教育融入专业课堂,在专业技能知识中贯穿思政教学,既学习了专业知识,又了解了应遵守的会计职业道德。除了教育学生自己要有职业道德,也要教授他们在遭遇这种事情的时候怎么免受伤害,维护自己的合法权益,从而实现"全课程、全过程"的思想政治教育。

三、我国"审计学"课程思政教学改革现状

（一）"审计学"课程教学与思想政治教育脱节

长期以来，我国高校财会专业的课程设置与思想政治教育脱节。思政课教师的授课和考试前的复习，是高校学子接受思想政治教育的主要方式。与会计类专业相比，目前，很多学生并不看重思政课，学习兴趣较低，认为思政课与其今后的工作没有太大的关联，短时间内也不能对自己产生很大的帮助。大部分的学生并不了解思政课在他们的人生观和价值观上的作用，其注意力基本放在专业课上，因为他们认为专业课对未来自己所从事的工作起着更加直接有益的作用。但是，在新时代，理论知识、实践经验与思想政治素养同样重要。实践表明，把思政教育与专业课程分离开，思政教育仅浮于表面，这样的思政教育并不能达到预期的效果。因此，把思政知识"溶解"在专业知识的教学中，既要培养学生的专业知识，又要做到"润物细无声"，使学生的思想政治教育达到"以人为本"的目的。

（二）高校教师对"审计学"课程思政改革认识不足

目前，中国高等院校教育的现状是：思想政治理论课教师注重马列主义、毛泽东思想等的讲授，而专业课教师则注重学生实践技能和专业知识的掌握情况，他们通常各司其职，各自为战。究其原因在于，大家都没有意识到将专业课教学与思想政治教育结合起来可以取得怎样的奇效。一是大部分的专业教师不看重学生的思政教育，认为他们的专业能力与思想政治教育没有直接关系，而更多地关注教学中的知识与技巧，忽视了职业道德和社会责任感。二是一些教师在思政教学中缺乏学习意识和能力。思政德育对于培养学生的人生观以及责任感的塑造有着不可替代的作用，因此，教育工作者必须将其融入教育教学的方方面面。忽略了思想政治工作，就会丧失社会主义思想的精髓，难以培养出真正的高素质的创新人才。三是由于审计学学科地位不高，很多高校对审计课程的设置并不重视，审计学课程的思政指导意见一般仅包含在管理学这个大类或者工商管理这个一级学科之中。不仅如此，在实际教学时，有的教师敷衍了事，究其原因，学校相关政策制度模棱两可，没有明确要求，导致思政教育没能真正落地。

(三)"审计学"课程思政建设缺乏相关政策文件

在我国,各高校的思想政治工作教育目标太过于宽泛,这是一直以来的一个通病。在高校的思政工作中,教育工作者大多从党、国家、社会角度出发,过于强调社会价值以及社会需要,这对于学生来说太空、太不切实际。所以在这样的环境下,他们仅仅将大学生当作被教育的对象,灌输对于他们来说很虚无缥缈的思想,而非首先将他们作为客观存在、现实世界中的"人"。因此,"以人为本"的教育初心很难坚持下去。所以,就算学生口头上崇高信仰,大道理张口就来,实际上却缺乏政治方面的实际行动与践行道德。从教育部发布的政策文件上来看,一级学科及以下学科在课程思政建设上缺乏具体的方针政策以及指导意见,甚至连大学科门类的课程思政建设的方针政策以及指导意见也较缺失。同时,各大高校对于审计专业课程思政教育方案的落实与实施的理解并不到位,容易出现偏离的情况。不仅如此,各高校不能准确认识审计学的学科特点,这也阻碍了专业课程思政的建设。上述问题都是因为没有明确的纲领性指导意见。所以,相关政策文件的出台刻不容缓。

四、推进"审计学"课程思政建设的方式选择

(一)加强学科专业和专业课程的思政工作的政策文件

《高等学校课程思政建设指导纲要》的颁布使教育部在课程思政建设上迈上了一个新台阶,各个高校也将对课程思政建设的重视程度提上了一个新高度,在学校党委书记、校长的领导下,按照国家的相关政策,制定了相应的课程思政工作方案,或者以指导纲要为本为学校的课程思政建设提供制度依据。教育部还可根据不同学科类别,制定专门的教学大纲或工作计划,以便更好地引导一级学科及以下学科,确保各专业按照自己专业的需求进行调整,让各学院的专业课程以及思政教育的共同作用获得显著成效。

(二)多措并举"审计学"课程思政团队建设

培育"审计学"课程思政教师团队师资力量,要加强和增强意识,提高能力。首先,为提高教师对审计课程思政教育的重视程度,学院也要专门对教师进行培训;其次,为强化"思政"与"专业"之间的沟通与合作,成立审计课程的思政研究中心,共同研究如何将思政元素与国家需求相结合,如何将思政元素与专业知识相结合,以有效地实施协同教育。除此之外,还需要创新教学

手段，将课内理解、课外时间与线上教学结合起来。

（三）深入挖掘"审计学"课程中的相关思政元素

一些院校在意识到思政建设的重要性后，率先对思政方面的建设进行探索，这一举措对后续思政建设奠定了一定的基础，但是依旧存在探索不深入、不彻底的问题，甚至出现了头重脚轻的现象，即为思政建设而忽略了专业技能的培养，没有明确地意识到思政和专业知识的比重应该怎样分配，思政与专业教育之间应该如何进行有机结合。实际上，结合"审计学"的课程内容和教学大纲，我们可以从以下6个方面深入挖掘"审计学"课程中的相关思政元素：

一是嵌入诚信意识和社会责任教育。在教学中，要充分发挥教师的专业素质，强化学生的职业操守。通过案例的学习，学生可以了解审计工作者的社会责任与法律义务。

二是嵌入诚信意识和社会责任教育。介绍中华人民共和国成立以来，审计工作的发展与成绩，并介绍为我国审计工作做出杰出贡献的人士，使学生理解审计工作人员为我国社会主义革命、建设工作和改造社会事业做出的贡献，培育学生的职业自豪感；向学生阐述审核在党和国家政府监管体制中的作用，使学员意识到中国特色社会主义审计制度最明显的特点是坚持党的领导。

三是嵌入诚信意识和社会责任教育。马克思主义哲学能让我们更好地认识世界，在专业课程中引入马克思主义的理论宣讲能够提高学生的思维和分析能力。学生在学习、生活中会碰到各种各样的问题，掌握唯物辩证法能保证他们正确判断问题的本质，并妥善处理问题。

四是嵌入合作意识和协作精神教育。引导学生进行小组分工、团队学习，提高团队协作精神。运用情境模拟教学的方法，让学生理解团队合作在审计工作中的重要性。

五是培育学生创新精神和创新能力。审计理念、审计方法、审计机构和管理方式都在不断改变，要让学生认识到，改革与创新是推动审计工作发展的动力，并激发他们的创造性。

六是加强科学精神和辩证思维教育。教师必须把科学的方法引入学生的学习中，使他们能够运用比较分析、系统分析、定性和定量分析等各种分析方法，并加强他们的辩证思维。因为教师在传授知识的同时，还应引导学生探索事物的本质，揭示事物的发展规律。

（四）创新教学方式，突出"审计学"课程思政的优势

结合课程思政的教学内容，运用翻转课堂、研讨式教学、实地调研以及案例分析等多种教学方式，把课程思政的内容与课堂教学有机结合起来，培养学生的学习热情。第一，利用翻转式课堂，让学生参与到小组的讨论和报告中去。把同学分成几个小组，进行开放式问题的设计，让学生各自扮演相应的角色进行方案讨论、设计与实施。第二，通过研讨式教学促进教师与学生之间的交往与沟通。通过讨论，学生能认识到身为一名审计工作者应具有的职业道德，从而提升其专业认识及学习兴趣，让他们对未来的职业有更清晰明了的认知。第三，为学生提供参观会计师事务所和进行实践研究的机会。教师可以组织学生参观、调研会计师事务所和其他审计机构，使学生对行业现状、行业道德规范、发展前景等有更深刻的认识。第四，多为学生介绍现实中的典型案例。这样可以使他们更加直观地了解职业道德的重要性，从而提高他们的社会责任感。

参考文献

[1] 陈凡. 以学生为中心的教学何以可能——基于51所大学本科课堂现状的实证研究[J]. 高等教育研究，2017（10）.

[2] 陈世忠，幸倞. 课程思政的动因、理路以及堵点治理——基于《审计学》实践[J]. 现代商贸工业，2022，43（17）.

[3] 冯晓双. 审计学课程思政教育的开发初探基——于元素凝练、内容设计与实践路径[J]. 商业会计，2020（24）.

[4] 侯新，张津铖，宋波. 关于高校审计学课程思政教学改革的探讨[J]. 对外经贸，2022（8）.

[5] 李嘉曾. "以学生为中心"教育理念的理论意义与实践启示[J]. 中国大学教学，2008（4）.

[6] 刘国城，董必荣，黄中生. 会计学"课程思政"示范专业建设的研究动态、实现路径和保障策略——以南京审计大学为例[J]. 财会通讯，2022（12）.

[7] 刘建军. 课程思政：内涵、特点与路径[J]. 教育研究，2020（9）.

[8] 陆道坤. 课程思政推行中若干核心问题及解决思路:基于专业课程思政的探讨[J]. 思想理论研究，2018（3）.

[9] 王改霞. 课程思政视角下高校会计专业《审计学》课程改革研究[J]. 中国乡镇企业会计，2022（2）.

[10] 伍醒，顾建民. "课程思政"理念的历史逻辑、制度诉求与行动路向[J]. 大学

教育科学，2019（3）.

[11] 习近平. 思政课是落实立德树人根本任务的关键课程[J]. 求是，2020(17).

[12] 殷俊明，张兴亮. 会计学"专业思政"建设的思考与探索[J]. 财会通讯，2020（15）.

[13] 余倩倩. 审计专业课程思政建设路径探究[J]. 中国农业会计，2022（4）.

[14] 赵炬明，高筱卉. 关于实施"以学生为中心"的本科教学改革的思考[J]. 中国高教研究，2017（8）.

[15] 赵鸣歧. 高校专业类课程推进"课程思政"建设的基本原则、任务与标准[J]. 思想政治课研究，2018（5）.

[16] 赵素琴. 审计学课程思政教学模式探究——基于应用型本科高校建设[J]. 新乡学院学报，2021，38（5）.

"诚信精业，润物无声"
——课程思政融入"基础会计学"教学的思路、实践与经验

◎ 辛素园　杨矛

立德树人是高校的立身之本，要用好课堂教学这个主渠道，把社会主义核心价值观的要求、把实现中华民族复兴的理想和责任融入各类课堂教学中。人才培养是一个全方位工程，教育面向学校教育之后所有社会成员，是终身学习体系的重要组成，也是在人才培养中彻底践行"三全育人"不可或缺的环节，需要持续地对专业技术人员进行知识更新、补充、拓展和能力提高。为了让会计人员更好地在企业活动中履行核算和监督职能，保证社会经济的良性健康运行，唯有将课程思政全面融入会计专业教育的各个层次环节，才能为社会全方位输送各层次的高质量会计专业人才。

一、课程思政全面融入"基础会计学"教学的整体思路与建设流程

基础会计学的课程思政目标是在专业教学中坚定对学生的思想引领，实现"三全"育人，弘扬社会主义核心价值观，将"会计诚信"和"谨慎专业的职业判断"的终身职业理念根植于学生心中，秉持为信息使用者提供客观真实、不偏不倚的会计信息、遵纪守法的职业伦理操守，承担会计人应有的社会责任。

（一）课程思政全面融入"基础会计学"教学的整体思路

在课程设计中，教学团队的思路是优化课程思政内容供给，在教学活动中结合时事热点、会计违法违纪典型案例、绿色经济及可持续发展理论等，融价值塑造于知识学习，通过案例教学、翻转课堂、线上线下混合式教学等教学模式和教学手段改革，提高学生自主学习和深入思考的能力，树立学生职业生涯

中对社会主义核心价值观的情感认同并养成行为习惯。这一设计思路体现在以下方面：

（1）多种教学模式融合，采用翻转课堂进行教学，充分利用碎片化时间给学生自学空间。

教学团队打破时间与空间的限制，综合运用多种教学模式和手段，在学习理论知识的同时培养学生的职业道德素养。具体做法：课堂教学中多采用翻转课堂教学，辅以线上线下论坛讨论，结合继续教育学生的特点，利用碎片化的时间用讲故事的方式，以案例导入全面激发学生兴趣，让学生提前预习思考，再通过课堂汇报、小组讨论完成知识点的学习、巩固和拓展，实现教学单元的思政目标、知识目标和能力目标。

（2）多种教学工具共用，多维度全方位实现成绩考核评价，促成学生全方位素质的提高。

在教学中，采用多维教学工具，实现线上、线下混合教学：课程开展过程中充分利用雨课堂、微课、在线平台等多种教学工具，与学生课前、课中、课后全方位互动，把握学生的思想政治动态，跟进学习进度；多维度构建成绩考核评价体系，将思政表现纳入评价，实现线上线下混合教学模式改革。

（二）课程思政融入"基础会计学"教学的建设流程

教学团队在具体课程建设中，结合专业教学，将"会计诚信"和"谨慎专业的职业判断"落实于课堂教学的主渠道之中，实现知识传授、价值塑造和能力培养的多元统一。围绕专业建设、课程建设、教学改革、团队建设、教师发展、考评激励等，形成一套课程思政可持续发展的长效机制。

（1）梳理本课程能够承担的思政教育内容。依据会计学科前沿动态重构知识体系，进行具体部署，形成课程思政的整体设计。

（2）挖掘思政教学资源。精心发掘专业知识中的思政元素，通过这个目标去制定课程思政教学实施方案，精选合适的课程思政内容，整理课程思政教学案例加以组织和呈现。

（3）教法引领，实现课程思政元素融入。通过项目化教学、情境式教学、沉浸式教学等多种教学方法，在多样化的课堂教学之中，以润物无声的方式实现课程思政教学目标。利用好班级群、网络教学平台、企业微信等网络信息媒介，联结课堂课后双渠道，实现课程思政的延伸。

（4）资源引领，形成课程思政范例成果。充分发挥课程思政教学团队的集体智慧，系统总结课程思政集中备课和课堂教学中的实践成果。把专业知识与思政理论有机结合的典型案例转化为教学资源，使课程更加有温度、有触感、有质量。

预设教学效果，进行教学效果评价，确保"目标、策略、评价"三者的一致性。以上过程完成以后，再回到整体设计，由此形成一个闭环系统。

二、课程思政融入"基础会计学"教学的具体实践、制度保障与成效

（一）课程思政融入"基础会计学"教学的具体实践

（1）开展党员立德垂范示范课，发挥课程思政教学名师传帮带效应。

每个学期均开展 2~4 次"立德垂范党员示范课"，通过实地教学环节、教学内容和思政内容教学模式的展示，发挥课程思政名师的教学示范效应。

（2）确定教学大纲和教案改版要求，将课程思政内容纳入具体章节。

课程思政融入专业教学，并非简单目标设定或者纸上谈兵，在专业教学中要真正实现大象无形，润物无声，要求教师深挖课程思政元素，思考和专业教育的融入途径，落到实处，从教学大纲、教案、教学日历等资源中全面变革，编制每个章节的课程思政目标和教学内容，并完善案例配套。

以基础会计学为例，课程组重新改编了教学大纲和教学内容，如图1所示。

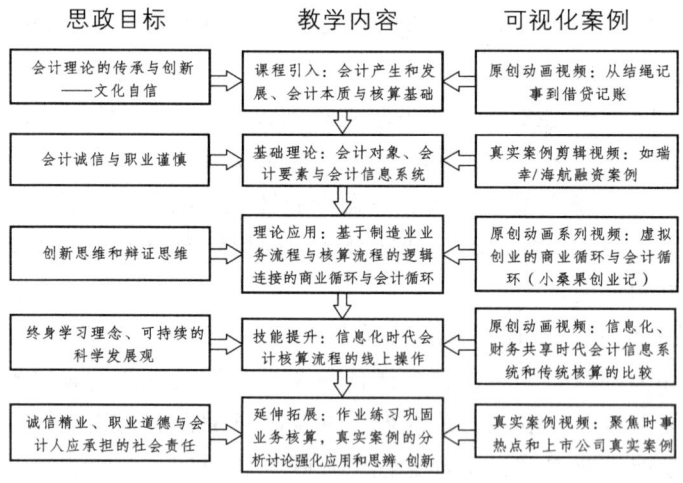

图 1　教学大纲和教学内容

（3）依托教学基层组织，构建课程组的课程思政案例开发机制

依托已有的专业教研室和课程组，构建基层组织的课程思政案例开发小组，制定定期研讨机制，结合课程组的教学内容选择并适时更新与课程思政目标和教学内容契合的案例，提高学生对相关课程思政教学内容的理解和接受度。

（4）结合专业特点，构建学生的课程思政教学效果评价机制

结合财会类学生的专业特点，通过课堂设问、课后作业以及案例讨论等教学环节，评估课程思政教学的效果，建立反馈评价机制，检查学生正确的职业观、价值观形成情况，检验课程思政教学目标是否达成，以便于对教学目标、案例进行调整和升级。

（二）课程思政融入"基础会计学"教学实践的相关制度保障

课程建设质量是课程建设成效的有力说明，相应地需要建立起对应的质量保障体系，以保证教学设计思路的顺利践行和实践效果。该质量保障体系包括4个部分：课程建设组织保障体系、课程建设制度保障体系、课程建设评估体系和课程建设监督反馈体系。

从制度上看，为了保障教学效果和课程思政融入的质量，就要充分重视课程思政优秀课程的引领作用和示范作用，由教务处、评估办牵头，各学院具体实施的两级质量保障体系，并且贯彻落实。

1. 课程建设的校院双级管理机制，保障课程建设开发质量

教务处会同继续教育学院全程监控学院课程教学的开课管理、授课管理、实训管理、考试管理、资源管理、评价管理等核心环节，制定教学管理标准、完善教学管理制度、梳理教学管理流程。同时从制度上，比如优质课程、优秀教师的评选，教师的升职、晋级都加大了课程思政的比重，鼓励教师愿意去做也积极做好课程思政工作。

学院组织课程组成员及学院教师团队的力量开展课程资源建设，主要包含课程资源开发、使用、完善等相关情况。课程思政内容与教学内容的融合需要课程组在案例的选取、案例的剖析上进行深度、细致的挖掘，力争做到典型性与现实性的结合。全面推进课程思政，实现课程思政有力促进教学效果，教学过程全程贯穿课程思政。实施集中备课制度、定期举行示范课制度，优选最新教学案例，完善教学方法，全面融入新的课程思政理念。

2. 建立教学效果的校院双级督导评价机制，保障课程的实施和教学质量

学校评估办负责校、院两级的督导队伍建设，实现教学环节、教学人员的全覆盖，对优质的课程思政示范课，组成强大的督导教师团队，对教学大纲、

教学课件、教学方案进行全方位的检查推进,对期初、期中、期末教学课程实现检查全环节覆盖,同时也将该课程的任课老师全部纳入定期检查听课范围。保障优质课程的课程建设、课程教学不掺水、不落后,尝试以优质课程建设引领更多的优秀课程思政的涌现,打造高等教育课程思政的强大师资团队。

(三)课程思政融入"基础会计学"教学实践的成效

自开展了课程思政内容全面融入教学内容体系改革的探索,成效显著。

首先,在教学大纲、教案、线上资源等各个教学资料中体现课程思政内容的要点,实现专业教育中的全面思想引领和核心价值观的树立。不局限于会计诚信这一基本的课程思政元素,而是在各个教学内容上挖掘了诸多元素,如在中国会计的产生发展与复式记账原理的对比中体现会计文化自信;在诸多会计概念的更新和讨论中提倡辩证思维、科学发展观与终身学习理念;在合同履行和会计核算、信息披露的过程中必须遵循诚信守约,在绿色会计中体现的环保意识和社会责任等,从而将课程思政全面融入专业教育,达到润物无声的育人效果。

其次,通过采用线上线下混合式教学模式的实施促进教学内容与思政内容的持续升级:课前课后案例、相关视频资源不断丰富与创新。

经过近3年的教学实践,通过对学生该门课程及后续课程学习效果进行全方位考核评价,学生的专业能力和职业能力得到全面提升,课程学习兴趣浓厚,会计职业道德和素质得以提高。在学生中开展对课堂思政实施效果的问卷调查并进行结果分析后,体现出"基础会计学"教学中课程思政的内容广泛,或紧扣专业,或贴近时代,与"主渠道"同向同行,其中有66%结合了课程知识点,26%采用了当前防疫复产和脱贫攻坚,还有8%是在线教学间隙专门进行的人生哲理课程思政。学生反映在学习到专业知识的同时,也充分理解了会计职业道德在职业生涯的重要位置,"诚信、精业"是会计人应当终身恪守的职业理念。

三、课程思政全面融入"基础会计学"教学的经验与特色

(一)案例与业务内容真实化,思政过硬,强基赋能

在教学实践中,课程教学团队将时事热点、真实案例案件引入课堂及真实的业务处理,成为课程最显著的特色。以"资产的分类、确认与计量——从獐子岛的扇贝说起"的教学案例为例,在教学中团队采用了翻转课堂教学法,课

前用先导视频、线上链接等学习资源作为学生自学资料，发布学习任务及与"会计诚信"的课程思政目标匹配的思考题目，要求学生以小组为单位讨论并完成汇报PPT，取代传统会计教学中单一核算举例的方式，让学生掌握业务流程、会计流程和管理流程"三位一体"的知识能力学习目标，同时树立会计职业判断中应遵循的"诚信精业"职业信仰。

（二）多形式线上、线下混合式改革，提升兴趣，"教""学"高效

在课堂教学环节，教学团队通过引导学生自学知识点和自主思考后，再行完成线下对基本理论和基本方法的讨论和讲解，着重对知识点的透彻分析和思想阵地的启发引领，帮助学生更好地掌握资产的分类、确认与计量相关知识点；课后环节线上进行，结合思政目标设计进行延伸引导，注重对学生自主学习思考和实务操作能力的培养，让学生在学习知识点的同时明确，上市公司在报告中应当遵循会计诚信、谨慎客观的职业标准做出判断，向投资者报送符合信息质量特征要求、客观真实的信息，达到德知能的培养目标。

（三）课程考核多元化，全面考察促成长

以线下课堂讨论、PPT展示汇报、在线论坛和作业、线上实务操作等多维评价完成过程性考核，有助于引导促进学生"德能一体"的专业成长。学生对课程思政目标的感悟通过在线讨论发表，由老师进行评价，纳入考核。

四、课程思政全面融入基础会计学的后续问题与对策

课程思政与会计专业教育的融合，可以借鉴基础会计的教学实践为其他会计专业课程教学起到示范引领作用，实现"课程思政""网络教学"与"智能教学"三度协同，丰富和建设基础会计学在各个层次包括继续教育的教学内容，优化教学手段，持续开展教学模式的探索，全面上线先导案例视频资源，实现数字赋能，将企业业务场景化，将会计职业道德的养成、业务流程的实景融入各教学环节，以提高学生的思想政治素质、专业知识能力和实践操作能力。

目前在提倡大思政和专业教育融合的背景下，专业教学团队还需要解决以下问题：

（1）进一步打造高水平的一流教学团队，持续深挖专业教学中的思政元素，形成有逻辑、有深度的课程思政体系框架，纳入教学内容和各个教学环节，不生搬硬套，不突兀，真正提高课堂思政和专业教育结合的教学水平。

（2）不断更新、充实和优化契合课堂思政教育目标的时事热点及案例资源，全面采用课堂翻转、案例讨论及线上线下混合教学模式，录制微课，实现教学案例场景化。

（3）扎实推进课程教学结构性改革，增加线上课时占比，加强业务流程和会计职业伦理分析，帮助学生树立诚信敬业的从业理念。

总之，课程思政融入专业教育，要达到立德树人、润物无声的效果，必须持续依托国家级一流专业和国家级一流课程的建设，加大资金投入，开展专业教育与课堂思政融入的教学教研活动，完成案例资源的优选和数字化赋能升级；持续优化课程内容、教学运行、教学管理、教学评价的制度体系，实现课程治理现代化。

参考文献

[1] 杨晓慧. 关于高职思政课程引领协同课程思政的探讨[J]. 教育与职业，2019（18）.

[2] 宋贵斌. 高职院校思政课程引领协同课程思政的分析[J]. 产业与科技论坛，2021（5）.

[3] 丁军凯. 思政课程引领协同课程思政研究[J]. 科技风，2020（6）.

[4] 卢思桥，黄振宣. 高职课程思政"引领—协同—反哺"模式构建研究——以广西机电职业技术学院为例[J]. 广西教育（职业与高等教育版），2020（6）.

新文科建设背景下财务管理专业推进课程思政的探索：内涵、问题及对策

◎ 徐辉 骆淑恬 何悦

一、引言

2018年，中共中央要求"高等教育要努力发展新工科、新医科、新农科、新文科"，"新文科"这一概念首次被官方提及。2020年11月教育部新文科建设工作组发布《新文科建设宣言》，标志着新文科建设部署工作正式开启。社会大变革时期，新科技、新需求、新国情对文科教育提出了新要求。为消除传统文科教育存在的功利化、缺乏人文关怀和创新思维等弊端，新文科建设强调面对新时代，通过文科融合化、时代化、中国化、国际化，引领人文社科新发展，回应新需求（樊丽明，2020）。财务管理专业作为财经类高校的核心专业，在新兴数字技术蓬勃发展的浪潮中，教学模式与内容面临改革需要。"国无德不兴，人无德不立"，新时代社会需要的财会人员除了需要具备高水平的专业知识外，其思想政治观念与职业道德素养也应符合社会主义核心价值观的要求，这意味着高校教育中加强财务管理专业思想政治培养必须被提上日程。

高校作为教育开展的基地，人才培养的摇篮，理应积极响应变革，及时洞悉社会需求，通过课程改革调整人才培养方案。2020年5月，教育部印发《高等学校课程思政建设指导纲要》，明确指出"落实'立德树人'根本任务要将价值塑造、知识传授、能力培养融为一体，'课程思政'建设是实现这一目标的重大举措"。财务管理专业推进课程思政改革既顺应了新时代教育的发展要求，又是深化财务管理专业教学改革的重要内容（朱强等，2019）。因此，新文科建设背景下积极推进财务管理专业课程思政建设具有重要意义。长久来看，学生进入工作岗位后，如若没有理想信念支撑、思想道德约束，容易缺乏个人规划、职业前景迷茫，易导致行业发展人才支撑不足（Zhao T.，2022）。"财务管理+课程思政"的教学模式有助于专业知识与"思政"元素的有机结合，寓价值引

基金项目：本文得到重庆市教委2020年高等教育"课程思政"专项项目（"双一流"学科建设背景下财务管理专业推进"课程思政"改革创新与实践研究，项目编号：202019S），重庆工商大学会计学院2020年教育教学改革与研究项目（"双一流"建设背景下的高校青年教师科研创新能力研究，项目编号：KJ2002），2022年重庆工商大学教育教学改革研究项目（"一流课程"建设背景下《财务管理学》"课程思政"改革创新与实践，项目编号：2022121）资助。

领于知识传授，坚定学生的理想信念，促进"专才"向"人才"培养目标的转变，培养符合时代需求的高素质人才，发挥教育在引领产业发展、推动社会进步中的基础性作用。

二、文献综述

伴随"新文科""课程思政"逐渐走热，围绕这些话题的研究也丰富起来。部分学者聚焦新文科的时代内涵（樊丽明，2020）与内在逻辑（田秋生，李庚，2021），肯定了新文科建设在引领学科方向、回应社会关切问题上的重要意义。也有学者针对传统文科短板规划了新文科的建设路径，熊澄宇（2021）指出新文科建设离不开学科融合，破除单一学科的固有弊端，以培养既能深入学科内部又能放眼学科外部的复合型人才。进一步地，一些学者深入会计、审计、新闻传播教育等具体学科，探索新文科背景下各专业高质量人才培养路径。

高德毅和宗爱东（2017）较早就认识到思政课程到课程思政转变的重要性，强调高校思想教育不应完全依赖思政课程，各门课程都应参与其中守好"责任田"。在此基础上，邱仁富（2018）阐释了思政课程与课程思政要在政治、育人、文化认同上解决同向问题，在步调一致、相互促进、共同发展时把握好同行节奏。也有学者围绕课程思政的理论内涵、价值意蕴、建设路径展开讨论，在"专业课程+思政"之间搭起桥梁，使高校获得课程思政推广的裨益（胡华忠，2022；孙广俊等，2021）。

目前，财务管理专业推进课程思政也形成了一些理论认知和实现路径。朱强等（2019）认为财务管理专业开展课程思政是必要的，不仅需要构建财务管理课程思政体系，还应保障财务管理课程思政实现路径来落实本专业"立德树人"的目标。值得注意的是，已有文献关注到"新文科+财务管理"及"课程思政+财务管理"，但鲜有文献将新文科建设背景考虑到财务管理课程思政改革过程中。实际上，课程思政与新文科建设存在共通之处，如杨国栋和马晓雪（2022）所言，"新文科"和"课程思政"具有价值建设的同构性与互惠性；张铭凯和杜雪（2021）也认为在育人的核心维度上两者的价值理念一脉相承。此外，新文科之"新"也能给予专业学科"课程思政"建设以更多灵感。因此，基于新文科建设背景，立足新需求，开展新实践，应对财务管理专业开展课程思政给予更多关注。

三、新文科建设背景下财务管理专业推进"课程思政"的内涵

（一）课程思政的科学内涵

目前，学术界对课程思政的内涵虽未达成共识，但多数学者从课程思政概念界定、内在要求、体系构建、过程融入等角度进行解析，形成了一些主流观点。王尧（2022）认为，课程思政并非游离在课程之外"另起炉灶"，亦不是"课程+思政"的简单加法，而是将思政元素与各专业课程理论有机结合，引导学生在专业领域进行价值思考，挖掘内蕴。换言之，课程思政需要依托专业课程进行思想政治教育实践活动（赵志伟，2022）。刘鹤等（2019）强调，课程思政是一个系统工程，大到教育理念，小到教学实践，"全员全过程全方位"育人贯穿始终。具体来说，陆道坤（2022）指出，课程思政是一种"显""隐"结合的教学形式，需要专业课程教师通过"显性"的设计、实施、评价过程，让思政元素自然流淌于课堂教学中，以"润物无声"的"隐性"方式被学生领悟。董永（2018）指出，要想实现思政课程到课程思政的转变，需要从话语、内容、传播、队伍等多维体系重构并丰富思政教育的价值内涵。基于以上学者的观点，课程思政是从改革高校教育制度出发，将思政教育从单一的"思政课程"延伸至所有学科教育，从而将"立德树人"的根本任务内化到高校建设各领域、各环节。

（二）新文科建设背景下课程思政的新要求

新文科是在传统文科基础上，通过跨学科专业人才培养，较大范围上实现文理、文科等各专业的交叉，以培养专业能力与职业素养兼备，符合现代社会新需求的高素质、复合型人才。新文科建设蕴含重要的文化属性，通过挖掘、表达并创新优秀传统文化，树立文化自信、提升文化底蕴、开阔文化胸怀，将文化融入实践中，观照和表达民生，培养新时代中国特色的先进文化（周毅，李卓卓，2019）。在这一要求下，财务管理专业的人才培养需要打破传统文科学科壁垒，构筑文理贯通，但不应局限于专业重组、学科交叉，在推进课程思政过程中还应强调中国特色、中国文化，强化文科教育教学塑造正确意识形态的价值性，突出严谨诚信、客观公正等品质对财务管理专业人才的重要性，同时树立家国情怀，大局观念，养成知敬畏、守底线的良好职业品质。

此外，新文科建设需要课程提质，全面推进课程思政建设，对专业课教师的知识素养和教学能力提出了更高层次的要求。财务管理专业教师不仅要具备专业领域的理论知识，更要不断开阔自己跨越学科界限的知识视野和思维方式，

适应科学技术的发展和洞悉现代社会新需求，以确保胜任新文科背景下的课程思政教学工作，有能力对财务管理专业人才培养的基本理念、目标定位、课程体系及组织形式实现重塑。

综合以上观点并考虑新时代财务管理人才培养的现实需求，新文科建设背景下财务管理专业推进课程思政是指基于学科跨界融合理念，探索财务管理人才培养新路径的同时，重视教学课程对学生的价值引领与价值塑造作用。具体来说，财务管理专业依托计算机和网络科技催生出以财务共享服务为主导的新时代财务管理人才需求，原本的人才培养定位、专业课程体系设置将被重新设计。课程思政需要深度挖掘财务管理专业创新课程体系中所蕴含的思政元素，坚持将思想政治教育贯穿于财务管理专业课程教学和人才培养环节中，培养出符合新时代需求的具有职业素养和创新意识的"新财务"人才。

四、新文科建设背景下财务管理专业推进课程思政面临的问题

高校财务管理专业肩负培养优秀财会人才后备军的重任，更是财经类院校新文科建设的主阵地。尽管新文科建设与课程思政已在"立德树人"观点上达成共识，但在新文科建设背景下，课程思政的实践开展仍面临诸多难题。鉴于此，我们有必要基于新文科建设视角探索财务管理专业有序推进课程思政的对策，诊断症结所在，为深入课程思政建设"把好脉"。

（一）新文科背景下课程思政价值模糊

课程思政侧重教化学生的内在思想，其教学目的是解决受教育者群体的意识形态问题，要想高水平实现思政教育的价值引领和价值重塑作用，往往需要通过耳濡目染、润物无声的传授方式对意识形态进行潜移默化的影响。现阶段，财会领域已掀起科技赋能的热潮。积极推动互联网、大数据、人工智能与财务管理专业交叉融合，科技赋能财务管理专业，是驱动财务管理应用数据移动化、财务系统智能化、云端化的必由之路。然而，不论是财务管理课程体系还是承载现代信息技术的计算机专业均是典型的实践应用型学科门类。新技术介入为传统文科带来了生机，但过于狂热的技术取向易让文科成为技术的"奴隶"。换言之，现代新兴技术的过度介入逐渐模糊了课程思政教育对财务管理专业的渗透价值，致使新文科背景下课程思政建设站位不高、动力不足。

（二）高校教师课程思政意识薄弱

"师也者，教之以事而喻诸德也。"教师作为课程思政建设中的主力军，这一角色的重要性不言而喻。然而，财务管理专业教师并非思政教育科班出身，部分教师课程思政意识薄弱。更甚者，对思想政治教育理念可能存在偏差，将思政教育的基本功能泛化为对学生思想、信念及心理健康的教育，而忽略了思政教育最重要的是解决受教育者政治性思想问题，培养受教育者的家国情怀、德行品性，因而在专业课程教学中对思政教育往往点到为止。另外，财务管理专业教师课程思政主动意愿不强，虽对"三全育人"理念秉持认同态度，但在严格的教学任务与科研反哺的教学压力下，课程思政沦为专业课程教学的包袱。高校教师不愿意花费过多的时间精力在课程思政上，大多仅在传统教学模式中融入个别案例分析，或为了完成课程思政教学任务，简单将思想政治理论剪切到专业理论知识上牵强附会，导致专业课程与"思政"元素嵌入生硬，难以带领学生深入挖掘并体会课程之中隐藏的思政元素，无法提升学生的道德意识和综合能力。

（三）财务管理专业课程思政流于形式

多数高校仍将《通识教育》《博雅教育》等教育模块视为思政教育主阵地，如单独开设思想道德修养、毛泽东概论等课程。然而，这样的教学安排是将课程思政概念偷换为思政课程。实际上，此类课程多由马克思学院教师开设，且思政内容独立于财务管理专业课程体系，难以引起财务管理专业学生的兴趣与共鸣，易逐渐将思政教育边缘化、空泛化。尽管，也有部分高校以财务管理类课程为教学载体，要求专业课教师在传授课程知识的基础上融入思政元素，这在一定程度上形成了良好示范，但落实过程却不到位，常表现出思政元素凝练不足、少而零散等问题。具体而言，将财务管理专业的思政内容定格为"诚信"意识培养，教育学生恪守职业道德操守，而缺乏对家国情怀、贡献主义等高层次"思政"理念的体现。

（四）缺乏明确的课程思政考核评价机制

高校对教师的专业教学和科研成果有着严格而细致的考核体系和评价标准，将其与职称评定、评优评先挂钩。目前，"立德树人"作为高校教育改革的根本任务，实施课程思政建设有了根本遵循和总体要求，但依然存在建设力度不足、激励约束机制不健全以及考核评价机制存在缺口等滞后问题。比如，高校缺乏对专业课教师思政能力的考核机制，教师对学生的专业测评缺乏思想政治内涵，学生评教工作忽视了对教师课程思政教学方式与效果的考察，这些均是阻碍课程思政建设有效开展的现实问题。

五、新文科建设背景下财务管理专业推进课程思政的对策

新文科建设对课程思政提出了新要求，然而，实践开展的盲从与现实问题的存在使新文科建设背景下的课程思政陷入低效或无效的泥潭，让课程思政价值流于形式。对此，为推进新文科建设背景下财务管理专业课程思政的深化发展，必须立足新时代财会人员的现实需求，直面新文科建设背景下课程思政面临的问题，采取针对性的办法，为深入新文科建设背景下的课程思政建设"开好方，下好药"（见图1）。

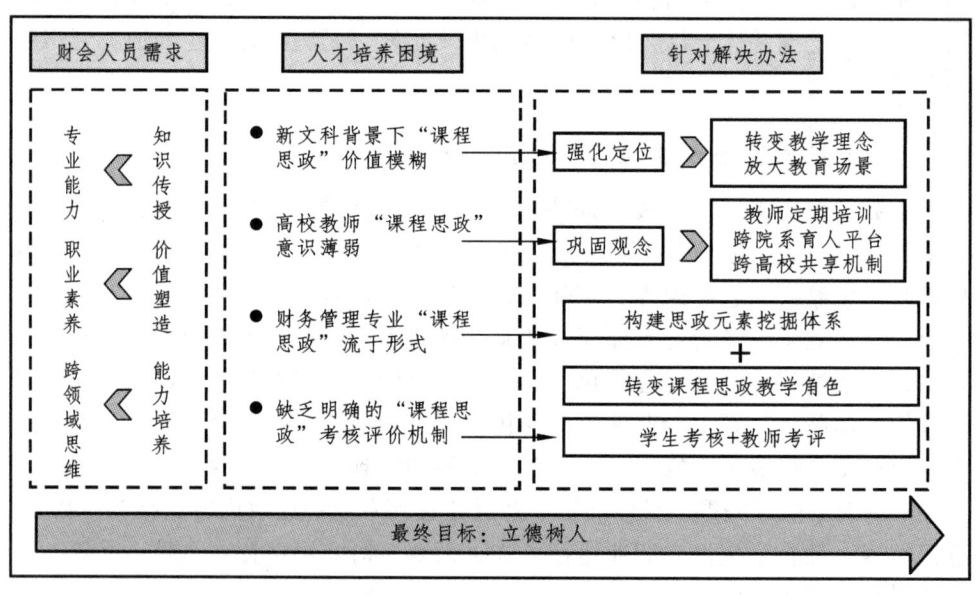

图1 新文科建设背景下财务管理专业推进"课程思政"的技术路线

（一）强化"课程思政"价值定位

新文科建设背景下的财务管理专业培养方案致力于打造复合型、创新型的高素质人才，但高素质人才教育不可忽视德育价值。要想强化"课程思政"在新文科建设背景下财务管理专业人才培养的价值定位，需要转变财务管理专业教学理念，从以往单一的传授财务知识转变为坚持以"价值引领"为导向，以

"知识传授"为原则,以"技能培养"为手段的教学理念;放大课程思政教育场景,拓宽课程思政教学范围,如举办财会类思政案例大赛、思政活动等。

(二)巩固高校教师课程思政观

守好"思政"之田,"师者,当以身正为范"。推进师德师风建设的同时,牢固树立高校教师的"课程思政"观,为师者只有先信于"思政",而后方能善于"思政"。首先,需定期开展财务管理专业教师思政培训活动,加强专业教师课程思政培育,从意识上调整思政教育偏差。其次,召开马克思主义学院、会计学院以及计算机学院三方交流研讨会,构建跨院系合作协同育人平台,群力群策、共同钻研和挖掘课程中的思政元素,助力财务管理专业教师做好教学课程整体设计与细节描绘,将抽象的思政理论内化于课程本身,实现财务管理学、现代信息科技与思政教育深度融合。最后,高校之间也可以建立共享机制,邀请课程思政示范单位来校开展经验分享,做到资源共享,还可以借助产教融合将教学氛围从"象牙塔"转变为校企协同育人环境,打造专业教师、思政教师与企业教师的"混编"团队,以教师融合促进思政教育、专业教育融合,让学生将专业知识、思政理念学以致用。

(三)深化思政元素的"挖"与"融"

思政元素需立足于课程教学目标与内容,亦需凸显社会主义核心价值观的现实感、创新性与时代特色。新文科建设背景下厘清思政元素"怎么挖"与"怎么融"是防止财务管理专业课程思政流于形式的必由之路。一方面,依托财务管理专业的历史沿革、行业精神、学科交叉融合、学术前沿等专业关联属性,构建分科、分类、分层的思政元素挖掘体系,以点到面、聚零为整。具体来说,各门课程需立足自身特性建立本课程与思政之间的纽带,教师在授课过程中既应晓之以理还需动之以情。比如"税法"课程可以选取现实社会中热点的偷税漏税案例切入,分析偷税漏税对财政收入的危害,对企业及个人形象的负面影响,引导学生思考税制频繁变动背后的机理,以疏导学生因考核难度加大引起的抱怨情绪,跳出小我角度而从国家利益层面思考问题。

另一方面,教师和学生之间亦可转变教学角色。大学生对现代科技、社会事件和新闻热点等信息的反映与搜集能力较教师更为迅速,"放权"学生挖掘其中的"思政"元素,让学生从被动输入转变为主动输出,不仅能够提高学生课程思政的积极性与参与度,打破专业教师"自说自话"的尴尬情境,营造良好的互动式课堂氛围,还有助于提升思政教育对学生意识形态的渗透效果,使"课程思政"教育"如盐在水"而非"油水分离"。例如，在"财务管理学"这门课程上，鼓励学生课前搜集古今中外不同背景的财务造假案例或体现企业家精神的正面案例，在课堂中充分交流，多维度挖掘财务管理专业丰富的思政内涵；课程结束后督促学生对本课程中思政元素进行归纳总结，深入理解财务管理专业不同课程之间思政元素的联系与区别。

（四）建立健全课程思政成效考评机制

高校应针对课程思政成效建立完善的考核评价体系。一方面，课程考核是检验教学质量的重要手段，在对受教育者的教学考核中，应强调考评方式的过程化，提升过程考核和平时考核在总评成绩中的占比，通过课堂测试、小组讨论等方式及时检测，并根据实际情况不断更新课程思政评价的指标体系，做到以评促改。另一方面，"水不激不跃，人不激不奋"，要将课程思政效果纳入教师绩效评价与职称考评依据中，这就要求做到完善考评体系，设立党政领导评价、学生评价、教师自评等多维评价主体，增强考评的公信力、客观性。尤其是学生评教方案中，有必要将课程思政教学过程、方式作为教师教学评价的一项重要指标，量化课程思政成效，并及时形成反馈与总结。

六、结语

新文科建设的根本任务是顺应时代需求与技术变革，培养时代新人，推动传统文理分工教育的创新发展；同时，坚持把握文科教育的价值导向性，以"立德树人"为育人目标，提升国家"软实力"。而课程思政通过寓教于人，将思想政治理念、精神追求以及价值引领等融入课程中，使课程承载着思政作用，落实"立德树人"根本任务。由此可知，新文科建设与课程思政一脉相承，但新文科建设带来的新要求、新格局对财务管理专业推进课程思政也带来了新挑战。科技赋能财务管理专业的新形势下，一是需要把握新文科建设、课程思政的内涵，领会两者的共通之处与现实冲突，解决新文科建设要求导致课程思政价值模糊的关键问题。二是加强培育师资队伍课程思政观，稳固课程思政教育的核心推动力量。三是重构思政元素挖掘逻辑，从局部提炼到整体交融，处理好课程思政教育的精与准、教学方式的显与隐，缓解新文科建设背景下学科交叉融合造成的思政元素散乱无章的现象，使课程思政建设实现由"加"到"乘"的飞跃。四是完善考核评价机制，为新文科建设背景下的课程思政提供原动力，推动课程思政持续性发展。

参考文献

[1] FAN Y, RAO Y T, WU K, WANG G, BAO Y, LIU C L. Construction of curriculum ideological and political collaborative education mechanism based on edge computing and neural network algorithm[J]. Computational Intelligence and Neuroscience, 2022.

[2] ZHAO T. The path of integrating craftsman spirit into curriculum ideological and political construction[J]. International Journal of New Developments in Education, 2022, 4（7）.

[3] 成桂英.推动"课程思政"教学改革的三个着力点[J].思想理论教育导刊, 2018（9）.

[4] 董勇.论从思政课程到课程思政的价值内涵[J].思想政治教育研究, 2018, 34（5）.

[5] 樊丽明."新文科"：时代需求与建设重点[J].中国大学教学, 2020（5）.

[6] 高德毅, 宗爱东.从思政课程到课程思政:从战略高度构建高校思想政治教育课程体系[J].中国高等教育, 2017（1）.

[7] 胡华忠."课程思政"的价值意蕴、理念内涵和实现路径[J].中国高等教育, 2022, 687（6）.

[8] 刘鹤, 石瑛, 金祥雷.课程思政建设的理性内涵与实施路径[J].中国大学教学, 2019, 343（3）.

[9] 陆道坤.新时代课程思政的研究进展、难点焦点及未来走向[J].新疆师范大学学报（哲学社会科学版）, 2022, 43（3）.

[10] 邱仁富."课程思政"与"思政课程"同向同行的理论阐释[J].思想教育研究, 2018, 286（4）.

[11] 孙广俊, 李鸿晶, 陆伟东, 等.高校课程思政的价值蕴涵、育人优势与实践路径[J].江苏高教, 2021, 247（9）.

[12] 田秋生, 李庚.新文科背景下的新体系、新课堂、新实践——来自"融媒体时代的一流本科专业建设高峰论坛"的思考[J].青年记者, 2021, 703（11）.

[13] 王尧.再论课程思政：概念、认识与实践[J].中国大学教学, 2022, 383（7）.

[14] 熊澄宇.关于新文科建设及学科融合的相关思考[J].上海交通大学学报（哲学社会科学版）, 2021, 29（2）.

[15] 杨国栋, 马晓雪.新文科视域下课程思政与知识传授融合的基本逻辑与实现路径[J].高校教育管理, 2022, 16（5）.

[16] 张铭凯，杜雪.新文科建设背景下高校课程思政的危机诊断与持守之道[J].黑龙江高教研究，2021，39（11）.

[17] 赵志伟.我国高校"课程思政"的脱嵌性问题研究——以社会科学类课程为例[J].中州学刊，2020（4）.

[18] 周毅，李卓卓.新文科建设的理路与设计[J].中国大学教学，2019，346（6）.

[19] 朱强，谢丽萍，朱阳生.财务管理专业"课程思政"的理论认识与实践路径[J].学校党建与思想教育，2019（6）.

财经类课程思政元素案例库资源生成体系的构建探讨
——基于"三融"驱动的视角

◎ 顾飞　程欣竹

一、引言

课程思政元素案例库是构建完善课程思政育人体系的关键性教学资源基础，也是促进课程思政教学质量与教学效果提升的重要性教学资源保障，对于新时代推进课程思政的高水平建设有着极其重要的作用。2020年5月，教育部印发的《高等学校课程思政建设指导纲要》就曾强调要"深入挖掘各类课程和教学方式中蕴含的思想政治教育资源""建立健全优质资源共享机制""充分利用现代信息技术手段，促进优质资源在各区域、层次、类型的高校间共享共用"[①]。次年6月，教育部在江西省井冈山大学召开的课程思政建设工作推进会上进一步明确了"启动建设系列课程思政资源库"[②]的任务要求。2022年7月，教育部等十部门关于印发《全面推进"大思政课"建设的工作方案》的通知进一步

基金项目：本文是重庆市2022年本科高校课程思政示范项目（综合类项目）"重庆工商大学'财务管理学'课程"，重庆市高等教育教学改革研究一般项目"基于内生性融合的'财务管理案例'课程思政有效教学模式探索与实践"（213208），重庆市研究生教育教学改革研究一般项目"基于培养造就德才兼备高层次人才的会计专业硕士内生性融合课程思政体系化建设与探索"（yjg223108），重庆市高等教育教学改革研究重大项目"高校高质量党建引领育人的探索与实践——以重庆工商大学为例"（221023），重庆市高等教育教学改革研究重大项目"地方高校财经类专业课程思政元素案例库构建"（221044）的阶段性研究成果。

① 教育部. 教育部关于印发《高等学校课程思政建设指导纲要》的通知[EB/OL].（2020-05-25）[2022-09-20]. http: //www. gov. cn/zhengce/zhengceku/2020-06/06/content_5517606. htm.

② 教育部. 教育部课程思政建设工作推进会召开[EB/OL].（2021-06-10）[2022-09-20]. http: //www. moe. gov. cn/jyb_xwfb/gzdt_gzdt/moe_1485/202106/t20210610_537324. html.

将"建设一批课程思政系列共享资源库"①作为全面推进我国新时代课程思政高质量建设的重要举措之一，以期通过更加充分地调动全社会的力量和各种社会资源，在广度上进一步拓展、在深度上进一步挖掘课程思政元素案例，以便更好地推进课程思政元素案例库的研究开发与推广使用，推动课程思政元素案例库建设的常态化、机制化和体系化建设。由此可见，立足不同学科专业育人的特殊性，探索构建系列课程思政元素案例库是当前高水平推进课程思政建设的重要路径，也是高校深化"三全"育人改革、落实立德树人根本任务的重要抓手。本文以财经类高校课程思政元素案例库建设为研究对象，基于"三融"驱动的视角对其课程思政元素案例库资源生成体系的构建予以初步探讨，期望有益于财经类高校高水平推进课程思政建设以及高质量实施课程思政教学。

二、相关研究综述

国内学术界对课程思政元素挖掘的研究始于2018年（朱秀清，2018），直到2021年才相继有学者对课程思政元素案例资源包（金枚，2021）和资源库（蔡佳佳等，2021）予以研究关注。学者们将课程思政元素资源库建设视为课程思政教学改革的重要内容（常治国等，2022），认为高校专业课教师挖掘思政元素应当以坚持思政能力、提升常态化机制为根本遵循（祁占勇等，2022）。他们相继立足于本土化课程思政资源优势（张艳红等，2021）、学科（金枚，2021）、专业（蔡佳佳等，2021；金枚，2022；刘琦等，2021）、课程（朱秀清，2018；张姣姣等，2021；金枚，2022；常治国等，2022；廖健等，2022）对课程思政元素的挖掘与案例库建设予以研究，探讨了推进课程思政元素案例库建设的重要意义（蔡佳佳等，2021）。

（一）课程思政元素资源挖掘的相关研究

相对于案例库建设而言，学术界对于课程思政元素的资源挖掘关注得更多。截至2022年8月30日，同时以"思政元素"和"挖掘"为检索题名对中国知网收录的中文文献予以检索，共有文献399篇，并呈逐年递增的发展趋势，如图1所示。

---

① 教育部. 教育部等十部门关于印发《全面推进"大思政课"建设的工作方案》的通知 [EB/OL]. （2022-08-10）[2022-09-20]. http：//www. moe. gov. cn/srcsite/A13/moe_772/202208/t20220818_653672. html.

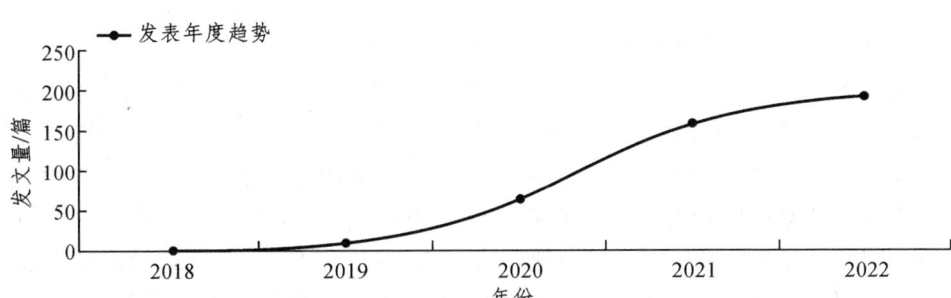

图 1　以"思政元素"和"挖掘"为篇名检索词的中国知网发文趋势图

张艳红等（2021）立足于东北地区红色教育资源丰富而分布广泛的特点，基于红色资源信息库建设与地理信息科学专业课程思政教学的耦合，探讨了提取红色资源中的思政元素并将其融入地理信息科学专业认识实习教学的实现路径。蔡佳佳等（2021）基于安徽工业大学能源与动力工程专业课程思政教学实践，对理论教学与实践教学中的思政元素挖掘与提炼予以了探讨。此外，刘琦等（2021）、陈晓林等（2019）、王明涛（2020）、张姣姣等（2021）、廖健等（2022）相继对食品质量与安全专业以及"医古文""投资学""动物生理学""自然语言处理"课程思政元素资源的挖掘予以了研究。

（二）课程思政元素资源库建设相关研究

张艳红等（2021）基于红色教育资源所承载的思政元素，依托推进抗联红色精神思政教育与 GIS 技术融合的方法，探讨了东北红色资源信息库的模块开发与系统，试图构建以红色人物案例库、重要事件案例库、红色景点库为主要内容的地方性特色红色资源课程思政元素信息库。蔡佳佳等（2021）以中国精神板块、重大工程中的能源与动力问题板块、生活中的能源与动力板块为主要内容探讨了能源与动力工程专业课程思政元素教学资源库的分类与加工。金枚（2021）基于科学品质、哲学视角、科研方法 3 个维度对自然科学专业课程思政元素案例教学资源包的开发予以了探讨。金枚（2022）基于思政元素的课程培养目标、发掘路径、呈现方式、考核与评价 4 个环节探讨了"语言学概论"课程思政元素资源包的建设。常治国等（2022）基于政治素质、专业素质、职业素质、审美素质、身心素质、品德素质等维度对采矿 CAD 课程的思政元素资源库建设予以了探索。金枚（2022）基于法学、新闻学、经济学和语言学课程中的思政元素案例教学范式，对人文社会科学专业课思政元素案例教学资源包的基本特征、基本规律和开发予以了研究。

（三）课程思政元素资源库应用相关研究

张艳红等（2021）基于 WEBGIS 技术实现了红色资源的在线共享，并以此推动了红色教育资源课程思政案例库在地理信息科学专业实习中的应用。蔡佳佳等（2021）对能源与动力工程专业课程思政元素教学资源库的应用予以了探讨，认为通过课程思政教学资源库的建设，对专业课程中的思政元素进行挖掘、整理、归纳、分类、设计等，有效地解决了教学过程中存在的思政元素发掘难、融入难、教学效果差等问题，进而实现了课程思政润物细无声的育人成效。

上述相关研究基于地域、学科、专业、课程等研究视角对课程思政元素的资源挖掘及其案例库建设与应用展开了相应的研究，对于推进财经类课程思政元素案例库的体系化构建提供了有益参考。但是上述研究大多是基于要素内容的分类来对课程思政元素资源的挖掘及其案例库建设予以研究的，缺乏从课程思政元素的资源可持续生成机制以及高水平建设的视角来对其予以较为系统的研究，这就为本文基于"三融"驱动的视角来探索构建财经类课程思政元素案例库资源生成体系提供了理论缺口以及进一步研究拓展的教学学术空间。

三、课程思政元素案例库的理论研究与构建探索

（一）课程思政元素案例库的理论研究存在较大缺口

"时代是思想之母，实践是理论之源。"①自 2017 年起，以课程思政为主题而公开发表的论文研究成果逐年攀升。截至 2022 年 6 月 13 日，在中国知网以"课程思政"为篇名检索词，其检索结果显示累计共发表论文总数高达 21,302 篇。然而，值得引起重视的是，在"课程思政元素案例库"构建及其应用研究方面，目前存在巨大的理论研究缺口，以致在课程思政元素案例资源系统性挖掘与体系化构建这一课程思政建设的关键性问题上形成了桎梏，成为当下严重制约课程思政教学效能发挥的瓶颈问题。尤其是在财经类专业的课程思政元素案例库研究领域，目前仍是课程思政教学研究论文发表的空白。截至 2022 年 6 月 13 日，在中国知网以"课程思政元素案例"为篇名检索词，其检索结果显示为 3 篇论文，均是立足于自然科学专业课程领域的相关研究。其中，只有 2 篇涉及思政元素案例库资源建设，1 篇是基于"中药药剂学"课程教学改革的层面来探索思政元素案例库的建设与应用；1 篇则是基于自然科学专业的整体视角来探索课程思政元素案例教学资源包的开发。以"课程思政元素案例"为篇

---
① 习近平. 在庆祝中国共产党成立 95 周年大会上的讲话[N]. 人民日报，2016-07-02（2）.

名检索词，其检索结果显示为17篇论文，如图2所示。

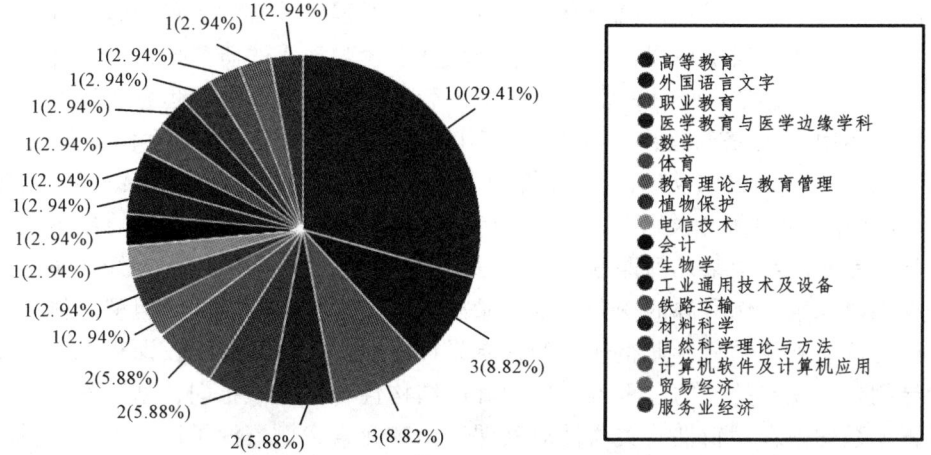

图2 以"课程思政元素案例"为篇名检索词的中国知网检索结果

其中，仅有3篇论文研究对象为财经类课程，而且研究的视角无一例外地都局限于具体的某一门专业课程甚至于一门课程中的一个教学项目，缺乏从财经类学科专业的整体性上去探究课程思政元素案例资源的系统性开发问题，更谈不上构建成体系的财经类课程思政元素案例库。而其他的14篇论文除了极个别文学、教育学科专业领域外，大部分都属于自然科学领域的课程思政元素挖掘和案例设计研究，几乎所有的论文都仅仅只是"谋一域"，绝大多数都是聚焦于某一知识点讲授、某一门课程教学等微观层面来探讨课程思政元素的挖掘或案例设计，极其缺乏从某一学科专业人才培养的整体性高度，基于其课程体系内在的关联性、接续性、协同性来研究其课程思政元素案例资源挖掘以及体系化构建的"谋全局者"。正所谓"不谋全局者，不足以谋一域"。上述公开发表论文的检索结果表明，当前我国教育理论界在课程思政元素案例资源的系统性挖掘、体系化构建、数字化呈现、谱系化打造、菜单式运用方面存在着严重的理论研究缺口和实践创新空间。因此，以财经类专业为研究对象，立足于其学科专业特点及其课程体系的内在逻辑关系，系统性地研究其课程思政元素案例库的体系化构建具有非常重要的理论研究价值与实践应用意义。

（二）课程思政元素案例库的探索构建存在体系化缺失

课程思政元素是课程思政教学实践的关键性载体，是实现价值塑造不可或缺的教学元素依托，其科学性程度、质量水平如何以及选取、使用是否合理、恰当，在很大程度上都决定了课程思政教学实践的水平和效度，是提升课程思政教学针对性、亲和力、说服力和内化度的基础工程。正所谓"基础不牢，地动山摇"。2018 年以来，出于有力有效地支撑课程思政教学实践的迫切现实需要，教育界在如何挖掘课程思政元素领域做了较为深入的研究探讨，累计公开发表 1 038 篇论文（见图 3）。并且相继出版了诸如《财经类课程思政案例教学设计与运用》（经济管理出版社 2019 年出版）、《管理学课程思政案例集》（西南财经大学出版社 2021 年出版）、《管理学类课程思政案例选编》（经济科学出版社 2022 年出版）等相关著作。但现有的理论研究成果几乎都将研究对象聚焦于某学科专业门类中某几门课程的课程思政教学案例设计与应用而展开，虽然在课程思政元素案例资源的挖掘深度上做出了诸多有益探索实践，但就总体上而言，普遍缺乏从学科专业整体性的顶层设计上，对标《高等学校课程思政建设指导纲要》规定的"内容重点"所明确的结构性价值引领指向，基于学科专业课程体系的内在逻辑性与关联性对其课程思政元素案例资源予以有组织地系统地梳理、体系化呈现、菜单式检索、协同性运用的教学理论研究与建设成果。

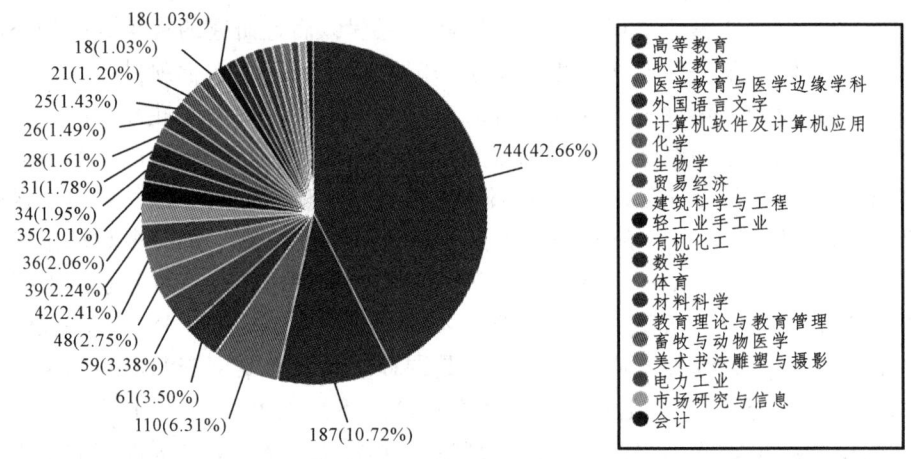

图 3　以"课程思政元素"为篇名检索词的"中国知网"检索结果

这种现象在各学科专业中是普遍存在的，主要依托各门专业课程的课程组、任课教师个体化地分散深挖课程思政案例资源的"百花齐放"教学实践格局，在推进课程思政建设的前期的确有力地促进了各学科专业门类课程思政的蓬勃开展，激发了各门课程"百舸争流"推进课程思政的创造力与活力。然而，随着课程思政建设由前期的高速发展转向高质量发展、高水平建设的新阶段，这种以课程为资源主线、以课程组和任课教师为行动主体的"分散化"的课程思政元素案例资源挖掘和建设模式因其"碎片化"的结构性不足而导致的体系化、整体性功能缺失，就逐步使其由于先天的统筹性不足，而成为严重制约学科专业体系化、接续性、进阶式推进课程思政高质量建设与高水平教学实践的重要桎梏，难以更好地适应新时代全面落实立德树人根本任务、统筹推进德才兼备高素质专门人才培养的"三全育人"总体性要求，成为当下严重影响和制约课程思政以及人才培养能力提升的结构性短板。

四、"三融"驱动的财经类课程思政元素案例库资源生成体系建设构想

学科专业的科学研究、校企深度合作以及财经案例开发优势是财经类高校促进课程思政元素案例库资源系统性、常态化生成的重要基础性优势。唯有有效推动科教融合、产教融合、理实融合三者间的常态互动、资源转化、动能转换，才能够为课程思政元素案例资源的动态生成构建起内生性的驱动系统，才能够以科教融合持续性提高课程思政元素案例资源生成的学理性"高度"，进而实现把道理"讲深"的思政性功能；才能够以产教融合持续性提高课程思政元素案例资源生成的亲和力"温度"，进而实现把道理"讲活"的思政性功能；才能够以理实融合持续性提高课程思政元素案例资源生成的说服力"效度"，实现把道理"讲透"的思政性功能。同时，也只有基于"三融"驱动，才能有效地通过对内、对外的广度拓展与深度挖掘，构建形成课程思政元素案例库的"双循环"资源生成系统，以确保课程思政"因事而化、因时而进、因势而新"[①]。进而从统筹协调的系统性高度，切实从学科专业的整体性上提升课程思政在财经类专业人才培养体系和过程中的价值引领效度，切实增强以学科专业为主导、以专业课程教师为主体的课程思政建设的系统性活力和体系化合力，切实增强课程思政的针对性、学理性、亲和力、说服力和内化度水平。

（一）科教融合驱动：提高课程思政元素案例资源生成的学理性"高度"，把道理"讲深"

财经类高校必须加大以财经类学科专业为主导、以所属专业课程任课教师为主体的课程思政元素资源库教改项目立项，采用"总标项目主持人+分标项目主持人"相结合的教改研究新模式，优化课程思政元素案例资源的供给质量，有效助力以学科专业为整体的专业教师课程思政教学能力、教学水平和教学效果。同时，还应依托专业教师承担的纵向、横向科研课题和教学改革研究课题，由科研处、教务处牵头出台相关政策文件，将挖掘科研成果和教学改革研究成

---

① 习近平. 把思想政治工作贯穿教育教学全过程[J]. 杭州（周刊），2016（24）：6.

果中的课程思政元素资源作为立项预期成果和结项评审成果的必选项目，促进对研究成果中思想政治教育资源的深度挖掘、持续涌现、及时收录和有效转化，充分发挥好哲学社会科学立德树人的育人功能，使其为切实增强财经类研究生课程思政元素案例的先进性、创新性、学理性、说服力提供高水平的资源渠道和学术支撑。

（二）产教融合驱动：提高课程思政元素案例资源生成的亲和力"温度"，把道理"讲活"

财经类高校应当依托其财经类学科专业校企深度合作人才联合培养基地建设的优势，拓展与深化双方在课程思政元素案例资源共建共享领域的专项合作，以扎根中国经济高质量发展实践的产教深度融合机制，立足成渝地区双城经济圈等区域经济建设中的产教融合平台优势，对标对表《关于加快建设世界一流企业的指导意见》对德才兼备高素质财经类专业人才胜任能力培养的结构性要求，推进中国化、本土化、区域化课程思政元素案例的合作性开发与体系化集成，以德润知、以德赋能、以德启智，更好地发挥课程思政元素案例体系化构建的系统性、整体性育人功能。同时，财经类高校还要通过产教深度融合，建立课程思政元素的实务专家"活案例"库，通过诸如实务大讲堂、实务专家进课堂、移动课堂等课程思政教学实践载体，用活用好身边的学科专业实务领域最有说服力、对于学生接受度最有现实感召力、对于学生成长成才最有示范影响力的课程思政元素案例"活资源"。此外，财经类高校还要加快建立健全财经类专业优质课程思政元素案例资源的校企共享机制，以财经类专业继续教育为通道，促进优质课程思政元素案例资源在企业、行业的共享共用，实现课程思政元素案例来源于财经实践，回馈于财经实践，切实增强财经类专业学历教育与继续教育中课程思政元素案例资源的共享性、衔接性、贯通性、互动性和引领力。

（三）理实融合驱动：提高课程思政元素案例资源生成的说服力"效度"，把道理"讲透"

财经类高校应当依托其财经类专业教学案例库开发优势及其体系化建设的优势，系统梳理、积极推进课程思政元素的教学案例化工程，深度挖掘现有体系化的财经类教学案例库中各种案例的课程思政价值内涵，立足财经类高等教育案例教学的突出优势，充分挖掘利用案例"教学方式中蕴含的思想政治教育资源"，以学科专业为主干线、以知识节点为关键词、以数据库信息技术为支撑力、以线上线下课堂为主渠道、以案例研学为主载体，在财经类专业各类课程教学过程中，充分发挥案例教学启发、引导的价值塑造功能，以案例研讨互动为教学主线、以案例论文、案例开发和案例分析为考核载体，寓理于事、以理明德、以考促学、以知促行，在通过案例教学传授知识、培养能力的同时，潜移默化、接续协同地启发引导学生自觉坚定理想信念，爱党、爱国、爱社会主义、爱人民、爱集体，通过升华理性认知、产生情感共鸣、促进知行合一，切实增强其政治认同、家国情怀，提升其文化素养、道德修养，强化其法治意识，体系化、整体性地协同推进中国特色社会主义和"中国梦"教育、社会主义核心价值观教育、法治教育、劳动教育、心理健康教育以及中华优秀传统文化教育，进一步强化财经类专业学生的职业担当与时代使命，增进其对国家重大发展战略以及财经法规政策、职业道德准则要求认知的广度、理解的深度、行动的效度，切实地让课程思政传递的价值信念内化于心、外化于行，不断增强课程思政的针对性、实效性、亲和力和感染力。

五、结语

本文基于国内学术界对课程思政元素资源挖掘及其案例库建设与应用的相关研究成果，针对当前课程思政元素案例库的理论研究存在较大缺口以及课程思政元素案例库的探索构建存在体系化缺失等课程思政元素案例库理论研究与构建探索的两个重大问题，从科教融合、产教融合、理实融合"三融"驱动的视角对财经类高校课程思政元素案例库资源生成体系建设提出了初步的构想，以期为推进财经类高校课程思政的体系化建设和高质量教学提供系统化的课程思政元素案例库资源支撑，为进一步探索财经类高校课程思政元素案例资源库的生成机制提供有益的理论启发与实践范式。

参考文献

[1] 廖健，王素格，齐姗. 大学计算机《自然语言处理》课程思政元素挖掘与实践研究[J]. 黑龙江高教研究，2022，40（9）.

[2] 金枚. 人文社会科学专业课思政元素案例教学资源包开发探索[J]. 天津电大学报，2022，26（2）.

[3] 祁占勇，辛晓荣，梁莹. 高校专业课教师挖掘思政元素的有效机制及其行动

路径[J]. 黑龙江高教研究，2022，40（5）.

[4] 常治国，董法，耿新宇. 采矿 CAD 课程思政元素资源库建设与实践探索[J]. 黑龙江科学，2022，13（3）.

[5] 金枚. 语言学概论课程思政元素资源包建设探索[J]. 赤峰学院学报（汉文哲学社会科学版），2022，43（1）.

[6] 金枚. 自然科学专业课程思政元素案例教学资源包开发探索[J]. 赤峰学院学报（自然科学版），2021，37（11）.

[7] 蔡佳佳，邹琳江，杨筱静，等. 能源与动力工程专业课程思政元素教学资源库建设的思考——以安徽工业大学能源与动力工程专业思政教学为例[J]. 教育观察，2021，10（44）.

[8] 张姣姣，王炜，崔雨婷，等.《动物生理学》课程思政元素的挖掘与实践[J]. 中国兽医杂志，2021，57（10）.

[9] 张艳红，路兴昌，温世博，等. 东北地区红色资源信息库建设中的思政元素与应用[J]. 南京师大学报（自然科学版），2021，44（S1）.

[10] 刘琦，毛燚杰，蔡铭. "专业思政"视阈下思政元素的挖掘与融入路径探索——以食品质量与安全专业为例[J]. 食品与发酵工业，2021，47（9）.

[11] 王明涛. "投资学"课程思政元素挖掘与教学[J]. 科教导刊（中旬刊），2020，（8）.

[12] 陈晓林，李晓梅，梁艳红. 医古文课程思政元素的挖掘和课堂实施[J]. 广西中医药大学学报，2019，22（2）.

[13] 朱秀清. 高职体育课程思政元素的挖掘与融合——以浙江工贸职业技术学院羽毛球选项课为例[J]. 运动，2018（20）.

"财务报告分析"专业课程思政教学的探索与实践

◎ 陈欢　刘璐萌

一、引言

2020年5月，教育部印发《高等学校课程思政建设指导纲要》，其明确表示要将思想政治教育贯穿于整个人才培养体系，要全面推进大学课程思政建设。高校推进课程思政建设，即将思想政治教育融入专业课程教学活动，使学生在专业知识学习过程中不知不觉地接受思想政治教育。这不仅可以发挥各门课程的人才培养作用，也可以提高大学人才培养质量。由此可见，在专业课程中推进课程思政建设已经成为高校教育工作和落实立德树人任务的重要组成部分，它贯穿于教育的各个学科和环节，要求高校必须坚持把课程建设作为"主战场"，加强师资队伍作为"主力军"力量，发挥课堂教学作为"主渠道"的作用。本文结合教学经验，以"财务报告分析"课程为例，探讨了推进"课程思政"建设的实施路径和具体方法。

二、财会类专业课程思政的重要意义

"课程思政"简单来说就是"课程思想政治教育"，该概念的首次提出是在2014年上海市教委发布的《上海高校课程思政教育教学体系建设专项计划》中。2016年，全国高校思想政治工作会议召开，课程思政探索实践正式启动。作为一种全新的教育方式，"课程思政"实践并不是要求高校开设新课程，而是要求高校教师在专业课程教学中深挖教学内容中蕴含的思想政治内容，再多方位、全过程地通过思想传递、价值塑造等方法和手段使"学科教育"和"思想政治教育"达到高度一致。从教师育人的角度来看，课程思政在原有单一传授专业知识的基础上融合了与学生个人发展息息相关的核心价值观的引领，将"以人

基金项目：本文是重庆工商大学研究生课程思政建设项目"财务理论研究"，教育部产学合作协同育人项目（202101364049），重庆工商大学校内项目（1951027）和重庆工商大学2020年会计学院教育教学改革研究项目（KJ2001）的阶段性成果。

为本"的思想贯穿于所有的日常教学，充分发挥了思想政治教育的功能，肩负起了立德树人的职责。从学生成长角度来看，学生在吸收专业知识、提高专业技能的同时，也潜移默化地接受德育元素转化为自己价值系统的组成部分，使其成为认识世界和改造世界的准则。

（一）有助于丰富课程教学内容，优化课程体系

思政课程和专业课程作为大学教育体系中不可缺少的一部分，在传统教学中发挥着不同的教育功能，前者具有提高学生思想道德的作用，后者是进行专业知识教导，培养专业技能以提高学生核心竞争力。因此在财会类专业课程教学时，将课程思政理念融入其中，使专业课程内容与思想政治内容相结合，在原有的课程体系上形成新的发展和创新，既能丰富学科知识内涵，拓宽专业内容的深度和广度，又能提高学生思想文化素养。

（二）有助于教学方法创新，提升课堂温情

目前，大部分高校的"财务报告分析"课程都只注重知识内容的学习，教学方法也是照本宣科地讲解知识点，流于形式，忽略了专业知识背后教学的本质。而在课程思政理念下，教师通过"财务报告分析"课程教学让学生拥有丰富的专业知识只是教学的基础，另外还需时刻铭记教书育人的目标，采用合理的方法将思想政治教育与专业技能教育结合起来，在教学过程中向学生们传递有关职业道德的思想，提高学生对专业知识的情感认识。这种方式突破了以往单一教学的困境，达到思想共鸣，使知识传递更有温度。

（三）有助于推动专业教育和人才培养的全面发展

在传统思政教育中，思政教师与专业教师是独立的关系，思政教师负责思政教育，专业教师讲授专业知识传授。在这种模式下，思政教育的作用不仅有很大的局限性，而且学生往往只是学到了书本上的专业知识，并没有深入了解知识背后隐藏的道德伦理。在新时代，课程思政是提高教育的重要方向，而同时会计师的职业素养和思想道德水平与企业健康发展、社会经济有序发展密切相关。因此，教师在"财务报告分析"课堂上加强思政知识传播，实现价值引领，能让学生在掌握知识的基础上接受思想道德教育，在帮助学生拓宽知识面的基础上提高思想水平和综合素质，推动传授知识与思想教育的统一，实现隐性教育与显性教育的协同发展。

(四) 有助于培养德才兼备的会计人才

在市场经济条件下,高校培养财务人员的重心往往倾向专业技能,会更加重视学生专业知识的掌握,忽视了学生"软实力"的培养,如品格特征、思维特征、综合能力、沟通表达能力等。在职场上,过硬的专业能力是一个人生存发展、展示自己价值的基础,但看不见、摸不着的"软"实力,决定了这条职业道路能否长期发展。此外,在财会专业领域应用专业技能时如财务处理、财务数据分析、审计结论等都需要运用道德判断加以辅助。由此,在财会专业领域开展"课程思政"实践,加强道德嵌入,增强学生对会计专业思想核心的输出,促进他们的全面发展,也有利于为国家培养德才兼备的会计学人才,从而更好地为社会主义现代化建设事业服务。

三、"财务报告分析"课程思政建设存在的问题

"财务报告分析"作为财会专业的核心课程,具有极强的应用性。该课程以企业的财务报告资料为分析对象,在于培养学生运用科学、系统的技术和方法,以对其经营成果、财务状况、财务风险、成长能力状况进行分析和评价,为企业的投资人、债权人、经营者等投资提供充分的财务信息和决策依据。该学科要求必须掌握的财务分析技能是连接会计信息供给与会计信息需求的桥梁,而掌握财务分析技能是会计人员必备的专业能力之一,可见"财务报告分析"课程在财会专业人才培养上发挥至关重要的作用。受"课程思政"理念影响,在"财务报告分析"原课程教学内容基础上再添加思政因素,对达到专业教学目标和实现思政教育提升具有重要意义。但从目前各高校该课程的思政建设情况来看,还存在以下几个方面的问题。

(一) 教师思想政治育人意识薄弱

"财务报告分析"作为一门专业课程,具有很强的专业性。在日常教学过程中,教师往往更注重专业知识的讲解和实践技能的培养,与思政教育的相关内容通常是以一句话概括的方式带过,未能契合地将思政教育融入课程教学中。甚至有的授课教师出现认识偏差,错误地认为思政教育应该是思政课程教师的责任,作为财会专业教师其主要工作就是负责专业知识传授,提高学生的专业技能。这种"教育与德育相对立,专业成绩是唯一"的误区,忽视了对学生的

思想政治教育，使立德树人这个根本任务没有得到很好的执行。

（二）教师思政理论积累不足

专业课教师作为课堂教学的首要责任人，其自身思想政治理论积累与"课堂思政"的实际效果直接相关。这对专业课教师提出了更高的要求，意味着授课教师需要具备一定的思想政治基础，能够巧妙地将新时代下的社会主义核心价值观融入专业知识教学过程中去。但实际上，财会专业教师任务繁重，必须兼顾教学和科研，用于思想政治理论学习的时间有限，不熟悉思政理论，对核心价值观和各种意识形态不明确，以致在课程中很难梳理出开展思想政治教育的资源。

（三）教师缺乏将专业与思政有机融合的教学方法

"课程思政"教学改革以来，众多高校积极参与做出大量尝试，取得了一定的成效。但是在教学方法上大部分学科仍然采用传统单一的注入式教学，使"课程思政"最终的教育教学效果大打折扣。在课堂上，教师传授专业知识和思政教育都是以讲授理论为主，没有积极深入挖掘课程元素，只是将专业知识和思政教育内容僵化融合。教学内容缺乏新颖有趣的案例，"思想政治色彩"生硬。课堂活动形式单调，课堂气氛枯燥，师生之间只是单纯的"一教一学"状态，缺少必要的互动。这种填鸭式的教学方法未能激发学生的学习兴趣，导致学生学习主动性不足，求知欲望降低。

同时，许多财会专业教师对日常生活中所发生的时政新闻不太关注，对行业新闻信息敏感度不足，在挖掘专业知识中蕴含的思政因素方面存在很大困难。或者发掘思政因素也很难找到合适的思政案例，无法将两者有效结合。再或者即使找到合适的思政案例，也因为在融入专业课程方面找不到合适的契合点，"课程"与"思政"离神，最后导致整个"课程思政"实践流于形式，未能有效地引导学生树立正确的道德职业观、政治思想等，达不到良好的育人效果，与此同时与国家设立"课程思政"的初衷也相差甚远。

（四）学校缺乏合理的考核激励机制

一方面，由于评价机制的变化，许多高校在工作考核和职称评定上多以科研为指标，主要考核论文、项目、获奖专利等数量。很多专业课教师把大部分精力都集中在科研上，不能合理处理教学、科研、育人之间的关系，"课程思政"的教学理念也未能深入教师的心中，教学实践不能有效地融入科研和教学活动。

另一方面，高校对教师参与"课程思政"的考核评价体系和相关绩效分配没有制定统一的标准和规划，只是把"课程思政""育人"作为标签式的"软标准"。另外，激励教师开展"课程思政"的机制不健全，尚未形成具体的激励条例，很多教师参与"课程思政"建设的积极性和主动性不高。

四、"财务报告分析"课程的思政元素挖掘

"财务报告分析"是通过介绍财务报表综合分析方法，使学生在本课程学习结束之后，能够通过对资产负债表中各资产项目、负债项目的质量分析，资本结构的质量分析，利润表的质量分析，现金流量表中各项目的质量分析等多方面的分析，深入全面地了解企业的财务状况及财务质量，发现企业发展中存在的问题或进行企业未来发展前景的预测，由此达到管理透视的目的。下面将对课程中的主要内容与思政融入点进行介绍。

（一）教育学生遵守良好职业道德素养

讲授财务报表分析概论，让学生掌握财务信息质量的基础性和重要性作用，了解财务报表编制的一般原则（可靠性、相关性等），要求学生在学习知识和具体的职业实践中，培养良好的职业素质和职业道德。在编制财务报表的实践中，每个财会人员要遵循和落实工作原则，恪守职业行为底线，做到结果可信、质量可靠、使用可行。

（二）提高科技创新意识，增强爱国主义情怀

通过选定一家上市公司，以其最近披露的年度报告为例，了解其年度报告的内容构成，从而对"财务报表分析课程"中的资产质量分析知识点进行讲解。如在进行无形资产分析时，引入华为因每年投入大量资金投入无形资产，研制出鸿蒙操作系统，打破了美国垄断，在中美贸易战中被美国商务部列入管制"实体名单"的案例，教育当代学生应培养科技创新意识，激发积极探索、开拓进取、科技报国的家国情怀和使命担当，从而增强学生的爱国主义情怀。

（三）提高社会责任感，树立社会主义价值观

在讲解利润质量分析、现金流量分析相关项目的知识点中，基于财经媒体的新闻报道和分析报告，融入KM药业财务造假事件，即2016—2018年，KM药业虚增营业收入、货币资金、利润等。上述行为致使KM药业披露的相关年度报告存在虚假记载和重大遗漏，证监会对其发布了市场禁入决定书和行政处

罚决定书。对公司处以 60 万元的顶格罚款，对马某采取终身市场禁入措施。结合实际案例，引导学生思考 KM 财务舞弊的手段，通过证监会对 KM 的处罚，引导学生深刻地认识财务造假后果的严重性，关注我国资本市场的现实问题，树立明辨是非的社会责任感和社会主义核心价值观。

五、"财务报告分析"课程思政实践探索

（一）重构课程目标，更新课程教案

作为课程实施、教学活动与教学评价的主要依据，课程目标一般是按照国家的教育方针，确定教学的最终目标，再通过具体的教学任务与教学内容使学生达到一定程度的培养目标。在课程思政实践中，教师应考虑思政理念与育人观念，及时修订"财务报告分析"总课程目标，在教学过程中分化为各自具体的教学目标，突出课程思政的培养导向。

课程教案是课堂教师以课程内容为基础，以课程目标为核心，通过教学设计将课程思维方式与教学技能客观展现的具体方案，凝结了教师在课堂中融合思想政治因素的思考，是开展课程教学的准备。因此，教师在编写"财务报告分析"教案时，需要具体考虑各课程的思政目标是什么，如何将思政教育融合到专业知识的介绍中，以什么样的方式进行思政课程教学。因此，教案是一个具体的行动方案，要对每门课的课程实施过程进行很好的梳理和设计。

（二）重撰课程设计，创新教学方法

在思政教育实践中，教师担任"传道者"角色，教学课堂作为主要途径，学生作为受教育主体，三者缺一不可。针对传统课程教学呈现的弊端，教师要优化课程设计，促进教学方法创新，缩短师生之间的距离，提升课程思政育人质量。对此，教师在开展"财务报告分析"课程思政建设时，要充分运用互联网技术，选取优质学习资源，将线上教学与线下互动、理论教学与实践操作相结合。"财务报告分析"授课教师可以在互联网上搜寻与课程内容有关的财务报表分析案例，在课件中加入与思政要素有关的问题，引导学生根据资料信息进行自主学习与独立思考。这样既能够充分调动学生的学习主动性，提高学生的自主学习能力，也能丰富学生的知识体系，培养学生对思政学习的兴趣。此外，教师还可以采用"情景教学+案例讨论"相结合的方式，如教师通过情景设置将学生分成若干个不同的小组，并以小组为单位选择担任不同公司的财务人员。

这些小组成员通过对自己选取公司的财务报告资料进行财务分析，并进一步得出有关企业经营成果和财务状况的结果，最后教师对小组成员整体的结果进行评价和总结。这种方式不仅可以增强师生之间的互动性，提高学生对知识的理解和运用，还可以让学生理解在从事财务工作时自身应具备的职业素养，使学生树立起良好的道德情操。

（三）提高自身德育意识和德育能力

教师作为思政教育的"主力军"，其育德意识与育德能力影响育人的效果。为了在"财务报告分析"课程中培养财会学生专业知识技能的同时让学生深刻理解职业道德伦理，授课教师首先要树立正确的思政教育观念，积极参与相关实践和培训，从中认识到课程思政的真正价值在于培养人才与加强思想道德教育两个方面，改变以往的教学观念。其次是"财务报告分析"课程教师除具备扎实的财务报表理论知识外，还要加强自身的政治理论学习，时刻了解党和国家最新的方针政策，夯实与时俱进、紧贴国家发展方向、增强育人意识和育人能力的思政政治基础。在进行课程教学时，要充分考虑思想政治教育的特殊性，提高课程思政的教学设计能力，将最新主流思想转化为价值观培养的素材，从而提高德育能力。最后再通过言传身教将社会主义核心价值观念传授给学生，真正地做到立德树人，让学生在学习过程中形成正确的价值认识。

（四）构建科学合理的课程思政考核和激励机制

对于教师来说，考核评价体系是检验课程教学效果的有效手段；激励机制是使教师自觉发挥潜能、调动教师积极性、实现组织目标的重要途径。因此，建立健全教师课程思政考评体系和激励机制是全面保障课程思政、提升教育实效的必要举措。在高校评价"财务报告分析"课程思政的执行情况时，可以将教师的教学能力以及教学效果作为教师绩效考核、职称晋升、教学质量评价、评优评奖等工作的重要考核内容之一，建立起常态化的课程思政考核和监督体制。同时推行公平公正、公开透明的多样化激励机制，如为加强对教师实践能力的考核激励，可以结合具体专业学科开设"思政教学"竞赛，评选出思政教学效果最佳的教师。另外，为突出对教师创新实践的考核激励，还可以设立多种奖项奖励那些积极推进思政教学改革创新的优秀教师，在颁发荣誉证书的同时给予一定的物质奖励。

（五）建立专业教师与思政教师沟通机制

对于专业课教师来说，要切实开展好课程思政工作，需要厘课程思政与思想政治课程之间的关系。一方面，专业课程思政需要思政课进行相关理论的指导和引领，是思政课原理的具体化和实践化；另一方面，思政课更注重普遍性和一般性原理，专业课程更具学科和专业特殊性，前者更抽象，后者更具体。"财务报告分析"授课教师可以加强与思政课教师之间的交流与研讨，充分吸收思政教师提出的意见和建议，让思政教师帮助其结合课程内容来规划、设计和开发思政知识点；并在课程结束后与思政教师积极探讨此次课程思政的整体效果及后续改进方案。两类课程教师通过建立沟通机制，形成相互支持、相互发展的合作关系，共同推动课程思政的实践与发展。

参考文献

[1] 冯丽艳，段姝，王世文. 融入思政元素的"财务报表分析"课程教学内容体系[J]. 中国管理信息化，2021，24（23）.

[2] 郝玉贵. 会计专硕课程"思政+特色"的融合教育目标与实现路径[J]. 财会月刊，2021（24）.

[3] 教育部印发《高等学校课程思政建设指导纲要》，全面推进高校课程思政建设[J]. 新教育，2020（19）.

[4] 江雪. 新文科背景下"课程思政"融入会计学专业实践课程的探索研究[J]. 许昌学院学报，2022，41（3）.

[5] 李采瑶. 会计专业课程思政的融合研究——以技工院校《税法》课程为例[J]. 财会学习，2021（35）.

[6] 李晓培，胡树祥. 新时代高校课程思政的话语表达与当代意义[J]. 思想教育研究，2021（1）.

[7] 罗云，倪非凡. 课程思政：内涵、属性与实施路径[J]. 高等教育评论，2021，9（1）.

[8] 刘尊英，孟祥红，辛华龙，等. 全方位育人与"课程思政"教育探索与实践[J]. 教育教学论坛，2020（13）.

[9] 欧阳少娟，王金枝. 高职"财务报表分析"课程实施"课程思政"探究[J]. 淮北职业技术学院学报，2021，20（4）.

[10] 蒲清平，何丽玲. 高校课程思政改革的趋势、堵点、痛点、难点与应对策略[J]. 新疆师范大学学报（哲学社会科学版），2021，42（5）.

[11] 吴晶,胡浩.习近平在全国高校思想政治工作会议上强调 把思想政治工作贯穿教育教学全过程 开创我国高等教育事业发展新局面[J].中国高等教育,2016(24).

[12] 吴晶,胡浩.习近平在全国教育大会上强调 坚持中国特色社会主义教育发展道路 培养德智体美劳全面发展的社会主义建设者和接班人[J].人民教育,2018(18).

[13] 王秀艳.应用型本科院校课程思政建设路径探索与实践[J].教育教学论坛,2022(2).

[14] 尹夏楠,孙妍玲.专业思政与课程思政一体化建设的探索与实践[J].山西财经大学学报,2022,44(S1).

[15] 周松,邓淑华.高校课程思政建设存在的问题及路径优化[J].学校党建与思想教育,2021(10).

[16] 朱生琴.职业院校财务管理专业课程思政融合问题研究——以《财务报告分析》课程为例[J].财会学习,2021(1).

融入课程思政的"审计法律研究与案例"课程教学改革探索

◎ 李晓羽　陈晨

一、引言

2014 年，上海市教委率先提出"课程思政"一词，旨在将培养和践行社会主义核心价值观与整个教育体系有机融合。随着全国高校思想政治工作会议召开，课程思政在认识上、理论上、实践上 3 个方面得到了快速发展。思想政治工作是党的突出政治优势与优秀历史传统，它贯穿于国家治理的各领域之中。"好的思想政治工作应该像盐，但是不能光吃盐，最好的方式是将盐溶解到各种食物中自然而然吸收"，课程思政正是这句话的完美体现。

随后，《教育部关于加快建设高水平本科教育全面提高人才培养能力的意见》(2018 年 9 月)、《关于深化新时代学校思想政治理论课改革创新的若干意见》(2019 年 8 月) 以及《高等学校课程思政建设指导纲要》(2020 年 5 月) 等文件相继出台，均对课程思政建设高度重视。专业课教育与思政元素相结合，是跟随国家的战略布局，响应党的教育方针。其次从审计专业与学科建设角度出发，其有利于审计专业教育朝着更有深度、更有温度的方向发展。改革开放后，我国审计行业规模逐渐扩大，但是行业内职责履行不到位的问题屡见不鲜。因此，在审计人才培养阶段加强家国情怀教育、社会责任教育以及职业道德与法律意识教育不容小觑。

"审计法律研究与案例"课程的专业性强，包含大量审计法律法规与职业道德要求，对学生而言相对抽象，若直接使用法律条文进行填鸭式教育，并不友好。加之，该课程的教学内容本身蕴含了极强的思政元素，故将课程思政融入其教学中是具有现实可行性的。新时代"审计法律研究与案例"课程如何与思政思政教育有效结合？课程内容应如何设计与实施？这一系列问题值得我们深入探究。

基金项目：本文是 2018 年度重庆市社科规划项目"基于大数据背景下财务审计模式变更及效率提升研究"（2018PY66）的研究成果。

二、"课程思政"的内涵界定

"课程思政"这一新教学模式,实际上是一种全新而综合性的理念,它把"立德树人"作为教育的根本要求与战略任务,重点突出全员育人、全程育人以及全方位育人的三全格局,实现思想政治理论、价值塑造以及精神追求与各类课程的有机融合。课程思政建设要求高校从现实出发,综合考虑国家、区域、学校的三方发展需求,着眼于人才培养目标,深入探索教学方式和课程类别中所含有的思政教育资源,以形成综合型、递进型、全面型的课程体系,全面提高育人育才质量。

"审计法律研究与案例"课程思政,需结合审计学专业育人目标,深入发掘提炼该课程专业知识内容中所涵盖的精神内涵和文化思想,使该门课程做到有广度、有深度和有温度,以历史为鉴、以实际为鉴、以国际为鉴,增加课程的知识性与开放性,落实中国特色社会主义思想教育、社会主义核心价值观教育、中华优秀传统文化教育、宪法法制教育以及职业理想与职业道德教育。

三、"审计法律研究与案例"课程现状

(一)教学模式传统且价值塑造相对较少

现今教学中,仍有不少教师遵循传统的教学模式,对于知识点的传授局限于参考教材本身且相对应试,缺少对于行业现实问题的关注,以致知识的传授缺乏温度、缺乏现实意义以及趣味性,无法激发学生学习的主观能动性。以"职业道德规范"为例,部分教师会局限于注册会计师职业道德规范本身的文字内容,拘泥于固定条文的传授,反复讲解注册会计师考试中与职业道德相关的题目来巩固知识点本身,而缺乏对学生职业认同感与职业责任感的重要性的培养,简而言之,价值塑造相对较少。

(二)课堂互动性较差且学生参与度不够

在教学过程中,课堂讨论较少,缺乏对某一主题翻转课堂的观点输出。教师对学生的价值塑造、知识传授和能力培养,应贯穿于整个课堂教学中。若师生间的思维难以碰撞出火花,那么课堂也就无法达到最佳状态。另外,对于相关知识体系的讲授不足,如审计法律体系现状、现存缺陷和前景展望的讲授不足,使学生对法律体系的认识相对不足。事实上,学生不仅要明白法律规范从何处来,而且不能停下探索的脚步,需要通过积极了解并加入其他人对于审计

法律体系的讨论，进而探究它可以到何处去。

（三）专业知识讲授与思政元素契合不足

"审计法律研究与案例"课程中蕴含着大量的思政元素，如法律条例、职业道德规范等，值得进一步开发，但在授课中却缺乏专业教育与思政元素的嵌合。这种缺失是源于对课程思政的认识不足、对专业知识点与课程思政的交汇区域的挖掘与实践的不足。实际上，对学生的价值观进行塑造是极为必要的，专业教育与思政教育的融合往往能改进教育效果，在课程教学中应当培养学生的国家认同、民族认同、社会认同和职业认同，而如何将这4个认同合理地融入课堂中，进而对学生产生正向影响，需要任课教师认真探索。

四、"审计法律研究与案例"课程思政的教学设计

"审计法律研究与案例"课程思政的教学设计首先以立德树人为根本任务，使专业知识与思政元素相互交融，形成协同效应。课程思政融于教学设计，需逐步落实于教学目标、教学内容、教学方式、考核方式、教学评价等5个维度（见图1）。

图1 "审计法律研究与案例"课程思政的教学设计

（一）教学目标

融入课程思政的"审计法律研究与案例"的教学目标包括价值塑造、知识传授和能力培养3个方面。在价值塑造方面，教师需要对学生的社会主义价值观、家国情怀及职业道德进行培养，使学生们深刻意识到审计监督对社会主义

市场经济建设的重要意义,加强其为公众利益服务的职业责任感和职业认同感。知识传授的目标是使学生掌握社会主义法律体系、法律责任、审计相关法律法规,了解审计法律的理论知识和与之相关的行业时事、行业前沿动态。能力培养主要关注学生的法律意识与审计意识的融合,提高运用法治思维、法治方式进行执业的意识和能力。

(二)教学内容

同一个专业性知识可以发掘出多种思政元素,同一个思政元素也可能包含多个专业性知识。教师需对专业性知识和思政元素的对应关系进行梳理,完成对教学内容的重构,从而有效实现教学目标以达到立德树人的最终目的。"审计法律研究与案例"的教学内容如表1所示。

表1 "审计法律研究与案例"教学内容

教学主题	思政元素	主要教学内容
在新时代背景下,审计对于国家经济建设的重要意义	家国情怀:弘扬以爱国主义为核心的民族精神,将个人抱负与国家发展相结合,使学生认识到从事审计是一件利国利民、实现自我价值之事	(1)通过《中华人民共和国审计法》《中华人民共和国注册会计师法》第一条引出审计人的家国梦;(2)可使用红色审计史、国家审计公告、审计新闻以及影视作品《在路上》(与内部审计相关的影视剧)加深加强思政教育
社会主义法律体系的主要构成、审计法律法规与审计准则	法治观念:授课过程就是法治教育的践行过程,将审计意识与法律意识相融合,规范执业行为,保障合法权益	(1)站在国际视角阐述社会主义法律体系,关注国际性、国家性、历史性;(2)基于国家审计、社会审计与内部审计,分析法律、法规、准则3个概念;(3)参考最新的文献资料,引导学生进行审计法律体系的现状讨论,以此为契机亦可弘扬以改革创新为核心的时代精神

续表

教学主题	思政元素	主要教学内容
审计责任、职业道德	职业道德：培养爱岗敬业精神、职业品德、职业纪律、职业胜任能力和职业责任感，建立职业认同，同时认识到职业道德对行业及个人发展的推动作用	（1）基于《审计机关审计人员职业道德准则》《中国注册会计师职业道德守则》《中国内部审计准则》探讨审计责任与职业道德； （2）使用最新的审计失败、会计师事务所受处罚等案例引发探讨

（三）教学方式

在教学过程中，教师使用传统教学、翻转课堂、案例教学、文献阅读、情景模拟等各类方法，将线上线下教学融合，使用多种工具平台，如微课堂、微课、企业微信等，与学生进行课前、课中、课后的全方位交流互动。第一，在对基本理论的讲解中，所使用的PPT应简洁明了、重点突出，教师除需对知识点进行清晰讲述，还需引导学生进行自主思考。第二，在进行翻转课堂之前，教师可将主题讨论的相关知识点进行讲解，并发送部分与讨论主题相关的新闻、参考文献助力学生在课上、课下学习思考。翻转课堂要求学生以小组的方式实现某一主题的PPT汇报，培养学生的自学能力与表达能力，使其深刻了解相关知识点并能结合现实进行延伸思考。第三，案例讲解与作业点评，教师需针对学生的呈现给予建设性的点评。第四，课余时间，教师应尽可能多地利用网络信息交流平台，向学生输出与课程内容相关的国家政策、行业新闻、学术研究等。

（四）考核方式

对学生的考核应将平时成绩与期末成绩并重，逐渐关注学生的课堂参与度。在评判课堂参与度时，教师应综合多种情况考虑，并及时做好相应记录，其中包括考勤情况、PPT展示情况、书面作业情况、课堂讨论情况等，并保证以上内容对学生最终成绩形成有效影响。在PPT展示中，教师需要针对学生展现出来的观点进行提问，提升其思辨能力和语言表达能力，并针对其表现给出及时的评价。在课堂书面作业上，教师需要判断出质量较好的作业，并向学生进行解析，将师生两方的观点输出进行交互。课堂讨论环节，教师应积极鼓励未发言或发言较少的学生加入讨论，保证更多学生能有效参与课堂，若条件允许教师可以让学生自主发起谈论主题。期末考核应结合现实教学情况进行调整，可从开卷、闭卷、课程论文、案例研讨等多种方式入手。若进行卷面考试，应以主观题为主、客观题为辅，以开放性问题感知学生的思维能力和价值选择。如果选用课程论文，选题需具有实际意义。

（五）教学评价

一方面，从授课教师出发，针对学生的课堂感受，教师需具备自发性关注，主动且及时地在期中向该门课的学生发起征集。调查问卷理应匿名进行，同时保证问题设置与该课程强相关。教师应重视学生提出的意见和建议，并采纳其中切实可行的部分，在未来课堂中进行落实以使课程得到持续优化。另一方面，由学校教务办统一发出的调查，评价指标除了考虑课程的价值塑造作用、知识传授作用和能力培养作用，还需考虑授课老师的期中问卷发出情况及后半学期课程的改进程度。对学生评教成绩较高的授课教师，应对其课堂的授课方式进行研究，探讨该教育方式是否能够获得进一步的开发，是否能整理应用到其他课堂之中。此外，为确保教学评价的有效性、实用性、高效率，学校需保障相关信息系统的用户友好性，加强信息化建设，并将评价方法、内容及作用适当纳入学生守则以告知。

五、结语

课程思政以立德树人为根本任务，教师在未来教学中需要时刻关注如何培养德才兼备的学子，不断改进自己的教学设计，将思政元素融入审计课堂，为社会培养爱国敬业、爱岗敬业的中坚人才。课程思政虽由来已久，但随着时代发展仍需不断探索改进，本文仅以重庆工商大学开设的"审计法律研究与案例"思政建设为例进行探讨，以期为该课程的后续建设与发展提供一定的借鉴。

参考文献

[1] 董必荣. 论课程思政的建设思路与落地路径——以"会计学"课程为例[J]. 财会通讯，2022（14）.

[2] 傅瑶. 高校党建推进课程思政建设的功能、目标及路径[J/OL]. 现代教育管理，[2022-07-15]. DOI：10.16697/j.1674-5485.2022.07.013.

[3] 刘国城，董必荣，黄中生. 会计学"课程思政"示范专业建设的研究动态、实现路径和保障策略——以南京审计大学为例[J]. 财会通讯，2022（12）.

[4] 薛丽达，张菊香，董必荣，雷丁华. 会计学"课程思政"教学改革研究——基于管理会计指引体系的思考[J]. 财会通讯，2021（24）.

[5] 郝玉贵. 会计专硕课程"思政+特色"的融合教育目标与实现路径[J]. 财会月刊，2021（24）.

[6] 盛庆辉，刘淑芹. 以学生为中心的课程思政建设探索——以"审计学"为例[J]. 中国大学教学，2021（11）.

[7] STAVROSTHOMADAKIS，袁小叶. 职业道德、职业精神和公众利益[J]. 中国注册会计师，2021（3）.

[8] 李洪. 审计失败与注册会计师职业化思考[J]. 中国注册会计师，2019（11）.

[9] 张琪，宋夏云，刘成立. 国家审计法律责任追究机制的优化探析[J]. 财会月刊，2018（19）.

加强会计专硕课程思政的难点及对策研究

◎ 刘胜强　陈泓宇　白浩然

一、引言

随着社会的快速发展，我国经济进入高质量发展阶段，这就需要更高质量的人才输送以支撑发展，因此对人才培养提出了更高的要求。高质量的人才不仅是要对专业知识掌握得更熟练、更多，还需要拥有良好的职业道德。党的十九大报告指出："育人的根本在于立德。"课程思政是指以构建全员、全程、全课程育人格局的形式将各类课程与思想政治理论课同向同行，形成协同效应，把"立德树人"作为教育的根本任务的一种综合教育理念。开展课程思政能有效提升学生的思维认知、职业道德、职业责任以及法律意识，有助于从源头上解决违规违法现象。因此如今课程思政也受到越来越多人关注，如何围绕思政教育开展专业课程，打破专业教育与政治教育间的"孤岛"效应成为众多学者的关注点。

2021年3月，财政部发布了《会计改革与发展"十四五"规划纲要（征求意见）》，指出要在2035年基本实现打造会计强国的战略目标，要让会计人员的职业道德、知识结构、执业能力与会计强国的地位相匹配，对会计诚信建设要有突破性进展，促进会计人员的专业技能和职业道德素质全面提升等。这一意见的愿景目标实现与目前的会计思政教育息息相关，而会计专硕（MPAcc）是向社会推出财务高质量人才的一大重要组成部分，具有更强专业能力的同时也需要以更高的道德素养执业，因此加强会计专硕的思政教育尤为重要。基于此，本文从会计专硕课程思政现状出发，进行会计专硕开展课程思政的难点分析，并提出相应解决对策。

基金项目：本文是市研究生教育教学改革研究一般项目"基于培养造就德才兼备高层次人才的会计专业硕士内生性融合课程思政体系化建设与探索"（yjg223108），重庆工商大学研究生课程思政建设项目"商业伦理与会计职业道德"的阶段性研究成果。

二、会计专硕课程思政的现状

从培养目标来看,目前大多会计专硕坚持以马克思列宁主义、毛泽东思想、邓小平理论、"三个代表"重要思想、科学发展观以及习近平新时代中国特色社会主义思想为指导,培养德智体美劳全面发展的学生,遵循"以职业需求为导向,以产学融合为途径,以提高质量为核心"的指导原则,面对会计职业需求,培养有良好职业道德、进取精神和创新意识的高层次会计人才。

从课程计划来看,目前会计专硕培养以学分制为主,强制性的思政教育课只有"商业伦理与会计职业道德""新时代中国特色社会主义理论与实践"等课程,与普通专业课学分差不多,其余与思政相关的就是类似"学术规范与论文写作""学术道德与科研诚信""职业发展与职业素养"等选修课,且根据培养方案来看,这些选修课被选修的概率都不高。剩下的课程安排几乎都是专业课。目前已有许多学者从不同专业课角度进行课程思政路径研究,如薛丽达等(2021)对管理会计课程进行探讨,陈运森、郑登津(2022)从财务管理课程角度进行探讨,黄中生等(2022)从高级财务会计课程角度进行课程思政路径探讨等。但实际上,目前这些研究仅处于理论研究阶段,少有学校真正投入使用,专业课授课教师几乎都还集中于理论讲解、相应知识点的案例分析,融合了思政教育的知识传授几乎没有涉及。

由此可以看出,目前会计专硕有意努力建设课程思政,但存在思政教育课所占的比重并不高,专业课程更偏向实操、与思政教育的联系也未得到体现的困难,课程思政的重要性未得到很好的体现。

三、会计专硕开展课程思政的难点

(一)开展课程思政的具体路径不明

一是会计课程思政的理论基础较为薄弱,不利于教师开展课程思政。开展课程的基本要求是有相应的理论基础和教材,但目前会计专业的相关课程几乎没有确定的教材和理论基础来支撑课程思政的开展,与思政相关的理论几乎只有会计、审计类课程的职业道德有提到,而这些几乎都不是考试考查的重点,也难以成为教师教课的重点,直到2023年的注册会计师考试专业阶段会计科目的大纲中,才新加入了会计职业道德。可见,对于会计课程思政的理论基础还较为薄弱,教师难以利用这些薄弱的理论进行教学。二是在专业课程中插入课程思政的方式难以界定。会计专业课程的知识点众多,不可能在每一个知识点下都融入思政教育,如果仅在第一章职业道德里融入就会显得过于单薄,达不到课程思政的全程性,而如果专门开辟课时用来讲课程思政,则会难以避免为了融入思政而思政,这样的方式也容易让学生反感。因此,如何将会计专业知识与思政教育联系起来,如何以恰当的形式开展课程思政成为阻碍课程思政发展的绊脚石。

（二）学生培养目标的重点割裂

由普遍的会计专硕培养方案可以看出,实质上的课程安排更注重实践和专业技能,过于专业的理论和实操课难以实现对课程思政的结合,造成专业课程与思政课程一直都是平行设置,思政老师教授思政内容,专业课老师教授专业课内容,没有实现有机融合。造成这一现象的原因有以下几个：一是目前会计专硕更偏向实践研究与实际企业案例分析,更需要实现学生专业知识、技能上的提升,而会计专硕大多是三年甚至是两年制教学,其中还有大半时间需要留给专业实习、毕业论文以及学术研究,以致课程思政很难有时间开展较有创新性的活动。二是加入课程思政会加重任课教师的负担,目前许多任课教师仅是照本宣科地讲解课件,甚至许多课件里的例题并未更新,认为学生只需要依据这些教学内容掌握相应课程的专业知识就好,让其再加入课程思政会显得很为难。总之,会计专硕实际更偏向专业理论技能培养,任课老师对课程思政存在错误认知,以致课程思政浮于理论。

（三）高校评价体系不利于课程思政

目前高校对任课教师的考核以及奖励评价都是基于科研成果、学生毕业情况、教学竞赛等具有个人性质的成果,任课教师的教学质量及教学内容都不是评价的关注重点,因此也并未对任课教师做出强制性的课程思政内容要求或者对开设课程思政的任课教师进行奖励,导致专业课任课老师并不重视课程思政的建设。而实际上,学生的价值观也不是仅在某一任课老师一学期几十甚至几个学时中形成的,也没有定性的标准去衡量教师的育德业绩。在这样的评价体系下,专业课任课教师就难以有责任或动力去开展课程思政,进而难以改善目前课程思政难以发展的困难。

（四）能够开展课程思政的教学资源不足

教师的思政知识、思想道德水平对学生的思政素养有很大的影响,其言传身教是学生形成良好思想道德品质的重要途径。开展课程思政所需要的任课教师，不仅需要对专业课知识有较为深入的理解，还需要对思政教育内容了解透彻，从而更好地将思政教育与专业课教育融通贯通。但目前高校还较缺乏同时具有这两方面高素质的教师。从教师学历来看，研究生任课老师学历几乎都在博士及以上，但对思政知识的了解并不透彻。而要做到创新性的课程思政，还需要以灵活的形式进行言传身教，任课教师要考虑如何将思政教育以学生不反感的方式穿插进专业知识教育，但让任课教师主动进行这样的研究和教学改革也缺乏激励。由此，对于现今的会计专硕课程来说，课程思政教学改革还需要较大的教学资源投入。

（五）学生本身对课程思政认识不够

目前阶段的会计专硕学生大多成长于信息技术高速发展的时期，追求新鲜事物，甚至部分存在"崇洋媚外"的风气。学生普遍会认为思想政治教育课程并不重要，只有学会专业课程的知识才更为重要。这样的心态就会导致学生不听课、教师也不愿仔细备课的情况，最终进入思政教育难以发展的恶性循环。因此，通过课程思政来转变学生这一错误认识就尤为重要，要在课程思政中不断宣扬社会主义核心价值观等思政知识，帮助学生树立正确的职业道德观念、职业责任意识和职业素养。

四、会计专硕课程思政未来发展对策

（一）丰富课程思政教学改革的路径

开展课程思政是一项长期的教学改革之路，可以从以下路径来进行教学内容改革：一是创造性地将专业知识与思政知识进行融合。参考现有学者的研究将各项会计课程知识点与思政教学内容融会贯通，再进行教学内容改革。二是将各种思政教育融入案例教学。目前会计专硕很多专业课程中都融入了案例教学或以小组作业形式做案例展示，任课教师可以将许多思政知识融入案例分析中，如在国际贸易竞争、企业社会责任等实际案例中融入爱国爱党、文化自信等思政教育，让学生不断思考问题达到思政教育的目的。三是可以开展更多具有思政教育性质的活动。例如在各种具有重大历史事件发生的纪念日开展思政教育宣传讲座或展览，开展融入思政知识的比赛，开展与思政相关的项目、调研活动，使课程思政通过丰富创新的活动体现，贯穿于学生的学习生活。

（二）明确开展课程思政的重要地位

明确开展课程思政的重要地位是提高任课教师和学生对课程思政正确认识的有效途径。会计专硕应构建"思政引领，专业赋能"的培养方式，要实实在在地将思政知识融入学生的培养方案中，而不是仅以单独开展思政教育课程来进行思政教育，为了思政而思政。一是要转变目前思政教育课程只是"水课"的看法，提高思政教育课程的考试难度或改变考察方式，将期末考察逐步转变为过程性考察。二是要提高专业课程中思政教育的占比，提高对专业课考查中思政知识点的占比，让思政知识贯穿于所有课程中，增加学生对思政知识的运用、理解。三是可以将参与课程思政活动融入学分制培养，以必修学分的方式促使学生主动参与课程思政的活动，以强制性的要求提高开展课程思政活动的重要性。

（三）完善开展课程思政的评价制度

完善对课程思政的评价制度能有效提高任课老师进行课程思政改革的主动性。一是完善开展课程思政的奖励制度。鼓励任课老师进行课程思政教学改革教案撰写或课程思政实践路径论文研究，对具有可行性的教案和路径研究给予奖励，并要求这些具有可行性的方案早日投入教学。二是完善课程内容评价制度。除了科研能力，日常教学考核也应被纳入评价范围内，要对任课教师的课件、教学大纲、教学方式等进行不定时抽查评价，在年终考核或晋升考核时将课程思政教学作为一项评价指标，提高任课教师对课程思政的重要性认识。三是完善违法违规追责制度，对违法违规现象追责到人，追责到培养单位，对产生违法违规现象的培养单位加大处罚力度，倒逼培养单位加大课程思政力度，提高课程思政改革的重要性，促进课程思政的发展。

（四）加大开展课程思政的教学资源投入

提高教学资源投入能促进课程思政发展。一是要挖掘具备思政知识的专业课教师。直接引入现成的具有思想政治基础或授课经验的财务专业课教师是最快能开展课程思政的方式，其经验还能帮助现有教师进行课程思政教学改革。二是要提高现有专业课教师的思政教育水平。要提高教师入党积极性，定时开展针对教师的思政教育，提高教师本身的育人意识和育德能力，让其充分学习并理解习近平新时代中国特色社会主义思想，并通过其言传身教教授学生。总之，要加大投入尽快组建一支课程思政团队，由专业课教师和思政课教师共同探讨课程思政的可行方法，尽早实现课程思政的全程覆盖。

（五）提高学生对课程思政的积极性

提高学生对参与课程思政活动和教学内容的积极性。首先，要让学生对课程思政有一个正确的认识，可以通过网络课程或者开学教育的方式让学生形成对课程思政的正确认识，达到不抵触课程思政的效果。其次，要提高对参与课程思政活动的奖励。对参与活动的学生适当地提供物质奖励或增加素质拓展学分，能有效提高学生参与的积极性。最后，提高课程思政的创新性，要让课程思政融入学生的日常学习生活，而不是平行的课程，可以根据实事新闻来不定时插入思政讲座来提高学生对思政学习的兴趣，从而有利于学生形成正确的价值观，达到专业育人的效果。

参考文献

[1] 郝玉贵.会计专硕课程"思政+特色"的融合教育目标与实现路径[J].财会月刊，2021，916（24）．

[2] 薛丽达，张菊香，董必荣，等．会计学"课程思政"教学改革研究——基于管理会计指引体系的思考[J].财会通讯，2021，884（24）．

[3] 陈运森，郑登津.财经类课程思政教学改革探索与实践：以《财务管理学》为例[J].财务与会计，2022，671（23）．

[4] 黄中生，董必荣，凌华.高级财务会计课程思政建设研究[J].财会通讯，2022，906（22）．

[5] 董必荣，张兴亮."会计学"课程的课程思政设计研究[J].财会通讯，2022，908（24）．

金融资产评估课程思政
——基于价值观的思考

◎ 陈中洁　温蓓

"立德树人"是教育的根本任务。荀子曰"师者，教之以事，而喻诸德也"，道德的教育与学识的教育同等重要，两者都是使人全面发展的重要因素。商科专业课的人文性特征赋予其施行课程思政的便利性和有效性。金融资产评估作为价值评估课程，其价值评估的规律自然可以运用到人生价值的评估中。运用金融资产评估课程进行价值观隐性教育，是该课程施教者的重要任务。

金融资产评估课程的主要目的是使学生了解金融资产评估的基本原理、基本方法和基本技能，并能进行金融资产的估算。结合金融资产的特征，寻找金融资产价值评估对个人价值的契合点，传导正向的价值观，并且结合经济实际、社会现实进行相应价值观的思辨，培养学生的反思习惯和思辨能力，形成对于价值观的客观判断和理性选择能力，是该课程隐性教育的主要思路。

一、金融资产价值评估对个人价值认知有借鉴意义

由于金融资产的价格实时变换，账面价格与现实价值存在差异，金融资产评估实际上是对金融资产的现时价值进行评价，并将其作为金融资产交易的基本依据。金融资产价值的评估原理与规律对人生价值评估原理有着借鉴意义，可以运用该课程启发受教者联系到个人价值。认清个人价值，正是对人生从哪里来，到哪里去的思考，引发到哪里去的思索和规划，从而充满激情地走上人生路。帮助个人实现个人自知并知道人生努力的方向，不仅仅有利于价值观的传导，还有利于应对当今社会中大量存在的大学生心理问题，如对未来生活激情的丧失，缺乏上进心和抗挫折能力的躺平主义的消极影响。

基金项目：本文是重庆工商大学教改项目"大数据时代无形资产评估立体交互式教学模式"（2019212）的研究成果。

二、金融资产评估与价值观教育的契合点分析

（一）运用金融资产概念的界定，引入事物认知中思辨的意义

金融资产包括金融市场上的一切金融工具。金融工具分为所有权凭证和债权凭证。股票是所有权凭证，票据、债券、存款凭证均是债权凭证。尽管习惯上将这些金融工具称为金融资产，但实质上，对持有者而言是金融资产，对发行者而言却是一种负债。从多角度看问题，可以帮助学生思考何为思辨及思辨的价值，从而形成对思辨的初步认识。

（二）运用价值分析的基本规律，融入辩证唯物主义和历史唯物主义的基本观点

1. 对未来不确定性的基本态度

金融资产的价值存在于其客观性，具有现实载体，承载现实价值。首先，金融资产的交易是在评估价值的基础上付出相应对价来取得该金融资产的。金融资产的评估价值是其交易的基础。然而，"估"意味着偏差的可能性。对个体来说，既然不确定性是必然的，应具有接受和承担随着时间的推移的价值偏离预期的心理承受能力，坦然面对前后价值变化的风险，理解人生中的挫折、失误、不如意的阶段性，提高面对挫折的承受能力和积极应对能力。其次，对于持有者而言，总是希望所持资产朝着预期的有利于该资产价值增值的方向前进。当出现利差信息，或者由于特定原因出现偏差时，应该及时分析影响因素，对资产价值的未来变化进行充分的评判，果断决策进行资产持有或重新配置。从这个角度来看，要持有应变准备的积极态度，分析原因积极做出理性决策并进行实施，而非怨天尤人，这也是一种应对挫折或者损失的积极态度，有利于养成稳定、乐观、上进、勇于面对挫折的心态。

2. 个人价值与社会价值的关系

亚当斯密在《道德情操》中提出"看不见的手"，指出道德规范随着具体情况中个人经验和判断的积累而逐渐演变，但演化结果却具有促进社会稳定的非存心的结果。以此为基础，哈耶克运用"自发的秩序"论述，对于秩序的参与者，所形成的总的秩序能以他们不曾存心而又感到可取的方式，对他们产生善果。也就是说，每个人追求自我完善，最终会对社会产生正向效应，也即在正向引导下的个人价值，可以对社会价值产生积极正向的作用。

将金融资产的价值评估映射到对个人价值的思考，是否会导致追求个人价值忽视社会价值，导致个人主义？因而处理好个人价值与社会价值的关系是运

用该课程正确传导价值观的重要环节。历史唯物主义的观点表明，社会客观条件是人们实现人生价值的基础，在个人与社会的统一中实现价值。个人需要在自我觉醒和激励中走向成功，一方面需要充分发挥主观能动性，顽强拼搏、自强不息；另一方面需要努力提高个人素质。

金融资产价值与环境之间有着千丝万缕的联系，同理，个人价值的实现离不开社会的变化，而个人价值又创造了社会价值。这些映射既实现了个人对社会的依从和社会责任感，又能有个人价值对社会贡献的自豪感，可以跳出自我的单一的视角看世界，有利于形成平和宽容的心态，在纷繁复杂的社会现象中保持初心。这些观点正是对历史唯物主义在生活中的具体实践和体验。

在教学实践中，围绕"个体价值是否与社会价值相冲突"，可以引入话题："金融资产的价值是否受到社会发展的影响"，由学生进行分析和论辩。

比如，以股票价格为例，众所周知，股票、债券价格既受到发行股票、债券的企业资产现状及运营能力的影响，也受到国家货币财政政策如利率等因素影响，同时受到经济社会形势以及投资者对经济的乐观或悲观情绪影响，这些影响相互联系，相互作用，社会经济变化影响金融资产价值，金融资产价值波动反过来可以影响投资者情绪而影响金融交易市场，从而影响社会经济环境，也即个体反作用于社会整体。总结时可以引导学生从主客观因素进行思考，分析逻辑如下。

一是客观的影响。客观事件以某一事件为起点，通过社会各要素的相互关联而形成蝴蝶效应。如新冠疫情改变了医药供需、生活方式，改变了社会供需，使企业运营环境及绩效，整体经济波动，货币财政政策甚至国际关系发生改变，而这些又反过来影响企业运营。这些错综复杂的影响通过企业绩效及利率等变化对股票等价值产生影响。

二是主观的影响。当对经济持有乐观（悲观）态度时，需求和投资积极（消极），企业运营顺利（困难），财政货币政策调整，影响股票等价值变化。

因此价值评估既要关注客观因素的影响，又要考虑主观能动性，并能够正确判断客观因素及主观因素信息的准确性，哪些是主要因素，哪些是次要因素，哪些是虚假信息，从而做出正确的选择。该思辨过程可以帮助学生从具体事例中理解事物联系的客观性、矛盾性、动态性以及人的意识的主观能动性。授课过程中先以专业知识为起点，启发学生将个人价值与社会发展、社会价值进行关联，在价值判断和价值选择中要有战略性，全面性、全局性地思考，从而在传授专业知识的同时，传导价值观内容，促进价值判断能力的形成。

3. 客观和主观的关系

在经济实践中，金融资产价值与交易价格可能并不一致，该差异受到交易者对未来预期的影响。而该预期取决于决策者及相关群体的主观判断。比如对未来市场的乐观或者悲观的态度，不仅是该金融资产决策者的预期，大众的预期同样对实际价格产生影响，比如对经济的乐观情绪将影响投资或消费，导致社会供求的变化，进而影响经济变化，同时又使政府的货币财政政策调整进一步影响资产价值。这个例子可以帮助理解人的意识对客观因素的影响。

唯物辩证法运用联系、发展、矛盾的观点来认知世界，而历史唯物主义强调认识到社会的不断前进、迭代的客观规律，需要有选择地继承、发扬历史理论和经验。在这些观点的指导下，我们认知、分析和处理问题时就会更加全面、客观，有更强的理解力和包容性，更加符合实际，更加接近事物本身的客观规律，审时度势，分清利弊，分清重点。

三、从金融资产的价值影响要素，引导对人生价值的思辨

纵观金融资产的价值可以发现，该金融资产或者金融资产依托的载体（如股票对应的公司）具有独特竞争力、符合社会发展主流。有发展前景的金融资产具有更高的价值，同理，个人价值也需要社会认同，具备这些特征的人也更具有社会竞争力。因此个人的发展也应该培养自己的竞争力，而竞争力不仅来自学识，还包括分析问题解决问题的能力，良好的个性特征，高尚的情操，富有进取心等优秀品质。授课过程可以据此引导学生思索个人价值认知及增值路径。此外，金融资产价值具有期限、流动性、风险等属性，其中流动性与风险成反比，和收益性成反比，收益性和风险性成正比，各要素间相互联系、互相制约。这些知识无不反映了事物之间的联系。此外，这些属性与人生价值观中的契合点，也是价值观教育的切入点。

（一）期限与可持续发展

期限，指资产能够产生价值的剩余时间，也即价值不只考察单位时间的产出，更与时间长短有关。也即价值需要通过两个方面来权衡：单位时间产出和时间长短。很多时候决策者存在互斥选择，一类是短期高效益，但是可能持续时间短；另一类可能前期低产出，但持续时间长。我们应该知道这两类选择各自的优劣点。比如为了高收益破坏了生态环境，使该城市缺乏后期的投资吸引力；为了短期逐利不投资研发，可能会因为缺乏核心竞争力导致企业无法持久

盈利。

对期限的了解可以帮助思考人生的节奏和阶段性重点。比如在职业的初始阶段，是考虑尽快地获得现金收入还是更多地夯实基础，以便站得更高看得更远？现有短期利益和长远利益该如何决策？这些思考对于职业、健康、财富等均有思辨意义。诚然每个人有选择的偏好和自由，每种选择都有其存在的合理性，大学中途辍学创业而成功的例子也不在少数，但进行决策时应该考虑该成功案例背后的家庭及社会环境、个人能力等综合因素，站在全局性、战略性、可持续发展观视角下决策而非盲目决策。

（二）流动性与自由

流动性，指金融资产迅速变为货币而不致蒙受损失的能力，由变现能力和市场价格波动情况决定。流动性强意味着当环境变化时有更多选择的可能，选择资产金融持有与否的自由度更高，可以更容易地根据需要自由变现且不遭受损失。相同时间约束的金融工具的流动性受该工具本身的优质性所制约。而人生的流动性取决于对社会变化的适应能力以及价值增值能力，这一切的产生取决于当前储备。有了足够的储备，才可以在机会来临的时候及时地做出选择而不受客观条件束缚。比如有丰富的物资储备，有了学识和能力的储备，才有转换工作的自由。理解了这一点，可以体会到自由是相对的，需要付出更多的努力，需要前瞻性的思想并有切实可行的规划和准备。

（三）风险性与法治

风险性是指某种金融性资产不能恢复其原投资价格的可能性。如前所述，金融资产的现实价值是其可能的将来价值的当前体现，而未来事项蕴含着不确定性，因而风险是价值评估的重要属性。

金融性资产的风险主要有违约风险和市场风险。一是由于金融资产本身所对应的信用物遭受损失风险，如所持有股票的公司本身的经营状况。二是市场的风险，即由市场利率等因素变化而引起的金融工具市场价格波动产生的风险。对于风险，能够有严密的风险管理机制，一方面，要有预见性，对风险事项提前预警并能进行风险暴露环节的严密监控，另一方面，能及时发现风险并能采取风险技术及时应对风险，将风险降低到最低。比如运用对冲来规避非系统风险。对于个人而言，需要未雨绸缪，与时俱进，不断提高与完善自己，提高核心竞争力。

在这个过程中,应该注意道德风险的危害,这是基本的法治概念。金融资产价值具有客观性,应建立在信息真实的前提下。一方面,应具有信息真伪甄别能力以及是否合法或违法行为的基本判断,如在收集评估信息时,正确识别评估对象所涉及主体人员违背公司治理、挪用资金、虚假材料、伪造票据等信息、信息违规披露等;另一方面,在进行金融资产评估时也必须遵纪守法。

四、结语

金融资产评估课程中实行价值观隐性教育,在专业知识传授的同时,与金融资产价值对比,适当引入人生价值相关的生活实际更容易获得学生潜意识的关注,容易引起学生的共情,激发学生的思辨精神,使专业知识传授和价值观传导相互促进。

运用金融资产价值引发对人生价值的思考,有利于学生遵循马克思主义的基本思想,运用动态、全面、战略、可持续发展的眼光,审视人生的规划和发展。而思辨能力的形成,有助于跳出自我的固有思维,规避只见树木不见森林的井底之蛙的狭隘,既要有个人的时间长河的大局观、战略观,也要从亲人、朋友、社会、国家乃至全人类的发展角度来看待世界,从而减轻个人主义的利己观的消极影响,有利于个性完整和社会交往。此外,对人生价值的认知和思索,更能激发个体对未来的向往,有助于减轻学习倦怠和工作倦怠,使对待生活持久热情,形成健康和乐观的心态,增强应对挫折的能力。

基于价值观传导方向的重要性,运用专业课进行价值观隐性教育应该注意所传导的价值观的正确性,以及可能带来的效果的正向性。一方面,应关注教师的人文素质和价值观的正确性;另一方面,不能为了思政而思政,忽略专业知识传授的本质。深入挖掘该专业课的价值观特征,在知识传导的基础上,潜移默化地而非硬性地灌输价值观。注意价值观的植入环节、植入时机和授课方式的选择,在思辨的过程中正确引导。

价值观的践行不仅要知道是什么,还应该有对为什么的思辨和进行正确选择并付诸实践的"知情意行"系列活动。课堂上要充分给予学生质疑的机会和权利,价值观的认知和理解本来就是一个综合体,个体的理解受到个人成长经历、教育环境等的影响而有所局限,包括本文的设计。在价值观的引导上,堵不如疏,即使课程中个别学生展现出来非正向、消极等负面的价值观,也要给予学生思辨的机会,鼓励学生从多角度进行理解,启发其思考形成正向的价值观、价值判断和选择能力。

参考文献

[1] 黄昆. 课程思政与思政课程同向同行：内涵、依据与实践路径[J]. 山东青年政治学院学报，2021，37（3）.

[2] 杨耕. 价值、价值观与核心价值观[J]. 北京师范大学学报（社会科学版），2015（1）.

基于OBE理念的"财务管理学"课程思政教学探讨

◎ 张婉君

一、OBE理念下"财务管理学"课程思政的背景和意义

党的十九大以来，落实立德树人，实现高等教育内涵式发展成为新时期高等教育的发展任务与方向。《关于加快构建高校思想政治工作体系的意见》等相关文件指出要将思政教育贯穿高校人才培养始终，成为课程改革的风向标。OBE成果导向教育（Outcome Based Education）是一种注重学习成果或者结果为导向的教育理念。该理念不是以教师为核心，而是通过提供优质教学资源和充分学习时间来实现学生预期能够达到的学习成果；在整个教学过程中注重培养学生的自主学习和探索研究。随着认识的不断加深，我国高校同仁将OBE教学理念不断地应用于经济管理类专业课程的教学改革实践中，取得了较好的教学效果。

"财务管理学"是经济管理类专业的必修课程，同时也是一门应用性、实践性较强的课程。如何在社会主义核心价值观的引领下，建立基于成果导向教育（OBE）理念的人才培养模式，将思想政治教育融入教学内容，以"树立正确的人生观、世界观和价值观，具有良好财务专业素质和职业道德"为主线，培养学生顾全大局、严谨务实、爱岗敬业、具有社会责任感和团队协作能力，分析和解决中国企业财务管理实际问题，初步具有从事经济管理工作所必需的财务管理业务知识和工作能力是当前我国高校财务管理专业课程思政建设需要思考的问题，也有着重要的理论和实践意义。

二、"财务管理学"课程思政面临的困难与挑战

改革开放以来，我国不断吸收着各种外来优秀文化，结合优点，在改革发

基金项目：本文得到重庆市高等教育学会课题"'互联网+'时代基于OBE理念的混合式金课《财务管理学》的建设实践与探索"，重庆工商大学研究生思政课程"公司战略与风险管理"，重庆市教委雏鹰计划项目资助。

展的道路上始终前进着，经济、工业和文化等蓬勃发展。但不同文化也给价值观念尚未成型的学生带来了巨大的诱惑，拜金主义、个人主义、享乐主义等消极思想在校园中有所抬头，对当代大学生的思想意识形态和行为观念产生巨大影响。与此同时，网络等新媒体的发展推动了社会进步，大量信息资源良莠不齐，不乏一些不健康、虚假的内容，很容易对学生的思想造成影响，滋生盲目性思想，久而久之产生不可逆的错误。互联网的及时性、信息的庞杂性很容易让处于精力充沛时期的大学生急躁并沉迷于其中，导致大学生被负面情绪影响进而逃避现实。

如今专业课的课程思政教学方式缺乏创新、思政留存于表面模式，教学内容固化陈旧，与学生精神需求和实际生活相脱节，导致学生不愿意主动参与到专业课程的思政学习中。此外，专业课的课程思政一般没有教材，内容缺乏趣味性、时代性以及鲜活性，与学生互动的机会较少，难以对学生产生引领和指导作用。无论是学生，还是教师，对课程思政都存在一些忽视。学生大多把注意力都集中于专业课知识的学习上，对各种思政教育不会扎根心中，容易导致思政教育流于形式。课程思政并非要专门打造一门新的思政课，而是在讲授专业知识的同时，巧妙地融入思政元素，潜移默化地引导学生，帮助学生树立正确的世界观、人生观和价值观，努力实现全员、全过程、全方位育人的目标。限于专业课程教师自身的知识局限性，他们在开展课程思政教学时容易出现思政教育与专业教学"两张皮"现象。

三、OBE 理念下"财务管理学"课程思政的教学设计

（一）课程教学目标

本课程的教学目标是在社会主义核心价值观的引领下，以培养学生"树立正确的人生观、世界观和价值观，具有良好财务专业素质和职业道德"为主线，培养学生顾全大局、严谨务实、爱岗敬业、具有社会责任感和团队协作能力，掌握现代企业财务管理的基本价值观念、基本原理和基本分析方法，并学会运用这些理论和方法，分析解决中国企业财务管理实际问题，初步具备从事经济管理工作所必需的财务管理业务知识和工作能力。

1. 知识目标

掌握企业财务管理的基本概念，了解企业财务管理的环境，熟悉企业财务工作的基本环节；学会运用财务报表分析与财务计划的基本工具；树立财务管理的价值观念，掌握资金时间价值和风险价值以及资金成本的分析计算方法；

熟悉企业运营资本管理、投资管理、筹资管理、资本结构和利润分配管理的内容，掌握各类财务决策分析的基本方法。

2. 能力目标

学会运用财务管理的基本理论和方法，分析解决中国企业财务管理实际问题，具备在各类企事业单位、金融机构、政府机关从事财务管理相关工作所必需的财务管理业务知识和工作能力。

3. 思政目标

帮助学生树立正确的人生观、世界观和价值观，具有良好财务专业素质和职业道德，遵纪守法、勤俭节约、严谨务实、开拓创新、具有社会责任感，适应未来职业发展趋势。

(二) 课程思政设计总体思路

在传授现代企业财务管理的基本原理和基本方法的同时，本课程将思政元素贯穿课程教学全过程，将思想政治教育融入课程教学的各环节，体现在以下几个方面：①社会主义核心价值观教育——爱国、敬业、讲诚信；②思想品德教育——法律意识、风险意识、诚信意识、职业道德意识、社会责任感与传统美德；③"四个自信"教育——改革开放的成就、经济发展、财税体制、理财文化；④劳动创造价值、精打细算、理性消费教育——诚实劳动、勤劳致富、理性消费、勤俭节约；⑤合理运用思想教育——合理投资、理性决策、提高投资效益；⑥创新创业教育——创业思维和团队意识。⑦人生教育——经营好人生的资产负债表。

课程教学内容与思政元素的融合如表 1 所示。

表 1　课程教学与思政元素的融合

教学内容	思政元素	思政实施方式
财务管理导论：企业组织形式及特征；企业财务管理的概念、特征、内容、目标、原则、发展阶段及理财的环境 财务报表分析：财务报告及组成、财务分析概述、财务比率分析；财务综合分析；财务预测分析；业绩衡量的其他方法	社会主义核心价值观教育（爱岗、敬业、讲诚信、顾大局）。 思想品德教育（法律意识、职业道德、社会责任感）。 "四个自信"教育——（我国经济发展、财税体制、理财文化）	理论讲授与实例分析：使学生懂得实现中华民族伟大复兴需要爱国、爱岗、敬业、讲诚信、顾大局的高素质财务管理人才；企业财务必须依法处理好各种财务关系；为实现企业财务目标，绝不能不择手段、违法乱纪，不仅要注重经济利益，还要关注社会效益，增强社会责任感。讲授财务管理发展过程，让学生了解中国企业的发展

续表

教学内容	课程思政元素	课程思政实施方式
财务战略与预算：财务战略；资金需求预测；增长率与资金需求；财务预算；财务控制	劳动创造价值、精打细算、理性消费教育（诚实劳动、勤劳致富、理性消费、勤俭节约）	理论讲授与实例分析：使学生懂得有付出才有回报，只有诚实劳动，勤劳付出，才能创造价值，获得自己想要的未来；引导学生理性消费，增强金融素养和信用意识，学会精打细算，学会勤俭节约
财务管理的价值观念：资金时间价值；风险与收益；债券和股票估价；资金成本		
长期投资管理：投资决策概述；投资决策方法；投资项目现金流量的估计；投资项目风险分析；投资决策中的期权；投资失误案例分析	合理运用权力思想教育（合理投资、理性决策、提高资金投入效益）。创新创业教育（勇于创新、创业思维和团队意识）	理论讲授与案例分析：在讲授企业长短期投资决策分析方法的同时，通过投资决策失败的案例分析，使学生懂得要合理运用投资决策权力，勇于创新，主动创业，合理投资，理性决策，提高资金投入效益。
短期资产管理：流动资产管理原则及持有政策；现金及短期金融资产管理；应收账款管理；存货管理与控制筹资管理：长期筹资概述；股权性筹资；债务性筹资；混合型筹资；短期筹资	思想品德教育（法律意识、风险意识、诚信意识、职业道德意识、责任意识）	理论讲授与案例分析：教育学生在企业筹资决策过程中，必须遵守国家有关法律法规，依法履行约定责任，勇于承担风险，维护各方权益，讲求经济和社会效益。用"校园贷"等实际案例向学生揭示校园贷的本质及其危害，养成理性筹资和消费的良好习惯
资本结构决策：资本结构理论；财务杠杆与风险；资本结构决策分析		
课程总结与复习	传统美德教育人生教育（经营好自己人生的资产负债表）	课后寄语：运用资产负债表原理，让学生懂得人生就是一张资产负债表；资产总是与负债相随；合理运用资产，发扬中华传统美德，承担必要负债，减少不必要负债，增加人生净资产

参考文献

[1] 王海洪. 会计专业导师对硕士研究生培养的思考[J]. 商业会计，2015（7）.

[2] 刘成立,陈淑玲. 双导师制：全日制会计硕士专业学位研究生的必然选择[J]. 会计师，2011（11）.

[3] 吴仰湘,全淑凤. 高水平研究生型大学本科学业导师的职责定位和工作方向[J]. 大学教育科学，2016（5）.

思政元素融入"财务报表分析"课程教学的探索与实践

◎ 兰宗

一、引言

近年来,国际国内形势发生了复杂而深刻的变化,对国内经济、政治和社会发展等诸多领域产生了重大影响。受新冠疫情的重大冲击,全球经济发展严重受挫,网络和军事安全等威胁持续存在,意识形态领域的较量暗流涌动。教育领域,尤其是高校思想政治工作也面临着严峻挑战。在此背景下,党中央对高校坚持和加强党的全面领导,加强和改进高校思想政治工作提出了一系列的新要求。2016 年,习近平总书记在全国高校思想政治工作会议上提出"要坚持把立德树人作为中心环节,把思想政治工作贯穿教育教学全过程,实现全程育人、全方位育人"。2020 年 5 月,教育部印发了《高等学校课程思政建设指导纲要》,明确了课程思政建设的目标要求和内容重点,要求将课程思政融入课堂教学建设的全过程。由此可见,思政建设和思政教育对于高校引导和培育青年人才,对于国家发展具有重要的基础性和战略性意义。

课程思政从本质上讲是一种综合的教育理念,它是通过挖掘思政课程之外的思政元素,将其融入其他类课程的教学中,将"教书"和"育人"相结合,实现"知识传授""价值引领"和"能力培育"的有机统一(高德毅,宗爱东,2021)。可以说,课程思政是新时代高校落实立德树人根本任务的战略举措,必须充分发挥课堂育人的主渠道作用,坚持立德树人,把培育和践行社会主义核心价值观融入教书育人全过程。对于财会专业来讲,"财务报表分析"属于财务管理专业、会计学专业、审计学专业教学内容中的较高层次,是一门具有较深理论性,同时又具有较强实务性的综合性课程,在企业日常管理、投融资管理、审计实务、税务管理等实际工作中发挥着重要作用。那么,如何深入挖掘该门课程中的思想政治教育元素,将习近平新时代中国特色社会主义思想、社会主义核心价值观、中国传统文化、学科理性精神以及职业道德素养等思政元素和内容有机融入这门课程教学中,便成为培育企业合格财经管理人才的关键,也是为国家培育优秀的经济运行监督者和政策制定者的重要基础,而这对于授课教师而言也是一项重要而又亟待深思的课题。

二、加强"财务报表分析"课程思政建设的意义

(一) 践行立德树人的内在要求

课程思政改革强调知识传授与价值引领的有机结合,强调在授课过程中对学生进行正确的价值引导,是落实立德树人育人宗旨的有效途径。"财务报表分析"课程与现实经济生活联系密切,是一门工作指导性很强的课程,不仅需要学生掌握财务基础理论、知识要点以及专业技能技巧,更需要学生具备遵纪守法、诚实守信、严谨踏实等正确的价值观(冯丽艳等,2021;江晓珍,2021;陈敏,李敏杰,2020)。思政教学能够将课程知识点与思政元素有效融合,使教师主动发挥课堂教学主渠道的引导力,从而有利于培养学生爱岗敬业、社会责任、风险防范等方面的意识,有利于培养新时代德才兼备的复合型财会类咨询管理人才。同时,习近平总书记在2016年全国高校思想政治工作会议上强调"教育引导学生正确认识世界和中国发展大势""正确认识中国特色和国际比较,全面客观认识当代中国、看待外部世界"。这就要求我们需要从宏观视角、国际视角把握政治与经济形势,因此,"财务报表分析"课程思政的育人目标同样包括对学生的历史和国际视野的培养,塑造具有坚定政治立场和良好政治素养的青年人才,同时也需注重基于宏观战略分析能力的培养。

(二) 提升高校教师职业能力的重要举措

当今世界处于"百年未有之大变局",高校面临着复杂多变的国内外环境,各类思潮和多元文化碰撞给传统教育教学带来巨大冲击。在多元复杂信息的交互影响下,教师作为未来人才的主要引导者和塑造者,必须加强提升自身的专业知识素养和思想道德水平。与此同时,更需要将上述两种素养有效结合,提高"教书"和"育人"相互协同的职业素养和职业能力,避免教学过程中重心偏离所形成的"纯专业化"问题或者思政元素"碎片化"问题。因此,课程思政的关键在于明晰课程知识点、对接思政元素、定位思政目标、寻找思政素材、践行融合方略,从而系统性、体系化地提升教师的职业能力,落实师者"传道受业解惑"的核心要求,实现"三全育人"的根本目标。

（三）完善专业课程教学内容的有效途径

长久以来，西方主导着世界话语权，西方敌对势力等不断通过互联网、学术会议等形式对我国高校师生进行西式民主、历史虚无主义等方面的渗透，高校隐隐成为意识形态斗争的前沿阵地。然而，当前高校课堂教学中仍普遍存在重专业知识讲解轻价值引导判断的问题，学生对于历史的、国家的、民族的、国际的"大事"和"大势"缺乏充分认识，对理论的、制度的、文化的、价值的"大是"和"大非"缺乏独立判断，这成为课程教学改革的重要内容。课程思政建设是在不改变课程性质特点的基础上，深入梳理专业课程的教学内容，结合不同课程的特点、价值理念和思维方法，深入挖掘课程思政元素并有机融入课程教学。尤其对于"财务报表分析"这类技术性、工具性较强的课程，融入思政元素正是缓解教师在授课内容中重指标计算轻理念分析、重方法讲解轻价值引导等弊端，从而丰富和完善教学内容的有效途径。

三、"财务报表分析"课程思政的设计

（一）"财务报表分析"课程思政的定位

1. 知识与能力目标定位

结合"财务报表分析"课程教学大纲，本课程的知识与能力目标层面的主要目标是加深学生对财务报告的理解，掌握和运用评价企业财务状况、经营成果和现金流量的方法，基本具备通过财务报表评价过去和预测未来的能力，以及帮助利益关系主体提升决策的能力。

2. 课程思政育人目标定位

"财务报表分析"课程思政的实质是思想政治教育和财务报表分析的专业知识教育的同向同行。因此，通过对"财务报表分析"课程思政的实施，深化"立德树人"，将社会责任感、价值观和职业道德观等元素嵌入财务报表分析知识点，提升学生专业理论与实践能力的同时培育学生的批判思维与人文素养，形成与思想政治理论课的协同育人效应。

（二）"财务报表分析"课程思政的内容设计

目前，"财务报表分析"课程的教学章节或模块主要包含财务报表分析概述、财务报表分析基础、三大报表的分析、财务状况质量的综合分析几个部分。"财务报表分析"课程和思政融合教学改革，可在课程内容的各部分（章节）科学

合理、适时适度地融入思政元素，让课程思政成为显性和隐性教学结合的有机整体（朱小军，2019）。具体课程思政教学设计如表1所示。

表1 "财务报表分析"课程思政的教学设计

教学章节	知识点	思政融合点	育人目标
财务报表分析概述	起源与演进；分析主体、方法和路径；报表分析的局限	通过对各列报表分析主体的阐述，让学生明白财务报表对投资者、债权人、政府、中介机构等利益相关者的重要性；通过对报表造假、会计舞弊等行为的探讨，阐述企业行为与资本市场良好运行之间的相互作用	树立马克思主义哲学观，理解企业与环境的生态系统观，理解万事万物之间是相互影响、相互制约的
财务报表分析基础	报表构成、报表编制的法规体系、信息披露	通过中国/美国/国际会计准则制定的发展历程和博弈思考，中国如何能在国际标准制定中具备主导权；从会计核算、报表编制与信息披露分析规则与诚信的重要性	培育学生的国际视野；树立遵纪守法的法律观念；树立诚实守信、求真务实的职业道德素养
资产负债表分析	资产、负债与权益结构与质量分析	从资产角度分析企业资金使用情况，分析企业投资的新动向以及企业竞争优势的来源；从负债角度分析企业的杠杆风险并解读"降杠杆"政策的根源；从权益角度认识资本、理解资本规律以及对资本的监管	强化学生对中国特色社会主义发展理念和发展道路的理解，树立高质量发展观和持续发展观
利润表分析	利润项目结构与质量分析	从利润表结构分析探讨相关利益主体的责任和义利权衡	培育学生的社会责任观、义利观
现金流量表分析	现金流量相关比率、质量、变动情况分析	基于KM药业等造假事件进行思考，如对公司、会计人员、财务负责人、独立董事、注册会计师等产生的影响	培养学生的风险意识、责任意识

续表

教学章节	知识点	思政融合点	育人目标
合并报表分析	企业合并、企业集团的财务问题	从公司合并（跨国并购）看企业成长的路径选择；对关联方交易、商誉减值等行为进行探讨，训练学生综合性、创新性思维	培育学生的系统观、创新思维与能力
财务状况质量分析	企业财务状况综合分析	对上市公司案例进行整体、系统的财务分析和评判	培养学生的综合能力和素养，看问题办事情遵照"提出问题—分析问题—解决问题"的逻辑框架

（三）"财务报表分析"课程思政的考核方式

在考核方式上，结合过程性评价和结果性评价的方式进行综合性考核，具体评价标准为过程性评价占60%，结果性评价占40%。过程性评价方面，一是根据课堂上随堂提问表现，强调学生平时的课堂参与度和积极性；二是根据每章节具体知识点与思政内容结合任务完成相应的分析或报告，通过课堂汇报展示或PPT等方式，结合教师评价和学生评价的方式完成，强调对课堂任务的理解度和完成度。结果性评价采用期末考试和案例分析报告相结合的方式进行。其中，期末考试占50%，主要考核学生对理论知识点的掌握，以督促学生全面系统地学习基础知识；案例分析报告占50%，主要以开放性案例分析为主，激发学生自主探索的兴趣和创新思维，掌握并灵活运用财务报表分析方法，有条理地表达个性化看法和观点。

四、"财务报表分析"课程思政的实施路径

（一）强化课程思政师资队伍建设

课程思政落地的关键是教师（董必荣，2022）。教师是课程思政的施教者，是课堂教学的第一责任人，课程思政的成效很大程度上取决于教师对课程思政的理解和重视程度，取决于教师的教学能力和人格魅力（张圣利，2021）。因此，课程思政教师队伍的建设对课程思政实施效果尤为关键。具体来讲，一是加强

财务报表分析课程思政的集中学习、教学研讨、示范课展示等形式，加强教师队伍对课程思政的深入研讨交流；二是聘请全国优秀财务报表分析课程思政教师给校内老师做培训，或者通过线上资源让教师参与最新的课程思政培训；三是遴选优秀的财务报表分析课程思政教师，塑造典型在全院、全校推广，从而形成示范效应和带动效应。

（二）加强具有思政元素的教材建设

课程思政的育人效果不仅取决于教师的教，还取决于学生的学。然而，无论是教师教授还是学生学习，都离不开教学资源的载体和工具。因此，融入课程思政的高水平教材和一系列教学案例等资源开发就显得极其关键。组建课程思政教学团队集体搜集和编撰教材，在财务报表分析教材中融入中国优秀传统文化、哲学思想、财务制度、企业文化等，在习题或思考题中增加有关中西方会计和财务制度、财务分析理念和方法对比的问题，从而增强中国政策、制度、经济、哲学等中国元素在教材中的声音。通过对教学资源的思政化建设，将思政元素融入教材之中，突出教学资源中的中国特色，体现出思想政治的引领功能，增强学生的"道路自信、理论自信、制度自信、文化自信"。

（三）完善课程思政体制机制建设

课程思政的实施和推动离不开顶层设计和制度建设。为了保障课程思政育人落地，高校必须完善相关制度建设，尤其是鼓励和促进教师积极性方面的制度建设，如职称评审和评聘、奖励激励、人才工程评价等。职称评审、评聘制度的完善会引导教师努力和投入的方向，因此，可以综合教师的科研成果和教学成果，合理引导教师的精力投入，鼓励教师潜心课程思政，坚持立德树人，把精力投入教育教学中。同样，在奖励激励上，应根据学校具体情况适当改变"重科研轻教学"的奖励制度；在人才评价方面，也应重视教学型人才或教学科研综合型人才，在具体条件设置上做好平衡。课程思政制度制定不仅要让教师获得物质上的奖励，更要获得精神上的奖励，从而使投入教育教学的教师坚守立德树人的信念、不忘初心，全身心投入教育教学事业。

五、结语

综上所述，本文立足于财务报表分析课程教学承载着对学生世界观、人生观、价值观潜移默化培育的重任，通过对财务报表分析课程思政教学内容的重新设计，充分挖掘了财务报表分析课程知识点中的思政元素，寻找课程知识点与思政元素的融入点，以及探索财务报表分析课程思政育人目标，并从思政教学考核方面提出采取线上和线下、课堂内和课堂外等多种考核渠道结合的方式，进一步拓展"财务报表分析"课程思政教学。总的来讲，课程思政的建设要以课堂为"主阵地"，以现实问题为导向，以鲜活的案例为切入点，找准与思政内容的切合点进行有机融合，从学生视野、价值观、责任观、职业道德等不同视角，将思政内容润物细无声地融入专业知识中，进一步扩大现有课程思政的广度和深度，最终达到"立德树人"的根本教学目标，为党和国家提供新时代德才兼备的复合型财经管理人才。

参考文献

[1] 陈敏，李敏杰. "课程思政"视角下"财务报表分析"课程教学改革研究[J]. 当代会计，2020（11）.

[2] 董必荣. 论课程思政的建设思路与落地路径——以"会计学"课程为例[J]. 财会通讯，2022（14）.

[3] 冯丽艳，段姝，王世文. 融入思政元素的"财务报表分析"课程教学内容体系[J]. 中国管理信息化，2021，24（23）.

[4] 高德毅，宗爱东. 课程思政：有效发挥课堂育人主渠道作用的必然选择[J]. 思想理论教育导刊，2017（1）.

[5] 江晓珍. 财务管理专业课程和思政融合教学改革研究——以《财务报表分析》为例[J]. 齐齐哈尔大学学报（哲学社会科学版），2022（2）.

[6] 习近平谈治国理政（第二卷）[M]. 北京：外文出版社，2017.

[7] 张圣利. 财务管理学课程开展课程思政的路径探析——基于中国传统文化的视角[J]. 高教学刊，2021，7（21）.

[8] 朱小军. 课程思政融合下的展示设计教学改革与实践[J]. 高教学刊，2019（26）.

会计专业硕士"商业伦理与会计职业道德"课程思政建设的目标与路径探讨
——以重庆工商大学为例

◎ 顾飞　钱思洁

一、引言

"商业伦理与会计职业道德"向来都被视为企业高层经营管理者尤其是会计从业者所应具备的基本职业素养。新中国成立以来尤其是改革开放以来，随着我国社会主义市场经济的发展，会计在党和国家经济治理以及企业经营管理活动中的重要地位不断得以凸显。"商业伦理与会计职业道德"不断受到政府主管部门的高度重视与社会公众的广泛关注，学术界也更进一步认识到了加强商业伦理与会计职业道德建设的重要性，尤其对财会类专业大学生加强商业伦理与职业道德修养的必要性予以了强调。2018年4月20日，财政部发布了《关于加强会计人员诚信建设的指导意见》明确提出要"把教育引导作为提升会计人员诚信意识的重要环节"的基础之上，"引导财会类专业教育开设会计职业道德课程，努力提高会计后备人员的诚信意识"。为了解决商业伦理与会计职业道德教育这一当前会计专业硕士研究生人才培养中存在的薄弱环节问题，全国会计专业学位研究生（MPAcc）教育指导委员会委托陈汉文与韩洪灵教授团队（2000）编写了全国会计专业硕士必修课"商业伦理与会计职业道德"课程指南，并在此基础之上编写了《商业伦理与会计职业道德》及其配套学习指导书。作为会计专业硕士研究生人才培养的核心课程和必修的专业学位课程，"商业伦理与会计职业道德"课程对于深化学生对"商业伦理与会计职业道德"的专业化理性认知，提升其对职业活动中伦理与道德问题的判断力、分析力、决策力

基金项目：本文是重庆市研究生教育教学改革研究一般项目"基于培养造就德才兼备高层次人才的会计专业硕士内生性融合课程思政体系化建设与探索"（yjg223108）、重庆市高等教育教学改革研究一般项目"基于内生性融合的'财务管理案例'课程思政有效教学模式探索与实践"（213208），重庆工商大学研究生课程思政建设项目"商业伦理与会计职业道德"的阶段性研究成果。

和执行力，强化其伦理与道德的职业信念、操守自律和行为底线都有着极其重要的价值塑造与行为引领作用。本文以重庆工商大学会计专业硕士"商业伦理与会计职业道德"课程实践为例，对其课程思政建设的目标与向度予以分析，进而提出了相应的建设举措，有助于引领和带动会计专业硕士研究生课程思政建设的整体性推进，为培养造就一大批德才兼备的高层次会计人才提供课程思政的价值引领支持。

二、会计专业硕士"商业伦理与会计职业道德"课程思政建设的目标

（一）制定课程思政建设工作方案并探索其实施机制

制定《重庆工商大学会计专业硕士学位研究生"商业伦理与会计职业道德"课程思政建设工作方案（2022—2026）》，以"五个着手"为工作重点，以"德知能一体教学研合一"为基本思路，以"一体两翼三结合六协同"为实践架构予以有效实施，为会计专业硕士学位研究生培养方案中的其他专业课程提供课程思政建设的实践范式和实施机制。

（二）提升教学团队教师课程思政教学能力与教学水平

牵头组织举办"立德垂范"课程思政公开课、课程思政主题教学研讨、课程思政教学经验交流等活动，组织选派教学团队专业教师参加课程思政等理论研讨会、教学赛事和教学培训，促进研究生教育教学过程中思政融合与产教融合的协同发展，孵化课程思政、研究生教育等相关教学成果奖，促进教学团队任课教师教学能力与科研能力的提升，推进课程教学团队职称结构的优化提升。

（三）形成一套融合性、体系化的课程思政教学文本

实现课程思政教学目标及其要求对教学大纲、教案、课件、教学计划、平时成绩考核、期末考试内容的"全贯通"和"全覆盖"，开展课前学情及课后教学问卷调研，通过持续改进和优化产出，切实提升课程思政的针对性、亲和力和有效性，为会计专业硕士学位研究生培养方案中的其他专业课程提供具有较强参考借鉴价值的融合课程思政教学目标及要求的文本化、体系化教学文件范本。

（四）打造一系列有效有形的课程思政育人品牌项目

坚持"德知能一体化"的课程育人导向，以"六育协同"为特色，开展"诚信从业誓言宣誓"仪式教育、"课程思政实务专家大讲堂"、"案例研学课堂"、"案例研析微视频大赛"、实务名家育人"空中课堂"、情景化育人"移动课堂"等系列品牌活动，争取将"商业伦理与会计职业道德"课程建设成为课程思政示范课程。

（五）聚焦研究生课程思政推进教学改革研究与实践

依托课程教学团队成员目前主持的重庆市高等教育教学改革研究重点项目以及课程思政专题研究项目，聚焦"商业伦理与会计职业道德"课程思政教育思想、教学实践以及教学管理开展研究，促进教改项目成果的及时实践转化。同时，以研究生课程思政、导学思政为研究主题或研究内容，组织课程教学团队成员及时总结课程思政建设与教学实践中的创新经验，申报教育教学改革研究项目并开展研究，为推进研究生课程思政建设与教学实践创新提供有力的教学学术支撑。

（六）聚焦课程思政发表教改论文和出版课程融合教材

依托"商业伦理与会计职业道德"课程思政教学实践，结合课前学情与结课后教学调查问卷的实际调研结果，聚焦课程思政或者以课程思政作为主要研究内容撰写并发表教学改革论文，主编或副主编出版包括课程思政在内的教改论文集，撰写完成融合课程思政价值内涵的教学或专业案例；完成"商业伦理与会计职业道德"教材书稿的编撰，并争取学校立项出版，带动会计专业硕士课程任课教师主编、副主编或参编出版融合课程思政元素的专业教材。同时，积极与重庆市注册会计师协会、ICAEW（英格兰及威尔士特许会计师协会）合作，以"新技术对会计行业带来的道德问题与职责"为主题，相关专业研究并发布会计职业道德研究前沿报告，推动研究报告成果及时转化为课程思政研学的教学资源，以科教融合推动科教联动、协同发展，打造"商业伦理与会计职业道德"课程思政的教学品牌和学术声誉，提升学生对课程思政的学术认知和价值认同。

三、会计专业硕士"商业伦理与会计职业道德"课程思政元素融入的向度

(一) 推进习近平新时代中国特色社会主义思想进教材、进课堂、进头脑

立足课程定位、结合课程教学内容,找准"商业伦理与会计职业道德"课程思政内生性融入的契合点,推进习近平新时代中国特色社会主义思想进教材、进课堂、进头脑,具体如图1所示。

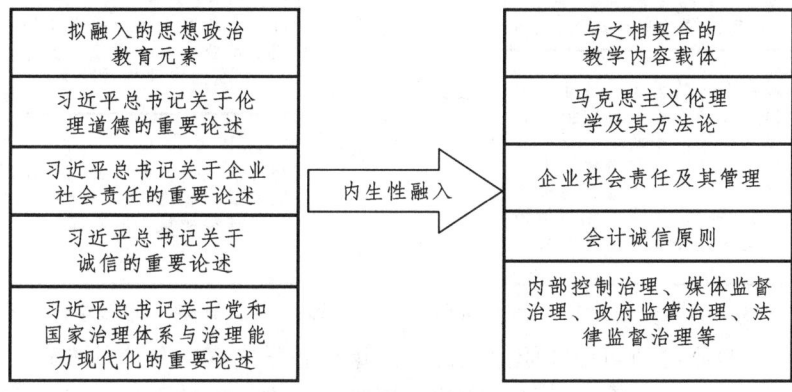

图1 习近平新时代中国特色社会主义思想
课程思政元素及其融入的教学内容载体

具体而言,可以通过四个方法途径予以融入:一是以图片、视频、原著文本、相关学术研究综述、实践转化成果等形式优化和充实课件,融入教材书稿撰写,增强学理性和说服力;二是以热点案例以及国家行业治理的新举措开展研究性、互动式教学,促进学生理性悟出和理论认同;三是以课堂讲授、小组案例研学以及期末考核的材料分析题、案例分析题等形式,引导学生深入理解并运用马克思主义的立场、观点和方法来理解、洞察、分析和应对现实中的商业伦理与会计职业道德问题;四是以相关课题研究、案例设计、论文撰写为载体,引导学生学以致用、知行合一。

上述课程思政元素融入的预期教学成效可以从五个方面予以观测评价:一是学生课程教学评价平均分保持在优秀等次;二是结课后课程教学问卷中学生所反馈此项课程思政教学目标的获得感统计指标显著;三是帮助学生运用马克思主义伦理学方法论分析现实商业伦理与会计职业道德问题;四是学生能够将马克思主义伦理学方法论运用于课题研究、案例撰写和论文创作;五是以理论认同为发力点,增强学生的政治认同、思想认同、情感认同,坚定其"四个自

信",促进学生在政治上积极要求进步,听党话、跟党走。

（二）培育和践行社会主义核心价值观

立足课程定位、结合课程教学内容,找准"商业伦理与会计职业道德"课程思政内生性融入的契合点,在教学过程中培育和促进学生践行社会主义核心价值观,具体如图2所示。

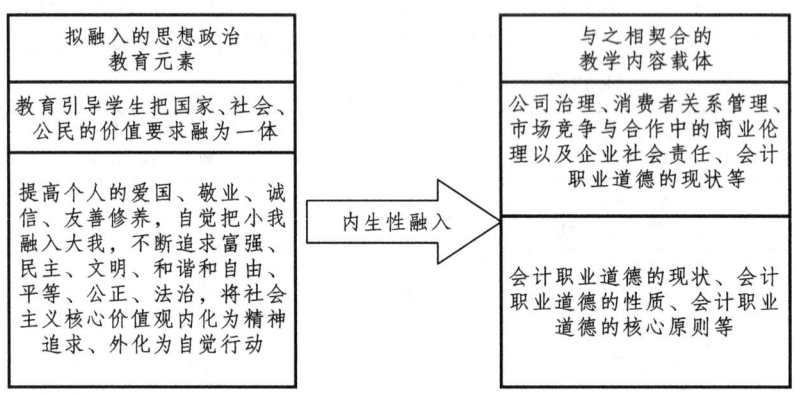

图2 培育和践行社会主义核心价值观课程思政元素及其融入的教学内容载体

契合"商业伦理与会计职业道德"的重要教学内容,具体的教育方法和载体途径有如下五个方面:一是以图片、视频、文本、案例等形式优化和充实课件,立足课程定位及其教学内容,将社会主义核心价值观融入教材书稿撰写,增强教材的价值引领力;二是以热点案例以及国家行业治理的新举措开展研究性、互动式教学,揭示社会主义核心价值观对于促进商业与会计行业健康发展的现实作用,增强学生践行社会主义核心价值观的价值理性与行动自觉;三是以课堂讲授、小组案例研学、会计诚信从业宣誓等活动为载体,强化社会主义核心价值观意识,促进学生行为的价值引导与反思改进,突出培养学生的诚信意识与敬业、友善、和谐的团队精神;四是以过程性成绩考核、期末考核知识点考查为依托,以评促学、以评促行;五是以课题研究、案例设计、论文撰写为行为载体,引导学生树立诚信学风。

上述课程思政元素融入的预期教学成效可以从五个方面予以观测评价:一是学生课程教学评价平均分保持在优秀等次;二是任课教师课堂内外,言传身教,获得争先创优荣誉表彰;三是结课后课程教学问卷中学生所反馈此项课程思政教学目标的获得感统计指标显著;四是促进学生在课堂教学活动、课外小组案例研学合作等学习过程中践行社会主义核心价值观,获得争先创优荣誉表彰;五是帮助学生以社会主义核心价值观为价值尺度分析和评判商业伦理与会计职业道德现实案例，并做出与之相符合的价值判断。

（三）加强中华优秀传统文化教育

立足课程定位、结合课程教学内容，找准"商业伦理与会计职业道德"课程思政内生性融入的契合点，在教学过程中加强中华优秀传统文化教育，具体如图3所示。

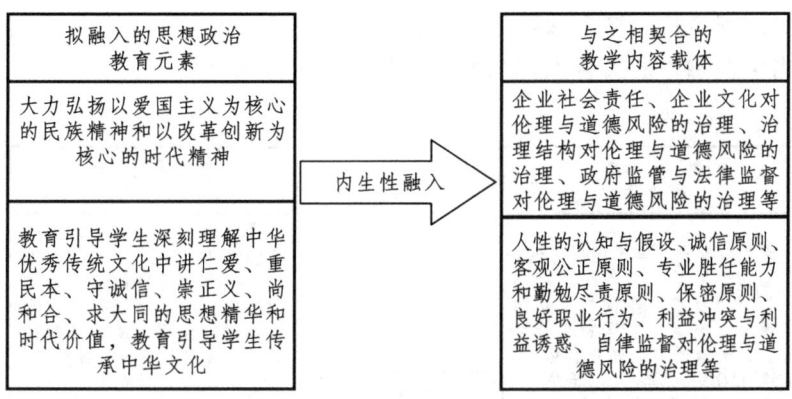

图3 加强中华优秀传统文化教育课程思政元素及其融入的教学内容载体

具体而言，可以通过四个方法途径予以融入：一是以图片、视频、案例、史实等材料充实课件，立足课程定位及其教学内容，将红色基因、民族精神、时代精神和中华优秀传统文化元素融入教材书稿撰写，增强教材的价值引领力；二是以红色会计史实、儒商精神、爱国企业家、优秀会计工作者等案例阐释、印证课程的知识原理，开展研究性、互动式教学，在潜移默化中传承红色基因、优秀传统文化和伟大民族精神、时代精神；三是以材料分析题、案例分析题等形式，融入蕴含红色基因、优秀传统文化、伟大民族精神和时代精神等思政元素，以考促学、以考促思，为学生凝心铸魂；四是以课题研究、案例设计、论文撰写为载体，扎根祖国大地引导讲好中国故事、研究中国发展，弘扬和践行以改革创新为核心的时代精神。

上述课程思政元素融入的预期教学成效可以从四个方面予以观测评价：一是学生课程教学评价平均分保持在优秀等次；二是结课后课程教学问卷中学生所反馈此项课程思政教学目标的获得感统计指标显著；三是帮助学生运用马克思主义伦理学的历史唯物主义方法论理解和吸纳中华民族发展史以及新中国史、改革开放史中蕴含的优秀商业伦理与会计职业道德文化基因，运用马克思主义伦理学的辩证方法全面地看待目前社会上存在的违反商业伦理与会计职业道德的不良现象，树立正确的是非观和荣辱观；四是学生能够依托课题研究、案例撰写、论文创作等研学载体,挖掘中华会计史中的优秀传统文化因子、红色会计史、新中国会计史中的红色基因和时代精神,将其转化为促进自己勤学上进的强大动力,以"会计诚信从业誓词"郑重宣誓做诚信精业、服务祖国的优秀会计人。

（四）深入开展法治教育

立足课程定位、结合课程教学内容,找准"商业伦理与会计职业道德"课程思政内生性融入的契合点,在教学过程中深入开展法治教育,具体如图4所示。

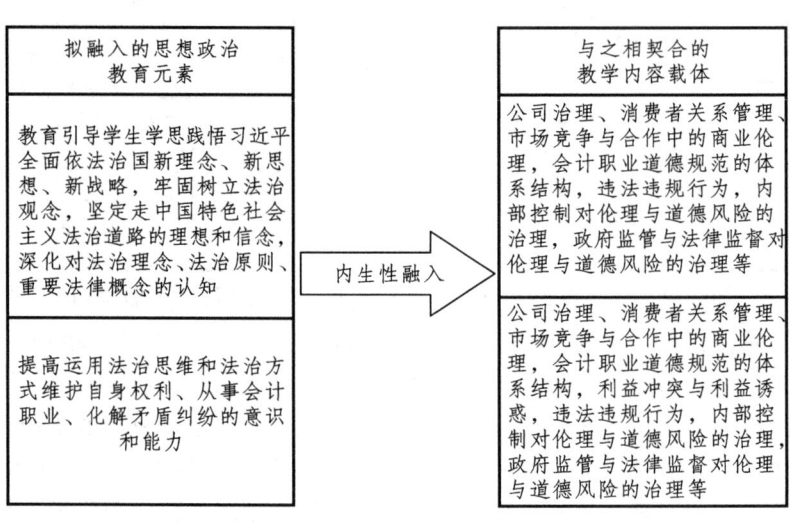

图 4　深入开展法治教育课程思政元素及其融入的教学内容载体

具体而言,可以通过四个方法途径予以融入:一是以图片、视频、法律法规文本、涉法行业案例等形式充实课件,融入教材书稿撰写,切实增强学生遵纪守法的观念,在引导学生依法履职的同时,帮助其养成依法维护自身权利的法治习惯;二是以热点案例的依法惩处以及国家新颁法律法规为契机,开展研究性、互动式教学和警示教育,强化学生的专业法律认知,引导其遵从和敬畏法律法规;三是以相关课题研究、案例设计、论文撰写为研学载体,引导学生结合专业系统学习、理解、研究专业法律法规和准则规章,帮助其牢固树立遵纪守法、坚持准则的会计法治信仰。

上述课程思政元素融入的预期教学成效可以从三个方面予以观测评价:一是学生课程教学评价平均分保持在优秀等次;二是结课后课程教学问卷中学生所反馈此项课程思政教学目标的获得感统计指标显著;三是学生在涉及法律法

规以及会计准则规章的课题研究、论文撰写、案例分析中能够树立法治意识，准确高效地按照会计准则和相关法律法规得出相应的结论。

（五）深化职业理想和职业道德教育

立足课程定位、结合课程教学内容，找准"商业伦理与会计职业道德"课程思政内生性融入的契合点，在教学过程中深化职业理想和职业道德教育，具体如图5所示。

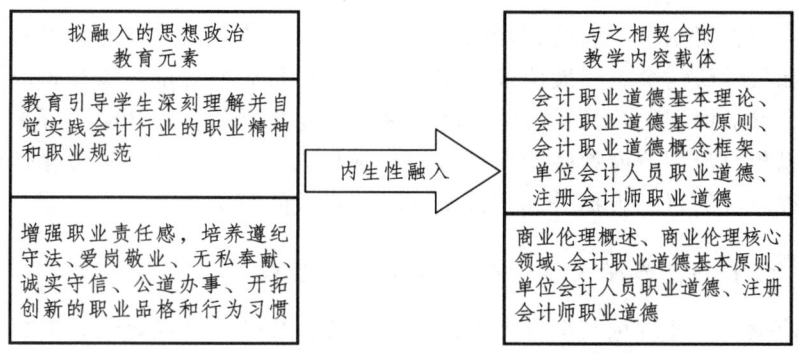

图 5 深化职业理想和职业道德教育课程思政元素及其融入的教学内容载体

具体而言，可以通过四个方法途径予以融入：一是以图片、视频、文本、案例、先进典型等形式优化和充实课件，立足课程定位及其教学内容，将商业伦理与会计职业道德的价值要求贯穿于教学和教材书稿撰写始终，凝心铸魂、启智增慧；二是以先进典型案例、会计实务名家课程思政大讲堂、会计诚信从业宣誓、实务名家"空中课堂"等为依托，开展研究性、互动式案例教学，发挥榜样的引领作用，以正能量的先进事迹激励学生崇德励志；三是以过程性成绩考核、期末考核知识点考查为依托，以评促学促行，引导学生知行合一；四是以课题研究、案例设计、论文撰写为行为载体，引导学生关注会计职业道德理论研究与实践落地，弘扬行业正能量。

上述课程思政元素融入的预期教学成效可以从五个方面予以观测评价：一是学生课程教学评价平均分保持在优秀等次；二是任课教师立德树人，言传身教，获得争先创优荣誉表彰；三是结课后课程教学问卷中学生所反馈此项课程思政教学目标的获得感统计指标显著；四是促进学生在课堂教学活动、课外小组案例研学合作等学习生活实践中注重个人品德修养、尊崇职业道德、遵守社会公德，获得争先创优荣誉表彰；五是帮助学生以职业道德为价值尺度分析和评判商业伦理与会计职业道德现实案例，并做出与之相符合的价值判断，进而牢固树立会计职业道德信仰。

四、会计专业硕士"商业伦理与会计职业道德"课程思政建设的实现路径

（一）强化主体责任，打造课程思政优质教学团队

对标"四有"好老师以及新文科建设对高校教师的要求，坚持"受教育者先受教育"，继续以加强教师政治理论学习与言传身教为着力点，不断强化团队教师"守住一段渠、种好责任田"的课程思政主体责任，依托校级财会类课程思政虚拟教研室所开展的教研活动，通过选派团队成员参加课程思政专题教学培训和教学研讨会、开展课程思政教学改革项目研究、撰写课程思政教学改革论文、参加课程思政教学技能大赛、举行"立德垂范"公开课、开展专业课教师与思想政治理论课教师的课程思政专题交流等方式，进一步强化任课教师实施课程思政的意识，提升其有效实施课程思政的教学能力。

（二）修订教学大纲，细化课程思政教学设计安排

依据"商业理论与会计职业道德"课程性质及其功能定位，对标会计职业胜任能力框架的内在要求，以"德知能一体化"原则进一步分类细化教学大纲中课程教学的结构性目标，更加突出价值引领子目标的重要性及其对知识传授、能力培养子目标的导向性，更加突出教学大纲中课程思政内容的融合性、系统性、应用性，深入挖掘各章节教学内容中蕴含的显性和隐性的思想政治教育资源，并结合专业课程教学规律与学生认知规律，以提高课程思政的亲和力、接受度、有效性为标准，均衡、合理地将课程思政元素系统、有形地固化于教学大纲的教学内容、考试安排之中，将其有形、有序地全过程、全方位设计到课程的教学计划之中，同时根据教学内容与方式方法的适配性原则优化教学计划中的章节内容的教学方式、方法以及教学手段，通过修订教学大纲和细化教学安排，实现以德润知、以德赋能、以德启智、以德增慧的课程思政协同效应，帮助学生在系统学习商业理论与会计职业道德理论知识，熟练掌握运用商业理论与会计职业道德原则识别、评估和应对现实伦理道德问题的基础上，牢固树立以诚信为核心的商业伦理与会计职业道德观念，为学生毕业后从事会计工作"扣好会计职业生涯的第一颗扣子"。

（三）适时充实教案，推进课程思政融合教材建设

课程目前采用的主要教材是全国会计专业学位研究生教育指导委员会委托财政部"会计名家培养工程"入选者、教育部首届"新世纪优秀人才支持计划"

入选者、首届全国审计专业学位研究生教育指导委员会委员、南京审计大学博士生导师陈汉文教授等主编的《商业伦理与会计职业道德》教材。课程教学团队将在不断深化"商业伦理与会计职业道德"课程教学研究与积累课程教学经验的基础之上，立足"德知能一体化"的课程思政融合育人的内在要求，因事而化、因时而进、因势而新，适时充实相关现实案例与前沿理论，动态优化课程教案，力争形成具有校本特色的课程讲稿，并进而在此基础上通过3~5个授课周期的积累和完善，形成以案例研学为特色、全程全面有机融合课程思政元素的"商业理论与会计职业道德"课程。

（四）举办公开课，开展课程思政主题教研活动

课程依托"重庆市高校中青年骨干教师"、"重庆市高校课程思政教学名师和团队"、国家级"课程思政教学名师和教学团队"以及校级教学创新大赛一等奖获得者等教学专家优势举办研究生课程思政示范教学公开课，并以此带动本科阶段"商业伦理与会计职业道德"课程教学，实现"商业伦理与会计职业道德"课程思政的本硕联动，对新进入本课程教学团队的任课教师开展诊断性教学优化点评。此外，依托校级财会类课程思政虚拟教研室、会计学院课程思政教学研究中心和"商业伦理与会计职业道德"课程组开展课程思政主题教研活动，并以本课程为枢纽引领和带动会计专业学位硕士研究生人才培养方案中各门专业课程的课程思政教学创新与教学实践，进而优化以"财经素质链"为特征的会计专业硕士学位研究生人才培养模式，为促进其向教学成果的转化提供课程思政育人保障和教学支持。

（五）推进教学研究，深化课程思政教学改革创新

依托教学团队成员主持的重庆市高等教育教学改革研究项目尤其是其中的课程思政专项课题深入推进课程思政教学研究，并结合会计专业硕士学位研究生的定位及其人才培养规格开展以会计诚信为核心、以案例研学为依托、以六育协同为特色的"商业伦理与会计职业道德"课程思政教学改革研究，以研促教、以研强教、以研优教，整合运用案例式、启发式、研究式、交互式、情景式和移动课堂、实务专家大讲堂等教学方式、方法，动态优化课件，以图片、视频、结构图等多样化形式丰富课件的表现形式，切实增强课程思政的亲和力，切实提升课程思政的有效性，切实提高学生价值引领的获得感。

（六）开发微课资源，拓宽课程思政在线教学途径

依托校级、市级微课赛事活动和在线课程建设项目，结合"商业伦理与会计职业道德"课程建设与课程教学的资源建设需要，启动微课创作设计及推广工作，有计划、分阶段地推动微课资源开发。同时，依托企业微信搭建"商业伦理与会计职业道德"虚拟课堂，根据学校、学院推进混合式教学改革的统一部署安排，适时开展在线教学，尤其是要充分发挥在线教学超越时空限制的优势，引入优秀的会计实务专家在线参与教学讲授及教学评价，以生动鲜活的课程思政案例素材和实务工作感悟增强课程思政教学的亲和力及有效度。

参考文献

[1] 习近平. 思政课是落实立德树人根本任务的关键课程[J]. 奋斗，2020（17）.

[2] 习近平对研究生教育工作作出重要指示强调 适应党和国家事业发展需要培养造就大批德才兼备的高层次人才[J]. 中国研究生，2020（8）.

[3] 习近平. 把思想政治工作贯穿教育教学全过程[N]. 人民日报，2016-12-09（10）.

[4] 陈汉文，韩洪灵. 商业伦理与会计职业道德[M]. 北京：中国人民大学出版社，2020.

"一流课程"建设背景下商业伦理融入"财务管理学"课程思政教育路径探索

◎ 徐辉　刘雯　骆淑恬

一、引言

随着"人才强国"战略的深入实施，与现代化社会相统一的现代化人才建设成为重中之重。中国式现代化背景下，为党育人、为国育人的教育理念对人才的思想观念、能力素质做出要求，人才培养需以知识传授与价值塑造共同引领。据此，融合知识传授与思想政治教育、培养专业素质与社会主义核心价值观兼备人才的"课程思政"教学改革，引起了各大高校的高度重视，指明了课程改革的方向。传统的"思政课程"是高校开设"思想政治理论课"的简称，旨在引导学生通过对马克思主义基本原理及中国特色社会主义系列理论的学习，树立正确的人生观、价值观。而"课程思政"是强调将思想政治教育融入专业课程、通识课程的一种教学理念，充分挖掘课程本身所蕴含的"思政"元素，努力实现全员、全过程、全方位的"三全育人"教育要求。

2019年10月，教育部印发了《关于一流本科课程建设的实施意见》，强调大力推进课程改革，加快"一流课程"建设进程。"一流课程"建设意在提高人才培养质量、构建高水平的人才培养体系。除了在教学目标、课程内容上要求打破传统，还指明了以"立德树人"作为检验高校工作成效的根本标准。对此，"一流课程"建设要求在"课程思政"理念上达成共识，构建全员全程全方位育人大格局。这对"财务管理学"这门传统的基础课程提出了新要求、新标准。财会专业要求学生除了具备较强的专业能力外，还应培养诚实守信、客观公正等良好的职业品质，树立社会责任感、遵守职业规章制度。而商业伦理对个人及企业从事商业活动时的行为规范提出了最低标准，对财会专业学生的思想观

基金项目：本文得到重庆市教委2020年高等教育"课程思政"专项项目（"双一流"学科建设背景下财务管理专业推进"课程思政"改革创新与实践研究，项目编号：202019S），重庆工商大学会计学院2020年教育教学改革与研究项目（"双一流"建设背景下的高校青年教师科研创新能力研究，项目编号：KJ2002），022年重庆工商大学教育教学改革研究项目（"一流课程"建设背景下《财务管理学》"课程思政"改革创新与实践，项目编号：2022121）资助。

念、道德素质具有重要的指引作用。鉴于此，有必要将商业伦理融入"财务管理学"，积极推进"课程思政"建设，提高会计信息治理水平，增强财会学生的职业道德意识，以达到知识传授、能力培养与价值塑造的高度合一，助力"一流课程"建设目标实现。

二、"一流课程"建设背景下商业伦理融入"财务管理学"课程思政的内涵

（一）"一流课程"建设对"财务管理学"的新要求

课程是教学活动中的基本要素。2019年《教育部关于一流本科课程建设的实施意见》（以下简称《意见》）指出"深化教育教学改革，必须把教学成果落实到课程建设上"，由此拉开了"一流课程"建设的序幕。《意见》明确以习近平新时代中国特色社会主义思想为指导，深入挖掘各类课程和教学方式中蕴含的思想政治教育元素。"课程思政"理念深深根植于"一流课程"建设之中。此外，"一流课程"建设从课程、教师、学生、管理、成效等多方角度构造高水平的人才培养体系。杨晓宏等（2021）认为"一流课程"高阶性强、创新性足、挑战度高，是继承并体现"金课"①思维的优秀课程，也是"双一流"建设的重要支撑。"两性一度"②在课程目标、课程内容、课程考核等方面为高等教育教学质量树立了"新标杆"。

"财务管理学"是财会专业的基础课程，主要围绕企业的财务活动，从筹资、投资、营运及利润分配4个维度讲授财务管理基本原理和方法。许志勇（2022）强调，在"一流课程"建设背景下，"财务管理学"这门课程不再是简单传授财务管理专业知识、提高学生应试能力，而是力求达到理论运用、思维判断、实战解决等多方位的培养目标，使学生拥有解决复杂财务问题的能力，大胆质疑、勇于创新，形成财务管理高级思维。综上所述，"一流课程"建设下，应在"财务管理学"中融入"课程思政"，丰富、创新教学内容，多元化教学方法，适当增加课程难度，提高学生专业知识水平和实务技能，帮助其树立正确的思想政治观念，能够跳脱惯性思维，进而提升复杂情境中解决财务管理问题的能力。

---

① 2018年6月教育部部长陈宝生在会议上首次提出，金课是指内容丰富、视野前沿、方式创新，学生收获大、挑战也大的课程。
② 两性一度指前文提到的高阶段性、创新性、挑战度。

（二）商业伦理融入"财务管理学"课程思政教育的内涵辨析

对于课程思政的教育内涵，学术界展开了丰富的研究和讨论，在探索过程中形成了几种主流观点。课程思政是在思政课程的基础上提出的，着眼于思政课程之外的各类课程和教学活动，挖掘其中蕴含的思想政治教育资源，使学生无形中将德育思想内化于心（巩茹敏，林铁松，2019）。高燕（2017）认为，课程思政既离不开马克思主义理论的指导，也离不开中国特色哲学科学体系，要构建思想政治理论课、综合素养课程、专业教育课程"三位一体"的思想政治教育课程体系。陆道坤（2022）从教学形式上解释了课程思政：它是一种"显""隐"结合的教学形式，管理者和教师在制度、课程、管理上进行"显性"设计、实施，使"思政"元素"隐性"流淌于专业课程，但在时机和体量上的设计、实施上必须是精准的。石书臣（2018）也强调，忽视专业课的教学特点和教育规律，"说教式"灌输思想政治理论内容，不可谓真正的课程思政。可见，"课程思政"依附于"课程"这一载体，筑造"课程思政"牢固地基，需要尊重课程建设规律、强化课程建设管理。

商业伦理是以企业为行为主体，在社会活动中处理社会关系的伦理原则、道德规范及其实践的总和，它是一种价值观念，也是企业经营管理的价值导向（马旭军等，2022）。简单来说，它指明了个人及企业在从事商业活动时哪些事该做，哪些事不该做，体现了社会主义核心价值观、伦理风险防范等思维，从道德准则层面对行为做出规范，对品质做出要求。商业伦理融入"财务管理学"课程思政是对财会专业学生道德品质培养要求的进一步明晰，是教师在传授财务管理知识的同时，回应"培养什么人、怎样培养人、为谁培养人"的教育根本问题。

综合以上观点，"一流课程"建设背景下商业伦理融入"财务管理学"课程思政是指，基于"一流课程"建设中的"两性一度"目标，探索"财务管理学"课程教学路径的同时，重视该课程对财会学生的价值引领作用。具体来说，"一流课程"建设打破了传统"财务管理学"对课程目标、课程内容及课程评价的基本设定，并对德育目标提出要求。课程思政需要深度挖掘"财务管理学"课程中隐藏的思政元素，通过商业伦理这一课程思政中的具体元素架起桥梁，将思想政治教育贯穿于财务管理知识的传授中，对学生的价值观念进行引导或重塑，以培养符合新时代需求的有能力、有素养、有情怀的高水平财会人才。

三、"一流课程"建设背景下"财务管理学"课程思政建设所面临的问题

"课程思政"是一种综合性的课程观,推进"财务管理学"课程思政教育,能够帮助学生提升专业技能和政治素养,同时实现高校"立德树人"的教育目标。但目前,高校课程思政建设仍处于探索阶段,在实践过程中显现出诸多问题,阻碍课程思政的有效推进。对此,厘清"一流课程"建设背景下"财务管理学"课程思政建设所面临的问题迫在眉睫。

(一)"一流课程"建设背景下课程思政的建设意识不到位

课程是人才培养的核心要素,课程质量直接决定人才培养的质量。"一流课程"建设在关注课程"学术性"的基础上,还对课程的"思想性"提出要求,既要注重学生专业理论知识和技能的培养,也要注重学生人生价值观的塑造。教师在对学生传道授业的同时不可忽视对其人生困惑的解答,应及时纠正其价值误区,做好学生成长中的引路人。现阶段,各高校关于专业学科课程思政的教学理念和制度建设尚未达成共识。部分高校对课程思政建设的重视度不高,关注度不够,未能形成健全、完备的课程思政建设体系。受应用型人才的迫切需求影响,部分高校教师往往将课程的教学重点放在专业知识和实际操作上,忽略了对学生人生观和价值观的指引,存在重学术轻思想、德育意识不到位的问题。

(二)高校专业教师"课程思政"力量不足

"一流课程"建设背景下,教师能力于课程质量而言至关重要。课程思政教学理念能否顺利进行,很大程度上取决于专业教师的思想政治教育能力。一方面,财务管理专业教师并非专门的"思政"教育老师,关于思政教育的知识储备不够丰富,自身的知识结构也不尽合理,并且缺乏"跨学科、宽视野"的创新型思维;另一方面,财务管理专业教师对于思想政治教育中的重难点把握不够。正因如此,作为思政建设主力军的专业教师在推进课程思政过程中,才会力不从心、收效甚微。一是难以有效挖掘"财务管理学"中丰富的"思政"育人元素,致使思政教育"底气不足";二是未能将专业知识与思政元素深度融合,两者单轮独行式地捆绑在一起达不到"同向同行"的效果;三是授课方式缺乏新意,做不到深入浅出、"借题发挥",难以激发学生的求知欲。这种缺乏主动参与、深度思考的知识讲解难以内化为意识层面的道德素养并指导自身言

行,最终使"财务管理学"课程思政建设陷入"口号响,行动飘"的尴尬局面。

（三）商业伦理融入"财务管理学"课程思政的嵌合度不够

尽管很多高校都在积极探索专业学科"课程思政"的建设路径,但就"财务管理学"课程思政建设现状来看,商业伦理尚未成为这一建设领域的重要元素。商业伦理融入"财务管理学"课程思政的教学知识点凝练不足。专业教师未能建立起商业伦理与课程思政之间的天然纽带,忽略了商业伦理在"财务管理学"教学过程中对学生价值观的塑造和社会责任感的建立。即使部分教师提炼出了商业伦理中的思政元素,也缺少对应的案例载体,致使学生理解、消化时无法具象到现实生活中的实例。虽然也有高校意识到了商业伦理在价值引领上的重要作用,但为了更快地完成思政任务,直截了当地开设商业伦理课作为单独的课程进行教学,既曲解了课程思政的内涵,又没有达到"一流课程"建设下"财务管理学"这门课程的教学要求。

（四）课程思政的考核体系不健全

财会类专业课程的课程思政探索实例表明,很多高校都初步规划了自己的建设指南,甚至针对内容列出了细则条例,却在考核制度上缺乏重视,导致部分课程的思政建设重形式而轻成效。专业教师以"完成任务"的心态应对课程思政教学要求。对于量化的财会类专业来说,课程思政的考核没有明确的考核方向,缺乏定量的考核标准,因而其考核体系不明晰。如此一来,既忽视了对教师教学工作成效的考评,也无法体现学生作为教学对象在评价教师授课质量上的直观感受。

四、"一流课程"建设背景下商业伦理融入"财务管理学"课程思政的必要性分析

探索商业伦理融入"财务管理学"课程思政,构建新时代思政教育体系新格局,是坚定学生理想信念、破解教师教学思想观念僵化的重要路径,也是高校贯彻"三全育人",落实"立德树人"的有效举措。

（一）商业伦理融入"财务管理学"课程思政是推进"一流课程"建设的客观要求

我国正处于教育大国迈向教育强国的关键时期,推动课程改革创新、推进

"一流课程"建设,是提升教育质量的核心要求,也是实现新时代教育强国之路的重要举措。"一流课程"建设强调了"立德树人"的根本任务,为课程教学注入"灵魂",为"思政"教育增添"活力"。开展课程思政,充分挖掘专业课程中的"思政"育人元素,构建学科课程思政教学架构,实现专业课教学与思政教学的紧密结合、"同向同行"。商业伦理作为课程思政的重要元素,指导商业行为中的道德准则,将其融入"财务管理学"日常教学中,更利于学生理解筹资、投资、日常运营管理及股利分配等财务活动的开展环境,进而引导学生在未来的职业活动中恰当地处理各种财务活动与道德规范的关系,实现商业伦理道德与专业知识的有机融合。综上,将商业伦理融入"财务管理学"课程思政是推进"一流课程"建设的客观要求。

(二)商业伦理融入"财务管理学"课程思政是推动专业课程体系设计的现实需求

经济越发展,会计越重要。数字经济的到来,令财会人员陷入"内忧外患"的处境。唯有不断提升自己,才能体现自我价值。在新的市场环境中,社会对财会人员的道德水平也提出了更高要求。因此,财会专业课程教学要更加注重商业伦理、德行品性和职业道德的培养。"财务管理学"蕴含着财会专业学生必须掌握的专业性知识,是财会专业的核心专业课程。教师将课程思政理念融入"财务管理学"中进行授课,对于培养现代社会需要的高素质财会人才至关重要。同时,"财务管理学"的专业教学与思政教育本质上具有一致性,对专业知识的学习,也是对思政素养的升华,两者是辩证的、统一的。将商业伦理融入"财务管理学"课程思政,在专业课程中融入思政元素,阐述财会领域的伦理元素和职业道德内容,推动财会行业积极向好发展。因此,商业伦理融入"财务管理学"课程思政是推动专业课程体系设计的现实需求。

五、"一流课程"建设背景下商业伦理融入"财务管理学"课程思政的实践路径

优化商业伦理与"财务管理学"的融合路径,解决实践中出现的问题,提高学生商业伦理素质,提升全社会商业伦理水平,对"一流课程"建设和应用型财会人才培养均有较好的实践价值。

（一）明确"财务管理学"课程思政定位

专业课程教学是高等院校人才培养过程中最基础、最核心的环节，将思政教育与专业教育课程结合有利于全方位地提高学生的政治素养和专业知识技能。"财务管理学"课程思政在传授财务管理专业知识和技能的同时，突出课程思政的价值引领功能，着重培养财会学生的职业道德，使其在课程中体悟并传承优秀文化，成长为新时代中国特色社会主义建设所需要的德才兼备型财会人才。

因此，有必要明晰"财务管理学"课程思政的价值定位：积极探索课程思政路径，深化"立德树人"目标，构建"三全育人"格局；有机融合思政教学与专业理论教学，完善财务管理人才培养体系，实现与"思政课程"的"同向同行"；运用多元化方法推进课堂思政育人过程，准确把握高校教师的新定位；重新挖掘、梳理和认识专业课堂思政的元素，运用好课堂这一教学育人的主渠道。

（二）提高教师课程思政能力

教师作为教育摆渡人，是保障"财务管理学"课程思政建设正向航行的关键。"心之所向，素履而往"，唯有心怀，课程育人。专业教师要充分认识到课程思政教育的价值和意义，不仅要努力提升自身专业素质，还要坚定政治立场，提高理论水平，增强思政教育意识。"以身教者从；以言教者论。"教师理应"以德立身、以德立学、以德施教"，"润物细无声"地感染和影响学生。例如，日常教学过程中，教师在讲授"财务管理学"各章知识点相对应的思政要点时，应做到生动而不失深刻，自然，避免说教。对此，教师可多参加思政研讨会、思政培训课，提升自身课程思政教学的技能水平；也可参与专业学科课程思政的授课比赛，在比赛中不断精进自我、完善自我，促进专业知识传授和德育教育的深度融合。另外，学校可以积极引导教师申报课程思政类研究课题，丰富课程思政研究成果，提高教师课程思政能力。教师自身和学校层面的共同努力才能提高专业教师课程思政教学能力，形成更专业、更优秀的课程思政教师队伍。

（三）优化商业伦理融入"财务管理学"课程思政课程体系

目前，高校关于商业伦理融入"财务管理学"课程思政课程体系建设缺乏明确可行的路径，对此，本文提出具体的课程体系设计思路，如图1所示。

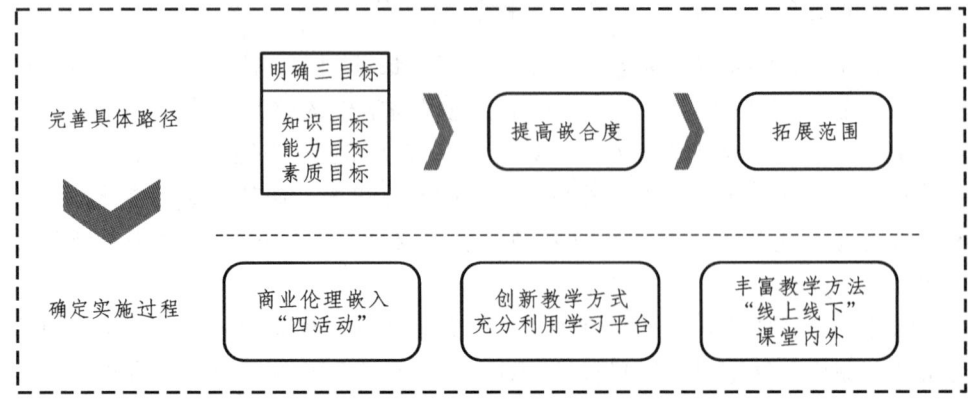

图 1 优化课程体系设计思路

1. 完善课程思政的具体路径

（1）明确课程思政的目标。

明确"财务管理学"课程思政目标，是指导"财务管理学"课程改革的重要起点，也是全面探索"财务管理学"课程思政具体路径的重要方向。"财务管理学"作为财经院校开设的专业基础课程，其核心目标是知识传授。故而，在推进课程思政时，知识目标也是不可欠缺的。同时，"财务管理学"是一门应用性极强的课程，对于专业技能有着较高的要求，所以能力目标也不容忽视。此外，课程思政指出要培养专业知识和价值素养兼备的优秀财会人才，因此素质目标也尤为重要。

（2）探索商业伦理与专业知识点的嵌合。

明确知识目标、能力目标和素质目标三大目标后，如何将商业伦理与"财务管理学"的教学进行高度融合，成为积极推进商业伦理融入"财务管理学"课程思政进程的重要一环。具体来说，将"财务管理学"的具体知识点与商业伦理蕴含的思政元素进行结合，实现知识传授与价值引领两者的和谐统一。例如，将伦理元素融入财务管理基础活动中，可以将"财务管理目标"融入职业素质、社会责任感，让学生全面领会企业价值最大化目标、股东财富和社会责任；也可以在"财务管理利润分配过程"融入世界眼光、企业文化，让学生充分领会利润分配理论和分配政策。

（3）拓展课程思政的教学范围。

"财务管理学"课程思政不应拘泥于名义上的课程教学，而应将其延伸到教育的各个环节，体现"显性教育"和"隐性教育"的贯彻统一。在时间上，将课程思政从课堂中扩展至课堂前后；在空间上，将课程思政从课堂内开放至课堂外。课堂上,积极启发学生对"财务管理学"背后思政内容的深入理解;课堂外,积极引导学生对财务管理相关热点的关注。

2. 确定商业伦理融入课程思政的实施过程

(1) 教学内容。

"财务管理学"是以企业融资、筹资、营运和利润分配等企业财务行为为主要研究对象的专业课程。为推进商业伦理融入"财务管理学"课程思政,在整体框架上以4类财务行为为主体,围绕财务管理的重难点内容,结合商业伦理给学生传授企业财务管理的基本价值观念和蕴含的德育理念。"财务管理学"教学内容中包含的具体商业伦理元素如图2所示。

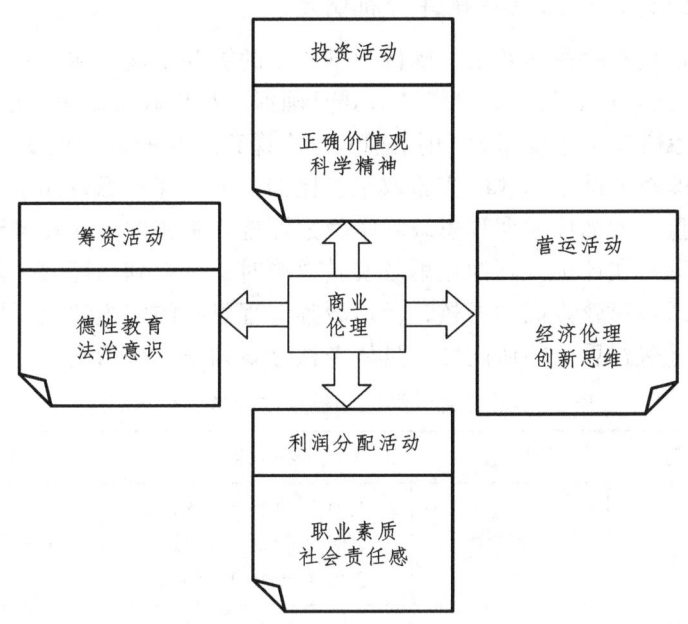

图2 财务管理活动教学内容设计

(2) 教学工具。

社会科学技术快速发展的同时,也给传统教学工具注入新的活力。以往的教学多以课堂为主,教师"填鸭式"灌输知识点,学生被动接受。如今,以现代化信息技术为载体的教学工具,如慕课、微课、雨课堂等,不仅促进了学生与教师互动,更在一定程度上缓解了线下教学固有的空间局限性与时间滞后性。课前,教师可以通过学习平台向学生发布本次课堂的学习目标和学习内容,方便学生在课前及时查阅资料,做好预习准备;课中,教师可以利用多媒体灵活地与学生互动,如网上签到、随机提问等,提升课堂的趣味性,丰富课堂活动;

课后，教师可以通过相关平台向学生发布作业任务并回收讲评，方便和学生的课后交流。

（3）教学方法。

关于"财务管理学"课程思政的教学方法，可以多渠道开展专业知识和思政教育的有机结合。通过"线上+线下"的课堂教学方式、思政讲堂等形式多样的思政教育活动，多维度扩展"财务管理学"课程思政的课程空间。例如，开设国学、名家大讲堂等系列讲座，注重学生家国情怀、文化素养及人格修养的塑成。

（四）创新课程思政考核评价机制

课程考核是检验教学效果、确保教学质量的重要手段。在"一流课程"建设背景下，建立合理有效的新型考核方式是确保课程思政实施效果的应有之义。一方面，要考核专业课教师对"财务管理学"课程思政的重视程度；另一方面，要考查专业课教师课程思政的实施效果。比如，加大课程思政元素在科研项目申报时的比重，增加优秀课程思政教学教案评选等考核内容，在各环节中设置思政指标权重；在评价教师课程思政实施效果时，有效利用评教手段，在评教指标中增加课程思政方面的考核，反馈教师课程思政的实施情况，同时反映学生对老师推进课程思政的认同度。具体考核方案如表1所示。

表1 "财务管理学"课程思政考核评价设计

考核类型	考核方式	具体标准	备注
学院考核（70%）	综合考查	1.科研项目（50%） 2.教学教案（35%） 3.课堂表现（15%）	过程性评价
学生评教（30%）	问卷调查	1.专业知识教学（50%） 2.思政教学（50%）	结果性评价

六、结语

将思政教育融入专业课程，是解决当前学生理想信念和意识形态动摇等问题的基本途径。财务人员因其自身职业性质的特殊性，掌握着企业重要的财务信息及商业机密，故其商业伦理与职业素养的重要性不言而喻。现实需求表明：高校将商业伦理融入课程思政全过程，对实现"立德树人"根本任务，保证"三全育人"效果和培养德才兼备的复合型会计财务管理人才均有很好的助推效果。

本文从课程思政的内涵出发，以"财务管理学"为例，探究了"财务管理学"课程思政教育现状，进一步分析了"一流课程"建设背景下商业伦理融入"财务管理学"课程思政的必要性，在此基础上，提出实施路径，主要包括：明确"财务管理学"课程思政定位，提高教师课程思政能力，优化"财务管理学"课程体系，创新课程考核评价机制。

参考文献

[1] 杨晓宏，郑新，田春雨.线上线下混合式一流本科课程的内涵、建设目标与建设策略[J].现代教育技术，2021，31（9）.

[2] 许志勇，杨青伟，贾银芳，等. 财务管理课程教学模式改革研究——基于国家级一流本科专业建设视角[J].财会通讯，2022， 899（15）.

[3] 巩茹敏，林铁松.课程思政:隐性思想政治教育的新形态[J].教学与研究，2019， 488（6）.

[4] 高燕.课程思政建设的关键问题与解决路径[J].中国高等教育，2017， 590（Z3）.

[5] 陆道坤.新时代课程思政的研究进展、难点焦点及未来走向[J].新疆师范大学学报（哲学社会科学版），2022，43（3）.

[6] 石书臣.正确把握"课程思政"与思政课程的关系[J].思想理论教育，2018，476（11）.

[7] 马旭军，白灿，王立君.中西方文化视域下的商业伦理指标体系研究[J].经济问题，2022， 511（3）.

[8] 陈敏生，夏欧东，朱汉祎，等.高等院校推进课程思政改革的若干思考[J].高教探索，2020， 208（8）.

[9] 委华，张俊宗.新时代高等教育课程思政的理论基础[J].中国高等教育，2020， 648（9）.

[10] 周谦，赵娟."课程思政"视阈下财务管理学课程教学改革探索[J].财会通讯，2021（11）.

[11] 郑佳然.新时代高校"课程思政"与"思政课程"同向同行探析[J].思想教育研究，2019（3）.

财务会计课程思政的案例教学探讨

◎ 刘淑蓉

中级财务会计课程是一门面向重庆工商大学会计学院会计学、财务管理、审计、资产评估专业学生开设的专业必修课程，承接基础会计学并为财务管理、高级财务会计与审计学等课程奠定基础。中级财务会计课程涵盖了企业会计核算的基本思路与方法，同时蕴含着丰富的思想政治教育资源。在社会主义核心价值观的指导下，授课教师重新审视该课程的教学目标、教学内容与教学方式，将专业教育与思政教育有机地结合在一起。本文将围绕"中级财务会计学"中非常重要的章节"收入"中"收入的计量"这一专题展开，介绍"收入"的确认与计量对财务报告影响的同时，引导学生认识并遵守会计职业道德（诚实守信、遵循准则等）、意识到会计职业所承担的社会责任，以期达到社会主义建设者和接班人的人才培养目标。

一、教学目标

（一）专业目标

掌握收入的确认条件和计量标准，正确核算企业实现的各项收入，向财务报告使用者提供真实可靠的会计信息。

（二）课程思政目标

（1）引导学生树立脚踏实地、勤于创业、善于创造的实践理念。
（2）培养社会主义核心价值观：法治、诚信。
（3）直面风险，加强学生的风险意识与安全观教育。

（三）能力目标

在遵循收入确认这一原则的基础上，能分析各行业商品销售收入和服务收入的确认时间和金额，对于一般销售业务能按照五步法模型进行确认与计量，对于特殊销售业务根据权责发生制、配比原则、谨慎性和实质重于形式等原则进行确认与计量并做账务处理；从财务报告（内部）使用者角度理解经济活动对财务报告的影响，从财务报告（外部）使用者角度，解读财务报表中各会计要素的变化。

二、收入确认与计量的理论知识

（一）收入确认的前提

收入，是指企业在日常活动中形成的、会导致所有者权益增加的、与所有者投入资本无关的经济利益的总流入。根据《企业会计准则第 14 号——收入》准则，企业与客户之间的合同同时满足下列五项条件的，企业应当在履行了合同中的履约义务，即在客户取得相关商品控制权时确认收入：

（1）合同各方已批准该合同并承诺将履行各自义务（合同已经签字盖章）；

（2）该合同明确了合同各方与所转让商品或提供劳务相关的权利和义务（该合同不包括框架协议、战略合作协议，因为没有法律的约束力）；

（3）该合同有明确的与所转让商品相关的支付条款（没有支付条款属于捐赠）；

（4）该合同具有商业实质，即履行该合同将改变企业未来现金流量的风险、时间分布或金额（如石油换石油，没有商业实质，不能确认收入）；

（5）企业因向客户转让商品而有权取得的对价很可能收回（企业向客户提供价格折让的，应当在估计交易价格时进行考虑）。

（二）收入确认的五步法模型

收入确认的五步法模型如图 1 所示。

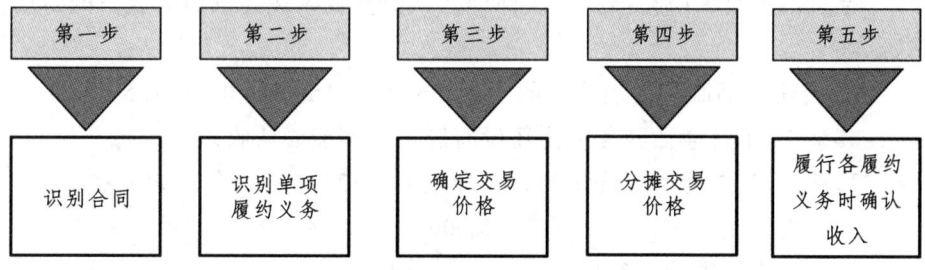

图 1　收入确定的五步法模型

其中，第一步、第二步和第五步主要与收入的确认有关，第三步和第四步主要与收入的计量有关。

（三）五步法确认收入的案例

通过列举学生生活中常见的案例，深入浅出地讲解收入确认与计量的五步法模型。案例：2019年12月1日，张×同学去移动公司参加了一个元旦预缴话费送手机的活动。合同规定：张×只需预缴话费5 000元，即可免费获得市价为2 400元、成本为1 700元的手机一部，并从参加活动的当月起未来24个月内每月享受价值150元、成本90元的通话服务。请问：移动公司2019年应该确认收入吗？如果确认收入，应该为多少？

按照五步法模型确认移动公司的收入：

（1）识别与客户订立的合同。

移动公司和张×有一个24个月的合同。

（2）区分履约义务。

在合同中有两个单独的义务：一是赠送张×一部手机；二是提供24个月的通信服务。

（3）确定交易价格：交易价格为5 000元。

（4）分配交易价格。

公司应当将收到的话费在手机和通话服务之间按单独售价比例分配。

交易价格为5 000元；单独售价合计=2 400+150×24=6 000（元）

手机当月确认的收入=5 000×2 400/6 000×1=2 000（元）

通话服务收入共计：5 000×150/6 000×1×24=3 000（元）

（5）确认收入。

当手机给张×的时候确认收入2 000元，其后每一个月履行相应义务再确认收入，每一个月确认收入125元（3 000÷24）。

手机销售收入应在当月一次性确认，话费收入在提供通话服务的时段内确认。

12月份通话服务应当确认的收入：5 000×150/6 000×1=125（元）

其余23个月通话服务因为还没有履约，不能确认收入。

移动公司12月份应确认的收入金额为2 125万元，分录如下：

借：银行存款　　　　　　　5 000
　　贷：主营业务收入　　　　2 125
　　　　合同负债　　　　　　2 875

三、融入课程思政的方法-——案例剖析法

通过简明的案例,让学生明白五步法的原理,在此基础上进一步进行分析。

(一)融入社会主义核心价值观的法治元素

对于以上案例,学生首先要明确移动公司何时确认收入。就手机来讲,应该是交付了商品,张×同学取得了手机的控制权,能够通过使用手机从中获益时确认收入,对于通信服务收入,则在提供服务的期间进行确认,否则导致收入的确认不符合权责发生制原则,违背了会计法和基本会计准则的规定。

(二)融入社会主义核心价值观的诚信元素

按照收入确认的第五步即履行各单项履约义务时确认收入,企业将商品的控制权转移给客户。该转移可能在某一时段内(即履行履约义务的过程中)发生,也可能在某一时点(即履约义务完成时)发生。企业应当根据实际情况,首先判断履约义务是否满足在某一时段内履行的条件,如不满足,则该履约义务属于在某一时点履行的履约义务。对于在某一时段内履行的履约义务,企业应当选取恰当的方法来确定履约进度;对于在某一时点履行的履约义务,企业应当综合分析控制权转移的迹象,判断其转移时点。就手机来讲,应该是交付了商品,张×同学取得了手机的控制权,能够通过使用手机从中获益时确认收入,对于通信服务收入,则在提供服务的期间进行分期确认,让学生明白收入的确认不能提前或者延后,如果将收到的 5 000 元全部作为 2019 年的收入带来的经济后果使企业的财务状况和经营成果不真实,即导致移动公司提供的利润表中收入虚增 2 875 元,隐瞒了负债 2 875 元,会误导会计信息使用者并使其做出错误的决策,违背了会计职业道德的诚信原则。

(三)防止人为操纵利润和财务指标的做法

类似于本案例的方式,企业为了促销,大量采用买一赠一的方式开展营销策略,对于赠送部分的处理方法应去企业进行大量调研后反馈得到的信息:企业的处理各不相同,有的企业将赠送的部分按照成本价确认销售费用,有的按照交易价格进行分摊作为收入。对于这两种处理方法,通过对比让学生明白给企业进行业绩考核带来的影响。对比如表1所示。

表 1　处理方式对比

2019 年	手机作为销售费用	手机作为收入
主营业务收入	5 000/12=417	2 125
主营业务成本	90	1 790
销售费用	1 700	0
毛利	327	335
毛利率	78.34%	15.76%

这个比较让学生明白毛利率的差距对企业进行业绩考核和管理人员做出经济决策时至关重要，一旦决策失误，将带来重大损失。

四、教学效果与体会

（一）教学效果

中级财务会计课程思政教学改革实施以来，取得明显成效，主要体现在学生和教师两个方面：①培养学生正确的价值取向。在学习过程中，学生不仅能够掌握财务会计专业知识并运用知识进行账务处理，更能够构建适当的职业道德意识，意识到自己是在为什么人服务的问题，这将帮助学生在未来的学习工作中秉承客观公正、诚实守信价值取向。②提升教师教学工作的政治站位。在学习过程中，教师通过深入学习领会社会主义核心价值观的内涵，将教学内容根据社会主义核心价值观的内涵进行整合，并进一步修订了课程教学大纲，同时提高自身政治素养与专业能力。

目前，已在 2017—2019 级会计专业学生中开展了 3 轮基于社会主义核心价值观的课程思政教学实践，在知识传授中强调主流价值引领，强化了专业课程的政治导向和育人功能。

（二）教学体会

首先，课程思政教学改革对教师提出更高的要求。教学改革是教师自我发展和革新的过程。教师思想政治修养与理论修养对学生文化素质提高、价值取向构建起到十分重要的导向作用。因此，教师必须深入学习领会社会主义核心价值观的内涵，不断提升自身理论素养，才能将教学内容与社会主义核心价值观的内涵进行整合并融入教学。其次，课程思政教学改革与实践是一个系统工程。与思政课程教师相比，专业课教师的思想政治基础理论知识仍有待提升。

该项改革不仅需要专业教师自我革新，更需要思政课程教师及其他部门的积极配合，并给予理论支持与技术指导。最后，课程思政教学改革难以立见成效。价值观引领和构建是一个漫长的过程，课程思政的教学成果可能在学生毕业后深入工作岗位并面临真实困难时方能体现。同时，课程思政教学效果是无法通过考试、师评等手段进行评价的。即便如此，教师仍不能放松要求，应结合课程思政的具体要求以及学生的实际情况，不断丰富和完善课程思政内容建设。

参考文献

[1] 孙卓，杨莲芬，倪晓觑. "中级财务会计"混合式教学设计与应用研究——以浙江外国语学院为例[J]. 商业会计，2019（1）.

[2] 胡苗忠. 基于"一个引领、一条主线、三个平台"的课程思政框架体系研究与实践——以浙江农业商贸职业学院高职会计专业为例[J]. 商业会计，2018（14）.

[3] 刘慧芳. "中级财务会计"课程思政教学实践探讨——以山西工商学院为例[J]. 商业会计，2019（17）.

会计专业硕士"公司战略与风险管理"课程思政教学探索

◎ 张婉君

一、"公司战略和风险管理"课程开展"课程思政"的必要性

在当前的国际国内经济环境下，在人才培养中引入规范市场经济秩序、提高资源配置效率和提升经济发展高质量的知识，公司战略与风险管理课程开展"课程思政"的学习有利于培养现代化人才。根据历年来的教学大纲，"公司战略与风险管理"课程的教学目标中均有思政目标的要求；从学生能力的培养方面看，"公司战略与风险管理"课程要求开展"课程思政"以实现学生的职业价值观、遵循职业道德、坚持职业态度的培养。

"公司战略与风险管理"课程与管理学知识紧密结合，主要讲授公司战略和风险管理的基本概念、基本原理、基本方法等内容。在阐述公司战略与风险管理基本内容的基础上，较详细地介绍了公司战略的整体实施过程和财务战略的相关内容，以及风险管理的实务及具体内容。从课程性质和授课内容上能够充分便利地开展课程思政，根据课程内容与能力等级的要求，理解、掌握或运用相关的专业知识和职业技能，坚守职业价值观、遵循职业道德、坚持职业态度，解决实务问题。

该课程开展课程思政有利于帮助学生树立正确的世界观、人生观和价值观，具有良好的专业素质和职业道德，遵纪守法、勤俭节约、严谨务实、开拓创新，具有社会责任感，能更好地适应未来职业发展趋势。本课程属于专业选修课。随着改革开放和社会主义市场经济体制建设的历史进程，我国不断融入世界经济秩序，企业发展壮大和走出去的趋势推进我国战略与风险管理人才队伍不断发展壮大。在人才培养中引入规范市场经济秩序、提高资源配置效率和提升经

基金项目：本文得到重庆市高等教育学会课题"'互联网+'时代基于OBE理念的混合式金课《财务管理学》的建设实践与探索"，重庆工商大学研究生思政课程"公司战略与风险管理"，重庆市教委雏鹰计划项目资助。

济发展质量的知识,公司战略与风险管理的学习,有利于培养和提高现代人才进行业务处理及管理的能力。

二、课程教学目标

(一)教学目标

通过课程的学习,学生初步掌握公司战略与风险管理的基本概念、基本理论与方法,了解公司战略与风险管理的理论架构和分析逻辑,具体掌握战略分析、战略选择、战略制定、战略执行、战略控制、风险管理等基本理论与问题,同时掌握战略分析、战略制定、战略执行和风险管理的一般分析方法。了解内部控制、公司治理及风险管理的基本问题,了解公司战略、内部控制、公司治理和风险管理的相互关系,对风险管理工具、策略能一般性掌握和运用。通过学习,学生能学会公司战略与风险管理知识的应用,能够观察、分析企业公司战略与风险管理行为、生活中的普遍现象,了解学科发展前沿,拓宽国际视野;具备团队精神与创新意识,具备探索性、批判性思维能力,不断尝试理论或实践创新,成为适应社会与经济发展的专业人才。

(二)思政目标

第一,通过讲授公司战略与风险管理的基本概念帮助学生树立社会主义核心价值观;第二,引用成功的国内企业案例,引导学生树立民族自豪感和为国拼搏的意识;第三,通过教学过程中对学生的管理,培养学生的专业素养;第四,及时解决学生在学习过程中的问题,耐心、温和、及时回复学生的提问,体现对学生的关心、爱护。

三、"公司战略与风险管理"课程思政设计总体思路

"公司战略与风险管理"课程由"公司战略管理"和"公司风险管理"两大教学模块构成,与帮助学生树立社会主义核心价值观思政教育目标、培养学生的民族自豪感和为国拼搏的意识同向同行,引领学生实现由应试思维向学术思维转变,内化理论与实践互促信念。课程思政设计的总体思路:①构建价值塑造、知识传授与能力培养的多重目标融合体系;②将思政教育贯穿于认识国

际公司治理理论和解决中国公司治理问题的内容中，要求学生理解并能把战略与风险管理知识逐步运用到未来职业环境中，合理、有效地运用专业知识，保持职业价值观、职业道德与职业态度，解决基本的实务问题。

（一）授课内容坚持立德树人，融入中国元素

"公司战略与风险管理"课程以"求真"和"求善"的科学价值观为引领，立足于重庆工商大学的办学特色，基于OBE成果导向教育理念，回应新商科教育时代对于能够就某一领域、某一专业或某一方面的课题、问题或研究专题，进行科学价值判断、学术研究和论文写作的人才培养目标要求。公司战略和风险管理内容是西方文化及先进经济管理技术的集中体现，在中国的土壤上需要融入中国元素（中国理念、中国文化、中国问题），才能培养治国理政人才，解决中国问题。本课程历时11年的打造，在教学内容方面力图融理论知识于实践，便于学习领悟；注重实战项目案例推演，培养创新能力；点线面有机结合，碎片化数据整合，支持管理决策；核心价值观与专业内在美学相结合，践行价值导向。

（二）融"思政引领"于课程特色

面对分析主体的多样化、分析客体的现实性和复杂性以及结论运用的重要性，课程教学顺应政治、经济、生态等环境变化，将"思政引领"等教学理念引入我国上市公司案例中（谭木匠"我善治木"、迪马股份差异化公司战略等），具体体现在将爱国、法治、诚信、社会责任等社会主义价值观融入教学大纲与教学内容中；以学生为中心，以"线上+线下""理论+案例""比赛+教学""移动课堂+实践实训"多维融合思政课程教学模式，实现"思政引领价值、知识、能力"三位一体的人才培养目标。

（三）通过课程组持续地教学改革，不断积累和更新思政教学资源

课题组革新了课程范式，精选授课教材，同时也正针对学生的实际能力与需求自编教材，更好地服务于课程教学。团队成员教改成果突出，发表教改论文12篇，获得校级优秀思政示范案例，成功申报教育部产教融合项目。课程组成员积极参与了学校线上线下混合式教学改革，并主持校级教学改革项目数项。

四、课程教学内容与思政元素的融合

教学内容与思政的融合具体如表1所示。

表1 教学内容与思政的融合

课程思政目标	思想政治教育元素	教育方法和载体途径	预计教学成效
帮助学生树立正确的世界观、人生观和价值观，具有良好专业素质和职业道德，遵纪守法、勤俭节约、严谨务实、开拓创新，具有社会责任感，适应未来职业发展趋势	第一章战略与战略管理；第二章第一节企业外部环境分析；第二章第二节企业内部环境分析	理论讲授与实例分析：理解基本内涵，借鉴西方理论。结合公司战略的基本概念，对使命、目标与公司战略的理解和公司战略的层次进行讲授，以华为公司战略管理的案例为载体	使学生懂得实现中华民族伟大复兴需要爱国、爱岗、敬业、讲诚信、顾大局的高素质管理人才；企业战略必须依法处理好各种关系；为实现企业战略目标，绝不能不择手段、违法乱纪，不仅要注重经济利益，还要关注社会效益，增强社会责任感。讲授战略管理发展过程，让学生了解中国企业的发展，理解我国改革开放的伟大成就
通过改革开放期间我国企业的发展壮大成果让学生感受到道路自信、理论自信、制度自信、文化自信；教育学生在战略制定和执行过程中，必须遵守国家有关法律法规，依法履行约定责任，勇于承担风险，维护各方权益，讲求经济和社会效益	第三章第一节总体战略；第三章第二节业务单位战略；第三章第三节职能战略；第三章第四节国际化经营战略	理论讲授与案例分析：以中集集团、吉利汽车等公司案例为载体	
道路自信、理论自信、制度自信、文化自信	第四章第一节公司战略与组织结构；第四章第二节公司战略与企业文化；第四章第三节战略实施	理论讲授与案例分析：以我国上市公司案例为载体	理论联系实际，中西结合形成独立思考。思想品德教育和传统美德教育（法律意识、风险意识、诚信意识、职业道德意识、责任意识）

续表

课程思政目标	思想政治教育元素	教育方法和载体途径	预计教学成效
能够秉持"求真"和"求善"的科学价值观,用严谨的学术研究态度,探究管理问题;真正掌握并理解在中国公司中发生的治理问题并运用相关的理论对其进行认知和解释	第五章第一节 风险与风险管理基本流程; 第五章第二节 风险管理体系; 第五章第三节 风险管理技术与方法	理论讲授与案例分析:以巴林银行等经典案例为载体	理论联系实际,中西结合形成独立思考。思想品德教育和传统美德教育(法律意识、风险意识、诚信意识、职业道德意识、责任意识)
回应现实问题,讨论解决方案,把思政元素嵌入公司治理案例分析中	第六章第一节 风险管理框架下的内部控制; 第六章第二节 公司治理	理论讲授与案例分析:以雷士照明等公司案例为载体	

参考文献

[1] 中国注册会计师协会. 公司战略与风险管理[M]. 北京:经济科学出版社, 2022.

[2] 杨雄胜, 肖海林. 企业战略管理[M]. 北京:中国人民大学出版社, 2008.

[3] 中国银行业从业人员资格认证办公室. 风险管理[M]. 北京:中国金融出版社, 2013.

[4] ROBERT C, MERTON, JOHN HUNKIN. Risk management[M]. 北京:北京大学出版社, 2005.

新商科背景下"财务管理"课程思政教学探索与思考

◎ 陈欢　张秋月

一、引言

随着以人工智能为代表的数字经济时代的到来,为了满足该时代的人才需要,新商科应运而生。但是新经济时代也诱发了大量"见利忘义"的商业伦理事件,以会计、财务管理等专业的传统商科正面临着新商业伦理所带来的挑战。立德树人作为社会主义新时代商科教育理念的核心灵魂,要求教师把思想政治工作全面贯穿于各科教学管理的活动全过程。2020年6月6日,教育部印发《高等学校思想政策发展指导意见》要求"各高校、各教师、各学科要承担育人责任,保持良好的渠道,培养良好的责任感,让思政课和专业课程齐头并进,结合显性教育与隐性教育,形成协同效应,建立全面教育的大格局"。课程思政工作是为了实现协同育人,强调将思想政治教育融入所有的课程之中,从而培养出德才兼备的新时代社会主义接班人。

"财务管理"是本科和研究生财会类专业设置的一门主要核心课程,该课程主要围绕着筹资、投资、营运与资金回收以及经营利润分配管理四个重要方面来系统、具体完整地阐述有关企业融资、理财工作的基本理论、方法原则以及技能。在这个过程中,处处体现着平衡、和谐、正义、法治等社会主义核心价值观和人生观。通过将思政元素融入该课程中,可以帮助学生建立正确的理财思维,独立做出正确的财务决策,以及运用所学来解决实际问题,从而为社会培养出更多符合需求的复合型会计人才。此外,会计人员拥有正确的三观和高尚的职业道德非常重要,这将直接影响他们思考和解决问题的能力。学生目前正处在人格塑造和价值观形成的关键阶段,通过在传授相关的专业知识技能中融入思想政治教育,以培养出德才兼备的优秀大学生。

基金项目：本文是重庆工商大学研究生课程思政建设项目"财务理论研究",教育部产学合作协同育人项目（202101364049）,重庆工商大学校内项目（1951027）和重庆工商大学2020年会计学院教育教学改革研究项目（KJ2001）的阶段性研究成果。

二、新商科背景下财会类专业课程思政的现实要求

2020年，教育部新文科建设工作组发布的《新文科建设宣言》指出，推进新文科建设要立足诚信创新、引领价值、分类推进"三个基本原则"。其中"新商科"是在"新文科"理念下开展经济管理类教育的一个新概念。其重点打造具有中国特色的语言体系，用中国案例和中国理论解释中国现象、解决中国问题、指导中国经济发展，这要求学生具有更高的综合技能和德行素养。因此，"新商科"的诞生需要各高校不断深化课程思政教育改革，培养技术优化、技能提升和具备商德、商道、商情的新商科人才，为国家经济发展、国家战略和国际管理的各个方面服务。

（一）课程思政是新时代高校教学改革的基本要求

根据教育部《高等学校课程思政建设指导纲要》的要求，推动高等教育和教学机构改革工作的第一根本思想任务是立德树人，培养德才兼备的复合型专业人才。但是现在财务管理课程教学更加注重培养学生的专业能力而忽略了学生的综合素养，因此，将思政理念融入财务管理课程教学已经刻不容缓。财务管理作为财会专业的核心课程，应用性、技术性和实践性并重，因而我们在财务管理这门核心课程实践教学活动中充分融入课程思政元素，能够更加有效深入地全面培养会计专业学生自身的财务权衡能力，塑造一个和谐、平等、公正、法治的基本价值观念，并且帮助学生树立正确的、积极的三观，培养选拔出真正合格的、高素质的财务人才。

（二）德才兼备是新商科人才培养的重要目标

在当今教育事业不断变革的过程中，不管将来是为了企业管理还是促进经济技术的迅速发展，财务会计专业一直都非常受欢迎。该专业培训出来的合格的财务管理人才会在社会主义经济建设与发展管理过程中继续扮演着日益重要的关键角色。特别是目前我国的经济正处于高速持续发展转型的黄金阶段，更加充分地凸显出做好财务会计知识的工作重要性。所以，在财务管理课程中融入思政教育，教师不仅可以向学生传授专业知识和实践技能，还可以通过案例的讲解，教育学生诚实守信，恪守职业道德和个人原则。这些内容都会让财会专业的学生终身受益，从而真正地凸显出课程思政教育的独特优势。

（三）教书育人是教师职能的基本体现

学生大部分时间都在学校与教师和同学一起度过，因此师生之间的影响非常重要。它要求教师在实践教育指导中以身作则，用自己的专业知识和思想政治循序渐进地影响学生。对于财会专业的教师来说，将思想政治教育融入专业课程，无论是备课还是后续培训，都需要准备好与财务会计专业相关的思想政治知识或问题。这样也会在潜移默化的过程中提高教师自身对于思政理念的认识，更加注重在课程教学中实现教书育人的统一。

（四）专业课程是思政教育的重要载体

随着全球共享经济时代的到来，多学科高层次创新技术人才培养的潜在需求也在增加。但是，高层次创新技术人才的培养并非一蹴而就，这是一个相对漫长艰难的积累过程。首先，创新型技术人才本身不仅需要具备一些高尚的道德修养，同样还需要有理解专业、思考科学问题、解决专业问题以及较为良好的沟通协调能力等。在讲授专业财务管理相关课程活动中，教师可通过案例教学和课堂讨论等方式引导学生思维，找到专业课程目标与课程思政的契合点，帮助学生在充分学习并掌握专业技能知识的基础上逐步塑造正确的核心价值观念，从而为社会培养出素质高、品质好的创新型人才，充分发挥专业课程的隐性教育功能。

三、"财务管理"课程思政的融合问题分析

"财务管理"作为财务会计专业的一门专业核心课程，是学院课程思政建设的重要和基本载体，要注重深入挖掘其中的德育要素，主要包括社会文化、道德伦理、人文素质等各个方面，并有机整合融入课程教学当中，实现从单一知识传授向德才育人的重大转变。

（一）教师思政教育的意识不到位

教育的首要任务是立德树人，要培养出一批德才兼备，满足新时代中国发展需要的社会主义接班人，在专业课程中融入思想政治知识是非常重要的。然而，大部分会计专业教师会认为专业课和思政课在现实中就像两条平行线，互不打扰、相互独立，思想政治教育应是思政课程教师的任务，自己的本职工作就是上好专业课。以"财务管理"这门课程为例，教师更加侧重教授专业的知识，让学生掌握相关的实践技能即可，而不是去关注学生的思想状况，觉得专

业课堂上向学生讲述思想政治理论会耽误自己讲解专业知识的时间。"师者，传道授业解惑也。"教书育人是老师的责任和使命，在传授专业知识的同时，还应以自身的道德操守，言传身教，教导学生如何为人处事，帮助学生树立正确的价值观、人生观、世界观以及理财观。

（二）专业知识和思政教育融合不充分

在以人工智能为代表的数字经济时代背景下，国家的建设发展离不开创新型人才的培养。虽然一些专业会计课程融合了思想政治理论知识，但思想政治教育的独特性仍然没有从总体上体现出来，培养创新人才需要专业教育与思想政治教育的有机结合。另外，由于目前青年教师在各大高校教师专业团队中所占的比重较大，他们的教育理念又非常活跃，会紧跟时事对课程教学进行优化，所以青年教师队伍逐渐成为推动当前课程思政教学实践的重要对象。但现实存在的问题就是目前大部分专业教师在思政教育研究能力上还有所欠缺，即使从专业课程中挖掘到思政元素，也很难找到一个合适的案例来进行讲述，或者是找到一个思政案例，却没有找到一个合适的融合点将其准确有效地融入专业课程中，最终导致生硬的融合，不能产生良好的育人效果。

（三）课程思政的课程考核体系有待完善

"课程思政"评价需要较为完善且健全的考核体系，教师可以选择多元的考核方式。但是鉴于目前部分高校教师还过分关注培养学生的理论素质和实际技能的日常考核，鲜有专门关于组织指导学生系统地进行各门课程思政方面的系统考核。

（四）推进课程思政发展的机制不健全

目前，部分高校思政课程的统筹机制存在较大问题。学科整合能够帮助财会专业学生从宏观的角度去了解思政课程的内容。因此，教师必须注重课程的整体协调性，将思政教育和专业教育整合起来，形成一个专业知识与思政理念协同发展的系统。然而高校教师却无法将思政理念有效地融入专业课程中去，导致思政课程与专业课程的各因素联系不够紧密。立德树人工作需要协调领导机制，全员全过程全方位力度不足，导致部分教师不了解立德树人工作推行的原则，无法帮助会计专业的学生将体现立德树人的思政工作融入会计学习和实践中。

四、"财务管理"课程思政的实施建议

课程思政教育要求教师在实际传授有关专业文化知识信息的过程中能够融入与专业相关的思政元素。在当今的新经济时代，无论是从事财会相关工作，抑或者相反，财务管理对于任何一个人来说在学习、工作、生活中都扮演着重要的角色。因为它不仅只是企业日常运营及管理活动的主要理论依据，还是指导个人生活或者进行家庭经营理财决策的科学理论基础，与人们的生活息息相关。对财务管理课程进行深度挖掘，可以清楚地发现在其中蕴含着的丰富独特的思政文化理念，但是我们要明确该学科如何去兼顾两者。这不仅对课程教学内容上提出深刻的改革要求，也对它原有传统的课堂教学评价方式等提出了深刻的创新要求。针对上述分析财务管理融入课程思政面临的问题，可以从以下几个方面来得到解决。

（一）"内培外引"，提升教师课程思政教育能力

教师作为课堂教学的主体，是课程教学效果的首要负责人，也是学生学习的榜样。为了教师更好、有效地将现代思政元素融入专业课程教育内容中，就要求教师个人的职业素质必须能够符合有关职业的评价标准，不仅个人需要具备相当丰富的专业知识储备，以及相关的实践技能，同时也要具有崇高的个人信仰与高尚的品德素质，只有这样才能充分发挥其自身的模范作用。因此，建议高校更应该进一步加强对一线教师人员的技能培训，提高教师掌握课程思政的能力。教师应确定培养高素质会计专业人才的根本目标是立德树人，即让学生除了必须掌握自己专业方面的理论知识以及基本技能外，还应具备优良的职业道德品质；另外需要专业课教师能够在组织开展专业课教学过程中，采取多元化的教学方式，将思政内容同会计专业教学内容有机融合，调动学生学习课程思政的积极性，从而让教学推动学生的全方位发展，增强他们的综合能力。此外，专业教师可在财务管理课堂中进行思想政治教育，同时可随时邀请辅导员、外聘顾问到课堂，丰富思想政治教育方式，最终实现"专业素养教育、思想政治教育"双轮驱动的创新型财务管理课程思政建设体制机制。

（二）创新教学方法，找准专业课程与思政教育的切合点

创新与课程思政教育相结合的教学方式，综合运用多种教学方式，将社会主义核心价值观全面系统地融入与运用到学校课程体系和日常教学中，帮助全体学生能够在校内实现其需要学习掌握的专业理论知识的同时，深刻地思考自

己作为财务人的使命和责任,从而潜移默化地实现知识教学和价值引领协同育人的目标。例如,在实际教学中,结合一些现实经济活动的正、反面鲜活案例,并系统地梳理概括出财务管理课程教材中所涵盖的思政元素,帮助指导学生逐步树立起正确理性的核心价值观念,使每位学生均置身于这种生动有趣的课堂氛围中,从而调动他们的学习兴趣。例如,在讲述财务管理总论的时候,可以财务管理的目标、企业财务关系为思政教育的切入点,其中财务管理目标中所蕴含的思政元素有大局意识、长远眼光等为人处事的道理,这里就可以用 RX 财务造假案例来进行思政展现,这样就可以很好地把思政元素与专业课程教育融合在一起。除此之外,在新经济时代下,大数据、云计算系统等多项新兴网络技术已经被社会广泛运用到各类财务管理活动中,教师们在实践教学活动过程中都可以充分利用互联网技术和新媒体平台,推动网络信息技术与专业教学的深度融合,建设、丰富以及完善网络平台课程思政资源,运用"线上+线下"混合教学模式,让学生直接在线上课堂预习专业知识和系统学习相关专业课知识,在线下课堂引入大量的真实案例、制度背景、资本市场环境变化等实际因素,深入全面地讲述理论知识,实现线上网络互动和线下课程教学育人相结合。

(三)完善课程评价体系,引导学生重视思政教育的学习

为了培养务实求新的复合型人才,教师要有效地利用课程教学考核方法,引导财务管理课程教学改革,督促所有学生主动学习思想政治理论知识。可以改变一下财务管理课程思政的考核方式,转变成"平时成绩+期末成绩+成绩转化"。首先,平时成绩的占比为 40%,可以先在研究中国政治经济环境、相关法律法规、资本市场建设动态演变的基础上,设计一套课堂讨论话题和综合案例分析。评估学生是否了解我国国情,通过观点阐述的方法评估其学习思想政治的效果,进行日常绩效评价。其次,期末成绩占比 40%,可以在考试卷中设计相关情境讨论题或经济现象相关名词解释,以评估学习思想政治理论知识的效果。最后,成绩转化占比 20%,学校可以开设讲座,邀请校外专家,撰写思想汇报的方法,考核学生学习思想政治理论知识的效果,根据参加次数将其转化成部分成绩;也可以举办相关的专业竞赛,参加比赛获奖的学生可以将其转化成该课程的一部分成绩;或者对校外参加实习或者调研的报告给予鉴定,将鉴定成绩转化为该课程的部分成绩。一方面,它可以用于考查财会专业学生中的一些真学实用;另一方面,也可以综合评价财务管理教师课程教学的活动实效和管理学生课堂学习的活动效果,为讲授财务管理等课程的教师开展相关课程思政教学活动提供理论保障。

（四）健全思政教育机制，为课程思政改革保驾护航

学校必须健全思政教育体制，有序调节不同机制，保证思政教育体制的正常运行。例如，可以从领导、创新、反馈机制等方面出发，推动思政教育内容的不断革新。学校领导必须从全局出发思考制定思政教育机制的运行目标，从而满足现代化发展的需要。学校必须建立良好的领导机制，切实提高思政教育在财会专业的时效性。此外，专业课教师必须根据学生自身的阅读理解能力水平制定各种不同主题的专题思政进行课堂式教育，达到学生个性化教学的最佳效果。学校还可以进一步围绕教育部印发的《高等学校课程思政建设指导纲要》规划的工作要求，为落实立德树人的根本任务出台关于会计学院开展思政课程的工作要求。要求教师在讲述专业知识时聚焦中国道路、讲述中国故事，并将思政元素与职业道德结合起来。将思想政治知识的传授贯穿于课程目标设计、课程修订、教材编写和评阅选择以及课程课件创作等各个环节，贯穿面授、教学研讨、实验训练、作业和论文写作等方面，最终帮助学生系统地了解中国会计专业发展趋势和各行业发展相关的国家战略、法律法规。

五、结语

在新商科背景下，需要重新设计新理念、新思维、新方法的财务管理人才培养方案，专业知识和思政理念的融合也成为其中非常重要的一个环节。课程思政理念对于高校财务管理系列课程及其教学工作无疑有着深远而重大的影响。财务管理等课程及其思政体系建设工作的教学宗旨也就是要能够结合高等院校财务管理等教学体系内容改革的自身特点，将经济政策、法律制度、资本市场环境条件等一系列变化有机融入运用到具体教学环节中去，从而做到让所有学生都能够从中更好地了解和热爱中国，最终真正激发大家对学习知识、技能的追求，为建设社会主义现代化国家贡献自己的一份力量。

（一）学校为课程思政提供有效的保障机制

学校必须健全思政教育体制，有序调节不同机制，保证思政教育体制的正常运行。学校领导还必须坚持从改革全局出发去思考并制定本校思政教育机制的运行目标，从而将思政知识的传授贯穿于课程目标设计、课程修订、教材编写和评阅选择以及课程课件创作等各个环节，贯穿面授、教学研讨、实验训练、作业和论文写作等方面，最终帮助学生系统地了解中国会计专业发展趋势和各行业发展相关的国家战略、法律法规。

（二）教学切实做好课程思政教育的推行者

教师也必须继续坚持以立德树人为教育目标，深挖高校专业特色课程中蕴藏的思政元素，进一步改进课程教学设计，创新财务管理课程思政教学方法，将财务管理课程知识与课程思政理念更加充分地、有效地融合在一起，充分发挥财务管理专业课中隐含的德育功能，推动财务管理专业课知识与思想政治理论课协同育人。另外，教师一定要及时有效并准确地掌握利用本课程实际教学评价考核新方法，引导开展财务管理等课程实际教学改革，激发学生自主学习思政知识的积极性，实现传统传授理论知识和实践技能与学生价值引领有机融合，切实提升学校财务管理专业课程实际教学工作效果，促进财务管理专业教学高效发展。

参考文献

[1] 林雪珠.《财务报表分析》课程思政的探索与实践[J]. 湖北开放职业学院学报，2021，34（24）.

[2] 教育部关于印发《高等学校课程思政建设指导纲要》的通知[EB/OL]. http：//www. moe. gov. cn/srcsite/A08/s7056/202006/t20200603_462437. html，2020-06-01.

[3] 张春艳，田景仁. 高校财务管理课程思政教育改革探索[J]. 商业会计，2021（17）.

[4] 新文科建设工作会议发布《新文科建设宣言》[EB/OL]. http：//www. moe. gov. cn/jyb_xwfb/gzdt_gzdt/s5987/202011/t20201103_498067. html，2020-11-03.

[5] 黄有方. 推进管理学领域新文科建设的方向与举措[J]. 中国高等教育，2021（1）.

[6] 刘丹娜，于非非，徐莎. 新商科课程思政评价体系研究[J]. 时代报告，2021（9）.

[7] 廖妍姣. 高职课程思政实施路径探析——以《财务管理》课程为例[J]. 农村经济与科技，2019，30（22）.

[8] 朱若瑜. 应用型财务会计专业课程中"课程思政"教学改革探讨[J]. 现代职业教育，2021（42）.

[9] 杜丽. 基于"课程思政"财务管理课程改革探讨[J]. 当代会计，2020（21）.

[10] 宋淑琴，刘凌冰. 财务管理课程思政建设研究——基于布鲁姆教学理论[J]. 商业会计，2021（9）.

[11] 耿刘利,王琦,陈若旸.高校财务管理专业课程思政教学改革的思考[J].西南石油大学学报（社会科学版），2019，21（2）.

[12] 陆道坤.课程思政评价的设计与实施[J].思想理论教育，2021（3）.

[13] 宁宇新.基于"新商科"的财务管理专业人才培养方案研究[J].黑龙江教育（高教研究与评估），2020（8）.

会计信息类课程思政教学设计探索与实践
——以"Excel 会计信息处理"为例

◎ 赵青华

一、引言

在大数据工具如雨后春笋般涌现并大量应用于会计领域的时代背景下,会计信息处理变得越来越快捷和方便,为会计信息的使用者提供决策相关的会计信息、考核和评价经理人的受托经济责任提供了便捷的信息渠道。但是,大数据工具也为会计信息的操纵者打开了多种方便之门。而且,大数据工具的便捷性,使操纵后的会计信息变得有如大风后的水面,半静得没有一丝波澜,很难留下各种审计或会计监管线索。2021年8月国务院办公厅发布了《关于进一步规范财务、审计秩序促进注册会计师行业健康发展的意见》,明确要求"对会计师事务所和上市公司从严监管,依法追究财务造假的审计责任、会计责任。加强财会监督大数据分析,对财务造假进行精准打击"。

在思想政治工作贯穿教育会计专业教学全过程的指导思想下,将思政教育融入会计信息类专业核心课程的教学中在大学会计学专业教育中显得非常必要。通过课程思政教育同会计信息专业知识的有机结合,教育学生利用大数据工具进行会计信息处理时,应该遵守商业伦理和会计职业道德,以及法律规范的相关规定。从小处看,不损害企业利益相关者的权益;从大处看,不破坏国家的经济制度、有损国家的经济利益,树立客观、公正、德才兼备的职业态度。

二、"Excel 会计信息处理"课程思政教学设计案例

从"Excel 会计信息处理"的一个知识点出发,进行本课程的思政教学设计。本节课针对的是教学内容的第八章"账套数据分析"。从"账套数据分析"这个知识点来看,不同的数据分析者站在不同的工作立场,因此在切入课程思政目标时应立足不同的工作立场。

基金项目:本文是重庆工商大学融入"课程思政"理念的会计学科教学模式研究(项目批准号:205014;项目批准文号:重工商大〔2020〕249号)的研究成果。

(一)明确课程思政目标及课程内容目标

1. 课程思政目标

在课程设计时,通过对账套的数据分析,结合行为学、心理学、管理学和会计学知识,发现账套中隐藏的盈余管理现象、可能的舞弊信息、管理中的财务漏洞、偷漏税行为等线索,一是提高学生的财务、会计和审计方面的专业技能;二是更深刻地理解会计实务中的商业伦理与会计职业道德,提升学生的职业道德和法律品格。例如,通过实例,分析账套中的某些会计处理行为,如申请科研项目(是否真实存疑),然后将公司的各种似是而非的费用或支付项目计入研发支出,从而通过加计税前扣除达到"节税"和"降本增效"的目标,让学生意识到,会计信息的真实性对投资者、债权人、政府等相关各方及国家的巨大影响,从而自觉树立遵守财经法律法规的意识,建立起正确的商业伦理观和会计职业道德;从自身做起,做国家宏观与微观经济管理的信息守护人。

2. 课程内容目标

(1)掌握数据处理方法。

要求掌握利用 PowerQuery 导入数据并建立数据链接,加载于 PowerPivot 数据模型库,用透视表功能分析数据,并用 PowerView 将会计数据给予可视化的展示。

(2)结合专业知识进行数据切片分析。

在课程设计中,应将账套分析的主要角色和目标考虑进来。例如:

角色一:内部管理会计。内部管理会计的账套分析目标在于挖掘公司增收节支的潜力,通过与企业与同行同业相比寻找竞争优势,为企业在复杂的竞争环境中赢得一席之地。比如:通过账套相关数据的多维度的切片(如管理费用等会计科目的时间分布,如月、周、旬、季、年、星期几切片分析;明细科目数据切片;会计业务制单、记账、审核等执行人数据切片等),分析账套数据的动态比(定基比、环比、同比、计划或任务完成比、定额执行比)、静态比(相关比、构成比等),将数据的内涵提示出来,明确公司的费用构成、同行同业比较、挖掘成本费用控制的潜力等。

角色二:注册会计师审计。注册会计师分析账套的目标在于从给定的账套中发现重大的错、漏报信息。如果是上市公司,侧重点在于分析账套中与盈余有关的会计科目数据的构成、变化、与相关指标的数据逻辑、时间节点、凭证制作者、审核与记账者分布、摘要的文本数据分析,并从网页中搜索相关网页数据,用 PowerQuery 工具爬取、清洗和分析,从而查找审计疑点;结合公司筹资、投资、增发、回购、并购等业务发生的节点,分析数据关系。

角色三：税务稽查。税务稽查分析账套的重心在于与税务相关的经济业务。以我们准备的实验教学用的真实账套为例。此账套为西南某上市公司 2004 年的全部账务，有近 9 万条会计记录。但这些经济业务记录并不是所有的都与税务有关。企业缴纳的主要税种有：①资源税，显然此税种涉及的经济业务主要有销售业务，涉及的会计科目有"应交税费——应交资源税""税金及附加"；②增值税，此税种涉及该公司的"主营业务收入""原材料"和"固定资产"等；③企业所得税，涉及"主营业务收入""主营业务成本""管理费用""销售费用""财务费用"等；④个人所得税。虽然个人所得税在企业中是代扣代缴的，但是以我们用的实验账套为例，公司的员工薪酬，特别是基本工资以外的奖金、津贴、各种补贴、加班补助很少，反而是管理费用中的差旅费较多，而且具有很强的季节性分布特点，虽然账套没有原始签字资料，但有很明确的稽查线索。

（二）教学方法

1. 实践实验教学法

本课程采用线上线下混合式实践实验教学。每次实验课前，教师都要从企业或事业单位的会计实际业务中搜集账套数据。考虑到会计数据具有商业机密性的特点，我们用于教学的数据考虑了：10~15 年（2007 启用新的会计准则后）前的真实企业数据；对账套中的人名、地名、单位名等做了技术处理；公司的背景资料做了隐匿处理，但又保留了相关经济业务特点。要求学生在课前复习中级和高级财务会计、审计学和统计学相关知识，同时对教学目标与看问题的视角进行了布置。

2. 线上线下互动教学法

课堂使用学校的"企业微信"将课件资源同步到企业微信教学群，学生可随时查看课堂上要求的知识。同时，将课堂讲授及操作视频内容上传企业微信、QQ 空间，并将知识点微课化，分成小视频按知识点上传至抖音、快手，采用随机点名、弹幕、提问等功能进行互动教学。面对面的时候，不开玩笑不插话，不见面的视频教学则比较随意，学生参与性强，既避免了教学进度受干扰的问题，又给了学生说话的机会，同时实践性强的特点又能调动未入会计实务门的学生的兴趣。

3. 角色换位教学法

在账套分析的角色定位后，让学生设想账套主角的目标、意图、手段与方法。扮演角色在分析公司账套之前，要站在"对立"的角度来思考问题。比如注册会计师在审计之前设想："假如我是这个亏损上市公司的主办会计，会计专业知识丰富、业务熟练、会计职业道德修养不足，受命于法治意识淡泊的公司领导层，被要求通过会计处理'保留上市资格，挽救公司股价'的'重任'"来处理公司本年度的全部账务，那么，我们将要分析的这个账套可能出现什么样的盈余管理或者财务舞弊行为呢？这样能使学生将数据分析目标与注册会计师的审计职能结合起来，既理解上市公司会计、税法、政府监管等相关的政策和法律，也更容易理解和上手会计、审计实务。

（三）教学过程

1. 数据收集与清洗的方法回顾

通过企业微信随机抽问，回顾以下问题：

（1）以前章节讲授过的数据收集、清洗的操作方法与要达成的数据结构样式；

（2）思政元素：会计信息质量要求，以及与之相关的法律法规；

（3）思政元素：与案例相关的税法规定及会计与税法的关联性。

2. 会计与审计知识导入

2022年发生的*ST XY重大违法舞弊案。导入如下知识点：

（1）*ST XY是因为什么原因被标注*ST的？

（2）取消*ST标注会有什么样的条件？

（3）如果财务状况不能改善甚至继续恶化，*ST公司会面临什么样的结局？

（4）退市对公司的经营者和大股东有什么样的影响？对公司中小股东又有什么影响呢？*ST XY一案中，受害者有哪些？

3. 思政提问

思政问题1：公司财务状况恶化就会导致财务舞弊行为吗？如果财务状况恶化的公司出现财务舞弊，可能会有哪些手段与方法？

思政问题2：某公司财务主管辩称：财务舞弊行为是违法的，但"调账"的目的是拯救公司，使公司有新的发展机会。如果不"调账"，公司就会破产清算，员工失业，股东就会面临更大的损失。试驳斥之。

思政问题3：大数据工具可以更轻松地平滑会计数据，操纵公司盈余，而且留下的痕迹更少。由此，有人认为大数据工具对会计是有害的。试辨析之。

4. 教学素材

（1）教学素材：给出账套案例数据，以及公司相关的背景资料、面临的财务状况和经营环境。

（2）思政核心：①注册会计师审计视角：一是职业操守：职业道德与遵纪守法；二是职业能力：具有丰富的专业知识。②管理会计视角：具有较好的管理知识，敢于揭示内部管理中的贪污腐败、浪费资源或者不经济的行为，发现管理中存在的漏洞或不足，挖掘企业价值增长的潜力。③税务稽查视角：熟悉经济法、税法和相关规定，为人公道，从为国征税、合理计税的角度，用大数据方法挖掘会计业务中可能隐藏的税务问题。

5. 课程讲解

（1）知识点1：认识数据结构，理清数据收集与清洗的基本思路；

（2）知识点2：不同角色扮演中，关注数据的焦点在哪里；

（3）知识点3：如何实现大数据中隐藏信息的显性化。

（4）思政元素：如何在日常会计专业知识的学习中，防范职业风险（会计法律意识、依法纳税意识、商业伦理与会计职业道德意识）。

6. 练习与讨论

通过线上和线下回答学生实务操作中的问题。

具体教学设计如表1所示。

表1 教学设计

教学意图	巩固数据处理理论、会计、审计理论、心理学理论等知识的综合运用
上机练习	建立数据链接？清洗数据？数据加载到PowerPivot数据模型？数据透视、关联分析、机器学习等？数据可视化？结合专业知识进行判断
教学方式	现场讲授，同时通过企业微信现场录制微课，保存微课视频，给学生演示、讲解及回顾
课后作业	重新给出事业单位的账套，按预算管理、查错纠弊为目标的账套数据分析
课堂小结	账套分析的思路与方法；思政元素：商业伦理与会计职业道德、会计与企业经营方面的法律法规
课后思考	如果你是案例账套的会计主管，通过账套分析公司在增加节支方面还存在哪些缺陷和不足？如果你担任审计职务的注册会计师，公司账套分析的结果表明会计存在什么样的疑点？理由是什么？如果你是税务稽查人员，公司可能有哪些方面的偷逃税款行为？怀疑的理论依据和数据支撑分别是什么？

续表

实验报告	记录实验过程及实验发现，并回答上述思考题目
期望目标	希望学生树立法治意识、企业伦理与会计职业道德意识，掌握会计、审计、大数据分析技术，担当起会计的管理使命、审计和税务稽查的监督使命。将思政元素与账务大数据分析技术、会计与审计知识等教学内容进行融合，将学生的专业知识、会计与审计技能的培养与世界观、人生观、价值观统一起来。将理论分析、实务操作结合起来，培养学生理论分析能力与实践能力，锻炼学生的逻辑思维能力，同时提高他们的会计职业素养

三、总结与思考

（一）总结

会计信息类课程思政教学设计要注重课程特点，便于教学内容与思政元素的无缝融合，不宜生硬地将其分成思政与教学两个模块分别进行。从宏观上来看，会计信息是国家重要的经济管理、经济监督的温度计；从微观上来看，会计信息是企业管理的重要依据。所以，本课程的思政教学设计从引入大数据知识入手，讲述相应案例背景资料，将学生带入专业实践课堂，同时引出商业伦理与会计职业道德、会计和经济法规等问题。教学过程控制方面，既要站在职业"对立面"思考对方可能的舞弊或信息隐匿的手段与方法，发现社会实践中有违商业伦理和经济法律的现象，也要站在管理者的视角发现数据中隐藏的经济管理中的不足或存在的问题。

（二）思考

会计信息类课程带有很强的技术性与专业性，如果在教学中生硬地带入思政元素，可能会适得其反。当代大学生有很宽广的视野，接触过很多的社会思潮，如果在课程思政教育中不能自圆其说，不能以理服人，则会让学生产生抗拒心理。所以，如何在教学过程中，既组织好专业知识，又将思政元素无缝渗入专业知识理论体系中，是专业课程思政中需要不断思考的问题。思政教学的要素很多，在什么场合、什么知识板块、什么教学环节，融入什么思政元素，从而达到既不产生专业知识与思政元素的割裂，又要以理服人，这是大学专业课程教学设计中需要不断完善的地方。

参考文献

[1] 唐晓彬,杨孟阳.《计量经济学》课程思政的探索与实践[J].中国统计,2022（5）.

[2] 董必荣.论课程思政的本质与内涵[J].财会通讯,2022（12）.

[3] 尹夏楠,孙妍玲.专业思政与课程思政一体化建设的探索与实践[J].山西财经大学学报,2022,44（S01）.

[4] 杨阳,郝娟,刘晓群.《网络安全》课程思政教学设计研究与实践[J].教育研究,2022,4（11）.

"法治守护评估价值"课程思政教学案例设计
——基于商誉减值测试评估违规案例的启示

◎ 徐茜　罗惠玉

全面依法治国是我国当前在新形势下大力推行的战略布局。以法律形式守护国有资产的价值、评估相关资产的真实价值、促进国有资产与其他所有制资产的对等合作，推动我国企业在国际市场上全力竞争，具有划时代的意义。作为高端服务业，资产评估不仅是专业行为，更代表我国市场规范运作中的价值公平衡量的基本规则。毫无疑问，要使资产评估行业全面发挥出专业优势，当好守护国有资产价值的"卫士"，必须在专业人才培养上下功夫。资产评估特色决定了法治才能守护评估价值。资产评估教学中必须坚持以宪法法治为导向，让学生知法、懂法、执法，自觉履行职业道德，在今后的工作中做到诚实守信、勤勉尽责。基于上述背景，"资产评估学"课程思政示范教学案例选取了典型新闻案例——2009年证监会处罚第一单（上市公司商誉减值违规操作），进行相关思政案例教学设计。

一、教学目标及知识点

（一）教学目标

通过课程思政示范案例教学设计，拟达到的教学目标：掌握商誉减值测试评估的概念；掌握商誉减值测试评估的基本评估事项；认识及把握商誉减值测试评估的风险环节及关键风险点，旨在合理、规范执行商誉减值测试评估业务。

（二）知识点

1. 商誉减值测试评估的概念

商誉减值测试评估指资产评估机构接受企业委托，根据企业商誉减值测试的需要，对包含商誉的资产组或资产组组合的可收回金额进行估算并出具资产评估报告的专业服务行为。

2. 商誉减值测试评估的基本评估事项

基本评估事项如表1所示。

表 1 基本评估事项

序号	基本评估事项	具体内容
1	评估目的	为企业商誉减值测试确定包含商誉资产组或资产组组合的可收回金额提供价值参考
2	评估基准日	资产负债表日
3	评估对象及评估范围	商誉减值测试评估对象是包含商誉的资产组或资产组组合。评估范围包括商誉、商誉相关资产组或资产组组合。其中,商誉是完全商誉,既包括归属于母公司股东权益的商誉,也包括归属于少数股东权益的商誉
4	价值类型	可收回金额应根据包含商誉资产组或资产组组合公允价值减去处置费用后的净额与预计未来现金流量的现值两者之间较高者确定
5	评估方法	商誉减值测试评估需要计算公允价值减去处置费用后的净额时,资产评估专业人员可以采用市场法、收益法、成本法计算包含商誉资产组或资产组组合的公允价值

3. 商誉减值测试评估的风险环节及关键风险点

风险环节及关键风险点如表 2 所示。

表 2 风险环节及关键风险点

序号	风险环节	关键风险点
1	项目承接环节	(1)是否更换资产评估机构以及更换的原因; (2)是否存在业绩承诺到期后业绩大幅下滑的情形; (3)证券评估机构是否具备专业胜任能力; (4)商誉资产组所处行业发展状况对商誉减值测试评估的影响
2	商誉资产组的辨识	(1)关注形成商誉的业务性质、商誉相关资产组辨识相关的企业会计准则规定; (2)商誉后续计量资产组与商誉初始计量确认资产组是否存在差异; (3)企业是否随意扩大或缩小与商誉相关业务资产组的构成;

续表

2	商誉资产组的辨识	（4）企业因重组等因素是否导致企业经营业务组成发生变化，继而影响已分摊商誉所在的资产组构成； （5）关注商誉是否包括归属于少数股东的商誉
3	包含商誉资产组公允价值计算方法	（1）当商誉减值测试评估需要计算公允价值减去处置费用后的净额时，需要关注市场法、收益法和成本法的适用性及输入值的优先级； （2）当采用市场法计算包含商誉资产组公允价值时，需要关注可比对象实际交易所在市场和评估对象模拟有序交易所在的主要市场或最有利市场是否一致； （3）当采用收益法计算包含商誉资产组公允价值时，需要关注与计算预计未来现金流现值的预期收益与折现率的区别和联系
4	折现率的取值	（1）折现率计算口径与预计未来现金流量口径是否保持一致； （2）折现率是否包含商誉资产组自身报酬率水平；
5	核查验证	（1）关注商誉减值测试评估核查验证目的； （2）关注法律权属、物理状况、技术状况以及经济状况等4个方面的变动对可收回金额计算的影响； （3）关注企业提供的经管理层批准的包含商誉资产组财务预测数据的可行性

二、思政案例教学设计

（一）案例背景

上市公司商誉减值测试过程中的一个重要事项就是确定商誉相关资产组的可收回金额，以作为计算商誉是否减值、商誉资产组商誉减值损失金额、商誉减值金额的依据。目前，为了保障商誉减值计提的客观性、专业性，上市公司商誉减值测试中绝大多数委托资产评估机构从事商誉相关资产组可收回金额的计算。2018年11月，证监会会计部发布《会计监管风险提示第8号——商誉减值》，对上市公司2018年年报商誉减值行为进行规范，文件详细规范了上市公司、审计师、资产评估师的责任。在2018年年报监管中，资产评估机构是否按照8号文件的规定进行商誉减值测试评估工作，成为上市公司商誉减值测试合规与否的重要影响因素。

（二）案例来源

新闻案例：证监会2019处罚第一单，剑指上市公司商誉减值违规操作。（https：//www.sohu.com/a/295080248_618578）

（三）案例摘要

随着证监会会计部发布8号文——商誉减值，2019年2月14日，广东证监局发布了2019年第一单对资产评估机构处罚，剑指资产评估机构在商誉减值测试评估中的违规行为。中国证券监督管理委员会广东监管局行政监管措施决定书的主要内容：

1. 处罚对象

北京ZKH资产评估有限公司以及资产评估师江×、夏×。

2. 处罚内容

根据《中华人民共和国证券法》等有关规定，对你们执业的广东省广告集团股份有限公司（以下简称省广集团或公司）2017年度商誉减值测试所涉及的子公司上海KD广告有限公司（以下简称上海KD）资产组可回收价值评估项目进行了检查，发现你们在执业中存在以下问题：

第一，评估程序不充分。①未关注到上海KD2018年销售合同翻印2017年销售合同的异常情况，未开展进一步的核查和验证程序。②函证程序不规范。

第二，评估依据不充分。你们在做上海KD收益预测时主要依据公司与客户签订的合同，但你们对该公司主要合同项目及客户情况的调查分析工作不到位，评估依据不充分。

第三，评估底稿不完善。评估底稿中未保存对客户的独立函证记录。

评估底稿中保存的上海KD与上海SH广告有限公司签订的2018年销售合同的签订时间为2018年3月2日，晚于资产评估报告的出具时间2018年3月1日。资产评估说明与评估底稿中保存的支撑性资料不一致。

（四）案例思考题设计

1. 课前思考题

（1）哪个法律法规对资产评估机构从事商誉减值测试评估进行了规范？

（2）资产评估人员执行商誉减值测试评估业务需要遵循哪些法律法规？

（3）案例中哪些人员受到了惩罚？原因是什么？

2．课中讨论题

（1）该案例中涉及哪些资产评估行为违规，评估人员分别触犯了哪些法律法规？

（2）案例违规行为涉及哪些风险环节及风险点？

3．课后思考题

（1）资产评估的法律体系包括哪些内容？

（2）依据《资产评估职业道德准则》，资产评估从业人员应具备哪些道德品质？

（五）思政案例教学组织设计

教学组织设计如表 3 所示。

表 3　教学组织设计

计划	组织形式	方法	思政融入方式及运用	核心思政元素
课前	专业教师发布任务	自学	运用阅读进行隐形渗透式，如以下关键词组：评估程序不充分、评估依据不充分；评估底稿不完善	宪法与法治、社会主义核心价值观
课中	专业老师讲授	—	—	—
	案例讨论	案例教学法	运用案例穿插式和讨论辨析式：问题1：该案例中涉及哪些资产评估行为违规，评估人员分别触犯了哪些法律法规？问题2：案例违规行为涉及哪些风险环节及风险点？	宪法与法治、诚实守信、勤勉尽责
	专业教师讲授	案例教学法	运用画龙点睛式，教师在点评中指出遵守宪法与法治，评估人员才能在评估中自觉维护国有资产及其公共利益	爱国主义、社会主义核心价值观、讲诚信、守规则

续表

计划	组织形式	方法	思政融入方式及运用	核心思政元素
课后	专业教师发布任务	自学	通过专题嵌入式：阅读《资产评估法》《刑法》等法规思考： 问题1：资产评估的法律体系包括哪些内容？ 问题2：依据《资产评估职业道德准则》，资产评估从业人员应具备哪些道德品质？	宪法与法治、职业道德

三、思政案例教学总结

"资产评估学"课程集基础理论与专业技能于一体，必须坚持以思政为引领来组织专业教学。"法治守护评估价值"是讲述商誉减值测试评估的课程思政示范案例，商誉减值测试评估对于上市公司年报的重要性不容置疑，但教学内容对于没有评估实践的学生而言可操作性差，通过新闻案例纳入课堂可以弥补这个缺陷。课程思政示范案例在"资产评估学"课程应用以来，取得了显著的教学成果，主要表现在：①学生制作PPT积极参与案例讨论，课堂气氛活跃，案例成果多。②案例内容让学生自主关注宪法法治、职业道德以及价值观。③违法违规思政案例的学习让学生知法、懂法、用法、重法、遵法。④学生积极参加资产评估案例大赛，成绩显著。⑤入党积极性显著提升。⑥"资产评估学"课程每年的评教成绩优秀，报考资产评估师和资产评估研究生的比例逐年较高，课程满意度高。

参考文献

[1] 中国资产评估协会.资产评估专家指引第 11 号——商誉减值测试评估[S]. http://www.cas.org.cn/ggl/63593.htm，2021

[2] 佚名.证监会 2019 处罚第一单，剑指上市公司商誉减值违规操作[EB/OL].https://www.sohu.com/a/295080248_618578，2019.

[3] 应尚军，冯体一.论资产评估的案例教学[J]. 中国资产评估，2018（10）.

"三全育人"改革

"我国高等教育肩负着培养德智体美全面发展的社会主义事业建设者和接班人的重大任务，必须坚持正确政治方向。高校立身之本在于立德树人。"

"要坚持把立德树人作为中心环节，把思想政治工作贯穿教育教学全过程，实现全程育人、全方位育人，努力开创我国高等教育事业发展新局面。"

——摘自《习近平谈治国理政（第二卷）》第377页、第376页

高校高质量党建引领育人的内在逻辑与实践路向研究

◎ 顾 飞

一、高校高质量党建引领育人的现实价值与内在逻辑

（一）以高质量党建引领育人是加强党对高校全面领导的必然要求

"教育是国之大计、党之大计。"党对高校的领导是全面的、系统的、整体的，必须全面、系统、整体地加以落实。高校作为培养堪当民族复兴大任时代新人的主要场所，在"加快建设教育强国、科技强国、人才强国"的新征程上，发挥着重要的思想引领、价值塑造、人才培养等关键性育人作用，是培养德才兼备的一流人才、建设社会主义现代化强国的中流砥柱。因此，以高质量党建引领育人必然成为新时代加强党对高校全面领导的内在要求与集中体现。党的十八大以来，以习近平总书记为核心的党中央高度重视加强党对教育工作尤其是高校工作的全面领导，并在不同场合多次强调必须毫不动摇坚持和加强党对高校的全面领导，不断加强和改进高校党的建设，把党的领导落实到高校事业发展的各领域、各方面和各环节。2014年12月，在第二十三次全国高等学校党的建设工作会议上，习近平总书记作出重要指示强调"高校肩负着学习研究宣传马克思主义、培养中国特色社会主义事业建设者和接班人的重大任务。加强党对高校的领导，加强和改进高校党的建设，是办好中国特色社会主义大学的根本保证"。2018年9月，在全国教育大会上，习近平总书记再次强调"加强党对教育工作的全面领导，是办好教育的根本保证"，明确提出了"要努力构

基金项目：本文是教育部人文社会科学研究专项任务项目（中国特色社会主义理论体系研究）"以创新引领高质量发展的路径研究"（19JD710014）、重庆市社会科学规划项目"创新驱动发展战略引领重庆高质量发展研究"（2018YBMK002）、重庆市研究生教育教学改革研究一般项目"基于培养造就德才兼备高层次人才的会计专业硕士内生性融合课程思政体系化建设与探索"（yjg223108）、重庆市高等教育教学改革研究一般项目"基于内生性融合的'财务管理案例'课程思政有效教学模式探索与实践"（213208）、重庆市2022年本科高校课程思政示范项目（综合类项目）——重庆工商大学"财务管理学"课程、重庆市高等教育教学改革研究重大项目"高校高质量党建引领育人的探索与实践——以重庆工商大学为例"（221023）、重庆市高等教育教学改革研究重大项目"地方高校财经类专业课程思政元素案例库构建"（221044）的阶段性研究成果。

建德智体美劳全面培养的教育体系,形成更高水平的人才培养体系"的目标要求。2022年10月,习近平总书记在党的二十大报告中强调"教育、科技、人才是全面建设社会主义现代化国家的基础性、战略性支撑""培养什么人、怎样培养人、为谁培养人是教育的根本问题",提出要"坚持为党育人、为国育才,全面提高人才自主培养质量,着力造就拔尖创新人才,聚天下英才而用之"。

习近平总书记的系列重要论述,对于我国高校站在第二个一百年的新的历史起点上,科学认识育人功能在人才培养工作中的首要地位,深刻理解高质量党建对于推进高水平育人的根本性保障作用提供了科学的理论指引。同时,也为高校各级党组织科学领导、全面统筹、有效对接和深度融入学校人才培养的全要素、全过程、全方位提供了认识论和方法论的重要指引。因此,以高质量党建引领育人,有效促进高校党建与高等教育事业发展的深度融合,有力引领高校的高质量发展,更好地培养德智体美劳全面发展的社会主义建设者和接班人必然成为新时代加强党对高校全面领导的内在要求,成为新征程上加强和改进高校党的建设的关键重要任务,同时也是把党的领导落实到高校人才培养各领域、各方面、各环节的具体要求和集中体现。

(二)以高质量党建引领育人是全面贯彻党的教育方针的重要体现

全面贯彻落实党的教育方针是办好中国特色社会主义大学的政治保证。以高质量党建引领育人是我国高校全面贯彻落实党的教育方针政策的重要体现。教育的本质是育人,扎根中国大地办大学,全面贯彻党的教育方针,落实立德树人根本任务,培养德智体美劳全面发展的社会主义建设者和接班人,这是中国特色社会主义大学的本质要求。高校以高质量党建引领育人既是高校党委落实主体责任,深入推进新时代党的建设新的伟大工程的内在要求,又是高校各级党组织发挥其政治优势、组织优势,更好地落实立德树人根本任务,践行为党育人、为国育才时代使命的必然要求。2014年12月,在第二十三次全国高等学校党的建设工作会议上,习近平总书记作出重要指示,要求"各级党委和宣传思想部门、组织部门、教育部门要加强对高校党的建设工作的领导和指导,坚持党的教育方针,坚持社会主义办学方向,加强和改进思想政治工作"。2020年11月,党的十九届五中全会着眼于推动我国各项事业的高质量发展,在《中共中央关于制定国民经济和社会发展第十四个五年规划和二〇三五年远景目标的建议》中提出了"提高党的建设质量""建设高质量教育体系"和建成"教育强国"等一系列战略发展新要求,从而为高校高质量推进党的建设、高水平促进人才培养明确了目标任务和前进方向,同时也为高校以高质量党建引领育人提供了政策性的依据。

高校的各级党组织是党的教育方针政策在高校全面贯彻落实的领导者、组织者和实践者,肩负着落实立德树人根本任务,为党育人、为国育才的政治责任和政治使命。以高质量党建引领育人是新时代高校全面贯彻落实党的教育方针,坚持社会主义办学方向,牢牢抓住全面提高人才培养能力这个核心点,并以此带动其他各项工作,扎根中国大地办出世界一流大学的重要体现。高校党组织唯有找准深挖党建引领育人的切入点,充分地调动其党建引领育人的积极性、主动性、创造性,聚焦高校为党育人、为国育才的使命担当,不断提高党建质量,不断推进党的自我净化、自我完善、自我革新、自我提高,才能切实增强各级党组织对高校各项事业发展尤其是高水平育人工作的政治领导力、思想引领力、群众组织力、社会号召力,才能更好地为党和国家事业发展培养造就一大批堪当时代重任的社会主义事业建设者及接班人。高校必须坚持以习近平新时代中国特色社会主义思想为指导,深刻领会和准确把握习近平总书记关于高校高质量党建与立德树人的重要指示精神及其内在逻辑联系,才能够牢牢抓住全面提高人才培养能力这个核心点,全面统筹与协调推进高校的党建引领育人工作,以更高的标准、更实的举措推进高校党的建设新的伟大工程,不断提高高校党的建设质量和科学化水平,进而探索出以高质量党建引领高水平育人的长效机制和有效路径,并以此带动高校其他工作,促进高校各项事业沿着正确的政治方向实现高质量的发展。

(三)以高质量党建引领育人是落实立德树人根本任务的重要保障

立德树人是高校的立身之本。以高质量党建引领高水平育人是中国高校坚持正确的办学方向,落实立德树人根本任务,全面提高人才培养能力的根本保证,也是新时代加强党对高校工作全面领导的应有之义。2016年12月,在全国高校思想政治工作会议上,习近平总书记强调"我国高等教育肩负着培养德智体美全面发展的社会主义事业建设者和接班人的重大任务""高校立身之本在于立德树人",指出"办好我国高校,办出世界一流大学,必须牢牢抓住全面提高人才培养能力这个核心点,并以此来带动高校其他工作"。2017年10月,习近平总书记在党的十九大报告中指出"要全面贯彻党的教育方针,落实立德树人根本任务,发展素质教育,推进教育公平,培养德智体美全面发展的社会主义建设者和接班人"。2021年4月,习近平总书记在清华大学考察时强调"建设一流大学,关键是要不断提高人才培养质量",并指出要"抓住全面提高人才培养能力这个重点,坚持把立德树人作为根本任务,着力培养担当民族复兴大任的时代新人"。2022年10月，习近平总书记在党的二十大报告中再次强调要"全面贯彻党的教育方针，落实立德树人根本任务，培养德智体美劳全面发展的社会主义建设者和接班人"。习近平总书记的系列重要讲话对于高校高质量党建引领育人，落实好立德树人根本任务提供了根本遵循和行动指南，进一步明确了高校以高质量党建引领育人的关键问题与重点任务。

2021年4月，中共中央颁布了修订后的《中国共产党普通高等学校基层组织工作条例》，并在通知中对高校高质量党建引领育人作出了明确的制度化要求，强调要"把高校党的建设摆在突出位置来抓""推动高校党建与高等教育事业发展深度融合，以高质量的党建引领推动高校为党育人为国育才、实现高质量发展"。该条例总则中提出的高校党组织工作必须遵循的五大原则中就有三项原则直接与党建引领育人紧密相关。一是立足于高校工作全局，强调要"坚持党管办学方向""领导改革发展""把党的领导落实到高校办学治校全过程各方面，确保党的教育方针和党中央决策部署得到贯彻落实"；二是着眼于高校职能发挥，强调要"坚持高校党的建设与人才培养"等五大职能深度融合，"为高校改革发展稳定、完成党和国家重大战略任务提供思想保证、政治保证、组织保证"；三是聚焦于根本任务落实，强调要"坚持把思想政治工作作为开展高校党的建设的重要抓手，把立德树人成效作为检验高校党的建设工作的根本标准"。为了贯彻落实该条例的相关要求，2022年全国教育工作会议也明确将"坚持以高质量党建引领育人"作为"坚定不移用习近平新时代中国特色社会主义思想铸魂育人"的重要举措之一。2022年重庆市全市教育工作会议也将"实施党建引领工程"和"实施铸魂育人工程"作为全市年度重点实施的"六大工程"之首。由此可见，以高质量党建引领育人既是新时代我国高校大力推进"双一流"建设，努力"建设高质量教育体系"和建成社会主义现代化教育强国的内在要求，更是贯彻落实党的二十大提出的"全面贯彻党的教育方针，落实立德树人根本任务，培养德智体美劳全面发展的社会主义建设者和接班人"的重要保障。

二、影响和制约高校高质量党建引领育人有效落地的主要因素

（一）高校高质量党建引领育人的系统性研究成果相对缺乏

高校高质量党建引领育人的探索与实践需要科学理论的系统指导。近年来，学者们虽然分别就习近平总书记关于高校党建的重要论述（李月馨等，2015；马乙玉，2016；刘佳，2018；吴斌等，2020；卢若蒙，2021）、关于育人的重要

论述（庞跃辉，2017；苏国红，2018；张苗苗，2019；李艳，2020；韩宪洲等，2021）做了较为系统的研究，但是却未能基于高校党建与育人的内在关联性，从坚持和加强党对高校的全面领导的战略高度，对习近平总书记关于高校高质量党建引领育人的重要论述及其指导价值予以系统性研究。这种因相关理论系统性研究的缺乏，使在目前高校高质量党建引领育人的探索与实践中普遍存在认识不到位、主动性不够强、创新实践的理论驱动力不足等突出问题。

（二）高校党建与育人未能实现系统化有效对接与深度融合

我国理论界虽然对高校党建工作必须坚持以育人为本已经达成了研究共识（孙辉，2002；李恩，2006；张鹏等，2010；周慧杰，2012），认为新时代高校党建工作，必须以人才培养为出发点和落脚点（张大良，2021），并对党建育人及其实现机制相继做了有益的探索（张婕英，2010；李兴聪，2011；刘晓勤等，2015；曲一歌，2019；廖祥忠，2021），但尚未基于高校高质量党建对于育人引领作用的发挥，在理论上对两者的内在逻辑及其辩证关系予以厘清，以致在高校工作中往往出现党建与育人"两张皮"的现象，两者之间对接点偏少、联动性不强、融合度不深、协同效应不足，严重制约了高校党建引领育人的作用发挥。

（三）引领育人作用发挥不充分成为制约高校党建工作的短板

在党建引领育人作用发挥上，不少高校还存在着明显的短板。2021年9月5日公布的十九届中央第七轮巡视对31所中管高校巡视反馈的突出问题显示，有的高校"加强政治建设有不足，贯彻落实党的教育方针和党中央关于教育工作决策部署存在差距""对新时代教育工作规律把握不够精准"；有的高校"落实立德树人根本任务有不足，思想政治教育比较薄弱"；有的高校"加强班子队伍和基层党组织建设有不足，落实新时代党的组织路线不够到位"。本文在梳理巡视组对各高校反馈意见的文本基础之上，发现在被巡视的31所中管高校中，就有30所高校明确被巡视组反馈在立德树人方面存在着短板或弱项等问题。重庆大学虽未被直接提到在立德树人方面存在问题，但其在党建引领育人的主渠道即思想政治教育上也被反馈存在短板问题。上述情况在一定程度上表明，目前我国高校党的建设、立德树人根本任务的落实与党中央对高质量党建、高水平人才培养所提出的新时代要求尚有较大差距，高校党建对育人的引领作用发挥不充分已成为严重影响和制约高校高质量党建的关键性问题。

（四）高校高质量党建引领育人体制机制有待健全完善

十九届中央第七轮巡视对 31 所中管高校巡视反馈的高校党建引领育人力度不足、效果不佳等突出问题，在一定程度上也反映了我国高校在以高质量党建引领高水平育人方面还普遍存在着引领作用"堵点"、长效机制"短板"、创新引领"弱项"、制度建设"漏洞"、融合对接"缺位"、评价激励"虚位"等亟待解决的深层次问题。同时，在高校高质量党建引领育人的工作着力点、引领机制、工作体系、实现机制、评价机制、保障机制等系统性研究领域也存在较大的理论缺口，这些突出问题与教育部部长所提的深入推进新时代"双一流"建设要"坚定把牢办学正确政治方向，坚定不移推进习近平新时代中国特色社会主义思想铸魂育人，推动思想政治工作全方位融入，推动高校党建高质量发展"的重要任务的内涵要求明显不相一致，亟待在教育理论上予以深入研究、在教学实践上予以系统解决。

（五）高质量党建引领育人的路径与模式有待探索

虽然清华大学、东北大学、同济大学、浙江大学、重庆大学等"全国党建工作示范高校"在以高质量党建引领学校高质量发展领域均开展了诸多先行的成功探索与创新实践，但比照十九届中央第七轮巡视对其巡视反馈的意见而言，上述高校在落实立德树人根本任务和思想政治教育等方面与高质量党建引领育人的"双一流"标准相比，仍然存在一定程度的差距，在党建引领育人的实现路径上还不同程度地存在"脱节"和"堵点"，在模式创新上还缺乏进一步的深度挖掘与系统凝练。同时，就国内大多数高校而言，在推进高质量党建引领育人的实践与探索中，仍然在不同程度上普遍存在着教师在教书育人中的政治引领作用发挥不充分、党建与业务"两张皮"现象仍存在、基层党组织引领力不够强、系统性制度优化有差距、人才队伍育人能力存在相对短板、管理服务育人引领优势发挥不充分、品牌特色引领示范效应不明显、全方位评价考核激励机制未成形等实现路径不畅、模式探索创新性不足等突出现实问题。这些问题如若不能得以有效解决，势必会严重影响下一步新时代高等教育育人质量工程的顺利实施。因此，高校必须立足各自党建引领育人的实际，准确查摆高质量党建引领育人工作中的问题和不足，靶向施策、精准发力，畅通引领路径，推进模式创新，唯有如此才能更好地担负起落实立德树人根本任务，为党育人、为国育才的时代使命。

三、推动高校高质量党建引领育人有效落地的实践路向

(一)系统研究和贯彻落实习近平总书记关于高校高质量党建引领育人的重要论述

习近平总书记关于高校党建、关于立德树人的重要论述及其内涵的理论联系与实践逻辑是高校以高质量党建引领育人的根本遵循与行动指引,也是习近平总书记关于教育的重要论述的核心要义,对于解决教育界对高校高质量党建引领育人的认识不到位、主动性不够强、系统性理论认知缺失等实践前置性问题具有至关重要的指导意义。习近平总书记关于高校党建引领育人的系列重要论述,不仅从理论上回答了为什么高校要以高质量党建引领育人?我国高校应以什么样的高质量党建引领育人等事关高校党建工作发展大局的关键性问题,又对我国高校未来很长一段时期应该怎样以高质量党建引领育人指明了方向、提出了更为明确的目标和路线图。因此,非常有必要在对新中国成立以来中国共产党对高校党建及其人才培养观予以系统的历史回顾基础之上,全面深入地阐释习近平总书记关于高校高质量党建引领育人重要论述的精神实质、科学内涵、有机联系、生成逻辑及其重要理论价值和重大现实意义;结合当前高校巡视反馈的高校党建引领育人弱化、淡化、虚化、边缘化等相关突出问题,立足于高校"双一流"建设以及社会主义现代化教育强国建设的现实要求,从政治逻辑、理论逻辑、实践逻辑、发展逻辑、育人逻辑六个维度深度分析高校高质量党建引领育人的必要性,对高校以高质量党建引领育人的工作原则、实现机制等马克思主义教育理论研究的关键性问题予以深层次、结构性、体系化的学理分析,为解决高校高质量党建引领育人实践中认识不到位、主动性不够强、实践缺乏系统性理论指引等现实的教育教学问题提供学理依据与实践指引。

(二)针对"两张皮"现象,厘清高校高质量党建引领育人的内在逻辑及其辩证关系

从理论上厘清高校高质量党建引领育人的内在逻辑及其辩证关系是针对目前高校党建与育人工作中存在的"两张皮"现象,有效解决党建与育人之间对接点偏少、联动性不强、融合度不深、协同效应不足以及党建对育人的引领机制和实现路径不畅等现实问题的关键。习近平总书记关于高校高质量党建引领育人的重要论述以及修订发布的《中国共产党普通高等学校基层组织工作条例》关于"推动高校党建与高等教育事业发展深度融合,以高质量的党建引领

推动高校为党育人为国育才、实现高质量发展"的总体工作要求为当前高校以高质量党建引领育人的改革探索、创新实践提供了强有力的理论指引和政策依据。那么，高校高质量党建与其育人两者之间究竟具有何种辩证关系？两者在高校履行其人才培养等五大职能过程中，其具体的理论内涵与相应的行为要求又是什么？如何才能充分发挥和有效实现高校高质量党建对其育人的引领作用？应当如何推动高校党建与育人的深度融合，才能够将高校高质量党建势能及时地转化为育人的优质资源与强劲动能？应当如何处理好引领带动与深度融合之间的关系？由此可见，只有从理论研究上系统厘清了高校高质量党建引领育人的内在逻辑和辩证关系，科学准确地回应上述关键性问题，才能够在探索实践中打通"堵点"、系统对接、增强联动，促进高校党建与育人的双向多维深度融合，全面提升高校高质量党建对育人的引领力，最终实现"双高"协同增效。

（三）立足党对高校工作的全面领导，构建高校高质量党建引领育人的工作体系机制

明确高校高质量党建引领育人的着力点，构建高校高质量党建引领育人的常态化工作机制与实践性工作体系，既是坚持和加强党对高校的全面领导的集中体现，也是高校担当为党育人、为国育才使命的重要工作机制与体系保障，从根本上解决高校高质量党建体系化、常态化、长效性引领育人作用不充分、效果不理想的现实问题。应当在系统解析高校高质量党建引领育人内在逻辑及其辩证关系的基础之上，全面贯彻落实新一轮"双一流"建设推进会提出的"坚定把牢办学正确政治方向，坚定不移推进习近平新时代中国特色社会主义思想铸魂育人，推动思想政治工作全方位融入，推动高校党建高质量发展"的新时代"双一流"建设重点任务的总体要求，综合采用文献研究法、调查研究法、比较研究法、行动研究法，着眼于高校高质量党建引领高水平育人的总体目标，完善顶层制度设计，以政治引领、思想引领、组织引领、制度引领、作风引领为工作着力点；以对接机制、联动机制、融合机制、协同机制、创新机制、生态机制为引领作用机制；推动"三全育人"综合改革，探索构建高校高质量党建引领课程育人、科研育人、实践育人、文化育人、网络育人、心理育人、管理育人、服务育人、资助育人、组织育人的全覆盖工作体系，探索推动高校高质量党建势能及时有效地转化为育人优质资源和育人提质动能的实现机制、评价机制和保障机制，形成以引领作用机制为核心、以工作体系为依托、以实现机制为核心、以评价机制为动力、以保障机制为支撑的高校高质量党建引领育人体系，促进"三全育人"综合改革深入推进、高质量人才培养体系更加完善。

唯有如此才能为推进高校高质量党建引领育人搭建起体系完善、体制健全、机制顺畅、行之有效的"四梁八柱"。

（四）对标全国党建工作示范高校，系统反思观照以高质量党建引领育人的经验范式

要在重点分析"全国党建工作示范高校"——清华大学、东北大学、同济大学、浙江大学、重庆大学、上海财经大学、中央财经大学、西南财经大学、中南财经政法大学等国内知名财经高校和重庆市相关兄弟高校在以高质量党建引领育人领域所做的成功探索与创新实践基础之上，以习近平总书记关于高校党建、立德树人的重要论述为根本遵循，对标对表《中国共产党普通高等学校基层组织工作条例》《关于深入推进世界一流大学和一流学科建设的若干意见》《高校思想政治工作质量提升工程实施纲要》《关于深化新时代学校思想政治理论课改革创新的若干意见》《高等学校课程思政建设指导纲要》等文件中对高校高质量党建引领育人的制度化要求，立足党建引领育人的校本实践，对照党委"四个过硬"、院（系）党组织"五个到位"、基层党支部"七个有力"的高质量党建"对标争先""双创"培育要求，深度挖掘学校在高质量党建引领育人领域创新实践的优势与潜能，重点查摆育人领域党的领导弱化、高质量党建引领育人的薄弱环节、全面从严治党不力影响育人引领作用发挥以及院（系）党组织在育人育才工作中政治核心作用发挥不足、基层党支部对育人育才过程的引领作用发挥不够、团结引领知识分子"为党育人、为国育才"的能力还不强、高质量党建引领"三全育人"的格局不够完善等影响制约高质量党建引领育人作用发挥的关键性问题，通过现实观照与理论反思，扬优势、补短板、强弱项、堵漏洞、提能力，进一步优化完善高校以高质量党建引领育人的创新实践新思路。

（五）聚焦高质量内涵式发展，探索高校高质量党建引领育人的实现路径与创新模式

要按照2022年全国教育工作会议提出的"坚持以高质量党建引领育人"的工作总体要求以及2022年全市教育工作会议提出的"实施党建引领工程"和"实施铸魂育人工程"的重点工作要求，主动适应《关于加快建设世界一流企业的指导意见》对一流人才培养的战略性要求，立足于高校本身的育人实践，从切实强化高校高质量党建引领育人的主体责任、以思想政治理论课与课程思政协同育人为重点抓手营造良好育人生态、推进党的基层组织建设深度融合育人、优化党建制度体系建设推进育人治理现代化、深化人才队伍建设全面提升立德树人的人才培养能力、打造忠诚干净担当的高素质干部队伍发挥管理服务育人优势、创新培育党建工作品牌拓展引领育人渠道平台、加强全方位管理和监督考核促进育人效果持续优化等八个方面，对应教育部正在研制的《关于实施新时代高等教育育人质量工程的意见》(《教育部高等教育司2022年工作要点》)的总体性要求，从学科专业等宏观层面、教学组织等中观层面、课程和教材等微观层面实现多维对接、协同联动、深度融合，对高校高质量党建引领育人的实现路径予以全面总结和系统梳理，并从整体上以及各细分领域深化其创新实践、凝练创新模式，通过高质量党建引领育人进一步增强学校思想政治工作的系统作用力、夯实学校基层党建的工作基础、全面提升学校的人才培养能力，并以高质量党建引领育人为枢纽，牵一发动全身，进而带动学校的各项事业，为推动高校高质量的内涵式发展提供党建引领育人的治理优势与政治保障支撑。

参考文献

[1] 习近平就高校党建工作作出重要指示强调 坚持立德树人思想引领 加强改进高校党建工作[J]. 教育现代化，2014（2）.

[2] 吴晶，胡浩. 习近平在全国教育大会上强调 坚持中国特色社会主义教育发展道路 培养德智体美劳全面发展的社会主义建设者和接班人[J]. 人民教育，2018（18）.

[3] 习近平. 高举中国特色社会主义伟大旗帜 为全面建设社会主义现代化国家而团结奋斗[N]人民日报，2022-10-26（1）.

[4] 中共中央关于制定国民经济和社会发展第十四个五年规划和二〇三五年远景目标的建议[N]. 人民日报，2020-11-04（1）.

[5] 吴晶，胡浩. 习近平在全国高校思想政治工作会议上强调 把思想政治工作贯穿教育教学全过程 开创我国高等教育事业发展新局面[J]. 中国高等教育，2016（24）.

[6] 习近平在清华大学考察时强调 坚持中国特色世界一流大学建设目标方向 为服务国家富强民族复兴人民幸福贡献力量[J]. 思想政治工作研究，2021（5）.

[7] 中国共产党普通高等学校基层组织工作条例[J]. 党建研究，2021（5）.

[8] 十九届中央第七轮巡视完成反馈[N]. 新华每日电讯，2021-09-06（1）.

[9] 张大良. 新时代高校党建育人的探索和创新[J]. 食品与生物技术学报，2021，40（12）.

[10] 韩宪洲，宋志强. 习近平关于新时代教书育人论述探析[J]. 思想教育研究，

2021（11）.

[11] 廖祥忠. 构建以党建为引领的思想政治教育体系提高新时代育人质量和办学水平[J]. 党建，2021（8）.

[12] 卢若蒙. 习近平关于高校党建工作的重要论述研究[J]. 普洱学院学报，2021，37（1）.

[13] 吴斌，陈亚励. 新时代高校党建：意义、内涵与路径——学习习近平关于高校党建的重要论述[J]. 社会主义研究，2020（5）.

[14] 李艳. 论习近平新时代立德树人重要论述的内在要义[J]. 东北师大学报（哲学社会科学版），2020（5）.

[15] 曲一歌. 大学生党建与思想政治教育协同育人论[J]. 学校党建与思想教育，2019（16）.

[16] 张苗苗. 习近平关于教书育人的重要命题[J]. 思想教育研究，2019（4）.

[17] 刘佳. 习近平新时代高校党建思想的理论内涵研究[J]. 思想政治教育研究，2018，34（2）.

[18] 苏国红，李卫华，吴超. 习近平"立德树人"教育思想的主要内涵及其实践要求[J]. 思想理论教育导刊，2018（3）.

[19] 庞跃辉. 人格塑造是促进青年学生健康成长的关键——学习习近平总书记关于立德树人的重要论述[J]. 思想政治教育研究，2017，33（2）.

[20] 李月馨，邢毓清. 学习习近平总书记系列讲话精神研究——加强高校党建工作[J]. 世界最新医学信息文摘，2016，16（84）.

[21] 马乙玉. 习近平同志高校党建思想论纲[J]. 毛泽东思想研究，2016，33（5）.

[22] 刘晓勤，许晓娟. 组织文化视域下的高校党建文化育人模式研究——以中央财经大学文化与传媒学院为例[J]. 中央财经大学学报，2015（S2）.

[23] 周慧杰. 高校党建应围绕"育人为本、德育为先"展开[J]. 黑龙江高教研究，2012，30（1）.

[24] 李兴聪. 如何提高党建育人功能的有效性[J]. 人民论坛，2011（11）.

[25] 张鹏，李阳. 以育人为中心是高校党建工作的必然要求[J]. 学校党建与思想教育，2010（31）.

[26] 张婕英. 高校党建育人功能的机制研究[J]. 江苏高教，2010（3）.

[27] 李恩. 强化育人功能改进研究生党建工作[J]. 教育与职业，2006（27）.

[28] 孙辉. 高校党建工作必须坚持以育人为本[J]. 江苏高教，2002（6）.

会计专业学生危机意识培养和竞争优势构建
——以"严出"理念为指导

◎ 蒋弘

伴随着云计算、大数据和人工智能技术的发展，传统的会计工作已经逐渐被财务机器人所接替。2018年，全球最具权威的IT研究与顾问咨询公司Cartner预测，到2020年，40%的大型企业将采用机器人流程自动化软件工具，财务机器人的普及应用会造成至少60%的会计人员下岗或转岗，预计再过5年，财务机器人的能力将会变得更加强大，越来越多的会计人员将不得不面临如何保住工作岗位的挑战。那么，对于还在学校就读的会计专业学生而言，他们未来的出路又在哪里？

一、问题提出

当前最大的危机，不是危机本身，而是身处危机中却不自知。因此，从会计专业学生入校开始，就需要培养他们的职业危机意识，让他们时刻保持学习动力，并形成面对困难的良好心理素质。而要做到这一点，同时避免学生产生消极厌学、失去人生目标等问题，仅仅依靠简单的宣传手段显然力有不逮，采取必要措施构建会计专业学生的竞争优势、提升他们的能力和自信心才是个中关键。然而，在我国高等教育毛入学率达到48.1%、已经接近高等教育普及化的今天，普通高校中形成的"宽出"氛围对学生造成了不良影响，懈怠少尽力、无为不争先的惰性思想在一些会计专业学生中产生，为危机意识培养和竞争优势构建埋下了隐患。目前，在会计专业学生培养过程中暴露出的问题主要有以下几点。

（一）教学运行

第一，在给学生减负主观因素和课时限制客观因素的共同作用下，教师会对教材章节进行筛选，将一些被认为重要性较低或对目前年级学生而言难度过大的章节略过。这样做虽然能在规定的课时里完成教学，但会造成学生知识掌

基金项目：本文是重庆工商大学教育教学改革研究项目（2019211）的研究成果。

握不全面。由于略过的章节不属于考试范围，绝大多数学生都缺乏自学这些内容的动力。并且，因为教学范围在整个课程组的教师中形成长期共识，平时教师们又很少主动根据社会对会计人才知识和能力的要求而动态调整教学内容，使教材更新缓慢，额外补充的教学内容相当有限，每届学生学习的知识几乎一成不变，知识得不到有效更新。第二，为提升学生能力而开设的新课程常常出现任课教师不足的现象。由于这些新课对教师的要求比以往更高，不少教师认为难以胜任而选择放弃，还有一些教师能力足但为了自身轻松而对上新课充满抵触情绪，最后往往把教学任务推给才入校工作的年轻教师，而年轻教师由于教学经验不足，通常会放宽对学生的要求。第三，专任教师仅仅以完成课程教学为目的，不重视在教学过程中培养学生的危机意识和应对能力。而实际上，专任教师因其专业背景的关系，更容易掌握会计行业的发展趋势和人才要求，学生也更愿意相信专任教师所做出的判断。因此，专任教师对学生在这方面的指导会产生事半功倍的效果。

（二）课程设置

第一，缺乏对不同经济组织会计工作的广泛调研和特征总结，对新形势下会计专业学生应掌握的新知识、新能力把握不够，长期处于盲目摸索状态，在推出与时代接轨的新课程上步伐缓慢，培养方案基本上还是延续老版本，仅仅是做细微调整。第二，面对会计行业大变革所形成的咄咄逼人之势，在发现一些教学内容确实跟不上时代发展以后，往往采用开新课的方式来应对，忽视了对原有课程内容的有效调整，不仅导致师资紧张，还出现陈旧的知识和更新的知识同时讲授的现象。第三，为了满足学生修满学分的要求，在培养方案中设置了过多的选修课。其中一部分选修课，学生只要平时完成出勤，基本上能够保证百分之百顺利拿到学分，老师教得简单，学生学得简单，考得也简单。这些课就成为学生爱选但并不爱学的名不符实的"水"课。而还有一部分选修课虽然在性质上属于选修，但内容上其实是对必修课所学知识的进一步延伸和拓展，甚至就是由必修课中被略去未讲的部分所组成的，理应变更为必修课，或者与相关必修课合并成一门。但是，这类课程因为某些原因，长期没有得到调整从而导致不少问题：一是学生会因为学分充足、不感兴趣、考核较难等原因不选这些课程，造成知识结构上的残缺；二是这类选修课所含的新知识往往相对课时而言显得不足，教师不得不增加对旧知识的回顾，造成学习内容大量重复；三是这类选修课促使宝贵的师资力量被分散，造成一些必修课的师资十分紧张。

(三) 能力考核

第一，对课外作业的次数没有硬性规定及检查，一部分课程的课外作业很少甚至没有，导致教师无法及时了解学生对知识的掌握程度，进而调整和改进教学方式；第二，期末考核除整个学科的基础课之外，其余课程很少采取教考分离的形式，一般由任课教师自己或上同一门课的教师中选出的代表来出题，难以避免教师给予学生提示的问题；第三，对课程考核不合格率设置了明确下限，造成教师在改卷过程中心慈手软，让一些理应"回炉重造"的学生顺利过关；第四，重修课程的学生一般会参加专门设置的重修考试，而这些考试往往为了照顾这些后进学生，考核难度比正常考试降低许多，成了为学生过关而设置的考试，违背了考核的初衷；第五，完成毕业论文这一环节，从对学生运用专业知识解决实际问题的测试转变为专讲形式、内容空洞的"八股"写作，论文指导教师往往在篇章结构和语言组织上要求甚严，但对选题质量和分析水平重视不够。

根据上述分析，本文认为高校未来的工作要基于"严出"理念构建会计专业学生的危机意识和竞争优势。

二、解决方法

针对会计专业学生培养在教学运行、课程设置、能力考核上存在的问题，本文认为应该从以下四个方面入手。

(一) 教师发展

第一，加强专任教师继续教育。采取措施加强对会计专业教师专业知识和职业技能的继续教育，鼓励教师参加各种有助于提高教学水平的培训。定期搜集整理会计实务领域出现的新情况，组织大家集体学习和研讨。第二，提升专任教师的知识宽度。采取措施提升会计专业教师对信息化、智能化等领域知识和成果的了解，邀请相关领域专家召开系列讲座。鼓励和协助教师进行以信息化、智能化为基础的教学改革。第三，改进专任教师教学方式。采取措施改进会计专业教师的教学方式，与有关心理机构合作，让教师掌握学生心理引导技巧，在课堂上为学生开展适度的危机教育。要求教师及时收集和整理课程领域涌现的新知识，作为补充内容在课堂上为学生讲解。要求教师定期定时答疑，并形成相关记录供检查。第四，完善教学激励约束机制。采取措施杜绝教师不愿上新课的现象,将教学情况与个人绩效考核挂钩,实施任课奖惩制度。允许学生在理由充分的情况下更换教师或者调换到另一班级继续学习。

(二)课程改革

第一,探索培养方案的调整。采取措施调整培养方案,取消纯粹为学生拿学分而设置的"水"课,适当进行课程合并,最大限度地减少教学中的重复内容,并适度提高合并课程的课时。调整后的培养方案应能够全面提升会计专业学生实务操作能力、综合分析能力、战略决策能力和协同创新能力,并以向社会输送技术会计人才和战略会计人才为最终目标。第二,探索课程体系的重构。采取措施对现有课程体系进行重构,划清学生在每一年级阶段或每一培养层级应掌握的知识和技能。一方面,在现有课程中增加适应时代发展需要的内容,完善老课程;另一方面,弥补目前课程体系在学生知识结构形成上的不足,建设新课程。通过走精而全的课程改革之路,形成无缝互补、顺序递进的课程群组。

(三)考核强化

第一,探索过程考核的改进。考虑实施网络签到,实施平时作业强制要求与在线布置和提交,重视分组讨论以及该环节中每个学生的参与和评价,形成对所有过程考核在完成时间、完成结果、完成质量等方面可检查和可追溯的监督机制。第二,探索期末考核的改进。考虑扩大实施教考分离的课程比例,尝试对一部分课程采用上机考试的形式。第三,探索学业预警和不合格学生退出机制。考虑运用信息技术引入学业预警,将本科生教育管理信息系统、个人邮箱、手机号码进行绑定,当出现学业问题时,学生、辅导员、家长可以同步接受到包括成绩预警、考勤预警等在内的学业预警信息,以便及时干预,避免问题扩大。对考核不合格的学生,取消补考环节,直接跟班重修,统一参加该班级的过程考核和期末考核,并在成绩单中对重修予以体现;重修期间,不能参加与重修课程形成承接关系的课程的学习;规定能够重修的次数,针对超过重修次数仍不合格或不愿继续重修的学生,建立适当的退出机制,如转入其他专业、本科转专科等。第四,探索毕业论文写作的新形式。考虑对毕业论文采用研究报告的写作形式,要求学生对一个特定经济组织的经济活动进行以定量分析为主、定性分析为辅的研究,分析内容要占论文绝大篇幅,并要求提供用于分析的原始数据,指导教师主要从分析问题和解决问题的水平上对毕业论文做出评价。

（四）效果评估

第一，探索构建量化指标评估体系。针对"教师发展""课程改革""考核强化"3个方面的建设情况，考虑建立一个由量化指标有机组合而成的评估体系，动态衡量会计专业学生危机意识的程度和竞争优势的水平，根据评估体系所反映出来的3个方面建设存在的不足及时采取措施加以解决。第二，开展定期问卷调查。考虑定期对在校学生、任课教师和用人单位开展有关会计专业学生危机意识和竞争优势的问卷调查，形成分析结果。

三、结语

在不久的将来，主要从事记账、信息录入、财务数据管理等工作的基础会计人员将会大幅减少，甚至消失，而利用已有数据和专业知识，为业务部门和管理部门提供分析服务，同时具备与外部审计机构、税务机关、主管部门进行有效沟通的技术会计人员，以及能够参与项目分析、风险管理等企业战略管理工作的战略会计人员将成为炙手可热的人才。有鉴于此，本文认为从现在起高校就要确定这样一个工作目标，即以"严出"理念为指导，以向社会输送胜任信息化、智能化时代会计工作需要的技术会计人才和战略会计人员为导向，通过会计专业学生危机意识的培养和竞争优势的构建，全面提升学生的实务操作能力、综合分析能力、战略决策能力和协同创新能力，探索出一种可供推广的人才培养模式，为社会创造更大的价值。

参考文献

[1] 傅元略. 智慧会计：财务机器人与会计变革[J]. 辽宁大学学报（哲学社会科学版），2019（1）.

[2] 鄢正荣，贺武华. 高校人才培养"活进严出"机制探析[J]. 教育发展研究，2015（9）.

[3] 胡光志，胡显莉. "互联网+"时代的会计监管制度的思考——从会计变革到会计监管的转变[J]. 政法论丛，2017（6）.

[4] 胡声洲. 谈我国高等教育如何"严出"[J]. 教育探索，2014（2）.

[5] 黄敬宝. 什么样的大学生具有就业竞争优势——2009年北京大学生就业影响因子分析[J]. 学术论坛，2010（10）.

[6] 黄永金. 大数据时代及管理会计变革[J]. 财务与会计，2015（11）.

[7] 庞波. 风险社会视域下的大学生危机意识教育[J]. 中国高教研究, 2011（7）.
[8] 杨德广, 李梅. "宽进严出"是我国高校发展的必然趋势[J]. 现代大学教育, 2011（3）.

"三全育人"理念下高校教学督导工作的
重难点及策略分析

◎ 崔飚

在信息爆炸的时代，真假信息满天飞，如何引导学生辨别信息的真伪至关重要。多元文化不停地冲击大学生的认知，适时对大学生进行德育教育、正向引导，对于帮助大学生形成正确的人生观、世界观和价值观来说至关重要。"三全育人"理念的提出，是时代的需要，为大学生的培养与管理工作指明了方向和道路，有利于高校培养德才兼备的优秀人才。教学督导是高校教学质量保证体系的重要组成部分，也有学校戏称教学督导是学校的"宝"。无论是在知识传授、能力培养，还是在思政素养提升方面，教学督导都可以适时介入，施加直接影响，以确保新时代高校人才培养质量。

一、"三全育人"理念下高校教学督导工作的原则

"三全育人"理念是指学校思政育人应该全员参与、全过程实施和全方位保障。全员参与主要是指在大学生的教育工作当中，应该是学校全体教职员工、家庭成员、社会大众和学生个人全员参与，共同注重大学生的思政素养培养和提升；全过程实施主要是指，大学生的教育在时间维度上覆盖始终，思政德育工作应该落实到学生进校学习到毕业离校的每个环节当中；全方位保障主要是指大学生的教育工作应该立体、全面、系统地实施，润物无声地将思政德育元素融入教师的教学和学生的学习与生活的各个方面，形成良好的育人氛围。

"三全育人"理念下，高校教学督导为了发挥好相应的督导职能，督导工作应遵循三全督导原则，也就是说，高校教学督导工作也应全员参与督导、全过程跟进和全方位实施。其中，全员参与，是指高校督导应该涉及学校的所有师生，教师的教学不仅受到督导专家的监督和引导，还应该接受管理人员、学生的监督，即"教师要接受全员督教"；学生的学习状态应该得到教师、辅导员、教学管理人员和督导专家等的全员监督，即"学生要接受全员督学"；教学管理人员的相关管理服务工作，应该得到教师、辅导员、学生和督导专家等的全员

基金项目：本文是重庆市 2022 年本科高校课程思政示范项目（综合类项目）——重庆工商大学"财务管理学"课程的阶段性研究成果。

监督,即"教学管理人员要接受全员督管"。全过程跟进和全方位实施,是指全员督导应该贯穿于学生大学四年每一个阶段的每一个环节,每一个环节的所有方面。三全督导原则有利于教师教学质量提高、管理人员的管理能力和服务意识的提高,有利于学生踏实积极地过好大学生活的每一天,最终实现新时代高校双高(德高、才高)人才的培养目标。

二、"三全育人"理念下高校教学督导工作的重难点

(一)"三全育人"理念下高校教学督导工作的重点

"三全育人"理念下高校教学督导工作的重点是:关注大学生成才的同时,特别注重思政教育和价值引领,思政教育和价值引领在全员、全过程、全方位的融入情况,以及高校教学工作的立德树人教育实践效果。

(二)"三全育人"理念下高校教学督导工作的难点

1. 对思政教育全员、全过程、全方位融入度或效果评价难

"三全育人"理念下高校教学督导工作的难点是对思政教育全员、全过程、全方位融入的度或效果的评价。专业课思政育人的难点是思政结合点的发掘和专业课堂上思政融入度的把握。专业课程不是每堂课都有很好的思政结合点,应该适时适度自然融入,而不应该每堂课都要牵强地讲一讲思政。但是督导在工作时却要在每个环节中去发现是否有思政融入,如果碰巧没可以适当融入思政的环节,督导不会在课堂评价表上说有思政融入,更不能说思政教育做得好。为此,一些专业课教师为了这个思政评价指标,总会尽可能地去找一个可能沾边或不沾边的思政案例,以便在课堂中应对督导。

2. 一堂课的组织环节评价标准统一难

一方面,课堂组织环节的丰富性和完整性评价标准难统一。目前,大多督导认为课堂组织环节越多越丰富,教学效果也就越好。对课堂组织环节的完整性评价,没有统一标准。大多数学校认为:一堂课应该包括导入、提问、举例、板书、思政融入、案例分析、小结等环节,如果缺一个环节,就会评价为环节不完整。另一方面,互动环节的评价标准也存在不科学、难统一的问题。比如,一般有提问,就认为有互动;提问时学生回答积极主动,就属于互动良好;如果学生不主动回答,就叫互动差(这得看学生班风)。这样的评价会引导部分教师违心地走形式,在预计到督导要听课时,会提前与学生沟通,演一场互动良好的课堂戏。

3. 督导对象的责任界定难

目前,大多数院校的教学督导对象是教师的教学。普遍认为,思政育人效果不好的原因或责任在于专业课教师,因为现在管理部门都把专业课思政作为一个硬性要求了。这种观点未必有点牵强。思政育人效果应该取决于多个方面,至少包括教师的"教"、学生的"学"和教学服务管理人员的"管"3个方面。教学督导的职责应该重点做好督教、督学、督管3项工作,应该能够明确区分3个方面的责任,以便对三方做出科学评价。现实中,即使这3个方面都做好了,但思政育人效果仍然不佳,又该如何界定责任,是一个难点。

三、"三全育人"理念下高校教学督导工作的策略

(一)加强研究督导工作重难点,不断实践总结经验

学校应该出台优惠政策,以立项的方式,鼓励和支持"三全育人"理念下高校教学督导工作问题研究,解决相关疑难问题。第一,以课程思政示范课程的形式,引导思政融入的度,制定科学的课堂评价指标体系,统一评价标准。第二,结合学校的实际研究督与导的关系,合理把控,充分发挥督导的作用。学校督导工作的发展阶段不同,督与导的地位也就不同。教学督导实践中,应该根据全面听课和教学资料评审的结果,对不同教师分类施策。比如,对于问题多、常出问题的,应该以督为主,并且及时向管理者报告结果,及时纠正,纳入年度绩效惩罚考核;对于问题少、很少出问题的,应该以导为主,并及时提请管理者给予鼓励,及时示范,纳入年度绩效奖励考核中。再比如,对于新进教师,应重点发现其教学上的不足,引导其改进优化,尽快帮助其成为一个更加优秀教师;对于老教师,应重点寻找其教学上的优势,引导其强化放大,尽快为新进教师提供示范。第三,加强督导对象责任界定研究,形成权责分明、各尽其责、督导效果明显的督导体系。关于教师端的"督教",是对教师教学规范、教学内容、教学方式的改革与创新方面进行督导,旨在评价教师的教学能力、提高教师的教学水平;关于学生端的"督学",应主要关注学生的学习状态、学习方法及学习效果,及时发现问题并科学引导,旨在提高学生自主学习能力和学习效果;关于教学服务管理端的"督管",应主要关注教学服务管理部门对学校各项规章制度的贯彻执行,对教学过程安排、监督、评估和指导,对教学问题的处理,以保证学校各项教育教学规定的有效贯彻执行和教育教学目标的实现。

（二）完善多方联动机制，实现全员督导

一方面，加强党委的统一领导，建立全体师生"校—院—系—课程组"四级联动体系，各级应该明确自身的职责。学校进行宏观价值引领，学院结合学科特色进行全面部署，系部应该结合专业特色推进思政育人，课程组应该根据课程特点设计融入思政的教案具体落实课程思政。另一方面，专业课教师、辅导员、教学管理人员、督导专家应该及时沟通，形成全方位的思政育人模式。专业课教师是在课堂上与学生接触最为频繁的群体，应该在教学过程中渗透立德树人的先进理念；辅导员是在生活中与学生接触最为频繁的群体，应该在班会和谈心活动中融入思政育人的元素；教学管理人员与学生的教育和管理活动紧密相关，应在自身工作中，增强服务意识和责任意识，以身示范，逐步影响大学生的成长。

（三）建立健全立体的"三全育人"机制和科学的督导评价机制

在新时期"三全育人"机制的构建当中，应该不断丰富思政教育资源，提高思政教育的针对性、趣味性和有效性；充分利用科技发展的成果，不断创新与改革教育方法，如采用云端互动、虚拟教研室讨论、移动课堂等方式讨论、分享相关思政育人话题，激发学生对德育教育、思想政治教育的兴趣和主观能动性。

科学的督导评价机制的建立，应该重点做好以下两个方面的工作：第一，科学选拔督导专家，优化督导队伍。督导专家应该是思想素质好、责任心强、业务能力强、爱学习、愿奉献的教师，同时督导专家队伍应该尽量覆盖不同学科、不同专业、不同课程，还应考虑年龄、职称、学历的平衡。第二，明确评价指标内容，科学设置评价标准。评价指标内容应该全面，评价标准必须客观公正。对教师的评价，除了教育内容、方法和态度外，还应该包括学生的感受；对学生的评价，除了学习态度、课堂状态、知识掌握能力、思想观念接受程度等外，还应包括行为方式。

（四）"督教""督管""督学"相结合，充分发挥教学督导的作用

"三全育人"理念下，教学督导是重要环节之一。教学督导在教学管理过程中能够以督促教、以督促学、以督促管、以督促评、以督促改，能营造浓厚的思政育人氛围，有利于教师把教书育人内化于心、外化于行，有利于学生把德才共长内化于心、外化于行，有利于管理人员把优质服务内化于心、外化于行。

"三全育人"理念下有效发挥"督教"作用的策略：第一，完善课程思政教学目标，优化课程大纲和课程教案，落实立德树人根本任务。教学督导评价应该重点关注教学目标的内容，除原来的知识与技能目标外，还应考虑价值引领，增加对课程思政目标的督导评价。第二，细化课程思政教学目标督查评价指标，增加对课堂教学"价值引领""思政元素""育德成效"等观测指标。教学目标设计要融入"5443221"的价值目标，即引导学生深刻领会"五个必由之路"，明确"四个意识"，坚定"四个自信"，树立正确的"人生观、价值观和世界观"，捍卫"两个确立"，做到"两个维护"，坚持爱国、爱党、爱社会主义高度统一，培养学生的家国情怀、勇于创新意识、责任与担当的素质，具备奋斗精神和奉献精神。

教学活动是教与学的双向交往互动，缺一不可。"三全育人"理念下有效发挥"督学"作用的策略：第一，加强日常教学督导，充分发挥过程性督学的作用。在学生学习的过程中，进行实时督查，及时了解学生的课程思政学习现状，分析问题并及时引导。第二，定期进行诊断性的督学，确保课程思政教学过程提质增效。教学督导应定期检查学生的课堂学习行为，重点关注学生的异常表现，并及时沟通与引导，让教师尽快调整教学策略，让学生尽快回归正确的学习状态，帮助学生正确认识学习的重要性，帮助学生树立正确的人生观、价值观。第三，教学督导及时鼓励优秀行为和警示不良行为，让学生在快乐中阳光成长。在教学督导评课时，多给予学习效果好的学生肯定评价，鼓励他们愉快地投入学习，加深对课程思政教学知识点的理解与掌握，同时应对一些不良学习行为给予否定评价和警示，以便督促学生逐步养成良好的学习行为。

"三全育人"理念下有效发挥"督管"作用的策略：第一，以督促评，加强课程思政教学环节的督导。通过对专业课程的要件（课程教学大纲、授课计划、课程教案等）、教研活动、课堂教学等环节进行督查与分析，及时形成反馈意见和指点帮助。第二，以督促改，不断创新教学模式。通过教学督查，了解教师备课情况、教学设计情况，及时发掘教师在课程思政教学中的亮点，不断推广；加大课程思政资源库建设和教育信息化建设，丰富教学形式，创新教学模式，采用线上与线下相结合、校内与校外相结合的混合方式，进一步提高学生学习兴趣和教学效果。第三，以督促教，推进课程思政教学团队的建设。在具体的教学实践中，应该鼓励老师以课程组或项目组的形式，建立课程思政教学团队，共同进行思政课程建设，合作教改、合作研究、合作育人，实现资源共享、成果共享，不断提升思政教学质量；建立思政课教师与专业课教师合作备课专项督查制度，建立"手拉手"集体备课中心，督促思政课教师与专业课教师紧密合作，取长补短，经验互学，促进思政教师与专业教师的智慧叠加、教研共益双赢。

参考文献

[1] 马效义. 教育督导中"督"与"导"的困境与突破：组织结构论视角[J]. 教育测量与评价，2021（11）.

[2] 温建明，郑百林. 全员督导制——院级教学专业督导新模式[J]. 高教学刊，2022（16）.

[3] 任航，李艳. 新时代高等学校立德树人督导制度的建设与发展[J]. 中国高等教育，2022（4）.

[4] 刘琰. 信息化背景下教育督导现代化路径探究[J]. 现代商贸工业，2022（16）.

[5] 刘南. "三全育人"理念下线上教学课堂质量评价体系的构建与实施[J]. 调查研究，2021（7）.

[6] 王子涵. 立德树人视域下高校健全"三全育人"机制探析[J]. 国际公关，2019（8）.

基于"三全育人"的"财务管理学"课程思政建设探索

◎ 任成林　杨昊天

一、"三全育人"与课程思政的内涵

（一）"三全育人"的基本内涵

"三全育人"是当前时代背景下的一种以人为本、以全为核心、以合为基础的思想政治教育理念，提倡教育的"全员性""全过程性"和"全方位性"。在该教育理念下，高校教师应当在教学过程中，把对学生的教育视为重点任务，在专业层面、思想政治层面、价值层面对学生进行全方位教育，突出思政的引导力度，强化教育成效。在"三全育人"理念下，"育人"是教学的根本任务，"三全"是强化育人成效的主要抓手。因此，高校教师应当坚持学生的主体地位，以学生各方面素质的提高作为目标，努力将学生培养为全面发展的综合型人才，使其成为新时代建设的贡献者。

（二）基于"三全育人"的课程思政内涵

"课程思政"强调的重点是"德育"，倡导教师在课堂教学的各个环节中嵌入德育理念，从而丰富教学对象的精神世界，为其塑造科学、合理、系统的价值体系。在"三全育人"培养观念下，课程思政渗透到高校的公共课、专业课中，促进课程教学内容与思政元素的融合，打破了传统课程的思政"壁垒"。在"三全育人"的理念影响下，课程思政与专业教学紧密结合，各个学科之间原本互相割裂的知识被大思政理念链接起来，加深学生在课堂学习中对思想政治内容的印象、认知和理解，同时提升学生的知识技能和思想素质。课程思政将教学课堂视为"育人"主阵地，以思想政治教育为主要目标，在教师的课堂中嵌入思政教育理念，将课堂知识的讲解与思想政治理念融合，渗透到学生的理解过程中，实现知识和价值的相互结合，培养德智体全面发展的人才。

基金项目：本文是 2019 年重庆工商大学教育教学改革研究项目"机电设备评估学情景教学模式研究与实践"（2019214）的研究成果。

课程思政作为为党育人的一项系统性工程，并不单纯针对某类专业，更不只局限于某个学科，全体教师均承担同等的育人责任，因此同样具有全员性。由此可见，课程思政是当今高校教育从业者的共同责任，需要教育者促成共识、形成合力，加速"三全育人"在课程思政建设中的实现。

二、"财务管理学"课程思政的定位与目标

（一）财务管理学的定位

财务管理学作为研究公司理财活动为核心的科目，要求学生在掌握财务专业本科期间所学的会计学、财务管理基本理论等课程知识的基础上，研究金融市场背景下企业筹资、投资、运营、分配和风险管理等经济活动，通过联系资本市场制度背景和企业财务管理理论，解决企业进行财务管理实操中遇到的实际问题。以理论与实务作为双重导向的财务会计专业，将"理论联合实际"作为教学任务出发点，让学生对企业筹资、投资、运营、分配和风险管理活动有全面的认知，从而构建科学、完整的知识体系。

基于上述分析，财务管理学将课程思政定位为：以厚德立人为根本任务，通过深度融合专业知识讲授与思政元素传递，拔高财务会计专业人才培养体系，将课程思政作为创新育人的主要手段，提升财务管理学的教学效果。

（二）基于"三全育人"的课程目标重塑

在财务会计准则不断完善、证券市场注册制持续推进、双碳目标下创新驱动高质量发展的背景下，财务管理学的教学环境正在发生重大变化，这要求多方主体适应当今形势变化，通过修改教学大纲，将职业道德、社会责任等理念纳入课程思政体系中。

在专业目标上，要求学生掌握财务管理经典理论，了解国际前沿财务管理理论，熟悉财务管理实务中的经典案例，从而培养出能够应对复杂多变的财务管理环境的人才。

在德育目标上，要求学生树立正确的价值观、诚实守信的道德品质、敬业爱岗的职业道德，在熟悉、理解国家财税、金融政策的条件下，融会贯通地遵守、执行法律法规以及各类方针、政策，为国家经济建设做出个人层面的贡献，并向成为全面建设中国特色社会主义法治现代化国家接班人努力。

三、"财务管理学"课程思政的现状分析

（一）课程思政的融入方式和程度难以控制

长期以来，课程思政的融入形式以及融入的程度都是各大高校开展"财务管理学"课程的热议话题。有的学者主张在财务管理的每一个理论知识点都嵌入一定的思政元素，从而实现该门课程与思政的高质量融合。然而，财务管理理论众多，大大小小的知识点合计起来百余个，将每一个知识点都与思政元素相结合，工作量和难度都巨大，几乎不可能实现。因此，有学者认为，针对"财务管理学"这门专业课，应该为思政教育单独安排课时进行专题讲座，甚至单独作为学期必修课程。但是，这样的安排也有很多瑕疵。一方面，财务管理理论知识点庞杂，教师在原本的课时安排上就已经捉襟见肘，如果此时再挤出额外的时间安排思政专题教育讲座，就会不可避免地在专业知识的讲授上做出让步，无法实现"三全育人"的目标。此外，这种思政专题讲座在课程形式上与一般的授课也存在脱离，可能会使学生对思想教育产生疑惑和抵触情绪。还有一类学者认为，思政教育本身可以不占用任何课时，而是通过安排课后作业的形式进行思政教育，如课后观看视频、小组完成论文、组织参访红色企业等。但是，这种方式同样存在一定问题，即思政教育的效果完全取决于学生自己的主观能动性和学习习惯，教师对此缺乏有效的控制和影响，因此，其效果往往不尽如人意。

（二）当前教学体系不利于课程思政融合

在当前财务会计专业下的人才培养方案下，专业课的讲授与思政课的讲授是分开的。因此，在这样的教学体系下，教师们难免会产生这样的观念：思政课教师只负责思政内容的设计和讲授，专业课老师也只需要讲好自己专业相关的内容即可。在"财务管理学"课程大纲中，更是缺乏与思想政治相关的内容，也不存在任何相应的课程改革计划。此外，在课程考核评价标准中，教师的科研成果、学科竞赛成果、学生课堂评价为当前教师教学的主要评价标准。对于学生而言，课堂相关案例的分析报告、期末试卷测验、期末课程论文等因素是学生成绩鉴定的唯一标准。例如，财务管理学授课教师在教学中，往往将精力聚焦在公式推导、数据计算、理论演绎方面，讲授的案例更以国外经典案例居多，课程思政的内容几乎没有合适的落脚点。

(三)教师思想政治意识不足、教学能力有限

近年来,在教育部门的引导下,我国各大高校的课程思政改革逐渐迈入深水区,虽然课程改革在教学大纲、教学计划上朝着课程思政"三全育人"方向做出一定程度的努力,但是在执行层面给授课教师带来了不少困难。首先,部分授课教师的思想政治水平依然维持现状,且认为提高学生的专业能力是教学的唯一目标,思想政治工作则应当交由思政教师负责。其次,部分授课教师对个人的思想政治水平提升呈现轻视的态度,对于中国特色社会主义理论、"十四五"规划等政治思想了解、领悟不足,因此不具备在"财务管理学"这门课中融入思想政治教育内容的能力,导致专业课和思政元素融合难以为继。最后,也有部分教师对于课程思政过于谨慎,担心在重要话题、关键观点上表述不当,十分注重话题敏感性,怕说错话、怕表错态度,因此避免在课堂讲授过程中涉及思政类话题。

(四)学生对思政教学呈现排斥心理

在当今大数据发展方兴未艾的背景下,吸收、接纳大量网络信息的大学生们普遍思想活跃、个性鲜明,对时事政治和社会治理都有自己的看法。在大学教育方面,大部分学生存在的思想即大学教育阶段主要以就业为导向,学生了解认知专业知识、掌握专业技能为主要目的,教师通过课堂讲授为主要方式,而专业知识以外的内容,只要不影响毕业、就业即可,而思想政治类的内容与专业关联度不高,普遍积极性不高,在这样的心理基础上,谨慎、严肃、单一的思政元素难以真正通过课程讲授而直达被教育者的内心,无法有效帮助学生形成正确的价值观、培养良好的职业素养、树立优秀的道德观念。

四、基于"三全育人"的财务管理专业课程思政实施路径

(一)提升教师思想政治教育能力

在课程思政教育的过程中,教师是执行的关键角色。针对"财务管理学"这门专业课,教师的授课能力可以分为两个维度。

知识技能维度上,教师的思想政治教育意识是核心,教育能力是重要抓手。为了增强教师的思政意识和能力,需要促进专业课教师的思政理论学习,将财务管理理论与中国特色社会主义结合、财务管理案例与时事政治结合,汲取最新的国内外新闻动态,在思政教育和价值引导层面,对学生进行知识的传授。此外,学校和学院方面可以组织专业课教师定期参加讲座提高课程思政能力,

鼓励和支持青年教师在其他优秀高校访学,并组织专题研讨会、汇报会、分享会等,积极推进教师思政意识和能力的强化。

在思政认知维度上,教师应当有意识地主动站在思想政治和价值观引导的高度,深度分析"财务管理学"中各个知识点与思政元素之间的关联关系,依托案例库改善原有的纯专业性教学方式,研究思政元素与专业知识点之间的有机结合,并在教学实践过程中不断试用、改进,从而实现"财务管理学"课程思政的改革。另外,教师可以主动联系政府、企事业单位等机构,利用优质的思政资源促进产学研协同建设。当然,仅有教师的个人努力是不够的,学院和学校层面也应当对教师的上述活动提供资金、人员上的支持,并鼓励青年教师到上述单位挂职锻炼。

(二)注重思政元素与知识点的融合

在"财务管理学"课程思政的实施中,最核心的步骤是紧扣课程教学重难点,挖掘知识点与思政元素之间的关联性。

在导论章节,财务管理的目标知识点涉及股东价值和社会价值的辩证分析,教师可以在该知识点下继续挖掘社会责任感、职业道德感等思政元素,并通过讲授财务管理工作的实际操作情况,弘扬正确的职业道德观念。

在风险和价值评估章节,教师可以充分挖掘货币时间价值、风险价值的内在含义,并寻找与理财认知、金钱观之间的联系,通过讲授风险理财、货币时间价值等相关的国内外案例,引导学生梳理良好的投资理念和资本市场认知。

在资本成本章节,通过讲授股东必要报酬率、债权人必要报酬率、个别资本成本和加权资本成本的计算,引导学生对资本、证券市场有进一步的认知,培养学生量入为出的借贷意识、开源节流的消费意识。

在资本预算章节,通过讲授企业预算管理的基本流程、资本预算的基本理论和工具方法,并加以案例的辅助理解,尤其是预算管理的经典案例,帮助学生养成团队意识、大局意识。

在企业价值评估章节,通过对股票价值评估、债券价值评估和企业价值评估的逐步深入讲述,培养学生公正、客观、独立的处世观念。

在股利政策章节,教师可以挖掘鼓励理论中有关利益共享的价值理念。

在营运资本管理章节,通过讲授短期资产和短期负债的管理,培养学生的合规意识。

综上,"财务管理学"专业课的重难知识点均可以通过上述方式,熟悉核心理论，抓准思政元素切入点，实现两者的巧妙结合。

（三）丰富课堂思政讲授形式

随着智慧课堂在国内高校的不断推进，伴随而来的新型教学模式和师生互动交流工具层出不穷。因此，在课堂教授的前期、中期和后期，教师们均可以进行一定程度发挥，整合课程思政内容，形成思政元素的全过程覆盖。

在课程准备的前期，教师可以利用网络渠道，借助线上资源，组织学生自主预习财务管理相关的理论知识，并提供理论对应的国内外企业经典案例和宏观经济背景。例如，导论部分的课前准备环节，可以为学生提供国内优质企业履行企业社会责任的案例，帮助学生理解利益相关者理论的内涵，增强学生的道德意识和社会责任感。

在课程进行的中期，教师应当利用课堂面对面育人的作用，根据不同课时对应的思政教育主体，围绕财务管理理论知识点，进行案例式、启发式教学。在提出问题、分析问题、解决问题的3个阶段，引导学生对思政话题进行思考，提高学生对思政话题的兴趣和热情。并以小组讨论、小组演讲、小组辩论等方式，对现实案例进行剖析和分辨，最终形成案例研究报告或者幻灯片讲解展示，锻炼学生的综合能力，提高学生的批判思考能力和主观能动性。

在课程结束的末期，教师可以带领、组织学生参加财务会计案例大赛，通过"以赛促学"的方式，强化学生的理论认知，培养学以致用的良好习惯。教师也可以在学院的支持下，组织学生到企业进行实地参访，到学院友好合作企业实习锻炼，强化学生对财务管理理论的理解，对企业财务管理实务有更深层次的认知，进而引领学生塑造正确、科学的职业价值观。

（四）合理应用课程评价体系

在"财务管理学"课程思政的两个目标下，制定学生考核标准应当对思想政治教育层面有一定程度的倾向，从两方面同时考查学生的专业素养和道德素养，在平时成绩和期末考试成绩中做出适当均衡。例如，平时成绩可以设定为50%，里程碑式考核学生章节学习的成果和学习主动性。章节学习成果方面，教师可以考查学生的案例讨论积极性、思维活跃性和专业知识性；学习主动性方面主要考查学生将专业知识和课程思政相结合，在课堂发言、教室打卡等方面进行考核。期末考试设定为50%，主要考查学生对财务管理关键重难点的掌握程度，以及学生对财务管理相关思政内容的理解。

参考文献

[1] 杨晓慧. 高等教育"三全育人"：理论意蕴、现实难题与实践路径[J]. 中国高等教育，2018（18）.

[2] 朱平. 高校"三全育人"体系协同与长效机制的建构——以全员育人为中心的考察[J]. 思想理论教育，2019（2）.

[3] 梁伟，马俊，梅旭成. 高校"三全育人"理念的内涵与实践[J]. 学校党建与思想教育，2020（4）.

[4] 贺武华，王凌敦. 我国课程思政研究的回顾与展望[J]. 学校党建与思想教育，2021（4）.

[5] 何少群，程东海. 高校思想政治工作"三全育人"模式研究[J]. 教育理论与实践，2019，39（21）.

[6] 高德毅，宗爱东. 课程思政：有效发挥课堂育人主渠道作用的必然选择[J]. 思想理论教育导刊，2017（1）.

[7] 何红娟. "思政课程"到"课程思政"发展的内在逻辑及建构策略[J]. 思想政治教育研究，2017，33（5）.

[8] 王学俭，石岩. 新时代课程思政的内涵、特点、难点及应对策略[J]. 新疆师范大学学报（哲学社会科学版），2020，41（2）.

[9] 鲁小兰. "财务管理"课程思政实践路径优化研究——以湖北文理学院为例[J]. 教育教学论坛，2022（31）.

[10] 尹伟伟. 课程思政背景下高校《管理会计》教学改革探讨[J]. 财会学习，2022（6）.

[11] 张丽君，袁志忠，李翼恒，等. "课程思政"视阈下财会类课程教学改革实践路径研究[J]. 商业会计，2022（3）.

[12] 张静. "课程思政"视角下财务管理课程教学改革研究[J]. 财会学习，2021（32）.

[13] 钟凤英，廉启悦. 基于课程思政的财务会计人格培养和能力整合探讨[J]. 商业经济，2022（5）.

[14] 郝玉贵. 会计专硕课程"思政+特色"的融合教育目标与实现路径[J]. 财会月刊，2021（24）.

[15] 陆道坤. 课程思政推行中若干核心问题及解决思路：基于专业课程思政的探讨[J]. 思想理论研究，2018（3）.

[16] 赵鸣歧. 高校专业类课程推进"课程思政"建设的基本原则、任务与标准[J]. 思想政治课研究，2018（5）.

财会监督融入"内部控制"课程的内在逻辑及实施路径研究

◎ 袁利华　刘胜强

一、引言

党的二十大报告强调"实施科教兴国战略，强化现代化建设人才支撑"。因此，各高校课程应以"培养什么人、怎样培养人、为谁培养人是教育的根本问题"为主旨，在相关课程设计及讲授层面方面进行注重改革和实践。2023年2月中共中央办公厅、国务院办公厅发布《关于进一步加强财会监督工作的意见》，强调"加强对财务管理、内部控制的监督，督促指导相关单位规范财务管理，提升内部管理水平"。"内部控制"课程是为财会审学专业本科生开设的专业课。本校开设这门课程的目的是使学生熟悉企业内部控制的基本理论和体系架构，了解相关专业和行业领域的国家战略、法律法规和相关政策，引导学生深入社会实践、关注现实问题。本文根据《关于进一步加强财会监督工作的意见》文件精神，通过对本校财会审专业课程"内部控制"进行改革，结合"内部控制"课程的主要特点和育人要求，梳理财会监督理论融入"内部控制"课程的内在逻辑及实施路径。

二、文献综述

近年来，有关财会监督和"内部控制"课程改革方面的研究逐渐兴起。但是，许多现有研究通常仅单独涉及"财会监督"作用或者"内部控制"课程改革两个独立方面，尚未有研究聚焦于财会监督融入"内部控制"课程改革层面，尤其是没有把财会监督理论进一步融入教学改革、课程设置和人才培养主题之上。

（一）财会监督方面

2020年1月13日，习近平总书记在第十九届中央纪委第四次全会上对健全党和国家的监督体系做出重大部署，从国家治理体系和治理能力现代化角度，提出了包括财会监督在内的十大监督方式（汪雅萍，何召滨，2020），这一理论阐述引起了会计理论界和实务界的广泛关注（李昌振，2021）。财会监督是监督主体直接或者通过财会途径，对行使公权力的单位和个人，以及其他单位和个人，就其公权力运用情况、财会制度执行情况及财会活动开展情况实施的监督（广东省2021年度专项会计科研课题组，2022）。因此，充分发挥财会监督作用，不仅能丰富和完善党和国家监督体系、健全国家治理体系，而且能更好地维护国家的财经秩序、保障国家各项财经法规政策有效落实（徐玉德，2022）。

（二）"内部控制"课程改革方面

现阶段对"内部控制"课程改革研究比较广泛。例如，有学者以某校内部控制课程混合式教学实践为例，突出"学生主导+互联网+思政"三位一体的改革思路，通过顶层设计、过程设计、实施建设和反馈设计等对课堂教学的多元化进行了探讨，以推动课堂革新（陈倩倩，刘世林，2022）；通过构建"内控认知概念框架建构与运用"为主线的四位一体教学模式，旨在探索建构主义思想在内部控制教学领域的应用机理和实现方式（莫磊，胡国强，2014）。舒伟等（2021）指出高校在内部控制学的教学中存在教学内容单一、教学方法陈旧、评价体系不适配等方面的问题。尤其是当前"内部控制与风险管理"课程内容及所依据的教材多以涉及的法律规章、规范性文件等为蓝本，难以引起学生的兴趣和关注；且课程内容涵盖管理学学科的范围较广，需要探寻与会计学专业其他课程的衔接点（王放，刘晓东，2022）。

（三）内部控制与会计信息质量关系方面

美国萨班斯法案的实施、金融危机的爆发以及"企业风险管理整合框架"的发布，使内部控制、公司治理、风险管理成为社会公众、政府监管部门关注的焦点和学术界、实务界研究的热点（李维安，戴文涛，2013）。高质量内部控制能够抑制公司的会计选择盈余管理和真实活动盈余管理，披露内部控制鉴证报告的公司具有更低的盈余管理程度，尤其是获得合理保证的内部控制鉴证报告的公司，其盈余管理的程度更低（方红星，金玉娜，2011）。因此，公司内部控制制度的后续建设和实施乃至公司治理结构的改进均具有一定的启示意义（刘启亮等，2013）。此外，在管理层权力理论框架下，权力是导致腐败的重要因素，内部控制可以约束权力继而减少腐败，这为我国正在推行的通过依法治国来反腐倡廉提供了实证支持（周美华等，2016）。

综上所述，以上研究不仅为新时代财会监督进一步融入"内部控制"课程的内在逻辑及实施路径提供了很好的启示,还为"内部控制"课程改革的目标定位、教学内容和教学模式指明了道路。不难看出,本文研究财会监督融入"内部控制"课程的内在逻辑及实施路径具有一定的现实意义。这意味着,进一步把财会监督融入"内部控制"课程,包括教学理念、教学内容和课程考核等方面,以培养新时代复合型高素质财会人才。

三、财会监督融入"内部控制"课程的内在逻辑

(一)财会监督融入"内部控制"是课程思政教学要求的具体体现

《关于进一步加强财会监督工作的意见》中提到"财会监督是依法依规对国家机关、企事业单位、其他组织和个人的财政、财务、会计活动实施的监督"。"内部控制"课程中涉及资金活动控制、预算管理控制以及对其他经济业务的会计控制等内容,这些章节均体现出对企事业单位的财政、财务、会计活动实施财会监督的必要性。将财会监督融入上述经济业务活动控制,可以加强财会学生在以后工作中进行自我约束,遵守职业道德,拒绝办理或按照职权纠正违反法律法规规定的财会事项,尤其是对党和国家监督体系的精准把握和深刻理解。

(二)财会监督融入"内部控制"是教学理念与时俱进的必然要求

教学理念是教学模式和教学内容的前提。在"内部控制"教学中,要把《关于进一步加强财会监督工作的意见》的政策有机融入课程目标、课程设计、课程内容和课程考核等环节之中。比如,《关于进一步加强财会监督工作的意见》中提到"加强财会监督队伍建设",同时强调"完善财会监督人才政策体系,加强财会监督人才培训教育,分类型、分领域建立高层次财会监督人才库,提升专业能力和综合素质"。因此,将财会监督融入"内部控制"是教学理念与时俱进的必然要求。

(三)财会监督融入"内部控制"是教学内容持续改革的本质要求

随着教育部对大学生本科课堂提出新的要求,本校的会计学、财务管理学、审计学均为全国一流专业,那么在建设国家一流专业以及国家一流课程过程中,相关专业课程也应该与国家政策和一流专业要求进行改革,保持与时俱进。因此,伴随着国家对财会监督的进一步要求,"内部控制"课程有必要进一步加强与财会监督的融合,以保证其教学内容持续改革与实践。

四、财会监督融入"内部控制"课程的实施路径

(一)财会监督融入"内部控制"课程教学理念的路径

财会监督作为国家监督的一种重要监督方式,在各单位内部监督与企业内部控制可以完全契合。尤其是两者都是针对重点领域多发、高发、易发问题和关键风险,分类别、分阶段精准地进行应对。因此,本文认为可以将财会监督以加强课程思政或者提高职业道德的方式融入"内部控制"课程的教学理念之中。

(二)财会监督融入"内部控制"课程教学内容的路径

根据"内部控制"教材、教学大纲和教案,可知本课程涵盖的主要内容包含内部控制理论、内部控制实务和内部控制评价三大板块,具体如表 1 所示。而财会监督的内涵为:"依法依规对国家机关、企事业单位、其他组织和个人的财政、财务、会计活动实施的监督。"因此,我们认为根据财会监督的内涵,并结合每个章节知识点的具体内容,将财会监督融入"内部控制"课程的各个章节之中,具体如表 1 所示。

表 1 财会监督融入"内部控制"课程的框架

内部控制理论	企业内部控制导论	融入内部控制作用,提高会计信息治理
	内部控制基本理论	融入内部控制五要素,强化内部控制作用
内部控制实务	企业内部控制环境	融入内部控制方法,完善内部控制环境,包括不相容职务分离控制、授权审批控制、会计系统控制、财产保护、预算控制、绩效考评;融入公司治理下的内部控制
	企业主要业务内部控制	融入企业主要经济业务活动,加强监督企业日常经营活动,包括企业资金活动内部控制、采购业务内部控制、资产管理控制、销售业务内部控制、财务报告内部控制等
	企业其他业务活动内部控制	融入企业其他经济业务活动,加强全面监督企业经济活动,包括企业研发活动内部控制、工程项目内部控制、担保业务内部控制、业务外包活动内部控制等
	企业内部控制支持系统	融入内部控制支持系统,加强系统化的控制,如全面预算管理、合同管理
内部控制评价	企业内部控制评价	融入内部控制评价:缺陷认定与报告
	企业内部控制审计	融入内部控制审计:内部控制测试与审计报告

1. 财会监督融入内部控制导论

根据内部控制的含义可知，狭义的内部控制是由企业董事会、监事会、经理层和全体员工实施的，旨在实现与财务报告有关的内部控制目标过程；广义的内部控制是由企业董事会、管理层和其他员工实施的，为营运的效率效果、财务报告的可靠性、相关法律法规的遵守等目标的实现提供合理保证的过程。根据内部控制的定义可知，内部控制的一个重要目标就是保证财务报告的可靠性和真实性。这一特点与财会监督的内涵具有一致性。因此，可以在此部分内容中，融入财会监督，提高会计信息质量。

2. 财会监督融入内部控制实务

"内部控制"课程实务涵盖的内容范围比较广，也是本课程的重点。这部分主要包括企业内部控制环境、企业主要业务内部控制、企业其他业务活动内部控制和企业内部控制支持系统三大部分。

下面以企业资金活动内部控制为例，分析财会监督融入内部控制实务的切入点。首先，筹资活动的经济业务流程主要包括提出筹资方案、筹资方案论证、筹资方案审批、筹资计划编制与执行、筹资活动监督、评价与责任追究。筹资业务流程的主要风险点包括缺乏完整的筹资战略规划导致的风险、缺乏对企业资金现状的全面认识导致的风险、缺乏完善的授权审批制度导致的风险、缺乏对筹资条款的认真审核导致的风险、因无法保证支付筹资成本导致的风险、缺乏严密的跟踪管理制度导致的风险。其次，投资活动的经济业务流程主要包括拟定投资方案、投资方案可行性论证、投资方案决策、投资计划编制与审批、投资计划实施和投资项目到期处置与收回等环节。而投资业务流程的主要风险点包括投资活动与企业战略不符带来的风险、投资与筹资在资金数量、期限、成本与收益上不匹配的风险、投资活动忽略资产结构与流动性的风险、缺乏严密的授权审批制度和不相容职务分离制度的风险、缺乏严密的投资资产保管与会计记录的风险。最后，营运活动的经济业务控制目标主要包括保持生产经营各环节资金供求的动态平衡、促进资金合理循环和周转、提高资金使用效率、确保资金安全。

针对上述资金活动的特点和主要风险点，我们认为应该在资金管理过程中的经济业务的对应风险点中嵌入财会监督（见图1）。例如，企业结合自身实际建立权责清晰和约束有力的控制措施，明确资金管理中涉及的授权审批，尤其是落实单位内部财会监督主体的责任。由于各企业的主要负责人是本企业财会监督工作负责人，应该对本企业财务信息的真实性和完整性进行负责。此外，在内部控制中，进行归口管理，切实履行企业经济业务、财会行为和会计资料的处理和保管。通过综合应用内部控制措施，严防资金活动在财务会计方面的违法违规行为，坚持"强穿透、堵漏洞、正风气"，从严防范企业财务舞弊、会计造假，强化内部监督和内部控制，守好防舞弊的第一道关卡。

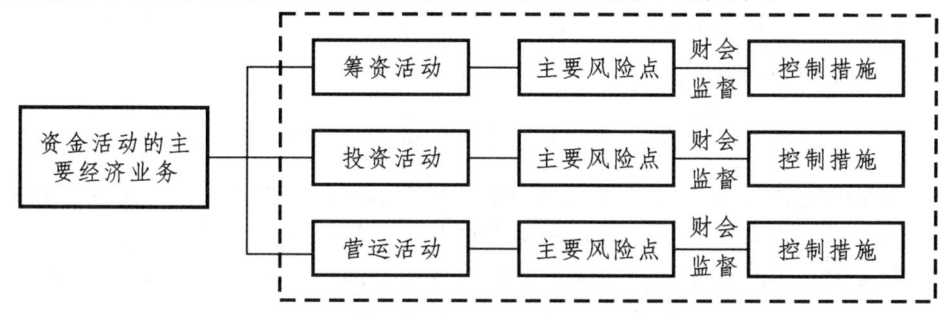

图 1 财会监督融入企业资金活动

接下来，我们再以预算管理为例，分析财会监督融入内部控制实务的切入点。《关于进一步加强财会监督工作的意见》指出"尤其是加强对所属单位预算执行的监督，强化预算约束"。在预算管理中，存在的风险主要有：预算编制以财务部门为主，业务部门参与度较低，可能导致预算管理责、权、利不匹配；预算编制范围和项目不全面，可能导致全面预算难以形成；全面预算未经适当审批或超越授权审批，可能导致预算权威性不够、执行不力，或可能因出现重大差错、舞弊而导致损失；全面预算下达不力，可能导致预算执行或考核无据可查；预算指标分解不够详细、具体，可能导致企业的某些岗位、环节缺乏预算执行和控制依据；预算执行过程中缺乏有效监控，可能导致预算执行不力，预算目标难以实现；预算分析不正确、不科学、不及时，可能削弱预算执行控制的效果，或可能导致预算考评不客观、不公平等风险。因此，在上述预算编制、预算执行和预算考核等环节，将财会监督融入其中，加强对预算活动的指导和监督，严格预算财务管理。在讲述过程中，向学生强调按照会计法赋予的职权对有关单位的会计行为实施严格监督，规范预算会计行为。

3. 财务监督融入内部控制评价

"内部控制"课程的最后一部分内容为内部控制评价，主要包括内部控制缺陷评价和内部控制审计。其中，内部控制评价主要集中在五要素层面，即内部环境评价、风险评估评价、控制活动评价、信息与沟通评价和内部监督评价。正如《关于进一步加强财会监督工作的意见》中强调的"改善内部控制制度，建立内部风险防控机制，加强风险分类防控，提升内部管理水平，规范承揽和开展业务，建立健全事前评估、事中跟踪、事后评价管理体系，强化质量管理责任"。其中，内部控制审计主要通过对被审计单位的内控制度的审查、分析测试、评价，确定其可信程度，从而对内部控制是否有效做出评价，并发表审计意见。这也就是《关于进一步加强财会监督工作的意见》指出的"发挥中介机构执业监督作用"。会计师事务所等中介机构在对企业内部控制进行审计的时候，加强企事业单位的财务、会计行为的监督，严肃查处财务数据造假、内部监督失效等突出问题。

（三）财会监督融入"内部控制"课程教学考核的路径

教学的完整过程应该包括"课程设计—课程讲解—课程效果"，对教学效果的考核是不可或缺的一个环节。本课程将财会监督融入"内部课程"考核的课堂表现考核、平时作业考核和期末考试考核3个层面，做好过程融合、结果融合。其中，在课堂表现考核中，我们把财会监督融入课前知识回顾提问，考查学生对该政策理解的基本情况，尤其是考查学生能否在知识点回答中挖掘财会监督的内涵；在平时作业考核中，我们在课后作业布置和讲解中均融入财会监督思想，考查学生对该政策理解深度和应用能力，以发挥教学评价的反馈作用，达到以促评教，确保教学效果；在期末考核中，我们将财会监督作为期末综合考试的一个组成部分，主要考查学生对本科课程的掌握程度（见表2）。

表 2 财会监督融入"内部控制"课程教学考核

融入考核方式	融入路径	考核分值占比	考核后续评价
课堂表现考核	课前提问	20%	评价财会监督的内涵与内部控制的融合度
平时作业考核	课后作业	25%	评价财会监督在内部控制中的应用性
期末考试考核	期末考点	15%	评价财会监督在内部控制中的实践性

五、结语

"内部控制"课程是财会专业的一门专业课程。本文以中共中央办公厅、国务院办公厅颁布的《关于进一步加强财会监督工作的意见》为契机，研究财会监督进一步融入"内部控制"课程的内在逻辑和实施路径。具体而言，本文从课程思政、教学理念、教学内容3个方面论述了财会监督融入"内部控制"课程的内在逻辑；从教学理念、教学内容、教学评价3个方面设计了财会监督融入"内部控制"课程的实施路径。总之,本文通过将财会监督融入"内部控制"课程,加强财会专业学生对内部控制中财会监督方面知识点的理解和掌握,提高学生在未来从业中遵守相关法律法规,保持良好的职业道德素养。本研究有助于拓展内部控制人才的专业能力与德育素质,满足新时代对财会人才的需要。

参考文献

[1] 陈倩倩,刘世林."学生主导"的多元化课堂革新——以内部控制课程为例[J].商业会计,2022,729(9).

[2] 广东省2021年度专项会计科研课题组.党和国家监督体系中财会监督的含义和理论框架探讨[J].会计之友,2022,678(6).

[3] 方红星,金玉娜.高质量内部控制能抑制盈余管理吗?——基于自愿性内部控制鉴证报告的经验研究[J].会计研究,2011,286(8).

[4] 李昌振.国家治理视域下财会监督体系构建的逻辑与路径[J].会计之友,2021,664(16).

[5] 李维安,戴文涛.公司治理、内部控制、风险管理的关系框架——基于战略管理视角[J].审计与经济研究,2013,28(4).

[6] 刘启亮,罗乐,张雅曼,等.高管集权、内部控制与会计信息质量[J].南开管理评论,2013,16(1).

[7] 莫磊,胡国强."建构主义式"《内部控制》课程教学探索——基于应用型本科教学实践视角[J].财会月刊,2014,700(24).

[8] 舒伟,李富坤,曹健,等.内部控制学课程建设的实践探索和完善[J].商业会计,2021,703(7).

[9] 徐玉德.新时代财会监督论[J].财会月刊,2022,920(4).

[10] 汪雅萍,何召滨.新时代财会监督的定位、要素与路径[J].财务与会计,2020,612(12).

[11] 王放,刘晓东.高校会计专业课程思政元素融入方案探索——以《内部控制与风险管理》为例[J].商业会计,2022,741(21).

[12] 周美华,林斌,林东杰.管理层权力、内部控制与腐败治理[J].会计研究,2016,341(3).

我国大学生财商教育的现状及对策探讨

◎ 张婉君

作为与智商、情商一起被视为现代人必备的"三商",财商是指个人认识、创造和管理金钱（财富）的能力。而关于财商的系统学习与训练,就是财商教育。大学阶段是人生观、价值观、财富观形成的重要阶段。在这一阶段,不仅要培养学生的情商、智商,更要注重财商的教育,树立正确的财富观,培养正确的理财观念,掌握科学的理财方法。随着人们生活水平的日益提高,家长和教育机构普遍重视智商和情商方面的教育,却往往忽视了财商的教育。

随着经济社会发展和国民财富的急剧增长,在"互联网+"时代背景下,人们迫切需要建立起正确的金钱观、消费观以及财富观,需要具备一定的财商来处理生活中的经济行为,从而做出理性的选择。当前很多学生金钱观念模糊、不良金钱消费现象较为普遍;财商观念存在明显误区、互联网金融接受度高但风险甄别能力不足;未成年人参与网络直播"打赏"、网络游戏"买装备"等非理性消费问题逐渐引发社会关注;校园贷、培训贷、求职贷、美容贷频现,大学生群体被骗事件也时有发生。这说明当前大学生的财商与经济社会的发展极不适应,普遍缺乏基本的财商,大学生财商教育迫在眉睫且任重道远。基于上述背景,有必要对我国大学生财商教育的现状调查和路径探究这一选题展开研究。

一、财商及财商教育的内涵

通过梳理国内相关文献与研究,学者们对财商及财商教育的内涵展开了热烈讨论。

白鑫刚（2007）指出财商是个人判断金钱的敏锐性及对什么能形成财富的了解和把握能力,是评价个人认识和运用金钱能力水平的指标。财商教育是指社会培养受教育者财商素质的教育活动。钱雅文、石成奎（2009）认为财商就是个人认识金钱和驾驭金钱的能力,是理财的智慧。财商教育是借助智商、情商教育的表达方式对人的财富观的教育,通过教育提高人们对获取财富的手段和如何享用财富的认识,培养基本的理财技巧和正确的金钱观念,提高人的综合素质。何芳（2010）则认为财商是人的基本素质，是自强、自立、自为的基础。财商教育是借助智商、情商教育的表达方式提出对人的财富观的教育，通过教育提高青少年对享用财富的认识和如何获取财富的手段，帮助他们树立健康的财富观，提高综合素质和生活质量，及对生命意义的理解，从而促进其拥有和谐、自由、幸福的人生。牛晓萍（2012）研究指出，财商是指任何投入产出方面的能力。财商教育主要从日常生活细节入手，培养和提高未成年人的理财能力，使他们能正确处理金钱和其他人生财富的关系，以积极健康的人生态度认真对待财富，合理利用资源，树立正确的金钱观和价值观，从而更好地创造自己的财富人生。

二、我国急需开展大学生财商教育的原因和现状分析

钱雅文、石成奎（2009）指出，由于我国教育模式存在弊端，财商素质教育缺失；由于家庭教育欠缺，财商教育存在误区，认为孩子不能谈"股"论"金"；认为财商就是会花钱，金钱至上。孙涵（2009）研究指出，开展财商教育的主要原因是长期以来人们受自然经济、计划经济的影响，讲求自给自足、量入为出，没有充分意识到随着经济社会的发展，财商教育至关重要；社会传统的成才片面化教育也是财商教育缺失的主要原因。部分家长对孩子早期便灌输发财的重要性，但对正确认识金钱财富、如何努力赚钱、科学理财等财商教育的具体内容没有涉及。通过前人就财商教育原因及现状的研究，我们可以看出：由于诸多原因，我国财商教育意识不够、发展滞后，以致在社会和家庭教育中出现了扭曲的金钱观和消费观，状况堪忧。王倩（2010）指出在家庭教育和学校教育也没有对青少年财商教育给予足够的重视。从小学到高中，甚至大学课堂都没有专门系统的课程；教学内容的不规范，使财商教育活动很难保质保量地开展。此外，学校普遍缺乏财商教育的师资力量，这些都给开展财商教育设置了障碍。

梁朝辉（2008）指出我国财商教育的教学内容主要包括：①如何树立正确的金钱观、消费观和理财观念；②理财的原理、技巧、方法；③基本财务知识及基本的经济学原理；④投资理财工具；⑤市场风险教育，强化风险意识。牛晓萍（2012）认为对孩子进行金钱教育主要体现在：①让孩子知道钱是怎么来的；②让孩子学会花钱；③学会做出正确的选择；④订立零用钱规则；⑤树立正确的消费观；⑥让孩子学会自己挣钱。由以上研究可以看出有关财商教育具体内容的研究较少。

三、英美发达国家财商教育的实践比较与经验借鉴

财商教育于 1982 年由美国学者安德森（Anderson）首次系统地提出和加以定义。经过约 30 年的理论发展与实践经验总结，英美等发达国家形成了一套相对完善的财商教育体系。就笔者掌握到的文献来看，现有文献主要探讨了美国和英国在青少年财商教育方面的发展。总体来讲，美国青少年财商教育涉及财商教育政策、课程内容、课程形式以及家庭与社会财商教育几个方面。

（1）就财商教育政策而言，美国制定了 4 个领域的国家策略以推进财商教育的实施：①财商教育资源可获取策略；②财商教育资源针对性发放；③多部门共同合作；④研究和评价财商教育相关项目。同时，美国在联邦和州两个层面出台相关财商教育法案以促进中小学财商教育的发展。例如：联邦政府颁布了《储蓄对每个人都很重要》法案（1997 年），主要内容是召开系列关于系列理财能力主题的会议；颁布了《不让一个孩子落后》法案（2001 年），该法案首次将财商教育作为教育体系组成部分；在贷款事务法案第五款"提高理财能力和理财教育"中指出"成立理财素养和教育委员会，负责制定青少年财商教育政策"（2002 年）。其余各州如田纳西州政府提出在公立中学普及理财素养的教育项目；弗吉尼亚州提出在初高中各个年级实行财商教育；堪萨斯州要求教育委员会为个人财商教育提供指导等。

（2）课程内容方面，美国政府 2007 年授权金融组织——起跳联盟（Jumpstart Colition）发布了 K-12 国家教育标准，在名为"国家理财教育课程"的报告中呈现了中小学财商教育课程内容，包括收入、财政管理、消费和存款、储蓄和投资 4 大板块。其中每个板块又具体细化到各知识点。

（3）课程形式方面，美国财商教育课程形式主要有 2 种：①独立财商教育课程。将财商教育以独立学科的形式整合进学校课程体系中，与其他学科具有同等地位。②与数学、阅读等学科类课程相融合。将财商教育内容与其他学科内容相结合，结合课堂教学内容，培养学生的财商。

（4）家庭与社会财商教育方面，美国家庭很注重孩子的财商教育，并根据孩子的年龄阶段和心理特点循序渐进地培养孩子的理财观。同时，美国青少年财商教育不仅受到政府重视，还得到各种金融组织的支持与指导。

同样地，就财商教育政策而言，英国政府也大力支持开展财商教育。英国政府推动青少年财商教育的进行主要是通过威尔士、苏格兰和北爱尔兰的地方政府来实现的。其中，威尔士金融教育部门 WFEU 于 2008 年成立。WFEU 在国家学习网经营者提供的教学资源支持下，建设财商教育网站以支持青少年财商教育，并支持中小学跨学科财商教育的项目计划和相关教材的编写。苏格兰

政府要求将个人财商教育融入现有课程如数学计算中。2007年，北爱尔兰在引进的适用于 7~16 岁学生的修订版课程中将理财素养确定为法定素养。同时，北爱尔兰教学大纲、考试与评估委员会发布了相关资料用于指导和支持修正财商教育课程。课程内容方面，比美国的财商教育体系要简化很多，区分了小学阶段和中学阶段的不同内容。例如中学阶段，需要学习预算、管理个人财产、处理信用问题；懂得理解消费者以及雇主与雇员的权利和责任；知识点涉及离校生的收入来源、税务以及税收的使用方向、读懂账单及财务报告、学会储蓄和投资、不同方式获得理财建议、预测风险、购买保险等各方面。课程形式方面，英国中小学没有以独立课程形式展开财商教育，而是在其他课程中渗透财商教育知识。家庭与社会财商教育方面，英国家长与美国家长做法类似，即鼓励孩子打工赚取生活费或零花钱，让孩子通过实践理解财富的本质，以提高财商水平。英国成立了专门的社会相关组织和机构如个人理财教育组织（PEFG，现已发展为英国中小学实施个人财商教育的领导机构），旨在与教师、政府及消费团体和金融行业共同合作帮助学习者达到较高财商水平，并给学校提供指导、资源及相关建议。

比较英美青少年财商教育，我们可以发现，两国在开展青少年财商教育上有一些共同点：一是从财商教育的培养对象来说，英美两国均注重早期财商教育；二是从财商教育实施主体来说，两国均建立了家庭、学校与社会"三位一体"的财商教育共同体，协同促进青少年财商教育的发展；三是从财商教育课程体系来说，两国均形成了系统的学校课程体系。英美青少年财商教育的开展从国家政策、教育目标、课程形式、课程内容等角度来看也存在一些相异之处，具体哪种方式更有利于提升青少年财商水平，要结合国情和当地青少年财商水平才能做出判断。

四、我国大学生财商教育对策和方法探讨

借鉴英美发达国家财商教育的实践经验，针对我国大学生财商教育存在的问题提出应对策略：①改革现有教育模式，构建财商教育的目标和内容体系，加大财商教育力度。②倡导理性消费，营造良好社会氛围，培养健康理财文化。③发挥家庭教育和科学引导作用。发挥家庭教育对青少年的引导作用。④学校应开设相关的课程开展理财教育。综上所述，我们可以看出社会、学校及家庭三方面协同对财商教育至关重要。

参考文献

[1] 杨洋."财商"教育在国外[J]. 城外社区，2010（24）.

[2] 何芳. 青少年财商教育的哲学思考[J]. 山东青年管理干部学院学报，2010（2）.

[3] 钱雅文，石成奎. 青少年财商教育的现状与对策[J]. 教学与管理，2009（1）.

[4] 吴文前. 儿童财商教育方法应用探析[J]. 教育与教学研究，2011（5）.

[5] 牛晓萍. 财商教育之我见[J]. 新课程学习（中），2012（6）.

[6] 王倩.《经济生活》成就财商高手——开展青少年理财教育的原因和方略[J]. 新课程（教师），2010（1）.

"财务管理案例"一流本科课程建设及其实践路径探讨
——基于打造又红又专"金课"的视角

◎ 顾飞　陈丹丹

一、引言

"培育具有全球竞争力的世界一流企业"[①],促进企业"实现有质量、有效益的发展"[②],德才兼备的高素质财务管理人才是关键。为此,从 2011 年起,重庆工商大学就在以全案例教学系统改造传统课程教学范式的基础之上,面向财务管理专业本科学生,开设了以启发思考、培养能力、激发创新为重点的"财务管理案例"专业拓展课。经过 10 年的改革建设,课程相继获评首批国家级、重庆市"课程思政示范课程"以及重庆市"一流本科课程",是首批国家级、重庆市"一流本科专业"建设点——财务管理专业的重点建设课程。课程以立德树人为根本,以全真的财务管理案例为载体、以高阶的专业现实问题为主线、以"一体两翼三结合六协同"课程育人体系为支撑,帮助学生在"教学做合一"的协同共振中,强化"诚信精业、理财兴邦"的价值信念,突破前序课程间条块割裂的知识边界,促进专业知识融会贯通与综合运用,推动知识向能力转化,逐步建构起解决复杂专业问题的价值判断、实践能力、创新思维与国际视野,

---

基金项目:本文是重庆市高等教育教学改革研究一般项目"基于内生性融合的'财务管理案例'课程思政有效教学模式探索与实践"(213208),重庆市 2022 年本科高校课程思政示范项目(综合类项目)——重庆工商大学"财务管理学"课程,重庆市研究生教育教学改革研究一般项目"基于培养造就德才兼备高层次人才的会计专业硕士内生性融合课程思政体系化建设与探索"(yjg223108),重庆市高等教育教学改革研究重大项目"高校高质量党建引领育人的探索与实践——以重庆工商大学为例"(221023),重庆市高等教育教学改革研究重大项目"地方高校财经类专业课程思政元素案例库构建"(221044)的阶段性研究成果。

① 习近平.决胜全面建成小康社会夺取新时代中国特色社会主义伟大胜利[N].人民日报,2017-10-28(1).
② 习近平.在党的十八届五中全会第二次全体会议上的讲话(节选)[J].求是,2016(1).

为其后续专业学习与未来职业发展夯实基础。

二、"财务管理案例"一流本科课程建设急需解决的重点教学问题及其突破口

（一）"财务管理案例"一流本科课程建设急需解决的重点教学问题

1. 课程教学中突出存在"重专业、轻德育""重讲授、轻创新"的问题

传统的财会专业课程教学中，以"诚信精业、理财兴邦"为核心的"课程思政"元素未能有效融入；专业理论课程教学侧重单向式知识讲授，学生缺乏创造性的自主知识构建，创新意识、创新能力难以激发。

2. 课程教学突出存在学科专业"知识割裂""轻管理、弱技术"的问题

传统专业课程教学过度强调知识理论的"课程属性"，难以适应大数据、智能化时代财务管理"跨界发展""业财融合""技术迭代"的人才结构性需求变革。

3. 课程层面突出存在"产教隔离""教学做脱节""科教分离"的问题

传统财务管理专业理论教学体系严重滞后于实务动态发展，课程层面的产教融合、校企互动缺位；专业前沿理论缺乏适时融入本科教学的柔性化课程渠道。

（二）推进"财务管理案例"一流本科课程建设的突破口

1. 注重教学的价值引领性融合

"财务管理案例"课程应当秉持"德知能一体化"教学理念，以案例化、过程性、体验式促进修德、启智、强能内生性耦合，强化学生"诚信精业"的职业道德、厚植"理财兴邦"的家国情怀，为"落实立德树人根本任务"夯实课程教学基础、拓展专业融合路径，进而探索与课程教学相适应的课程思政融合应用创新模式，更有效地推进课程思政的高水平建设。

2. 注重课程的知识关联性构建

"财务管理案例"课程应当坚持以案例问题为主线，促进跨学科、跨专业、跨门类相关专业理论知识的关联性构建。通过案例"教学做合一"的闭环过程，帮助学生自主构建起系统化的专业知识总体，形成网络化知识结构，加速其知识以实践为导向、以问题为中心的关联性构建，以便更好地培养学生的创新思维与实践能力。

3. 注重学生的能力过程性转化

"财务管理案例"课程应当坚持以专业案例为载体，推动课堂教学由传授

知识向应用知识、培养能力转化。通过"科教融合"教学模式改革，培养学生专业性和批判性思维，启发其创新创造精神；通过探究式、参与式学习，促进学生由死记硬背、被动接受转向个性化、协作式的主动学习与创造。

4. 注重学生的主体性激活

"财务管理案例"课程应当坚持以现实案例为载体，通过扎根中国企业财务管理实践，发现、分析和解决现实的专业问题，进一步激发学生的专业志趣和学习热忱。通过与教师、团队、实务专家间的多主体互动，潜移默化地促进学生"德知能一体化"成长。同时，还可以通过积极推进"自主案例选题、任课教师把关"的个性化考核模式，促进师生互动、激发创作、倒逼学习、团队协作、知识分享的主体性学习机制形成。

三、推进"财务管理案例"一流本科课程建设的实现路径

（一）以师德好、能力强为标准打造优秀课程教学团队

一流的教学团队是建设好一流本科课程的主体。因此，在"财务管理案例"课程建设中，首先要抓好教学团队建设，要将师德师风好、教学能力强、教学经验丰富、敢于创新实践的教学科研骨干教师吸纳到课程教学团队中来，形成协同互补的优秀教学团队。教学团队建设必须要坚持以科教融合推进教学改革创新与提质增效，积极开展课程思政、教学要件建设、教学模式创新、课程考核改革活动，加大力度依托校企合作平台推进协同育人。

通过多年努力，重庆工商大学"财务管理案例"教学团队建设取得了显著成效。教学团队成员评教平均分均为优秀；3人入选首批国家级、重庆市"课程思政教学名师和团队"；主持教科、教改项目省部级12项、校级11项；发表教改论文17篇，主编案例集4部；获教学成果奖国家级二等奖1项，重庆市特等奖1项、一等奖1项、二等奖3项，校级特等奖3项；团队成员作为课程负责人获批首批国家级、重庆市"一流本科专业"建设点1个，首批国家级"一流本科课程"1门、首批国家级"课程思政示范课程"1门，重庆市"一流本科课程"2门、重庆市"课程思政示范课程"2门；相继荣获"全国会计先进工作者"、首批国家级"课程思政教学名师"、"全国优秀学位论文指导教师"等国家级教学奖励5人次以及"重庆市高校教师教学创新大赛"二等奖等省部级11人次、首届"师德先进个人"等校级6人次；4人入选"重庆市高校黄大年式教师团队"。课程教学团队的教学学术研究能力、教学改革创新能力以及课程思政教学能力的持续提升为"财务管理案例"一流课程建设夯实了人本基础，提

供了专家支持。

（二）以"三融合"推动课程教学结构的创新

"财务管理案例"课程的教学结构设计坚持了思政融合、理实融合、科教融合的"三融合"理念，以财务管理理论与方法的案例仿真分析及其情境化应用为主导逻辑，形成了"教学案例"与"做案例"双向嵌合、分步进阶的二元教学结构，如图1所示。

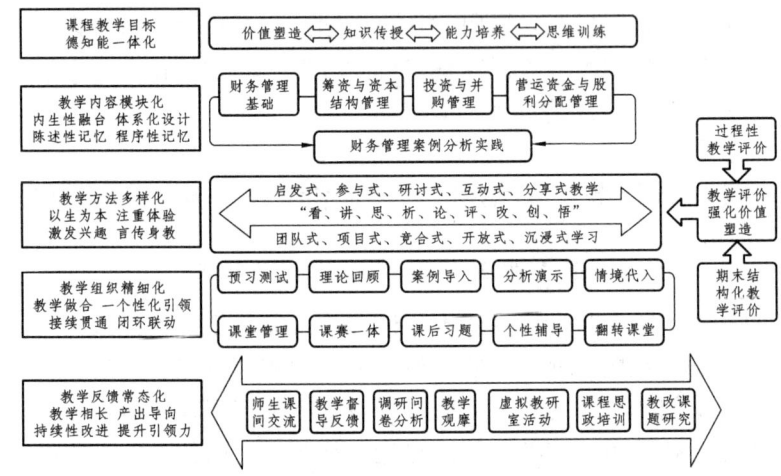

图1 "财务管理案例"课程教学设计框架结构图

在"教学案例"部分，课程以财务管理基础、筹资与资本结构管理、投资与并购管理、营运资金与股利分配管理四大模块为主体，辅之以当下热点案例，依托案例情境中知识线、情节线、问题线、思维线交相呼应的教学设计，培养学生运用财务管理理论与方法，分析、推理、判断、解释专业现实问题的素质与能力，如图2所示。

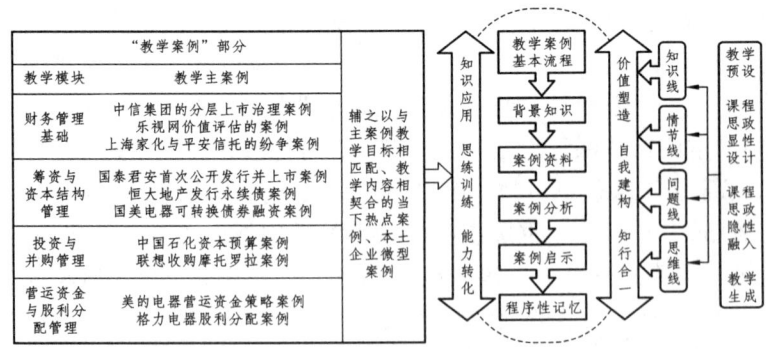

图2 "教学案例"部分的课程教学实施示意图

在"做案例"部分,教师作为"研学伙伴",以小组为"研学共同体",将案例分析实践分步嵌入教学全程,以行动学习培养学生从事财务预测、决策、计划、控制和分析的专业综合能力,如图3所示。

"财务管理案例"课程通过预设的"学中干""干中学"双向互动教学增效机制,强化了学生对财务管理本质及其内在规律的专业知觉与理性认知,引导其立足中国企业财务管理实践,将案例写在祖国大地上,为解决高阶性的专业现实问题,提供扎根中国经营管理实践、面向高质量发展要求的个性化解决思路、专业化实施路径以及本土化经验启示。

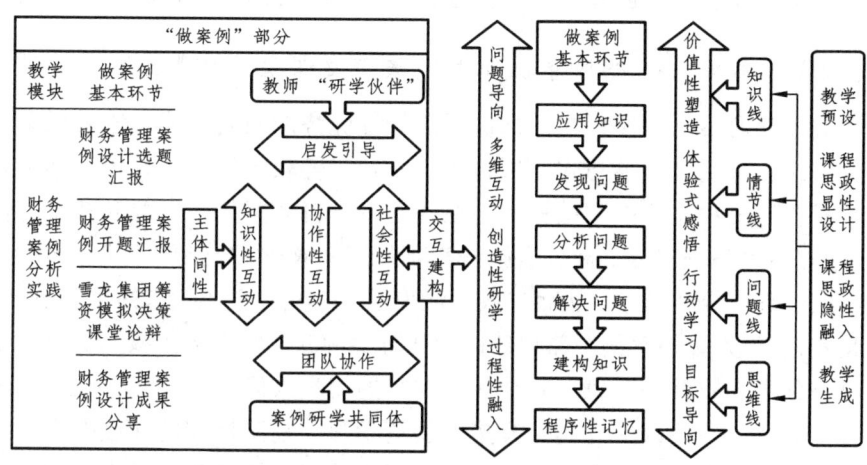

图3 "做案例"部分的课程教学实施示意图

在教学组织过程中,"财务管理案例"课程坚持以"小班教学"为主,依托国家级经管实验教学示范中心、国家级虚拟仿真实验教学中心"在线博弈教室"、"智能财务共享实验室"的先进教仪设备,积极推进研讨式、情景化、竞合式等综合性案例教学活动,以"研学共同体"为关键节点,搭建起"无边界课堂",促进学生在课堂内外、线上线下合作自主进行课程学习。

(三)以"六化"促进课程内容优化与资源建设应用

(1)推进课程内容结构化,全程教学案例化。"财务管理案例"在长期的课程建设与教学改革实践中形成了突出价值引领,由模块化的"教学案例"(以教材为基础,动态典型案例为补充)和分布式嵌入的"做案例"(以案例分析、研究、赛事为拓展)两大部分有机融合的全案例结构化课程内容架构。

(2)推进教学资源集成化,校企共建项目化。通过课程教学团队持续不断地开发建设与拓展利用,"财务管理案例"课程形成了包括授课讲义、自主开发案例、案例文献、在线测试、多媒体课件、法规资料以及"全球案例发现系统""中国管理案例共享中心"等案例库在内的集成化教学资源体系,依托"教育部产学合作协同育人项目"、校企合作横向课题实现了科研成果与教学资源的项目化对接转化。

（3）推进课程共享协同化,资源交互多元化。在课程教学团队的积极推动下,课程形成了课程案例设计资源与其他专业课程共享、与会计专硕案例研学联动、与"一流"专业建设协同的资源共享机制,并通过网络教学平台、课程微信群、案例赛事、科创基金等多渠道实现了师生间的教学资源实时交互。

（四）以教学方法的改革创新为突破激发课堂教学生态

"财务管理案例"课程在发挥讲授法传统优势的同时,还集成采用了启发式、探究式、讨论式、参与式、项目式、竞合式等教学方法,并依托网络教学平台,开展随机在线智能测试；依托在线开放与自建案例库资源和校企合作平台,推进原创性案例开发,择机实施"移动课堂"；依托"智能财务共享实验室",开展模拟仿真情景化教学,从而有效地激发了学生的好奇心、求知欲和创造力。

此外,"财务管理案例"课程还以"九阶案例教学法"为主线,引导学生在"学习→分享→质疑→反思→归纳→反馈"的闭环式研学过程中,促进问题牵引与自主学习、理论认知与实践升华、创造学习与高阶探究的深度融合,以此扭转"教师讲、学生记、满堂灌"的课堂沉默状态,构建充满活力、激发创新的课堂教学生态。

（五）以思政融合与技术赋能为突破提升人才培养能力

（1）教学内容"德知能一体",突出专业拓展,促进能力转化。"财务管理案例"课程以案例"教学做合一"集成整合应用前序课程的知识、理论及方法,促进条块化知识向综合性能力转化,凸显课程的高阶性和挑战度,进而更好地激发学生的专业学习志趣与未来职业担当。

（2）技术赋能构建学习共同体,依托技术赋能教学提质增效。在教学组织过程中,"财务管理案例"依托网络教学平台构建开放式师生学习共同体,突破传统课堂时空局限,实现了"教学案例"常态化互动、"做案例"个性化辅导,开展案例预习随机在线智能测试；依托校企合作平台,择机实施"移动课堂"；依托"智能财务共享实验室"实施大数据财务共享案例仿真教学。

（六）以结构化的综合性成绩考查方式优化课程考核评价

"财务管理案例"课程考核侧重"德思能创"综合性考查。过程性考核占40%，观测点为课堂考勤、案例预习、互动问答、小组讨论、网络学习、赛创加分。期末案例报告考核占比60%，由团队与个人量化评分2∶8构成，采用"小组自主选题、教师启发把关"的个性化考核创新模式，观测点为学习态度与团队协作、资料搜集及其整合应用、案例洞察与分析论证、逻辑思维与语言表达、创新创意与可视化分享。

四、未来建设的展望

面向未来，"财务管理案例"一流本科课程建设还需要进一步解决两大问题。一是全面提升教师价值引领、数字化教学职业素养与实践能力；二是构建推进课程思政、金课工程与教学创新生态的协同机制。对此，"财务管理案例"教学团队可以在以下六个方面继续发力深耕：一是进一步明晰"财务管理案例"课程建设与教学建设的改革方向。切实落实立德树人根本要求，协同推进"课程思政""案例教学""网络教学""智能教学"融合创新，以价值引领、技术赋能双元驱动课程建设与教学改革，对标"三型两化"以"教学做创合一"促进"德知思能一体化"教学。二是要突出价值引领与信息技能，持续优化升级师资团队，打造师德优，年龄、学历、职称、学缘、专业结构合理，政治过硬、教研能力突出的跨学科、国际化、高水平"一流"示范教学团队；探索建立跨校教学名师、跨企实务专家柔性化、信息化嵌入的案例教学参与机制。三是要以课程思政与课堂革命深化课程教学结构性改革，牵头发起"财会类专业课程思政联盟"，示范并带动课程思政创新实践；探索构建资源数字化、手段多样化、过程协同化、学习自主化、培养个性化、评价过程化的课程教学创新生态。四是要以产教融合高质量协同推进金课建设工程，探索构建"案例课程教学质量标准"；系统升级与动态优化在线教学视频与资源；借鉴哈佛范式建设"财会案例情境仿真实验室"；出版"纸质+数字"融合型教材；建立案例资源及研究成果跨专业、跨课程教学共享机制。五是要高质量持续优化课程建设、教学运行、教学管理、教学评价的制度体系，提升以德施教、依法施教的线上线下混合教学现代化治理能力。六是要加大建设投入，高质量推进师资团队、教学教研、资源平台的价值引领、技术赋能、数字化升级与智能化再造，以课程教学创新生态构建引领财务管理专业课程教学体系全面改革和系统升级。

参考文献

[1] 教育部. 教育部关于印发《高等学校课程思政建设指导纲要》的通知[EB/OL]. （2020-05-25）[2022-09-20]. http：//www. gov. cn/zhengce/zhengceku/2020-06/06/content_5517606. htm.

[2] 教育部. 教育部课程思政建设工作推进会召开[EB/OL]. （2021-06-10）[2022-09-20]. http：//www. moe. gov. cn/jyb_xwfb/gzdt_gzdt/moe_1485/202106/ t20210610_537324. html.

[3] 教育部. 教育部等十部门关于印发《全面推进"大思政课"建设的工作方案》的通知[EB/OL]. （2022-08-10）[2022-09-20]. http：//www. moe. gov.cn/srcsite/A13/moe_772/202208/t20220818_653672. html.

[4] 姚友明. 从慕课到金课：重庆高校在线课程建设与应用优秀案例集[M]. 重庆：西南师范大学出版社，2021.

大学生 ADD 患者的情绪调节与教师疏导
——文献回顾与启示

◎ 赵青华

一、问题提出

学生在课堂上的注意力不仅对他们的学业进步至关重要（Rabiner 等，2016），而且对他们的情绪调节和人际关系同样具有重大影响（Wang 和 Dix，2017）。但在大学课堂中，学生注意力不集中的情况甚为常见。然而，关于大学生注意力与学业表现的国内文献资料较少，教师通常在教学总结中，将大学生学业成绩不好、课堂注意力不集中常归咎于：①教师授课内容乏味（理查德·维劳，陈鹤高，1982）；②课程安排不合理（杨伟文等，2012）；③教师授课方式单调（柏长勤，1990；郎大鹏等，2014）；④对专业不感兴趣（王玉伟，2007）；⑤教学课件类的资源不足（吴雁，2017；张屹等，2019）等因素。基于这些经验，国内的教学改革课题更多地从教学纪律、教师管理、教学环境、教学资源等方面进行改进，以期改善学生的注意力问题。显然，多数情况下并未能达到预期的效果。

Dupaul 等（2009）研究表明，2%~8%的大学生具有临床意义上的成人注意型 ADD（成人注意力缺陷），至少 25%的学习困难的大学生可能患有成人注意型 ADD。大量的国外文献表明，学业困难的大学生多与成人注意型 ADD 相关。依恋理论和自我调节的理论表明，大学生的注意力和情绪调节与其素质之间存在着更为复杂、相互作用的关系。在课堂上，冲动和不注意的行为可以被认为是一种对注意力和情绪的自我调节的不一致的表达，不仅会给学生和教师的关系带来压力，而且会给学生带来压力。在一些案例中，这一行为因与教师关系不佳而恶化（Berry，2012 年）。所以，教师对大学生注意力的调节无疑是一个挑战（West 等，2005）。ADD 的治疗并非药物，而是对患者本人及其身边人的心理宣教（Kooij 等，2018）。从师生关系及教师的课堂情绪调节的视角研究改善大学生注意力缺陷的意义也正基于此。

二、大学生注意力缺陷（ADD）的表现

ADHD 即注意力不足过动症，其概念在 1980 年才被学界所认同。正是因为人们对成人注意型 ADHD 的认知不足，导致很多成人注意型 ADHD 患者无法得到诊疗，难以获得本应达到的人生成就，以及遭遇其他不良转归（Kooij 等，2018）。Brown（2007）认为，注意型 ADHD 是一种大脑自我管理系统的执行功能的发育性损害。Wilens 等（1998）的研究结果证实，有 30%~50%的 ADHD 的儿童期患者，其症状并不会随着年龄增加而消失，而是持续终生。但与小儿 ADHD 相比，成人 ADHD 患者出现多动症的可能性极小。

而 ADD 是 ADHD 的一种类型，但并无过动的表现，其主要症状是更易分心、冲动、急躁，表现为频繁地、不自觉地走神。Barkley（1998）等研究发现，与未患有 ADD 的同龄人相比，成人 ADD 患者有较高比例的焦虑症、忧郁症、物质滥用情形、有较多人际问题及婚姻冲突；尽管有正常的智力，他们在事业上及学业上的成就均较低。Davies（2018）认为，成人 ADD 患者的表现比儿童患者更加微妙，包括没有条理和时间管理能力差；自控力差、容易冲动，常常表现为言语粗鲁、频繁打断别人的话；源于自卑和情绪调节能力不足的情绪困难；难以集中精力和完成任务（甚至是简单任务）。但是，Smith 和 Segal（2018）认为，通过相关的教育、周围的支持和一些创意，人们可以处理这些成人 ADD 的症状，甚至把这些症状给成年人带来的困境变成其强项。

三、注意力缺陷（ADD）对大学生的影响

根据大学生注意力缺陷（ADD）的文献资料，我们可以注意到大学生注意力缺陷对学业的影响主要有如下方面：

（1）注意分配能力缺陷。张畅等（2013）通过按键反应和记忆数字的实验研究，发现存在注意力缺陷的大学生在完成同样的注意分配操作的前提下，需要比对照组的大学生花费更长时间，资源耗费更多，而且资源分析的稳定性也较差。Shifrin 等（2010）的研究表明，有 ADD 的大学生表现为学习注意力不集中、工作绩效显著低于普通大学生。由于他们有无聊的倾向或分心，进而影响学习成绩（Castens 和 Overbey，2009；Reser 等，2007）。Asnadeau（1995）提出"患有多动症的成年人与儿童相比，在诸如白日做梦和持续不断的思想波动等内部干扰方面有更大的困难，这可能与手头的任务有关，也可能与手头的任务无关"。

（2）更易染上恶习。袁媛等（2016）通过对上海两所高校的学生抽样调查，

发现 ADD 症状阳性者健康危险行为报告比率显著高于阴性者。Rooney 等（2012）认为，大学阶段是年轻人重要的转型期，患有 ADD 的大学生可能更容易受到酒精和药物侵害相关问题的影响。

（3）缺乏自信。受 ADD 影响的大学生，通常适应能力减弱、与同学相处困难。Shaw 等（2005）通过对比研究发现，有 ADD 症状的学生在大学适应性的几个方面表现出功能下降，自我报告的社交技能和自尊水平也较低。Tse（2012）的研究也表明，与普通大学生相比，患有 ADD 的大学生具有较低的自尊水平和较低的社交技能。Weyandt 等（2013）发现，在执行能力、注意力的内化和外化障碍、情感表达、学术表现、学习/组织技能和社会调节等方面，有无 ADD 的两组大学生存在显著的群体差异。

（4）缺乏自制力和不守纪律。Reser 等（2007）发现，与其他大学生相比，患有 ADHD 的大学生具有较低的信息处理和自我测试能力。Dupaul 等（2006）研究发现，患有多动症的大学生组织和时间管理能力差，考试应对策略不足，常有拖延行为。Barkley 和 Murphy（2011）研究发现，支持有 ADD 的大学生在时间管理和组织技能方面比非残疾学生更难的观点。由于这些困难和大学生活对学生的要求增加，患有 ADD 的大学生有可能获得较低的分数（Norwalk 等，2009）。

四、大学生 ADD 的情绪调节与教师疏导

（一）注意力缺陷的情绪调节

多数研究认为，缓解大学生 ADD 的影响的重要手段就是注意力和情绪的调节，它是一个自我调节的过程。自我调节是"根据特定情境的认知、情感和社会需求调节行为的能力"（Ruff 和 Rothbart，1996），包括调节情绪和保持集中注意力的能力（Rueda，Posner 和 Rothbarth，2011）。情绪调节是用来调节情绪的过程，它决定个人是否、何时和如何经历情绪及情绪相关的动机、生理状态，以及情绪在行为中的表达方式（Eisenberg 等，2014）。

Shimabukuro 等（1999）、Scheithauer（2014）通过对照实验研究发现，实验组（接受学习技能指导、目标设定和自我监控指导）的参与者在他们的 ADD 症状、学习行为、平均成绩（GPA）和目标达成方面表现出显著的改善，由此认为自我监控可以用来提高 ADD 大学生的学业成绩。

美国科罗拉多大学建立了一整套的机制来帮助 ADD 大学生患者进行自我调节。比如，大学生自我管理（带上你的个人资料与学院支持的服务办公室预

约），根据医生的处方服药治疗，帮助做好课堂策略（尽量坐在教室的前排、用纸和笔做笔记、上课时进教室）、充分利用学习时间（尽可能在图书馆学习、独自跑步、请家教、按时做事）。

（二）教师对大学生 ADD 患者的疏导

不少人研究了教师对有 ADHD 症状的学生疏导、支持对患者的影响与效果（Field 等，2003；Nadeau，2005；Reaser 等，2007）。Garber（2001）确定了一些内部或个人因素（控制、欲望、目标导向、R 培养、坚持和学习创造力）以及能够支持学生取得成功的外部或环境因素（适应性、支持性社会环境、导师和支持服务）（Field 等，2003）。Nadeau（2005）认为，教师引导 ADD 学生患者进行时间管理和组织技能对改善其表现有重要作用。

也有人支持使用教练来帮助应对诸如自我调节和时间管理技能等挑战（Ramsay 和 Rostain，2006；Reaser 等，2007；Stevenson 等，2002）。杨永红（2017）认为教师心理辅导及干预，筛选学习内容，提高认知能力，合理健康地使用互联网，加强独立及意志品质的锻炼可以改善大学生注意力缺陷障碍。Meaux 等（2009）通过访谈发现，患有注意缺陷障碍（ADD）的高中毕业生在向大学过渡的过程中经常会挣扎。此时家长的监督鞭长莫及、课程安排的变化较大、校园生活的自由更大等会导致其存在健康风险行为。他们主张对这些大学生进行干预，在向大学过渡之前对他们进行 ADD 教育和授权教育。

五、总结与启示

（一）总结

近年来，国内已有文献大量倾注到了大学生心理健康问题及其对学业和事业的影响，但对大学生 ADD 患者，以用药物治疗之外的辅助治疗的关注非常有限。普通高校的管理者和教师，大多将学生注意力差、学业表现不良归因于学生素质和能力不适应学校的教学管理、教学水平、教学方式、学习环境等因素，而对于 ADHD 或 ADD 的认识可能存在于大学生中没有足够的认识。另外，大学师生关系的淡漠，使师生之间并没有更多的时间和场合去相互了解对方，非医学专业教师大多缺乏医学方面的认知，这是 ADD 大学生患者得不到关注的主要原因。这也正是在教学管理和教学改革中需要给予关注和研究的问题之一。

另外，即使按《美国精神障碍诊断与统计手册第 4 版（DSM-IV）》ADHD 的诊断量表能对每个学生进行正确诊断，但很多学生潜意识里担心别人知道自已有"病",对 ADD 的量表测试会有抵触和排斥心理(Norvilitis 等,2010),很难从测试中得到其真实的内心感受。从文献来看,ADD 不是心理疾病,但又与心理疾病高度相关。如何从医学与教育相结合的视角去研究 ADD 大学生患者健康及学业表现问题,既是教育的义务,更是教学的责任。

(二)启示

在现在的教学管理中,我们只注重教师的教学内容与形式、对学生课堂的组织与管理。然而,这些并不意味着能消除或减少学生学业表现不良的现象。国外研究表明,有相当比例的患有 ADD 的大学生被学校所忽略了。最近几年,我国高校加强了对学生心理疾病的干预,强调学生心理健康。但成人 ADD 却是一种非精神疾病,对大学生的行为能产生显著的影响。作为教育机构,高校不但要关注学生的学业,更要关注学生的心理和生理健康。不放弃每一个人,真正了解学业不良大学生背后的真实原因,才是教育能对症下药的真正途径。

参考文献

[1] 尤肖南,王成鑫. 大学生注意力缺陷过动症的评估及应对策略[J]. 江汉大学学报(自然科学版),2013(5).

[2] 理查德·维劳, 陈鹤高. 讲课的技巧[J]. 比较教育研究,1982(2).

[3] 杨永红. "互联网+"环境下大学生注意力管理的因素分析[J]. 广西教育学院学报,2017(6).

[4] 佚名. "微运动"改善大学生课堂注意能力的效应研究[C]// 第十一届全国运动心理学学术会议摘要集,2018.

[5] 杨伟文, 蒋月婷,肖洪广,等. 影响大学生上课注意力集中原因的调查和对策[J]. 中国高等医学教育,2012(12).

[6] 郎大鹏,吴良杰, 高伟,等. 大学生课堂注意力关键因素研究[J]. 计算机教育,2014(10).

[7] 李苹. 如何有效提高大学生课堂注意力[J]. 新校园(阅读), 2015(8).

[8] LOE M, CUTTINO L. Grappling with the medicated self: the case of ADHD college students[J]. Symbolic Interaction, 2008, 31(3).

[9] WOLTERING S, JUNG J, LIU Z, et al. Resting state EEG oscillatory power differences in ADHD college students and their peers[J]. Behavioral and Brain Functions, 2012, 8(1).

[10] WOLF L E. College students with ADHD and other hidden disabilities[J].

Annals of the New York Academy of Sciences, 2001, 931(1).

[11] DUPAUL G J, WEYANDT L L, O'DELL S M, et al. College students with ADHD: current status and future directions[J]. Journal of Attention Disorders, 2009, 13(3).

[12] GROPPER R J, TANNOCK R. A pilot study of working memory and academic achievement in college students with ADHD[J]. Journal of Attention Disorders, 2009, 12(6).

[13] WEYANDT L, DUPAUL G J, VERDI G, et al. The performance of college students with and without ADHD: neuropsychological, academic, and psychosocial functioning[J]. Journal of Psychopathology & Behavioral Assessment, 2013, 35(4).

[14] RICHARDS T L, ROSÉN L A, RAMIREZ C A. Psychological functioning differences among college students with confirmed ADHD, ADHD by self-report only, and without ADHD[J]. Journal of College Student Development, 1999, 40(3).

[15] Quinn P O E. ADD and the college student: a guide for high school and college students with attention deficit disorder[J]. revised Edition, 2001.

[16] LEBLANC L A. ADD and the college student: a guide for high school and college students with attention deficit disorder[M]. New York: Magination Press, 1994, 15(5).

[17] RICHARD M D. Pathways to success for the college student with ADD: accommodations and preferred practices.[J]. Journal of Postsecondary Education & Disability, 1995, 11.

[18] EATON S, WYLAND S. College students with attention deficit disorder (ADD): implications for learning assistance professionals[J]. Learning assistance review, 1996, (1).

[19] NORVILITIS J M, SUN L, ZHANG J. ADHD symptomatology and adjustment to college in China and the United States[J]. Journal of Learning Disabilities, 2010, 43(1).

高校贫困生社团化育人实践模式探索
——以感恩基金会为例

◎ 王婷

2020年后我国进入"后减贫时代",绝对贫困的消除并不代表高校资助工作的停止,而意味着资助工作的重点不再是单一的资助模式而是多维的育人模式。《高校思想政治工作质量提升工程实施纲要》提出的"十大育人体系"就包含了资助育人,强调要将"扶困与扶志、扶智"相结合,构建发展型资助体系。资助只是手段和形式,育人才是最终目的。因此,探寻多维度的资助主体、激发帮扶对象的内生动力,增强贫困生的综合能力等是实现资助育人的最新课题。本文以重庆工商大学贫困生自治组织感恩基金为例,探索社团在资助育人中发挥的作用。

一、社团在资助育人中的作用

在传统观念中,高校资助工作的主体是院校学工部门,其特点是资助模式规范高效,多以助学金发放、勤工助学、项目立项的方式开展,其成效显现主要在于个别的"扶困"。《高校学生社团管理暂行办法》指出,高校学生社团是指由高校学生依据兴趣爱好自愿组成,为实现成员共同意愿,按照其章程自主开展活动的群众性学生组织。本文中的感恩基金就是以自立自强、服务社会为宗旨建立起来的学生组织。

(一)充分发挥朋辈互助效应

有调查研究显示,部分未顺利毕业和就业质量不高,以及就业质量较高的贫困大学生对于学校的评价偏低。就业成功往往内归因于个人努力,而就业不顺则往往外归因于环境不公。而在针对本校贫困大学生进行调研时,他们也表示资助一方面给予了他们物质上的保障和支持,但也让他们承受了同学刻板印

基金项目:本文是重庆工商大学校内项目"重庆工商大学贫困生精准资助育人模式研究"(ctbu2019101),重庆市教育规划项目"精准扶贫视阈下高校贫困生'获得感'研究"(2019-GX-117)的阶段性研究成果。

象的压力。有受访者表示，因为贫困生身份，购置笔记本、化妆品、考研租房等都有顾虑。而贫困生的"扶困"显示度是比较高的，而"扶志"显示度则是较低的，志气的贫困主要包括贫困无感，对于贫困的现状不主动作为，等靠要的姿态被动接受资助；贫困憎恶则表现为对于贫困外归因为家庭、环境的不公而呈现出的人穷志短；贫困无力则表现为贫困生有摆脱困境的主观愿望，但由于目标不清、路径不明等原因表现出有心无力。

朋辈包含了"朋友"和"同辈"这两个词语，指的是年龄相仿，有共同爱好、价值观和相似的背景经历，彼此之间沟通顺畅建立信赖关系的群体。建立贫困生社团，旨在让志趣相投的贫困生一起交流成长，相互倾诉和鼓励，有利于贫困生在同辈中找到支持的力量。很多贫困大学生表明，当自己遇到困难和挫折时首先想到的倾诉对象就是朋友。而贫困生社团就是建立有温度的"圈层"或"聚集区"，让他们更有安全感。同时，贫困生社团的目的是促进贫困生的成长成才，让他们秉持受助者自助、助人感恩的理念，围绕公益服务开展各类活动，逐步提升自己的"智"与"志"。

（二）推动资助政策精准落实

以"资助育人"为目的，以"精准资助"为手段，需要更加精准落实学生资助的各项政策。一方面，高校资助政策大多是以自上而下的模式进行的，同时资助主要是普惠性质，西部高校的贫困生认定比例为特困生8%和一般贫困生27%，资助金额为人均3300元。但辅导员在日常的贫困生认定和管理过程中，易出现特困生资助力度略显不足的情况，当然除了助学金还有勤工助学、学费减免等政策补充，但特困生在调研中承受的经济压力要大幅高于一般贫困生。另一方面，高校资助政策落地需要自下而上的反馈。很多的资助工作可以依托社团进行，如：学生发展型资助项目的申报，学生就有了跨院组队的可能；由于社团是校级组织，贫困生消费观等调查研究从学生角度发放问卷会使调查的信度和效度大幅提升；贫困生的规范性管理也可以让贫困生参与，进行自查互查，增加学生对于资助过程公平性、公正性的了解程度。

（三）促进贫困生励志强能

相对贫困具有连续性、主观性、发展性等特点，也具有动态性、不平等性、相对性等特征。相对贫困和绝对贫困相比，高校贫困生更多的体会是敏感的自尊、感觉贫困等相对剥夺感，这大大增加了资助育人实效性、长效性的难度，但也让我们意识到贫困生的励志强能将成为资助工作的重点。贫困生在入学前接受的教育往往比较单一，文体特长不够突出，同时部分贫困生的勤工助学工作也会占用其一定的学习时长，因此贫困大学生往往不太积极主动参与各类活动和竞赛。有受访者表示，不是她不愿意参加，而是自己没有能力参加，参加了也拿不到名次。这种贫困无力会直接影响学生的自尊心以及就业竞争力。2020年5万多名"985""211"高校的寒门学子自嘲为"小镇做题家"就反映出一部分学生的高分低能。因此，社团可以针对贫困生群体举办一些专属活动，给贫困生创造锻炼和学习的机会，让贫困生突破心理限制，迈出第一步。

二、贫困生社团化育人的实践探索

（一）强化社团文化

贫困生设立的自助学生社团，是贫困生情感交流、学业促进、社会实践的平台。据调查，贫困无感和贫困厌恶情况在高校贫困生群体中并不多见。高校贫困生虽然因为原生家庭原因因贫致困，因学致困，但其通过高考的方式体会到了通过自身努力改变命运的可能。因此，贫困生在学习上有更强的内驱力、在社会实践等兼职上有更强的主观需求以及对于自身价值实现有更强烈的愿望。通过设立社团的方式强化贫困大学生的主体意识，提升他们的技能就非常有意义。本文将以感恩基金会的运作模式进行阐述。

1. 团队建设

社团要想有序、健康、长久地运营下去，必须要有一个系统的管理体系。感恩基金会根据功能设立了多个部门，采取自愿报名原则，大致分为社会实践部、外联部、策划部、办公室。社会实践部主要负责一些兼职信息的收集与发布，以及一些公益活动合作方的联系；外联部主要负责解决校内活动的场地问题以及各活动经费的筹集；策划部则主要负责每次活动的安排并编写策划书；办公室兼具财务与管理的职能，负责活动经费的管理以及定期召集各部门开会。贫困生社团由于本身设立就圈定了特定群体，有扶弱的性质。因此，在加入社团时不宜采用面试淘汰制，建议采取会员登记制和活动报名制，一切活动不设置强制规定由成员自愿报名参加。同时会员登记制也可以不局限于贫困生群体，也可适当将范围由家庭经济贫困的学生群体扩大到所有自立自强的学生也可参加，并且只要登记成为会员就享有参与社团活动的权利和义务。

2. 组织文化

社团文化建设在社团建设中尤为重要，它对社团的发展起到指引作用，是一个社团生存下去的血液。那么如何建设社团，如何建设社团文化是当前社所做工作的重中之重，是每一个社团所不能忽视的问题。感恩基金会意识到这一重要性，在团队组建起来后便着手于组织文化的建设。首先是会徽与会旗的制作，会徽以红色和绿色为主基调，寓意着整个基金协会的热情、生命张力以及蓬勃的希望；其形状采用同心圆，寓意着基金会的成员同心协力，一起将基金会发展壮大；红心代表我们以爱心至上，懂得感恩，也需要把这份爱发扬光大；绿色寓意我们正在茁壮成长，身为贫困生的我们同样需要阳光，需要关爱。会旗是以会徽为基础的红底黄字的一面旗帜。会徽与会旗最后将以附件的形式展示。随后在新浪微博开通了感恩基金会官方微博，用以记录感恩基金会的一点一滴，并希望能通过此方式让更多人了解感恩基金会这一组织。

（二）开拓社团经费渠道

目前，高校贫困生社团的经费来源和其他社团一样，主要活动经费应来自高校拨款、社会赞助和会员会费等合法渠道。首先，可依托学校资源。各高校可以通过上报贫困生特色活动获得贫困生专项经费支持。每次筹办活动前向学院提交活动策划，所购物资一律要求售货方开具有效的增值税发票。活动结束，待财务记账后，将所有发票整理好提出报销经费申请。其次，寻求社会资源。通过链接社会资源的方式获得一定的活动经费或物资。很多企业对于公益活动都非常支持，社团在有条件的情况下可成立"社友会"。这类活动对于会员的策划能力、组织能力、沟通能力的提升都大有裨益。最后，会员主动筹措。高校贫困生社团应充分发挥社员的自我管理、自我服务的理念，设立"感恩"基金，可以来自会员会费。会费用于社团活动开展，绝大部分用于感恩基金的公益活动部分，少部分用于感恩基金会员的自我成长。

（三）创新特色活动，提高贫困生的综合能力

高校贫困生社团应根据会员的实际情况，尝试开展有针对性的系列活动。其活动应量体裁衣，在不断创新中树立社团的品牌。

1. 建立信息交流平台，通过朋辈互助成长

贫困生这一群体对于兼职的需求比较大，因此贫困生社团帮助贫困生解决经济困难的主要途径就是提供安全可靠的兼职机会。社团主动联系就业岗位，搜集兼职信息，不仅能够锻炼会员的语言表达能力，同时还能培养其抵抗挫折的能力。感恩基金创立之初便创建了一个感恩基金QQ群，这一平台不仅给感恩基金会的学生提供了一个日常互动的平台，更是一个信息交流平台。除了感恩基金社会实践部定期发出的兼职信息，还有辅导员以及其他感恩基金社员提

供的兼职就业信息，学生还能通过该 QQ 群进行抱团参加兼职以减少兼职中的不安全因素。此外，对于一些科创项目需要组队的同学也可以通过该平台创建自己的队伍。

2. 定期开展主题活动

高校贫困生社团应不断尝试适合贫困生这一特殊群体的特色活动，通过社团化管理，加强世界观、人生观尤其是价值观的引导，实现资助育人实效。因此，感恩基金每学年带领小组成员围绕"自立自强""志愿服务"两个主题开展小组的日常建设与素质拓展活动，确保每学期开展 2 次以上中、大型活动。比如感恩基金就此开展了两次大型活动，分别为 PPT 演讲比赛、"与你童行"交流活动。PPT 演讲比赛没有限定主题，由参赛者自由发挥。该比赛的目的不仅要锻炼学生的演讲能力，更要引起大家对 PPT 制作能力的重视。该比赛属于"自立自强"这一模块，旨在培养贫困生自身的硬件能力。此外，我们还与重庆某小学合作，开展了一次"与你童行"交流活动，为该小学的同学们带去一些文具、零食的同时，更注重与他们的交流。过程中准备了一个演讲环节，由感恩基金会的志愿者自主报名，以某小学的班级为单位进行演讲，与他们分享自己从小学一路走到大学的点滴。大朋友与小朋友的交流总能碰撞出许多火花。此次活动不仅为小学生解决了许多成长道路上的困惑，对于感恩基金会的同学来说也是一次很难得的经历。该活动属于"志愿服务"模块。社团通过爱心捐助、义务支教、公益服务的方式，组织贫困生通过社会公益活动提升自身感恩意识和社会责任感。

（四）淡化社团贫困"标签"

1. 正面宣传

社团不宜以贫困生作为标签，命名建议充满正能量，如向日葵等就具有积极寓意。社团的招新应放在贫困生认定工作之后，通过社团招新介绍、网页推广等方式将社团的宗旨、理念广而告之，并且每次的社团活动都建议进行网文推介，以扩大社团的影响力。

2. 协同共生

虽然社团的主体为贫困大学生，但也会开展一些针对性的活动。但这个圈层的形成初衷是为了让大家跨出圈层。文艺和体育活动本身不是所长，因此就需要和其他社团协同，尤其可以由有演讲、文体特长的社团进行指导和培训。社团指导教师以及社团干部要积极拓展社团资源，为社团的良性发展提供保障。

三、结语

按照"十四五"规划，到 2035 年，人的全面发展、全体人民共同富裕要取得更为明显的实质性进展，是国家重大战略任务之一。高校建立扶贫、扶智、扶志有效融合的资助育人长效机制，尤其是建立国家资助、学校奖助、社会捐助、学生自助"四位一体"的发展型资助体系，是提升贫困大学生幸福感、获得感的必由之路。

参考文献

[1] 豆小红，黄飞飞. "穷二代"大学生职业地位的代际流动与道德风险——基于湖南省的实证研究[J]. 中国青年研究，2010（12）.

[2] 高强，孔祥智. 论相对贫困的内涵、特点难点及应对之策[J]. 新疆师范大学学报（哲学社会科学版），2020（3）.

财会类大学生"三有"人才观的培育
——基于志愿服务活动的视角

◎ 彭文涛　冯文雨　张佳媛　王恩梅　刘钰婷　丁静

一、志愿服务育人的意义

志愿服务是社会文明进步的重要标志，是指在不求回报的情况下，为改善社会，促进社会进步而自愿付出个人的时间及精力所做出的服务工作，是广大志愿者奉献爱心的重要渠道。要为志愿服务搭建更多平台，更好地发挥志愿服务在社会治理中的积极作用。[①]党十八大以来，党和国家高度重视志愿服务事业的发展。习近平总书记多次作出重要指示，充分肯定志愿服务的重要作用，勉励广大志愿者、志愿服务组织、志愿服务工作者立足新时代、展现新作为。[②]

大学生志愿者是志愿服务发展过程中的核心力量，高校是为志愿服务搭建更多专业化平台的重要阵地，高校开展大学生志愿服务活动是加强大学生思想政治教育的有效途径。志愿服务在实现青年志愿者自我社会价值的同时，也不断地反哺我们生活中的每一个角落。就社会而言，志愿者本身都来自不同的地区，有着不同的文化背景，而志愿服务秉持着"奉献、友爱、互助、进步"的宗旨，既促进了各地文化的交融，又巩固了社会文化的建设与发展，同时也维护了社会的稳定与和谐。就高校而言，院校的志愿服务组织将学校所教授的知识与志愿服务活动创新性地结合起来，这不仅体现出在当今新时代的引领之下院校本身所具有的创造力与活力，也展现出院校志愿服务组织的相关特色与优点。而对于高校的青年大学生，院校志愿组织秉持"育教于行"的观念，将专业特色融入志愿服务中，这让大学生实现了"理论"到"实践"的全过程，在志愿服务中不断地巩固、加深知识的同时，也让他们逐渐意识到自己身上的责任感与使命感。另外，志愿服务对培育"有理想、有本领、有担当"的三有人

基金项目：本文是重庆工商大学校级课题"重庆工商大学志愿服务和志愿教育与育人成效提升研究——基于志愿服务于人"（2153003）的阶段性研究成果。

① 冯旺舟，戴芸芸. 脆弱性视角下志愿服务嵌入城市社区危机治理探析[J]. 广东青年研究，2021（1）：91-98.

② 吴文平. 平台化建设助推新时代志愿服务"三化"发展[J]. 政策瞭望，2020（12）：44-45.

才也有着重要作用。大学生在进行志愿服务的过程中,能够不断丰富学识,增长才干,同时自身爱好特长有了可以施展的平台,从而追逐远大的理想;在志愿服务活动中意识到青年大学生担当的历史使命,坚定前进信心,立大志、明大德、成大才、担大任,努力成为堪当民族复兴重任的时代新人,让青春在为祖国、为民族、为人民、为人类的不懈奋斗中绽放绚丽之花。

(一)志愿服务的社会意义

"志愿服务是社会文明进步的重要标志,是广大志愿者奉献爱心的重要渠道。"服务对象得以在志愿服务活动中接受来自各方的人力资源和个人服务,感受到来自社会的人文关怀,减轻疏远感,增强归属感。志愿者参与到如阳光助残、爱幼敬老、红色传承、医疗卫生服务、助学成长、校园服务等丰富多彩的志愿活动中,在把关怀带给服务对象的同时,也在社会上传递了文明与爱心。这种文明与爱心在人们之间传递,汇聚成一股强大的社会暖流,加强了人与人之间的交往和关怀,并将志愿者精神与"奉献、仁爱"等中华传统美德一起弘扬,能有效促进和谐社会的建立。

(二)志愿服务对财会类大学生思政工作的意义

未来属于青年,高校志愿服务工作则是引导大学生正确发展、改善大学生思想政治工作的一种崭新途径。志愿服务活动让大学生亲身投入于社会之中,这使他们能够将社会主义核心价值观付诸实践活动,达到理论、实践齐头并进的效果。同时,这些充满正能量的各类活动既可以将"奉献、友爱、互助"等中华传统美德潜移默化地融入大学生的思想行为当中,培养他们的民族归属感与自豪感,引导他们修身律己,自觉履行社会责任,也对引导青年大学生树立正确的世界观、人生观、价值观有着重要意义。对于财会类大学生来说,这些精神思想方面的引导有助于实现其对内价值观和对外行动力的重新塑造,为他们形成会计职业道德打下坚实基础,有利于大学生在日后复杂多变的经济环境中抵制诱惑,坚持做一个诚实守信、廉洁自律、坚持准则的财会人员。志愿服务带来的正能量使财会类乃至全国大学生都朝着"实现中华民族伟大复兴"的目标前进。

(三)志愿服务对三有人才观培育的作用

恩格斯曾说过:"劳动创造了人本身"[①],而人才的发展离不开实践。志愿

---

① 马克思恩格斯选集(第三卷)[M].北京:人民出版社,1972.

服务是社会实践的一部分,对培育新时代青年大学生,树立"有理想""有本领""有担当"的三有人才观也有着积极的作用:第一,"有理想"。志愿服务活动帮助青年大学生从学校走向社会,在奉献中感悟自身的意义与志愿服务的真谛,也让更多的青年大学生将想法变成现实,更好地学以致用,用自己的实际行动去实现中国梦这一伟大蓝图。第二,"有本领"。在新时代背景下,青年一代没有本领就难以大有作为,志愿服务活动也不例外。青年人才在志愿服务中不断锻炼自身的组织力、号召力,自觉主动发现问题、拿出想法与方案,不断增强本领。例如:到边远地区支教的志愿者必须要钻研教学方法、沟通技巧,掌握除专业之外的知识和技能;向社会弱势群体伸出援手的志愿者,必须了解并熟悉当地的孤儿院、敬老院的情况,运用自己所掌握的服务技提供最贴心的服务。① 进而青年大学生能够将自己在志愿服务中所学到的本领知识,运用到建设社会主义现代化社会强国中去。第三,"有担当"。未来属于青年,希望寄予青年。志愿服务给青年大学生提供了一个平台,让青年大学生以该人群特有的青春气息感染着更多的人,他们身上有着那股舍我其谁的奉献精神,肩上担负着使命与责任,他们回归服务的同时不断地实现自我价值、传递着新时代主旋律,共同维系社会的和谐、稳定。

二、会计学院开展的志愿服务活动(基于"三有"人才观培育的考察)

(一)有理想——"三下乡"类

1. 医疗

在医疗方面,会计学院主要开展了以"下乡到户走访,宣传防艾知识"为主题的活动,以线上互联网分享,线下实地宣传为主要形式,让广大村民了解并掌握艾滋病的相关知识,科学地认识、了解、预防艾滋病,引导广大村民正确科学地预防艾滋病,降低日常生活中感染艾滋病的风险。积极响应三下乡活动帮助村民转变对艾滋病的消极态度,改变固有的观念,积极预防艾滋病,主动关爱艾滋病感染者,培养他们关怀艾滋病感染者的意识。在实地宣传艾滋病相关知识的同时,让志愿者在这个过程中感受到作为新时代"三有"人才应该承担的责任。

---

① 李倩. 大学生志愿精神培养的路径探析[J]. 山西财经大学学报,2013(10):54.

2. 科技

围绕科技、互联网、乡村振兴等关键词,组建"寤思于心,力学笃行"乡村振兴实践团开展"三下乡"社会实践活动:以"知乡村振兴建设,展会计学子风采"社会调研报告大赛、"互联网+扶贫"微视频大赛、"镜头中的三下乡"线上分享会等形式调研分享科技、互联网、乡村振兴带来的社会发展变化,深入考察家乡脱贫攻坚成果,了解当地教育建设与经济发展情况,以及疫情后的复工复产成效,感受党的领导在乡村振兴中的重大作用,引导青年大学生永远跟党走,奋进新时代。在为家乡发声,关心中国社会的发展,心系中国社会的建设中,培育一批批有理想、有本领、有担当的大学生。

3. 教育

采取理论学习与社会实践相结合、实地支教模式,开展"益路同行,童心向党"党史学习实践团活动。紧密围绕学习宣传贯彻习近平新时代中国特色社会主义思想,将学习党的历史与讲述党的故事紧密结合,通过"红岩故事宣讲",深入一线基层,面向火炉镇、鸭江镇居民与少年儿童开展红岩精神学习、宣传、教育活动,以小班教学与武隆区近 500 名小学生以面对面的方式开展互动式、接地气的党史宣讲。志愿者根据自身特长和专业优势拓展了孩子们的课外知识、提高了他们的学习兴趣,在美术、体育、音乐、朗诵、演讲与口才等艺术课程中,学习传统文化,融入课程思政,让孩子们德智体美劳全面发展。教育的服务不仅培养的是未来一代,也在培养着我们这一代,在教书育人中感受到理想闪耀的光辉,也体会到承载理想的责任与担当,进一步深化"三有"人才观念。

(二)有本领——专业特色类

为培养有理想、有本领、有担当的"三有"人才,会计学院举办了以"悟会计精妙,展青年风采"为主题的专业实践活动,开展了财经素养大赛、财经知识普及、"新儒商"大学生科技文化节财务案例分析大赛等专业知识竞赛。除此之外,还举办了防诈骗活动和职业道德素质活动。

以模拟经营、专业记账、评估报告等形式开展的专业实践活动让会计学院的学生将所学专业与生活相结合,以这种方式更好地加深了自己对专业和生活中理财的理解,在柴米油盐中通过会计体会到了我们日常生活的变迁;各类财会类比赛也如火如荼地进行,层出不穷,向在校大学生普及财务知识,提升其实践能力,以适应时代发展趋势,提前感受职场变幻,在暑假期间,也安排了部分学子进行社会实习,提高会计人才专业能力,着重对大学生"有本领"方面的培养;防诈骗活动和职业道德素质活动的开展又恰恰实现了"三有"人才

"有理想、有担当"方面的培养,通过一些被诈骗案例和破坏职业道德的案例来警示大学生尤其是财会专业大学生,作为新时代新青年,不仅要明辨骗局、识破骗局,更要遵守职业道德,做到有理想、有担当。

(三)有担当

1. 献血类

"一方有难,八方支援"的团结互助精神一直激励着中华儿女不断克服挑战,而无偿献血行动更是让我们看到了人民的奉献、互助精神。会计学院通过开展"无偿献血活动"系列活动,培养了当代大学生的爱心与责任感,使其积极为社会贡献个人力量,让青年的血液为国家倾注更加蓬勃向上的发展力量;同时也作为桥梁进一步地连接了学校和行政卫生部门,更加有效地向当代大学生普及了献血知识,促进了无偿献血在校园内的普及和推广。

献血系列活动项目包含"献血文创征集""献血线上分享""献血趣味知识竞答""献血车进校园"4个子活动。"献血文创征集"是以"献血车进校园"为主题,面向重庆工商大学学子征集漫画;"献血线上分享"倡议有献血经验的人通过在QQ空间中分享自己的献血经验以及对献血的认识,借用网络平台记录献血后的宝贵感悟与体会,吸引更多的同学参与献血活动;"献血趣味知识竞答"以生动有趣的竞答形式,在吸引同学们参与的同时普及献血常识,引导大家科学献血;"献血车进校园"活动是在青年志愿者服务队的牵头下,与重庆市血液中心合作,为献血人员提供填表咨询,献血知识普及并发放献血后补充零食及饮料等服务,使其能借实际行动品味"赠人玫瑰,手有余香"的感动瞬间。

2. 防艾类

站上新的历史方位眺望,当代青年无疑是幸运的,我们不必再经历战争和动乱,也不必再担心吃不饱穿不暖,生逢其时就是我们最大的际遇。但我们仍面临许多挑战,比如人类杀手之一——艾滋病。在现实生活中,大多数人不会去主动了解艾滋病,更不会去预防艾滋病,甚至对艾滋病患者抱有歧视。为了宣传普及艾滋病预防知识,培养学生的责任意识,减少对艾滋病的社会偏见,关怀生命、拥抱健康,会计学院开展了诸如黑板报、微视频大赛、落地宣传与快检、知识讲座、拼图、知识竞赛等各种形式的活动。

其中,防艾落地宣传与快检活动是通过分发宣传单和参考资料,让大家对艾滋病有初步的了解,再通过专业人员对有意愿参加检测的同学进行唾液检测,加强同学们对艾滋病的认知。防艾知识讲座、知识竞赛则是让专家从更专业的角度,分析艾滋病通过哪些途径传播和如何预防艾滋病,让大家进一步了解艾滋病的相关理论知识。另外，防艾手抄报、拼图、为爱而画和微视频大赛主要通过学生自身的角度,去表达对艾滋病的见解以及对艾滋病患者的包容和理解。

在知识爆炸的今天，高科技、大数据、新媒体充斥在我们生活的每个角落，社会发展瞬息万变、一日千里，"青春由磨砺而出彩，人生因奉献而升华"，做有理想、有本领、有担当的青年应自觉投入社会主义现代化建设中去，弘扬正能量，时刻保持对关怀生命的初心，坚决守住安全底线、红线的决心，以人为本、生命至上的理念一刻也不能放松。

3. 服务类

（1）敬老。

孝老敬亲，是中华民族的传统美德，弘扬中华民族的传统美德，需年轻一辈扛起时代的大旗。会计学院也组织了一系列敬老爱老的活动。会院学子走进敬老院，陪老人聊天，听老人讲述往事，缓解老人因无人陪伴而产生的孤独感；与老人一起做游戏互动，提高老人对生活的热情和希望；为老人表演节目是放松老人身心的妙方；为老人送上志愿者最真挚的祝福则是暖心的举措。

走进敬老院已然成了会计学院的传统。我们致力于传承敬老情，弘扬中华民族传统孝老敬老的爱心、孝心和责任心，传递温暖，让社会因行动而温暖，让温暖因行动而传递。"展望未来，我国青年一代必将大有可为，也必将大有作为"，让我们共做"三有"青年，"以吾辈之青春，守护盛世之中华"，在青春的接续奋斗中书写更加辉煌的明天！

（2）助残。

两会时，全国政协委员张丽莉在接受采访时为残疾人发声：织密筑牢残疾人生命保障底线，对低保家庭中的残疾人发放困难残疾人生活补贴，使更多的残疾人和残疾人家属切身体会到来自党和政府的温暖与关怀。会计学院自觉担起建设和谐美丽社会的重任，开展了启明星助残活动，帮助那些感知觉、情感、语言、思维和动作等多方面发育障碍的孩子，让这些孩子体验不一样的生活。

我们的活动包括户外活动、互动小游戏、趣味手工等形式，与康复中心的老师联合开展活动。户外活动主要是志愿者与小朋友一起做运动操和跳简单的舞蹈；互动小游戏即志愿者与小朋友一起组队，通过配合赢得最终的胜利；而趣味手工内容颇多，诸如做纸飞机、绘画等。

"新时代中国青年要珍惜这个时代、担负时代使命，在担当中历练，在尽责中成长。"[①]会计学院启明星助残活动的开展，帮助了参与活动的自闭症儿童

---

① 爱国主义情怀激荡青春力量——学习习近平总书记在纪念五四运动100周年大会上的重要讲话[OL]. 人民网，http: //theory. people. com. cn/n1/2019/0516/c40531-31088011. html.

打开心扉，畅想未来。为成千上万来自星星的孩子开启新世界的大门，正是"历史赋予使命，时代要求担当"；作为有理想、有本领、有担当的新时代青年，当时刻关注这些群体，为这些群体提供力所能及的关怀与帮助。

（3）青少年之家。

青少年是祖国未来的花朵，为培养青少年现代公民意识的养成，提升其德育品质，成长为有理想、有本领、有担当的优质青少年，助力青少年健康成长，同时让青少年更加了解公益活动，为我国公益活动健康可持续发展增添一份助力，会计学院向日葵青年志愿者服务队携手益友公益机构开展了以"环境保护""兴趣培养""科普教育""建党 100 周年""自然教育""安全教育""职业主题""课业辅导"等主题实践活动，让青少年在活动过程中感受到知识的魅力，体悟到动手实践的快乐，也对团队精神、爱国精神等有了更深刻的了解。

我们在实践的过程中引导青少年树立远大的理想，学会有用的本领，扛起青年的责任，让"三有"人才观念深入青少年的内心，并朝着这个方向不断成长。

三、活动成效

"青年一代有理想、有本领、有担当，国家就有前途，民族就有希望。"[①]习近平总书记在党的十九大报告中提出了"三有"人才观。重庆工商大学会计学院向日葵青年志愿者服务队通过开展多项社会实践、志愿服务等活动，积极响应党的号召，并取得了重大成效！

会计学院开展的活动众多，致力于在大学生社会志愿活动的开展上做出货真价实的贡献。我们以为人民服务，为社会做贡献为主旨，强调青年大学生对"三有"人才观的认识与重视，对不同类型的社会热点现状开展切实有效的志愿服务。旨在培养青年为人民服务的价值观念和奉献精神，使其在一次次活动中能够直观地体会到自己对社会的奉献，从而产生荣誉感和自我实现感；同时丰富他们的社会实践经验和课余生活，让更多的大学生将校园内学习到的知识用于志愿实践中；帮助大学生达到提升道德修养、磨炼自我、求是创新的目的，在各种实践活动中不断发现不足、克服挑战、完善自我，并最终成为全面发展的新时代青年，让青春年华在为国家、为人民的奉献中焕发出绚丽光彩。

各项志愿者服务覆盖面广，涵盖献血、防艾、社区服务、三下乡等多个方面。参与人员覆盖全校师生及部分校外单位、组织，活动地点包括重庆工商大

---

① 习近平新时代青年思想[OL]. 人民网，http://theory.people.com.cn/GB/n1/2018/0516/c40531-29993969.html

学南岸、江北、兰花湖校区，校外社区、养老院、烈士陵园、贫困乡村等多处，以丰富多彩的特色真正意义上充实了大学生的课外生活。

我们开展的活动形式多样、有的放矢，也引起了众多学生、老师以及社会单位的关注，反响十分热烈。其中，"三下乡系列活动"收到了多个合作单位寄送的感谢信；支教地区的孩子们对支教老师依依不舍，家长们也纷纷留言感谢；社区工作者对志愿者们的热情参与、创新活动好评如潮；"献血车进校园"活动短短3天就吸引了730余人参与现场互动，570名志愿者参与无偿献血，献血量高达129 600毫升。各个活动开展得如火如荼，多次获评校级精品活动，获奖颇丰。组织在2016—2018年3次获得"青年爱不艾"重庆市高校青年领跑防艾E时代公益创投项目"创投奖"，2018—2020年3次获评重庆儿童救助基金会"优秀志愿者协会"；重庆扶苗义工"优秀志愿者合作组织"；重庆南岸区金鹤社区"优秀志愿者协会"；重庆南岸区疾控中心优秀防艾志愿者协会；2016—2020年连续获评全国大学生预防艾滋病知识竞赛"优秀联合主办单位"；2017—2019年分别获"青年爱不艾"艾滋病防治宣教公益创投活动三等奖和市级优秀项目；2019年获重庆市无偿献血高校创意项目大赛一等奖等。多个活动还曾受到国家级、市级主流媒体报道。如2020年"献血车进校园活动"，被上游新闻、重庆团市委、重庆日报、重庆广电、华龙网等多家主流媒体报道。2021年"三下乡系列活动"被中国青年网、新华网、校级媒体、学院网站报道多次。

青年们用真诚的行动，践行了"真诚奉献社会，无条件服务群众"的志愿服务宗旨，让每个活动迸发出不同的闪光之处，对志愿者本人、受益者乃至社会都影响深远。活动各不相同，但都展示了会计学院青年学子的风采，强化了其对"三有"人才观的认识，在思政影响、品德教育以及育人成果方面取得重大成效。防艾系列活动的逐步推进，让更多青年学子关注艾滋病患者等弱势群体，增强了他们的社会责任感，培养了他们的担当精神；在献血车进校园活动中，广大志愿者和参与者们在雨中排队献血，为人民服务的精神在他们身上体现得淋漓尽致；走进养老院，发现这份社会嘈杂中安静的声音，给孤独的老人们带去关爱和祝福，也提高了志愿者们对家中、社会中老人的关注；清明节扫墓活动的开展，让大学生了解到爱国忠烈之士的光荣事迹，致敬先烈的同时，增强爱国之心和责任之感；"三下乡系列"在暑期期间也深刻影响了一批批参与者，切实让许多乡村孩子感受到关爱，让志愿者们深入感受乡村振兴战略实施以来家乡的蜕变，让志愿者们用自己的双手为防疫抗洪贡献力量……多项志愿服务活动和社会实践活动的开展，使参与者们在实践中学习、在实践中成长。

志愿服务活动的开展进一步提升了大学生的志愿服务意识，让大学生群体深入社会中，体会到为社会、为他人作贡献的幸福感，促进社会的和谐发展；

培养大学生的思想政治态度，提高大学生的思想政治境界，为志趣相同之人提供舞台，促进大学生之间的交流，扩大财会类大学生的社交圈。许多同学在参与志愿服务活动后，有较为明显的变化，懂得合理计划时间，分配好学习与参与志愿服务活动之间的时间，养成一系列良好习惯；自尊心得到增强，在每年的统计结果下，参与志愿服务活动的大学生更开朗，敢于与他人交流，解决困难，身心发展具有稳定性。

四、分析总结

财会类大学生依托志愿服务培育三有人才观一直以来都是会计学院志愿服务育人工作的重点之一，会计学院志愿服务工作依托向日葵青年志愿者服务队开展志愿活动已有19年。发展至今，三有人才观培育方式多样，效果比较显著，人才观培育工作进展顺利。通过日常工作的开展以及问卷调查所得结论，可以整理并总结出重庆工商大学依托志愿服务培育三有人才观的主要工作。

（一）问卷分析

本次问卷调查面向全校志愿服务队发放，总共回收1073份问题，针对财会类大学生各类学生共发放114份问卷，调查结果比较客观。

（1）校内青年志愿者组织发展态势良好，其中个别组织在发展过程中出现了一些问题。在校组织举办展开的活动形式多样、活动内容丰富，扶老助残、理论宣讲、社区服务、扶贫资助、医疗卫生、无偿献血、生态环保、培训学习等方面都有涵盖（见图1）。对会计学院内部志愿者服务队进行调研发现，其中以扶老助残和社区服务的形式开展活动较多（见图2），由此来看，会计学院志愿服务活动仍然以传统志愿服务活动为主，在形式创新方面较为不足。

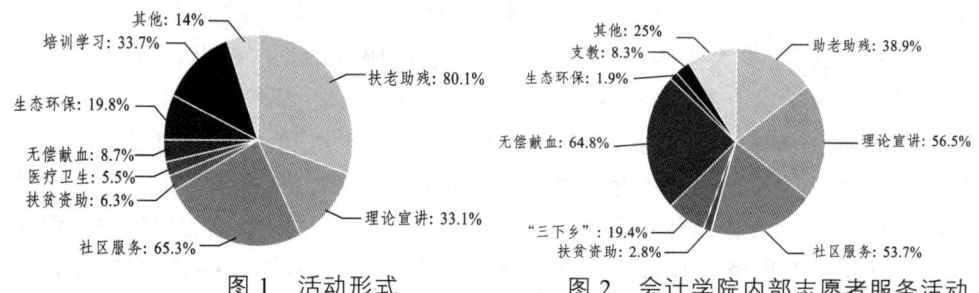

图1　活动形式　　　　图2　会计学院内部志愿者服务活动

（2）从组织活动内容来看，在校志愿服务组织大多数成员认为自身所在组织活动形式更加丰富，活动内容新颖，活动流程有序，无混乱现象，同时在活动过程中能够提升自身参与感、获得感以及社会参与感（见图 3）。其中从财会类大学生结合志愿服务实践活动来看，各组织目前活动开展流程完善、过程成熟、效果较好。但是又正是由于每年举办的活动类型和形式基本延续，一些成员认为活动过于简单，活动主体的自我价值未得到充分的体现，以及在组织内部激励机制不完善，没有开展专门的培训、指导工作不到位等问题需要改正完善（见图 4）。

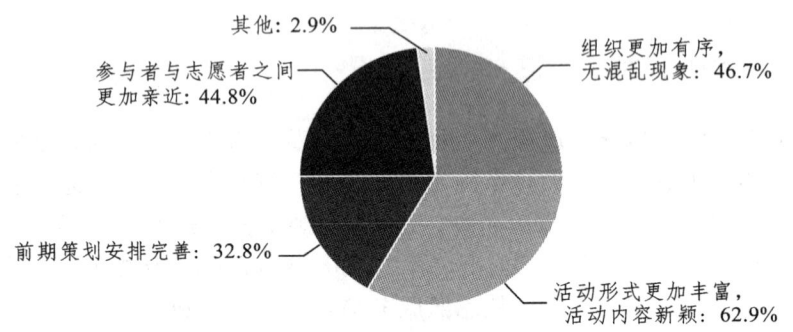

图 3　服务活动感受

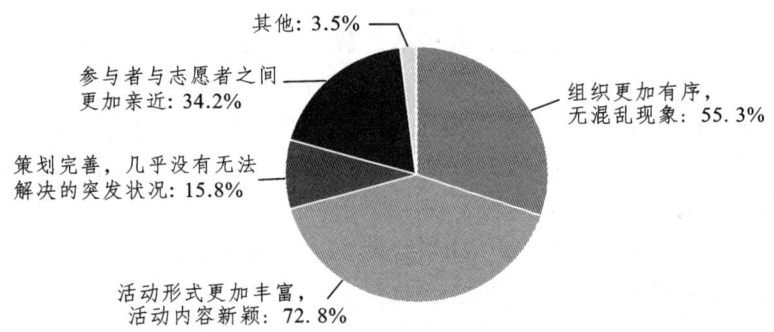

图 4　财会类大学生志愿者服务感受

（3）从财会类大学生志愿服务意识、志愿服务活动经验状况调查情况来看，财会类大学生有基本的志愿服务意识，平日有机会能够积极参与到各类志愿服务活动当中去，希望为社会做力所能及的事，同时可以锻炼自己，增加社会经验。会计学院志愿服务育人效果比较显著，在校志愿服务组织宣传力度也比较到位，能够让财会类大学生乃至全校学生积极参与到志愿活动当中。但是依然有学生志愿服务时长很短，甚至从来不参加相关活动，这反映出志愿育人工作任重而道远，需要各方协调配合，努力将志愿育人工作落实。

（4）从重庆工商大学对在校志愿服务组织的了解程度情况来看，大多数学生认为校园内部的相关组织给同学们提供了一个奉献社会的好平台，提高了同学们的志愿者服务意愿（见图 5）。其中从财会类大学生调查来看，会计学院志愿服务育人工作成效较好，同学们能体会到志愿服务组织的意义，对于会计学院志愿服务工作的效果评价较好，促进相关组织为同学们提供更多样的志愿服务舞台（见图 6）。

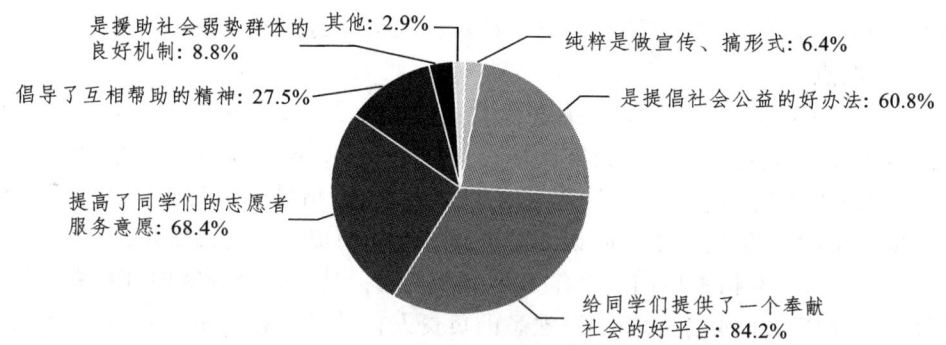

图 5　学生对志愿组织的了解程序

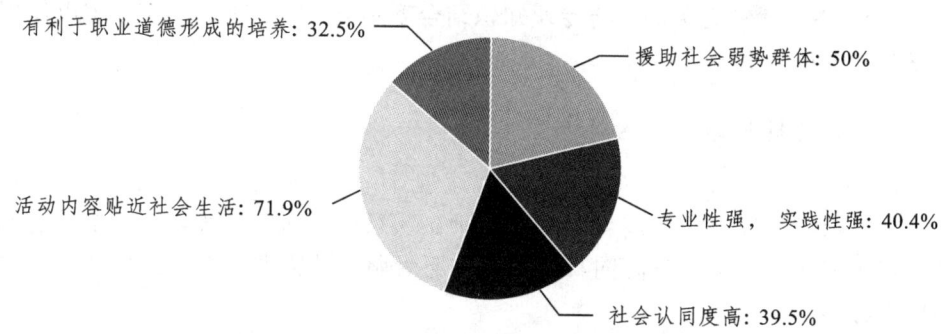

图 6　会计学院志愿服务活动的情况

（5）在志愿服务过程中对财会类大学生志愿服务自我满意程度调查发现，同学们基本能够从志愿活动中体会到志愿服务的精神，能够有获得感、满足感，同时对自己产生的影响抱有较高的想法和期待。这体现出对财会类大学生的志愿服务素养的培育工作取得了一定的成效。与此同时，仍有同学对待志愿服务工作态度消极，只是为了完成任务，志愿育人工作亟待加强。

（二）优点以及不足

1. 优点

各志愿服务队注重对"三有"人才的培养。服务队内部成员有理想、有本领、有担当，竭尽所能干好每一项工作，工作中若出现小失误从不推脱，能承担起责任，尽力地完善弥补；志愿活动内容新颖，能够很好地与参与者互动。

服务队举办的活动都是当代大学生比较关心的话题，如支教、献血等活动的开展，能吸引大学生的关注并且让其付诸实践；活动开展组织有序，形式丰富。服务队在举办活动时，会在前期推敲流程的合理性。服务队不拘泥于单一的活动形式和活动主题，让志愿活动更加丰富；活动中注重对流程的把控，能够按预定的时间较完美地完成活动，也有针对特殊情况的预备方案和注意事项。

2. 缺点

（1）对干事的培养不足。干事在大一经验不足，大部分都是先参与线下活动积累经验，但是对于干事技能的培训，如主持人，缺乏策划撰写经验。

（2）组织内部沟通，容易造成信息的不对等。指导老师与会长、部长、干事之间的沟通有延迟，或有耽误活动进程，容易造成信息遗漏等情况。

（3）与外部相关机构的合作交接不够紧密：其一，服务队内部存在换届，但相关机构仍倾向联系他们上届熟悉的负责人；其二，相关机构对活动所需的物资以及志愿者的保障方面没有现场了解得清楚。

（4）举办活动有欠缺，与专业知识结合度不高，精品项目不多，难以体现"三有"青年学生风采。

（三）发扬与改进

1. 发扬

一个组织的优点便是该组织的特色所在，只有不断发扬优点，才能让它同其他组织相区别。会计学院向日葵青年志愿者服务队需要不断发扬的优势集中在以下方面。

（1）持续重视对干事的培养工作。

"三有人才"应当有理想、有本领、有担当，这不仅是青年志愿者服务队学生负责人的总体目标，也应当是对各届干事的培养目标。各学生负责人在生活中应当积极引导干事尽早树立起长远而积极的理想，并将理想的力量带入生活、学习与工作中，吃苦耐劳，意志坚定。对于各部门的专项工作技能需要尽早对干事展开培训，无论是新闻稿写作与审核，还是海报制作与宣传视频剪辑，都应当让干事有所接触，有所收获，提升他们的个人能力。另外，志愿服务组织需强化责任意识、规矩意识和服务意识，将责任落实到个人，高质量做好志愿工作；加强思政学习和专业知识巩固、相关技能培训等方面责任意识的培养；制定工作手册对日常工作做出要求；以服务需求为主导科学确定志愿服务项目，在实践中培养服务意识，同时注重稳定性和继承性，深化服务内涵，形成品牌效应，建立长效机制。

（2）不断发扬志愿者的创新精神。

创新是志愿者组织不断发展的前提。青年志愿者服务队应当坚持在以往开展的志愿活动的基础上做出创新。添加新颖的活动形式内容，让活动不再单一；增设有意义的活动奖励，让参与者有所收获；提供丰富的志愿岗位，提高志愿者的参与度，这些都是青年志愿者服务队应该不断发扬的。此外，可以继续探索以前从未举办过的活动形式，开创新的志愿活动类型。引导志愿者勇于创新，发挥志愿服务育人独特的精神。

2. 改进

没有任何一个组织的发展是一帆风顺的，一个优秀的组织一定会在发展的过程中不断总结经验、弥补缺点。故此，针对会计学院向日葵青年志愿者服务队的不足可通过以下方式改进。

（1）加强组织建设。

定期组织学习党的理论知识，关注国家对于大学生志愿服务工作的最新要求和指导思想。始终坚持正确的政治方向，自觉承担思政建设的重任，努力提升思想道德素质和师德水平。把思想认识落实到行动上，引导广大师生把志愿服务作为一种生活习惯，争做社会主义核心价值观的践行者和社会风尚的引领者。在组织开展志愿服务活动的过程中，志愿者需要以饱满的热情与无私的精神感染参与者，并帮助参与者通过志愿服务活动收获良好个人体验，实现个人提升，将志愿者精神与活动收获传递给更多的人。

（2）做好沟通联络。

定期召开研讨会，相互交流共享资源，及时总结，制定目标。通过跟踪调研掌握活动开展效果，通过定期检查项目实施进度交流各研究方向在理论研究和实践探索中遇到的问题，通过头脑风暴激发创意思维提升理论创新和实践创新的成效。定期开展培训讲座提升志愿服务质量，保证志愿服务的专业性。建立健全项目信息报送和新闻投稿工作制度，加强志愿服务工作的安全性和及时性，扩大信息覆盖面，传递志愿者精神。

（3）积极与外部相关机构取得合作。

目前，作为院级组织，向日葵青年志愿者服务队的影响力是有限的，为实现志愿服务活动育人，将志愿精神传递给大众的目标，加强与外部相关机构的合作是必要的。类似于儿基会、各大义工组织都是预期能取得良好合作关系的伙伴，他们不仅能提高院级志愿组织的影响力，还能在一定程度上促进青年志愿者服务队的发展。

（4）打造精品项目。

拓宽志愿服务领域，共同搭建志愿服务平台，共建志愿服务项目。为大学生志愿者提供参与渠道，让志愿服务活动制度化、阵地化、品牌化，合力打造多个精品项目。针对会计学院需加强财会专业方面志愿服务活动的建设，开展志愿服务活动需要有所成效，不仅是在各类生活知识的普及方面，更重要的是要针对专业特色达到育人效果。

（5）加强成果转化及推广。

聚集各方力量和资源，建立健全志愿服务长效机制，大力推进志愿服务制度化。完善行为准则，广泛开展志愿服务培训工作，强化责任担当。持续开展志愿服务研究工作，为志愿服务搭建专业化平台，发挥志愿服务在社会治理中的积极作用，汇聚高校志愿服务的新动能。

（四）未来发展方向

志愿服务不仅是一个自我对外奉献力量的过程，还是一个从外界获得反哺的过程。重庆工商大学以培育三有人才和服务人民群众为基点，以多样的校内校外活动搭建平台，鼓励青年大学生走进社会，奉献爱心，在献血防艾、孝老助残中树立崇高的理想；与此同时，会计学院会更加注重对青年大学生的培训与引导，让学生深入乡村大山，融入基层，参与帮扶教学以及调研乡村发展，紧随国家乡村振兴的脚步，让大学生更好地认识我国的发展情况；在志愿服务过程中实现自我价值的社会担当。

在传统志愿服务活动的基础上，会计学院会计学专业开展了一系列融合自身专业特色的创新志愿活动，让学生真切地将书本理论与现实相结合，巩固自身的专业技能，着重对大学生"有本领"方面进行培养；防诈骗活动和职业道德素质活动，在为大学生筑起坚强壁垒的同时，也强调职业道德，彰显志愿活动对人才"有理想、有担当"方面的培养。

为了高质量地开展志愿服务活动，更好地培养"三有"人才，会计学院联合重庆工商大学的各志愿服务队定期交流，分享各服务队的活动心得和经验，相互协助学习，携手共勉，在培育人才和服务社会的道路上一并前行。此外，各志愿服务队也积极开展同学生会等组织和社团的合作交流，学习其他社团组织的优势，努力在校园里形成友好互助、共同发展进步的良好志愿氛围。

参考文献

[1] 习近平致中国志愿服务联合会第二届会员代表大会的贺信[N]. 新生代，2019-07-23.
[2] 马克思恩格斯全集：第三卷[M]. 北京：人民出版社，1972.
[3] 习近平总书记对青年的那些寄语[OL]. 新华网，2015-05-04.
[4] 朱书缘，谢磊. 习近平给华中农业大学"本禹志愿服务队"回信（全文）[N]. 人民日报，2013-12-05.

红岩精神助力高校学生党建工作创新

◎ 陈曦

高校学生党建工作是高校培养合格人才的重要推动力量，也是高校思想政治教育工作极为重要的组成部分。习总书记在2016年全国高校思想政治工作会议上的讲话明确指出："要加强高校党的基层组织建设，创新体制机制，改革工作方式，提高党的基层组织做思想工作的能力。要做好在高校教师和学生中发展党员工作，加强党员队伍教育管理，使每个师生党员都做到在党爱党、在党言党、在党为党。"在党的十九大报告中，他进一步明确了党支部应承担的职责，为新时期高校党建工作指明了方向。当前，基于社会形势、党和国家对高校党建工作的要求，高校学生党建工作必须紧紧围绕社会主义核心价值观体系，着眼于培养共产主义事业接班人这一目标，落实工作任务，创新工作方式。在高校学生党建中融入红岩精神，不仅有助于学生党建工作的有效开展、革新高校学生党建工作的方式方法，同时也为红岩精神这一宝贵革命资源的传承发展提供切实保障。

孕育、熔铸于抗日战争时期、解放战争时期国民党统治区的红岩精神，是周恩来、董必武等中共中央南方局老一辈无产阶级革命家、共产党人、革命志士精神风范的集中展现，是伟大民族精神与伟大革命精神的深沉积淀，是中国共产党领导革命、建设、改革事业的精神基因和动力源泉。红岩精神蕴含着丰富的历史内涵，在中国革命的历史进程中发挥了重要作用，体现了中国共产党人的理想信念、道德情操、价值取向、心理状态，是民族精神、时代精神与共产主义精神的有机统一。习近平总书记参加十三届全国人大一次会议山东代表团审议强调："红色基因就是要传承。中华民族从站起来、富起来到强起来，经历了多少坎坷，创造了多少奇迹，要让后代牢记，我们要不忘初心，永远不可迷失了方向和道路。"在"不忘初心、牢记使命"主题教育大背景下，作为红色革命文化不可或缺的红岩精神，更应纳入高校学生党建工作之中，让其成为助力高校学生党建创新的有力之举。

基金项目：本文是重庆市教育科学"十三五"规划 2020 年度重点课题（2020-GX-118），2020 年重庆工商大学教育教学改革与研究项目（2020224）的阶段性研究成果。

一、红岩精神契合高校学生党建工作的需要

新时代,红岩精神与高校学生党建工作有着紧密的契合点,具体包括以下几点:

(一)红岩精神为高校学生党建工作提供理想信念支持

中华民族历经百年复兴征程,从半封建半殖民地的深渊中一路走来,经过艰苦卓绝的新民主主义革命,建立起新中国,改革开放推动了中国特色社会主义事业有了伟大飞跃,中华民族的复兴征程仍在继续。党的十八以来,以习近平同志为核心的党中央,全方位、开创性地开启了新时代历史起点上的伟大革命,中华民族从站起来、富起来到强起来。但我们也应看到,中华民族的复兴和崛起面临着种种挑战和错综复杂的国际国内形势,作为未来使命担当的青年学子、青年党员,更需要心怀信念,聚心聚力,共克时艰,意识到自己的使命感和责任感。红岩精神蕴含着面对各种诱惑毫不动摇,面对各种威胁视死如归的坚定信仰力量,克己奉公的宝贵品质,积极进取、不懈奋斗的共同思想,正是支持青年一代在新的际遇与环境中实现中华民族伟大复兴的"强心剂",树立他们的信仰、坚定他们的信念,实现肩上的民族复兴之责。这样的感召力是任何一种教育都难以达到的,对于青年一代的人生观、价值观的形成都有着重要的意义。

(二)红岩精神为高校学生党建工作奠定价值观教化基础

青年的价值取向决定了未来整个社会的价值取向。高校作为培养社会主义合格接班人的主阵地,承担着对青年学生价值观进行引导、教化的重任。作为青年学生中优秀代表的党员学生,更应当率先垂范,树立起正确的人生观、价值观。高校学生党建工作应当以社会主义核心价值观为导向,引导学生扣好人生的第一颗扣子。红岩精神蕴含着"爱国、团结、奋斗、奉献"等精神内核,与社会主义核心价值观有着高度的契合性,以红岩精神为载体,引导学生聆听红色故事,阅读革命人物事迹,参观红岩革命纪念馆……进而让学生切身感悟和理解社会主义核心价值观的本质要求和精神内核,激发爱国主义情怀,坚定革命信仰,从而自觉地将红岩精神践行于实际,将社会主义核心价值观内化于心,外化于行。

(三)红岩精神为高校学生党建工作构建党性修养准则

新时代,作为执政党,中国共产党要面临国内外各种复杂的环境和局势,要解决因党性修养不足而面临的执政风险和考验。高校学生党组织要始终坚持政治站位、职责站位和工作站位,做好对青年党员的培养和教育,加强青年学生、青年党员的党性修养,提升他们的纪律意识,遵守党的纪律,发挥党的优良作风。在国统区面临生死考验、腐化考验、分裂考验、团结合作考验,以及可能出现的妥协、叛变、斗争能力不足、群众基础不牢等危险时,中共中央南方局凭借崇高的党性修养攻坚克难,最终担负起了巩固和扩大抗日民族统一战线的历史重任。红岩精神能够为新时代青年学生党性修养、纪律意识提升提供典范和指引,让青年学生在不断加强自我学习和自我教育的同时,"把自己摆进去""把思想摆进去""把工作摆进去",勇于自我革命,修正自己的世界观、人生观和价值观,用红岩精神补足精神之"钙",涤荡思想上的尘埃污垢,树立爱国爱党、为人民服务的信念,修好自己忠诚老实、公道正派、实事求是、清正廉洁的品质,将红岩精神的风范融入时代所需。

二、红岩精神助力学生党建创新的制约因素

红岩精神所承载的丰富内涵是高校学生党建的宝贵精神资源和珍贵物质载体,也是促进高校学生党建创新的有效助力。但当前在助力高校学生党建工作创新方面,红岩精神的效用并没有充分发挥和淋漓尽致的展现,仍存在一定的局限性,主要表现为"三低"。

(一)红岩精神助力学生党建在内容上融合度低

红岩精神作为红色革命资源日益进入大学校园,丰富了高校思想政治教育的资源和载体,但在高校中与学生党建工作的融入非常有限。一些党员干部、基层党组织并没有将红岩精神纳入党课学习、组织生活、主题党日等范畴,更多的是将红岩精神简单地作为阶段性的主题学习内容之一,并未将红岩精神系统性、长效性地融入学生党建工作中,难以有效调动青年党员、学生对红岩精神学习、传播的积极性,阻碍了青年党员、学生认识、体验、感知红岩精神,以致弱化了红岩精神与党建工作的对接、融合。

(二)红岩精神助力学生党建在模式上创新性低

高校学生基层党组织在开展党建工作中,将红岩精神融入学生党员教育管

理中的模式还存在"固化""僵化"的现象。具体而言，首先，一些党建工作者或者基层党组织将红岩精神的传播方式狭隘化，认为红岩精神的传播仅仅是单纯讲述相关革命历史事件，分享英雄人物的典型事迹，对相关文化材料"大水漫灌"似的"倒"给学生，缺乏对红岩精神时代价值和精神内涵的充分挖掘，从而释放红岩精神的驱动力，缺乏对青年学生关心关注的社会热点、难点问题的回应，没有让红岩精神与新时代主流文化对接，没有满足青年学生、青年党员的实际需求，因此，缺乏红岩精神在青年学生党员中被认可、被传承的现实基础。其次，现阶段学生党建工作对红岩革命资源的利用度不高，缺乏资源运用的有效性和连贯性。没有在学生党员中形成完整的红岩精神"构图"，让学生缺乏对红岩精神完整、系统、客观的理解、感知。最后，红岩精神在学生中的宣传、体验手段较陈旧，形式上缺乏对学生的吸引力，没有利用学生喜闻乐见的方式提升教育的寓教于乐性，也缺乏对学生党员实际践行能力、成果的关注，对党员学生学习积极性的调动不足。

（三）红岩精神助力学生党建在效果上成效性低

当前，部分高校学生党建活动流于形式，对红岩精神不仅缺乏系统、有效的教育传播，而且没有关注青年学生党员对红岩精神的实际获得效果，也缺乏青年学生党员输出成果的实际呈现。一些党建主题活动仅围绕红岩精神开展故事分享、集体学习、外出参观等形式展开，活动结束，感悟终止，缺乏导向成果的持续体验，没有将"党建+红岩"的主题品牌化、成果化，没有让青年学生在实际"项目工作"中长期浸泡于红岩精神的感知中，没有将红岩精神的学习落实为可触摸、可感知、可衡量的实际学习结果，学生的获得感、成就感自然降低，红岩精神的传承教育也失去了部分成效载体，在一定程度上弱化了教育效果，也没有体现出红岩精神作为不可或缺的红色资源、红色文化的重要价值。

三、红岩精神助力高校学生党建工作创新路径

（一）创新党建工作机制，打造红岩精神党建品牌

高校学生党建工作需要创新工作机制，提升科学化水平，以红岩精神为助力，搭建可视化成果展示平台，呈现党建教育成效。红岩精神党建品牌不仅是对学生党员教育管理质量的一套评估体系、检验手段，更是在教育管理中激发学生党员创造力、主观能动性的有力手段。

高校学生基层党组织可以结合"不忘初心、牢记使命"主题教育活动，在党建工作中推行"五位一体"的"党建+红岩"红色党建品牌战略，即围绕"党建+红岩"目标，利用院校平台载体，从"打造红岩党建项目超市""落实红岩党日活动""推进红岩精神进党课""开展红岩党员先锋活动""搭建红岩精神研究平台"等五个方面全方位、多角度地将红岩精神融入党建工作之中，系统性、协同性地开展党建及学生党员教育管理工作。"五位一体"的红色党建品牌战略，能有效调动学生的主观能动性，激发学生的创造力，鼓励、引导学生在收获的基础上实践，在实践的基础上体验，在体验的基础上感悟，在感悟的基础上认同，再将教育获得转化为可视的、能衡量的知识成果，让学生拿到"获得感"的同时完成对红色文化、红色基因的传承和发扬。学生党员是青年学生中的优秀代表，将红岩精神与党建相结合，不仅可以夯实红色文化、红色基因的传播、传承平台与路径，更能塑造优秀青年代表的榜样力量，让每一位学生党员都成为鲜活的红岩精神践行者和传承者！

（二）创新话语传播方式，提升党建亲和力及认同感

高校学生党建工作应当注重创新红色革命文化的话语传播方式，增强高校学生党建工作的亲和力，提升青年学生对革命文化和党建工作的认同感。随着时间的流逝，红色文化产生、发展的时代环境已经不复存在，距离我们的生活，特别是青年学生的成长时代越来越远，他们很难体验到那个时代的特殊性和艰苦性。因此，将红岩精神融入高校学生党建工作，需要摆脱传统的说教、灌输方式，用贴近时代，贴近当下青年学生生活、用语习惯等方式创新红岩精神的传播理念和途径，在生动形象、真情实景的时代大环境中传承红岩精神。

在当前复杂的国际国内环境下，由于青年学生的认知结构不完善、社会阅历不丰富、思维方式不成熟等原因，难免会产生认知上的不清、选择上的困惑。在青年学生中有效开展红岩精神传承教育，其关键在于让青年学生从红岩精神中汲取到"当代营养"，从红岩精神中寻求到解决现实困惑的智慧启迪，引导学生抉择好学习生活、社会实践、人生信仰等问题，及时回应学生关注的社会热点、重大理论，满足学生成长发展的需求和期待，增强对青年学生的价值引导、道德滋养和心灵抚慰，让学生感受到党建工作的亲和力，提升学生党建工作的认同感。另一方面，党建工作者要有意识地沿着"理论发掘—理论延展—理论运用"的主线，以红岩文化为载体，提炼其中的精神内核，挖掘其中的理论要素，引导学生认同马克思主义基本理论、中国共产党的领导及中国特色社会主义的必然性，掌握解决当前焦点、热点的方法，具备辨认真理、客观看待外部世界的能力，从而能真正担当起民族复兴的大任。

（三）创新党建教育模式，营造红色文化教育氛围

高校在学生党员的教育管理工作中，可以借助红岩精神创新教育模式，提升党员教育质量和效果，营造出较好的红色文化教育氛围。

1. 将"党建+红岩"融入党员教育管理环节

"党建+红岩"与党员教育管理的结合可以从党课开展、党员教育考察等方面寻求创新探索。在党课开展方面，可以依托红岩精神，聚焦于建立"精品党课"的目标，将红岩精神融入党课教育。红岩精神的融入可以增强理论知识的感染力，避免空洞的说教和僵化的灌输，让大学生党员在丰富的历史事件、英雄人物事迹的分享中更好地汲取理论知识，获得更深刻的感悟。另外，党课教学过程中，可以综合运用各种教学手段和教学媒体，增强课堂的趣味性、参与性和体验性，通过运用"故事分享""项目主题讨论""翻转课堂""头脑风暴""红色歌曲影视欣赏"等方式，以更直观的模式让学生党员更深刻地感受到红岩精神的内涵实质，达到教育教学的预期成果，以红色文化为青年学生补思想之"钙"。

另外，高校学生党员的教育管理也需要融入红色实践环节，激发学生的创造力和提升学生的体验感。高校党建工作者或者基层党组织可以在大学生入党积极分子培训、党员教育及考核环节中融入红色社会实践，将入党积极分子、学生党员的实践表现、实践成果获得作为考核的内容之一。红岩革命纪念馆、白公馆、渣滓洞等资源可以作为红色教育实践基地。校馆建立长期合作，不仅可定期组织入党积极分子、党员参观、听取讲解，还可以依托"红色实践经历"项目，让入党积极分子、党员学生利用寒暑假、课余时间担任义务讲解员、档案管理员、资料管理员、游客中心接待员等，让学生有机会沉浸于红色环境中，全身心体验、感悟红岩精神，增进对红岩精神的理解，增强红色文化自信。

2. 将"党建+红岩"与校园文化建设相结合

高校学生党建工作者或者基层党组织可以积极探索一条将党员参与组织生活与校园文化建设相结合的新路径，一方面推动党内组织生活的规范化、品牌化，另一方面又能进一步丰富校园文化的形式和内容。高校学生基层党组织可以借助"主题党日活动"、组织生活，依托校园文化活动载体定期开展红岩精神教育活动。比如，以重大革命历史纪念日为契机，以学生党支部为单位，以校园主流媒体为阵地，通过歌舞展示、舞台剧表演、故事分享、红色展板、海报等形式，打造红色校园文化，让更多的青年学生接触、认知、感悟红岩精神的魅力；同时，还可以利用学生社团的力量，创办红色社团，将学生基层党组织与红色社团结合，以学生党员和优秀学生干部为主角，积极开展党建带团建，

策划、践行"红色项目"和红色活动,让红岩精神辐射更多的青年学子。

3. 依托网络新媒体扩大"党建+红岩"的影响力

高校学生党建工作者、基层党组织要依托网络新媒体进一步扩大"党建+红岩"的影响力,夯实红岩精神在青年学生中的群众基础。高校学生基层党组织可以通过创办红岩精神专题网站、网上党校、红岩精神微信公众号、学习App、抖音等新颖的方式拓展红岩精神传播的载体,定期向学生党员、入党积极分子、青年学生推送、发布相关专题内容,让学生能获得更大的学习自主性和内容选择性。同时,定期在网上开展情景式、体验式教育活动,鼓励学生积极参与,结合最新时政热点或学生的关注点,加强与学生的及时交流,增强党建工作的实效性和时效性。

参考文献

[1] 习近平在全国高校思想政治工作会议上强调:把思想政治工作贯穿教育教学全过程 开创我国高等教育事业发展新局面[N]. 2016-12-09(1).

[2] 崔健. 红岩精神:革命精神与民族精神的共铸及其在新时代的价[J]. 探索,2019(2).

[3] 徐京跃,霍小光. 青年要自觉践行社会主义核心价值观与祖国和人民同行努力创造精彩人生[N]. 人民日报,2014-05-05.

[4] 王婧. 红岩精神与共产党人的党性修养[J]. 探索,2019(2).

[5] 黄德智. "十九大"以来习近平的党建思想研究[J]. 西藏发展论坛,2019(3).

[6] 何虎生. 赵文心. 论革命文化融入高校思想政治理论课的三重逻辑[J]. 教学与研究,2019(8).

高校高质量党建引领育人的研究进路与展望

◎ 顾飞　朱婧文

一、高校高质量党建引领育人的研究进路

"时代是思想之母，实践是理论之源。"为了主动适应新时代对高校高质量党建引领育人所提出的新要求，高校理论界进一步深化了对高校党建育人的理论研究。学者们基于高校人才培养的核心职能及其党建工作的特殊性，相继在研究中形成了对高校党建工作必须坚持以育人为本的理论共识（孙辉，2002；李恩，2006；张鹏等，2010；周慧杰，2012），认为新时代高校党建工作，必须以人才培养为出发点和落脚点（张大良，2021），并基于非专业素质教育视角认为高校党建工作是提升人才培养质量的重要育人路径（虞晓东等，2012），强调要将党建贯穿育人的全过程（杨欣欣，2003），提出应从党建工作的理念、方法、内容、流程四个方面着手系统性和全程性地构建起高校党建育人工作格局（郭强，2011）。

（一）高校党建育人功能发挥的实现机制相关研究

在高校党建育人功能发挥的实现机制领域，不少学者也陆续做了有益的探索性研究。张婕英（2010）基于导向规范机制、组织发展机制、凝聚渗透机制、考核评价机制、服务创新机制五个方面，李兴聪（2011）从综合考察机制、选拔机制、教育机制、成才机制、长效机制、实践机制六个方面分别对高校党建

基金项目：本文是教育部人文社会科学研究专项任务项目（中国特色社会主义理论体系研究）"以创新引领高质量发展的路径研究"（19JD710014），重庆市社会科学规划项目"创新驱动发展战略引领重庆高质量发展研究"（2018YBMK002），重庆市研究生教育教学改革研究一般项目"基于培养造就德才兼备高层次人才的会计专业硕士内生性融合课程思政体系化建设与探索"（yjg223108），重庆市高等教育教学改革研究一般项目"基于内生性融合的'财务管理案例'课程思政有效教学模式探索与实践"（213208），重庆市 2022 年本科高校课程思政示范项目（综合类项目）——重庆工商大学"财务管理学"课程，重庆市高等教育教学改革研究重大项目"高校高质量党建引领育人的探索与实践——以重庆工商大学为例"（221023），重庆市高等教育教学改革研究重大项目"地方高校财经类专业课程思政元素案例库构建"（221044）的阶段性研究成果。

育人机制进行了多维度、整体性的研究探索。除此之外,学者们还就高校党建的文化育人机制(叶昊等,2013;邓秀华,2015;刘晓勤等,2015)、高校党建与思想政治教育的协同育人机制(曲一歌,2019;冯立等,2019;李雷等,2021;张瑞煊,2021;廖祥忠,2021)等具体细分领域的育人机制予以了探究。

(二)高校党建育人的实现路径相关研究

在高校党建育人的实现路径领域,学者们分别从高校党建、高校育人两个方面的既有理论架构深化了相关研究。一方面,依托高校党建研究的理论架构,张鹏等(2010)从大学生党的基本知识教育体系、党建理论教育课程体系、师生党建互动教育体系、大学生党员实践教育体系、大学生党员自我教育体系、大学生廉洁教育体系构建以及创新党校教育新模式七个方面对高校党建育人的实现路径做了整体性探索;谢静娴(2021)对"党建+"引领机制的内涵、原则及其实施路径予以了初步探索。崔骥(2012)、董世洪等(2008)、廖勇等(2017)则聚焦于组织发展、公寓党建、社区党建等党建细分领域对党建育人的实现路径予以了具体性探究。

另一方面,依托高校育人研究的理论架构,刘翔(2012)侧重从高校育人工作的视角,从理论教育育人、校园文化育人、活动载体育人、管理服务育人、组织阵地育人、机制保障育人六个维度对高校党建内涵式发展提升党建育人功能的实现路径予以了探索;张大良(2021)基于对高校党建育人时代内涵的理论分析,从党建引领育人体系建设、师资队伍建设、课程体系建设、教育生态建设四个维度对新时代高校党建育人的实践理路予以了研究。此外,学者们还对高校党建在文化育人中作用的发挥(叶昊等,2013;邓秀华,2015;刘晓勤等,2015)以及教职工党员育人功能发挥(翟文艳等,2015)等具体领域予以了研究。刘翔(2012)还试图对高校党建内涵式发展与党建育人功能发挥两者的互动机理予以了探索性的理论分析。

(三)高校党建在育人中的作用地位相关研究

随着理论界对高校党建育人研究的深入。部分学者开始关注高校党建在育人中的作用地位。叶昊等(2013)首先在文化育人过程中重点关注和研究了高校党建的引领作用。此后,邓秀华(2015)、吴乾圣(2016)、徐倩倩(2017)、王进荣(2019)、王晗(2019)、张晓雷等(2021)也相继围绕高校党建引领文化育人的原则、作用、方式、路径做了进一步的拓展。

由于党建在高校育人过程中的引领作用日益突显，近年来学者们还将党建引领育人拓展到组织育人（苏云波，2021）、实践育人（张宝阳，2021）、资助育人（武夏艳等，2021）、课堂联动育人（曹猛等，2021）、产教融合育人（黄玉华等，2020；华曦等，2021）、思想政治育人（廖祥忠，2021；潘雯婷等，2021）以及高校二级学院育人（蒋红梅等，2021；陈莉萍，2021）等各领域、各层级予以深入探讨。

同时，也有部分学者基于习近平总书记提出的"各类课程与思想政治理论课同向同行，形成协同效应"的育人要求，对高校党建与思想政治教育、与课程思政协同育人予以了研究关注，深化了理论界对高校党建引领育人的协同思考。其中，曲一歌（2019）、冯立等（2019）、李雷等（2021）、张瑞煊（2021）、廖祥忠（2021）等基于高校党建与思想政治教育在高校人才培养中的重要地位及其在不同领域育人作用的重要发挥，对推动党建工作与思想政治教育的深度融合、构建协同育人模式予以了较为深入的探讨。此外，刘林枫（2018）、付瑶（2021）、梅凤娟（2021）等则立足于课程思政育人，重点对高校党建推进课程思政融合育人进行了分类研究。

（四）高质量党建引领高校发展的相关研究

党的十九大报告提出"我国经济已由高速增长阶段转向高质量发展阶段"之后，"高质量"便成为国内理论研究所关注的热点论题。着眼于党的十九大报告首次提出的"不断提高党的建设质量"的新时代党的建设总要求，平原等（2018）最早将"高质量党建工作引领"引入企业高质量发展研究领域。随后，郑永扣（2018）基于高质量发展对人才素质基本要求的理解，在国内最早撰文提出高校要从加强思想理论武装、基层组织建设、作风建设、人才制度建设、纪律建设等方面，以高质量党建引领和推动优秀人才培养。

此后，苏晓红（2018）、李留心（2018）、方仕平（2019）、谭玉敏（2020）、郑尊（2020）、赵长禄（2021）、李泽庆（2021）、江春（2021）相继结合学校党建和发展工作的实践，相继撰文对平顶山学院、河南农业大学、贵州商学院、武汉大学、首都师范大学、贵州财经大学、安徽农业大学、北京理工大学以高质量党建引领学校高质量发展和高水平建设予以了探讨。但绝大多数均为经验性探索，缺乏深度的理论性研究。仅有赵长禄（2021）、江春（2021）在探讨中分别对高校高质量党建引领高质量发展的内在逻辑以及对高校党建与事业发展的辩证统一关系予以了初步的学理性分析。赵月等（2021）、乐艳华等（2021）

虽然在一般意义的层面，对以高质量党建引领高校高质量发展的现实性和必要性、时代意蕴、价值导向、实现路径等做了一定的分析探讨，但却仍未涉及对高校高质量党建的整体性认知与结构性解析，更未能触及对高校高质量党建引领高质量发展的内在机理及其运行机制的系统性理论研究。

（五）现有研究的评述

综上所述，目前学术界、教育界在高校党建育人研究的基础上，进一步升华了对高校党建引领育人的理论研究，为深入推进高校高质量党建引领育人的研究奠定了先期的理论基础，提供了探索创新可资借鉴的研究启发。但同时，根据"中国知网"检索结果，目前尚未发现有以"高质量党建引领育人"为篇名的研究论文。现有的相关研究成果尚未对高校高质量党建引领育人予以学理解构与学术建构，尤其在高校高质量党建对其育人的引领机制及其作用机理等深层次研究方面还存在着较大的理论缺口。此外，在对高校高质量党建整体性和结构性内涵、高质量党建与高校高水平育人的双向联动与深度融合、高校高质量党建引领育人的内在机理与实现机制、高校高质量党建引领育人的实践路径与工作保障等深层次的领域还缺少系统性、全面性、体系化的理论研究和实践探索。这也为未来进一步深化高校高质量党建引领育人的理论探索与实践研究提供了实现新的突破的可能性。

二、高校高质量党建引领育人的研究思路及方法展望

（一）高校高质量党建引领育人的研究思路展望

高校高质量党建引领育人研究必须坚持实践导向与战略导向相统一、机制构建与范式创新相统一的原则。一方面，要基于育人实践推动高校高质量党建引领育人体系及其实现机制的理论构建和实证检验。要在全面深入地阐释习近平总书记关于高校高质量党建引领育人重要论述的精神实质、科学内涵、有机联系、生成逻辑及其重要理论价值和重大现实意义的基础上，对高校以高质量党建引领育人的工作原则、实现机制等关键性的理论问题予以深层次、结构性、体系化的学理分析，进一步厘清高校高质量党建引领育人内涵的辩证关系和理论逻辑，并依托高校的具体实践探索，实现对高校高质量党建引领育人体系及其实现机制的理论构建。

另一方面，要聚焦加快建设世界一流企业对一流人才培养的战略性要求，探索高校高质量党建引领育人的创新模式和实践范式。要坚持为党育人、为国

育才，全面提高人才自主培养质量，聚焦"深入实施科教兴国战略、人才强国战略、创新驱动发展战略"的战略性要求，着眼于高校高质量党建引领高水平育人的总体目标，完善顶层制度设计，以政治引领、思想引领、组织引领、制度引领、作风引领为工作着力点，以多维引领、联动引领、融合引领、协同引领、创新引领、生态引领为工作机制，探索构建育人的有效工作体系及其实践模式，从学科专业等宏观层面、教学组织等中观层面、课程和教材等微观层面推进新时代高等教育育人质量工程的实施，切实推动高校在高质量党建引领育人领域的综合改革与创新发展，进而带动高校各项事业，推动学校高质量内涵式发展，探索构建高校高质量党建育人的创新模式和实践范式，为"全面贯彻党的教育方针，落实立德树人根本任务，培养德智体美劳全面发展的社会主义建设者和接班人"提供坚强的高质量党建引领育人治理优势与政治保障。

（二）高校高质量党建引领育人的研究方法展望

1. 文献研究法

在未来的研究中应当充分运用文献研究法，收集、整理与研究主题密切相关的理论文献、数据资料、学术史资源等文献，为深入推进相关领域的研究奠定坚实的学理基础。通过对历史文献的规范研究，对高校高质量党建引领育人的相关研究文献予以综述，对兄弟院校以高质量党建引领育人的体系建设、机制探索、实践路径和创新范式予以系统梳理，对习近平总书记关于高校高质量党建引领育人的重要论述的精神实质、科学内涵、有机联系、生成逻辑及其重要理论价值和重大现实意义予以分析、阐释，从而为高校高质量党建引领育人体系及其实现机制的理论构建提供实践参考和理论遵循。

2. 调查研究法

要在科学方法论和教育理论的指导下，将整合采用调查问卷、实地访谈、座谈等调查研究法，通过如搜集"全国党建工作示范高校"——清华大学、东北大学、同济大学、浙江大学、重庆大学在以高质量党建引领育人方面的先进经验和创新模式，搜集上海财经大学、中央财经大学、西南财经大学、中南财经政法大学等国内知名财经高校在以高质量党建引领育人领域所做的改革与探索尝试，并通过向高校党建引领育人实现过程中不同的对象发放调查问卷的形式，准确了解党建引领育人的需求、全面掌握党建引领育人的现状、不断摸清党建引领育人的短板，为相关研究及其探索实践提供可为的创新指向和可靠的实证依据。

3. 比较研究法

在相关研究及其探索实践过程中,要通过对"全国党建工作示范高校"——清华大学、东北大学、同济大学、浙江大学、重庆大学在以高质量党建引领育人体系与机制构建的比较分析,探索构建以政治引领、思想引领、组织引领、制度引领、作风引领为工作着力点,以课程育人、科研育人、实践育人、文化育人、网络育人、心理育人、管理育人、服务育人、资助育人、组织育人为工作体系的高校高质量党建引领育人体系,并在多案例比较的逐项复制和差别复制对比分析中,厘清和洞悉上述高校实践运行中所内含的多维引领、联动引领、融合引领、协同引领、创新引领、生态引领的实现机制。

4. 行动研究法

在深化相关研究的过程中,要坚持以习近平总书记关于高校高质量党建引领育人的重要论述为根本遵循,对标对表《中国共产党普通高等学校基层组织工作条例》关于"推动高校党建与高等教育事业发展深度融合,以高质量的党建引领推动高校为党育人为国育才、实现高质量发展"的总体工作要求,有效吸收"全国党建工作示范高校"的先进经验以及有关兄弟院校的成功做法,以相关研究成果指导高校高质量党建引领育人的实践,同时及时将探索与实践中获得的新感悟和新发现反馈到相关研究过程之中,通过扎根实践、贯穿实践、回归实践的互动、归纳、提炼,从其探索性的实践行动中发掘和揭示高校高质量党建引领育人体系构建及其实现机制所内生的规律性,并在遵循高校党建与教育教学规律的基础之上不断优化其系统结构、推进其有效运行,并试图形成一定的创新模式和实践范式。

三、高校高质量党建引领育人的重点研究内容展望

(一)重点研究的理论性内容

(1)理论指引相关研究。全面深入地阐释习近平总书记关于高校高质量党建引领育人重要论述的精神实质、科学内涵、有机联系、生成逻辑及其重要理论价值和重大现实意义,为推动高校高质量党建引领育人探索与实践提供理论指引。

(2)深化认识相关研究。从政治逻辑、理论逻辑、实践逻辑、发展逻辑、育人逻辑六个维度深度分析高校高质量党建引领育人的必要性,切实提高推进高校高质量党建引领育人工作的主动性、积极性和创造性。

（3）原则机制相关研究。进一步明确高校高质量党建引领育人的工作原则、实现机制等关键性的理论问题，以深层次、结构性、体系化的学理分析，强化高校高质量党建引领育人探索与实践工作的科学性和有效性。

（4）四是逻辑关系相关研究。进一步厘清高校高质量党建引领育人的内涵逻辑和辩证关系，并以此深化对高校高质量党建引领育人工作着力点及其作用机制的系统性理论认知，促进其工作机制与体系的科学构建。

（二）重点研究的实践性内容

（1）对标凝练实践参考范式。基于对"全国党建工作示范高校"——清华大学、东北大学、同济大学、浙江大学、重庆大学，以及上海财经大学、中央财经大学、西南财经大学、中南财经政法大学等国内知名财经高校高质量党建引领育人探索与实践的文献分析、调研交流、案例比较与系统梳理，形成对上述高校高质量党建引领育人的创新经验与特色优势的范式凝练，为进一步深化高校高质量党建引领育人的探索与实践提供参考借鉴。

（2）深度挖掘引领育人典型。立足于高校在高质量党建引领育人领域的前期探索实践，采用点面结合、典型引路、个案剖析、持续追踪等方式，深度挖掘高校在高质量党建引领育人相关领域创新实践经验、优势和潜能，并以经验化、模式化、流程化、标准化、制度化等方式予以总结沉淀和推广应用，以扬优势、树典型、做示范、强辐射推进高校高质量党建引领育人。

（3）查摆问题找准发力靶点。以高校党委"四个过硬"、院（系）党组织"五个到位"、基层党支部"七个有力"的高校党建"双创"培育要求为高质量党建参照标准，全方位、深层次、多渠道地系统梳理学校各级党组织在以高质量党建引领育人探索与实践中存在的问题与不足，研究发现影响高校高质量党建引领育人作用发挥的体制机制原因，为其补短板、强弱项、堵漏洞、提能力找准施策发力的"靶点"。

（4）构建完善工作机制体系。完善高校高质量党建引领育人的顶层制度设计，出台相关的指导意见与工作实施方案，以政治引领、思想引领、组织引领、制度引领、作风引领为工作着力点，以对接机制、联动机制、融合机制、协同机制、创新机制、生态机制为引领作用机制，以"十大"育人体系为依托，理论联系实际，探索构建高校高质量党建引领育人的有效工作机制与体系，推动高校高质量党建引领育人的相关探索与实践。

（5）探索体系化的实现路径。结合教育部正在研制的《关于实施新时代高等教育育人质量工程的意见》，以院（系）党组织"五个到位"、基层党支部"七个有力"为切入点，从学科专业等宏观层面、教学组织等中观层面、课程和教材等微观层面推进高质量党建引领育人的探索与实践，以思想政治理论课与课程思政为工作抓手，形成适应学科专业特性、激发教学组织活力、优化课程和教材建设的高校高质量党建引领育人新格局，进一步深化和拓展其实现路径，为高校"全面贯彻党的教育方针，落实立德树人根本任务，培养德智体美劳全面发展的社会主义建设者和接班人"提供有形、有效、有力的实践工作支撑。

（6）构建评价考核指标体系。充分发挥课题主持人在高校党建育人、教学评估督导领域的丰富经验及专家优势，分别以"五个到位""七个有力"为评价观测切入点，探索构建高校二级学院党组织、基层党支部推进高质量党建引领育人评价考核指标体系，并以此为基准对其建设情况、具体措施和实践成效予以定期评价考核，通过构建完善系统性、体系化的评价考核体系及其相应的奖惩激励机制，以评促建、以评促改、以评示范、重在长效，切实推进高校高质量党建引领育人重要作用的充分发挥。

参考文献

[1] 习近平就高校党建工作作出重要指示 强调坚持立德树人思想引领 加强改进高校党建工作[J]. 教育现代化，2014（2）.

[2] 吴晶，胡浩. 习近平在全国教育大会上强调 坚持中国特色社会主义教育发展道路 培养德智体美劳全面发展的社会主义建设者和接班人[J]. 人民教育，2018（18）.

[3] 习近平. 高举中国特色社会主义伟大旗帜为全面建设社会主义现代化国家而团结奋斗[N]. 人民日报，2022-10-26（1）.

[4] 中共中央关于制定国民经济和社会发展第十四个五年规划和二〇三五年远景目标的建议[N]. 人民日报，2020-11-04（1）.

[5] 吴晶，胡浩. 习近平在全国高校思想政治工作会议上强调 把思想政治工作贯穿教育教学全过程 开创我国高等教育事业发展新局面[J]. 中国高等教育，2016（24）.

[6] 习近平在清华大学考察时强调 坚持中国特色世界一流大学建设目标方向 为服务国家富强民族复兴人民幸福贡献力量[J]. 思想政治工作研究，2021（5）.

[7] 中国共产党普通高等学校基层组织工作条例[J]. 党建研究，2021（5）.

[8] 十九届中央第七轮巡视完成反馈[N]. 新华每日电讯，2021-09-06（1）.

[9] 张大良. 新时代高校党建育人的探索和创新[J]. 食品与生物技术学报，2021，40（12）.

[10] 韩宪洲，宋志强. 习近平关于新时代教书育人论述探析[J]. 思想教育研究，2021（11）.

[11] 廖祥忠. 构建以党建为引领的思想政治教育体系提高新时代育人质量和办学水平[J]. 党建，2021（8）.

[12] 卢若蒙. 习近平关于高校党建工作的重要论述研究[J]. 普洱学院学报，2021，37（1）.

[13] 吴斌，陈亚励. 新时代高校党建：意义、内涵与路径——学习习近平关于高校党建的重要论述[J]. 社会主义研究，2020（5）.

[14] 李艳. 论习近平新时代立德树人重要论述的内在要义[J]. 东北师大学报（哲学社会科学版），2020（05）.

[15] 曲一歌. 大学生党建与思想政治教育协同育人论[J]. 学校党建与思想教育，2019（16）.

[16] 张苗苗. 习近平关于教书育人的重要命题[J]. 思想教育研究，2019（4）.

[17] 刘佳. 习近平新时代高校党建思想的理论内涵研究[J]. 思想政治教育研究，2018，34（2）.

[18] 苏国红，李卫华，吴超. 习近平"立德树人"教育思想的主要内涵及其实践要求[J]. 思想理论教育导刊，2018（3）.

[19] 庞跃辉. 人格塑造是促进青年学生健康成长的关键——学习习近平总书记关于立德树人的重要论述[J]. 思想政治教育研究，2017，33（2）.

[20] 李月馨，邢毓清. 学习习近平总书记系列讲话精神研究——加强高校党建工作[J]. 世界最新医学信息文摘，2016，16（84）.

[21] 马乙玉. 习近平同志高校党建思想论纲[J]. 毛泽东思想研究，2016，33（5）.

[22] 刘晓勤，许晓娟. 组织文化视域下的高校党建文化育人模式研究——以中央财经大学文化与传媒学院为例[J]. 中央财经大学学报，2015（S2）.

[23] 周慧杰. 高校党建应围绕"育人为本、德育为先"展开[J]. 黑龙江高教研究，2012，30（1）.

[24] 李兴聪. 如何提高党建育人功能的有效性[J]. 人民论坛，2011（11）.

[25] 张鹏，李阳. 以育人为中心是高校党建工作的必然要求[J]. 学校党建与思

想教育，2010（31）．

[26] 张婕英．高校党建育人功能的机制研究[J]．江苏高教，2010（3）．

[27] 李恩．强化育人功能改进研究生党建工作[J]．教育与职业，2006（27）．

[28] 孙辉．高校党建工作必须坚持以育人为本[J]．江苏高教，2002（6）．

财务管理教学中关于化解 A 股市场股权质押危机方式的思考

◎ 唐俐　刘云

一、引言

　　财务管理是一门综合性、实践性很强的课程，在教学过程中应充分考虑学生需求，引入研究性学习和讨论性学习以提高教学质量。本文以对股权质押风险知识点的延伸思考为例，思考目前 A 股市场股权质押危机化解方式的利弊，让学生更深入地理解和掌握股权质押相关知识点。通过深入挖掘政府实施救援计划的背景及各地政府实施救援计划的内容，分析政府实施此次救援计划的利弊和效果，让学生在自主查找资料及批判性的讨论中掌握知识点。

二、对化解 A 股市场股权质押危机方式的思考

（一）政府实施救援计划的背景

1. 中美贸易战

　　经济全球化的背景下，各国的经济已经高度依存与融合，任何一国的经济问题，都会对全球经济产生影响。特朗普政府于 2018 年 3 月 23 日凌晨正式与中国展开贸易战。在特朗普政府向中国宣战的当天，全球股市大幅下挫，对中国也产生了严重的负面影响。道琼斯工业、纳斯达克和标普三大股指纷纷收跌超过 2%。除了美股收跌，欧洲和亚太股市同样收到了冲击，法国 CAC40 跌了 1.38%，韩国综合指数下跌了 2.29%。2018 年 3 月 23 日上证指数一路降低，在 10 月 18 日下午，跌破了 2500 点收于 2486.42 点，较年初的 3348.33 点下跌了 25.74%，创下了 2014 年以来的新低。此次贸易战导致我国出口下降，尤其对外贸企业的经营业绩产生了严重影响，再加上股票市场的波动，导致许多民营企业现有的股权质押面临平仓风险。

2. 去杠杆政策

　　2014—2016 年经济发展停滞不前，为刺激经济增长，我国启动了第三轮货

币宽松政策。但经历这波流动性宽松周期后，股市、债市以及房市等领域滋生了资产泡沫、杠杆套利及金融风险。2016年下半年开始，央行、证监会、保监会及银监会就开始了一系列金融去杠杆行动。2017年4月，银监会接连发布"三三四十"系列专项监管文件，标志着金融去杠杆政策正式启动。金融去杠杆背景下，监管当局对银行资本金、信贷授信额度、流动性等一系列指标都提高了要求，间接导致了民营企业融资成本提高。2015年和2016两年间市场发展环境较好，股价也处于高位，许多企业将融资的需求对准了股票市场，而股权质押融资业务的推出更有效提高了民营企业的融资效率，所以股权质押成为民营企业融资的主要途径。但是经济下行的压力加之中美贸易的摩擦，使2018年股票市场不景气，质押折价率不断下滑，而股权质押率却高居不下，引发市场忧虑。

3. 高股权质押

通过表1可以看出，从2015年下半年开始，A股质押总比例迅速增长，到2016年下半年A股质押总比例就涨到10%左右，之后就一直维持在10%左右的比例。2018年10月12日，A股质押总比例为9.99%，质押总股数6373亿股，质押总市值高达4.44万亿。可见，2018年我国A股市场的总体股权质押比例较高。

表1　A股市场质押情况

交易日期	A股质押总比例	涨跌幅
2018-10-12	9.99%	-8.76%
2017-10-13	10.95%	4.88%
2016-10-14	10.44%	23.70%
2015-10-16	8.44%	8.34%

数据来源：中国证券登记结算有限责任公司。

民营企业的高股权质押比例，2018年A股市场频发股权质押危机。据Wind统计，截至2018年10月16日，仅大股东疑似触及平仓线的市值就高达2.96万亿。基于股价持续走低和频发的股权质押危机，政府有关部门开始关注并参与化解上市公司股权质押危机的行动。

（二）政府救援 A 股计划内容

1. 救援规模

2018年10月20日，央行发布了《设立民营企业债券融资支持工具毫不动摇支持民营企业发展》，随后中国银保监会发布了《关于保险资产管理公司设立专项产品有关事项的通知》与《保险资金投资股权暂行办法》，正式拉开了中央政府救援上市公司股权质押危机的序幕。深圳国资入股上市公司，打响了地方政府援助的第一枪。上自中央政府，下到社会资金纷纷参与到化解上市企业股权质押风险的救援计划中，为优质上市公司和民营企业提供长期融资支持，维护金融市场长期健康发展。截至2019年1月末，救援资金总规模已超7000亿元，其中各地方政府的应急性救援专项资金规模已达3500亿元，是政府此次救援A股市场股权质押危机的主力（见表2）。

表2 各省救援规模汇总（不完全统计）

各地政府	规模小计/亿元	各地政府	规模小计/亿元
广东	520	四川	100
北京	300	吉林	100
浙江	200	宁夏	30
湖南	100	重庆	100
上海	100	河南	30
福建	250	江西	30
安徽	100	新疆	50
山东	100	湖北	100
江苏	325	天津	100
河北	100		

2. 救援对象

各地政府积极安排资金投入A股市场，目的在于降低A股上市公司股票质押风险，改善上市公司的流动性。但是并不是所有上市公司都在被救援的名单之内，毕竟政府的预算有限，那么救助优质的民营上市公司就是各地政府的首选。目前政府选择的优质民营企业主要是那些专注于实体经济、业绩良好、暂时出现流动性危机的上市公司。其次，重点发展新材料、新能源、金融技术、高科技制造业、生命科学等高新技术企业以及战略性新兴产业企业也在评估范围之内（见表3）。

表3　部分得到救助基金的上市公司

上市公司	披露时间	资金来源	方式	金额/亿元
2018				
银禧科技	10月17日	苏州吴中经济开发区管委会	战略投资	6
科陆电子	10月31日	深圳高新投集团有限公司	资金支持	2
博天环境	11月8日	北京市海淀区国资委	资金支持	0.5
ST康得新	11月8日	张家港城投、东吴证券	战略投资	27
宜安科技	11月9日	东莞国资	资金支持	3~6
嘉寓股份	11月14日	北京市顺义区国资中心	资金支持	4.5
碧水源	11月16日	民企债券融资支持工具	债券融资支持工具	14
贵州百灵	12月13日	华创证券有限责任公司	战略投资	18
华伍股份	12月13日	丰城市国有资产监督管理委员会	股权转让	1.485
2019				
华鼎股份	1月11日	浙江国资纾困基金	股权转让	3
东杰智能	1月15日	山西省中合盛资本、太原市海信汇峰、深圳菁英时代	参与定增	1.82

续表

上市公司	披露时间	资金来源	方式	金额/亿元
尔康制药	1月23日	长沙市化解上市公司股票质押风险专项工作组待公布的有关单位	信托贷款	27.7
奥马电器	2月22日	中山市人民政府国有资产监督管理委员会	合作协议	9.7
联创互联	2月26日	红曼同创投资基金管理（北京）有限公司	股权转让	3

3. 救援方式

目前，大多数地方政府应急性救援股权质押危机的方式有债权和股权两大类。

以债权方式为例，政府作为发起和担保机构，吸引银行、金融机构以及市场中的资金，通过专项债、债券增信工具和过桥贷款等方式，帮助民营企业获得融资，以此降低其被平仓的风险。碧水源和东方园林就以债券融资支持工具，获得了交通银行和民生银行的融资。

股权方式主要指国资或者管理机构通过协议转让、参与定增或者资产重组等方式，将资金融出给特定的民营企业，间接改善其流动性。华鼎股份（601113）的控股股东通过与浙江新兴动力合伙企业签订了股权转让协议，获得了3亿元的融资。但这种方式大多会改变上市公司的股权结构或者大股东的持股比例，因此容易导致上市公司的控制权发生变化。

国家鼓励救援基金帮助民营企业化解融资困境，因此证监会强调，地方政府出资应以财务投资，不谋求上市公司的控制权。所以，不论此次地方政府是以股权还是债权方式入手，解决上市公司的流动性危机，待上市公司危机解除后，其都会参与分成并将资金退出企业。

（三）政府应急性救援措施化解股权质押危机的弊端

1. 加重资本市场的杠杆

本次A股市场上发生大规模股权质押危机，本质是因为这些上市公司负债太多、杠杆太高。现在政府出面在民营企业与资金融出方之间搭建了一座桥梁，让这些企业更容易融到资金来解决现在的流动性风险。但是从援救的方式来看，大多数企业是通过将股票再质押的方式来融资的,以解除目前面临的平仓危机。因此企业的债务规模不减反增,股东质押的股票数量也越来越多,债务到期时,企业的还款压力依旧很大。也就是说,政府此次的应急性救援措施,非但没有减少资本市场的杠杆,反而加重了资本市场的杠杆,会让自2016年下半年以来,"一行三会"为防范金融体系杠杆率过高,而进行的"去杠杆"政策失去原有的意义。

2. 民企容易产生依赖心理

当前许多上市公司面临平仓风险,很大程度上是因为部分大股东不顾自身能力盲目加杠杆,做出诸多投机行为。而此次政府出面帮助其解决危机,用纳税人的钱为上市公司自身的市场行为买单,会让上市公司产生严重的救市"依赖症"。此次股市下行,高股权质押的企业陷入流动性困境和控制权转移等风险,其应该吸取这次股权质押危机的教训,积极寻求自救的方法,而不是依赖政府这棵救命稻草。国资救市也可能救活一些不好的民营企业,给市场树立不好的风气,让市场认为政府总会兜底。若不找出造成此次股权质押危机的根本原因并对症下药,而只依靠政府出面解决危机,此类风险或再度上演。

3. 违背市场规律

股市的诞生、发展及成熟,需要依靠政府制定的制度来帮衬,但是更多地应遵循资本市场发展的规律。股市下行也是资本市场自由发展的一环,应该由市场自行调节,而不是由政府强行干预。中国股市的未来在于市场化,而不是政策化。政府强行救市违背市场规律,不利于资本市场的健康发展,会影响社会财富的分配。股市发展就是要经历上涨、下跌、再上涨、再下跌的循环往复,政府的干预破坏股市的自然发展规律。在股市下跌时,政府借助各方力量帮助股市恢复发展,这意味着政府今后要长期承担起维护股市发展的责任。长此以往,中国股市就难以摆脱"政策市""国家市"的发展模式。

4. 不利于我国资本市场的长期发展

我国资本市场目前还处于弱势或者半强势中,造成这一状态的原因有很多,我国资本市场行政色彩浓重就是原因之一。政府对股市强烈的保护色彩,致使我国资本市场一直没有形成一套真正意义上的市场机制。处于保护下的我国资本市场,没有办法充分发挥市场机制优胜劣汰的优势,无法独自面对资本市场的震荡。从长期来看,要想让我国资本市场由弱势向强势有效过渡,政府应该制定维护市场机制健康发展的制度。

（四）政府应急性救援措施化解股权质押危机的利益

1. 保护被殃及的优质地方企业

一方面，实际控制人无法按期补足质押品被强制平仓，会对上市公司流动性产生冲击。如果出现大批上市公司陷入股权质押危机的情况，将对资本市场和实体经济的稳定发展造成破坏。尤其是，一些传统优势产业以及获得国家高新技术企业认定的 A 股上市公司也不免受到此次股权质押危机的波及。另一方面，一些将质押融入资金主要用于自身业务发展的公司，因为股票市场的下行而引发股权质押危机，出现暂时性资金困难。这些优质的地方企业，自身的发展前景很好，但是此次股票市场的震荡却让其陷入困境，依靠自身的力量很难解决危机。政府的应急性救援资金，正好可以帮助这些优质的地方企业渡过此次难关，让其将来更好地为地方经济做贡献。

2. 给资本市场释放利好信号，提振市场信心

2018 年，三季度和四季度的国内 GDP 增速分别下滑至 6.5% 和 6.4%，经济下行超出预期。再加上年初的中美贸易金融风险及外贸不确定性增加，使国内股市低迷，投资者市场信心不足。政府应急性救援措施为民营企业经济注资，有助于帮助民营经济走出股权质押的风险，同时也为资本市场释放利好信号。政府积极关注资本市场的发展，及时出手救助陷入困境中的民企，有力回应了资本市场对民营经济未来发展的担忧，增强了市场投资者的信心。

3. 缓解流动性压力，防止造成系统性金融风险

大规模的强制平仓必然会引起资本市场的流动性危机，刺激股价的进一步下跌，引发金融市场动荡，类似"蝴蝶效应"。这个环节的纰漏可能会对整个金融市场造成系统性破坏。系统性金融风险对于实体经济的打击往往是巨大且深远的，造成的损失需要由所有 A 股市场的参与者共同负担。所以，政府积极援助优质的地方民营企业，帮助这些企业解决现金流危机，能一定程度上缓解资本市场的流动性压力，防止爆发系统性金融风险。

（五）效果与总结

1. 效果

本文通过对比计划实施后处于平仓线左右的股权质押比例是否下降，用以分析此次政府实施救援计划的效果。根据天风证券的《股权质押风险更新》研究报告，我们选择打响地方政府援助的第一枪，深圳救援开始时间作为对比数据选取日。再将两个交易日中股价处于平仓线左右不同区间（平仓线上为正，平仓线下为负），具体划分为平仓线上 0~50%，平仓线下 0~30%，30%~50%以

及50%以下,这4个区间的股票质押业务笔数占当日在押业务的比重进行统计。

由表4可以看到,股价处于平仓线上0~50%区间的质押业务占比下降了0.43%,变动幅度不大。但是,股价处于平仓线下0~50%的比重下降了7.91%,尤其是平仓线下0~30%区间的质押业务比例下降最明显,减少了5%。这意味着政府积极开展救援行动以来,上市公司面临的股票质押平仓风险显著降低(见表4)。

表4 平仓线左右区间不同质押业务占比

平仓线上/下	2018年10月18日	2019年1月14日	变动
0~50%	3.85%	3.42%	-0.43%
-30%~0	21.93%	16.93%	-5%
-50%~30%	9.39%	6.48%	-2.91%
-50%以下	4.59%	3.22%	-1.37%

数据来源:天风证券。

2. 总结

2019年,股市终于"放晴",上证指数一路飙升,3月4日重回3000点大关。股市回升,受到救援公司的股价随之上涨,备受关注的股权质押风险也随之降低。本次政府救市没有一次性将大规模资金投入A股市场,而是通过地方政府安排资金,以多种方式落实到优质的民营企业,体现了此次政府救援计划的严谨性。但是,政府救援计划归根结底还是暴露了我国资本市场机制的不完善。所以,此次政府救援A股市场股权质押危机的措施,只是一个临时过渡性政策,建立起完善的资本市场体制才是改革的重点。

三、基于股权质押危机化解方式讨论的教学设计方案

(一)教学准备

设备:多媒体教学设备(多媒体计算机、投影仪、电动投影屏幕)、传统教学设备(粉笔、黑板)。

文件材料:每个小组4张A4纸和多支记号笔、教学用PPT(案例配套PPT、理论教学PPT)、同时请同学们准备好课前查找到的有关资料文件,以便上课时使用。

（二）关键要点

（1）深入挖掘政府实施救援计划的背景、救援的规模、救援的对象及救援的方式。

（2）分析政府应急性救援措施化解股权质押危机的利弊。

（3）分析政府实施救援计划的效果并提出看法。

（三）教学计划

（1）课前计划：安排学生搜集 A 股股权质押概况及政府实施救援计划的有关资料；提出启发思考题，请学生在课前进行初步思考。

（2）课中计划：开场白，教师由知识点引入思考题；布置分组讨论，每组 4 人，每个小组必须明确一个观点：政府应急性救援措施是利大于弊还是弊大于利；每组先选派一位代表进行发言，根据小组发言内容，再穿插进行启发式问题的延伸讨论，由其他组成员针对该组代表的发言进行提问，由汇报小组内组员进行解答，以延伸学生对教学主题的理解；归纳总结，教师结合股权质押的方式、目的及风险等理论知识，帮助学生加深和升华对教学主题的理解。

（3）课后计划：课堂讨论结束后，每个小组以 word 报告形式上交给教师一份分析报告。报告的内容可能包括以下部分：A 股股权质押率及政府救援计划的情况、主要焦点问题的分析、自己的思考及建议等。如果具备条件且学生对此次教学主题感兴趣，可以将课堂上各小组发言或分析报告中有新意、优秀的内容摘录下来，课后进一步加以分析与研究，在此基础上形成一篇专题研究。

参考文献

[1] 陈娜. 金融去杠杆背景下股权质押融资业务的思考[J]. 上海金融，2017（8）.

[2] 陈冠华. 政府救市"工具箱"——对政府救市方法的评析与建议[J]. 经济问题，2017（1）.

[3] 孙琰婷. 中国股市动荡原因及政府救市措施总结及建议[J]. 财经界（学术版），2016（5）.

[4] 何威风，刘怡君，吴玉宇. 大股东股权质押和企业风险承担研究[J]. 中国软科学，2018（5）.

[5] 张明顺. 在环境管理课程中开展互动式教学的探讨[J]. 教育教学论坛，2020（17）.

[6] 沈新凤，曹哲亮. 民企融资：困境与突围[J]. 金融市场研究，2018（10）.

成渝双城经济圈背景下会计专业人才的高校培养模式研究

◎ 韩超　唐瑶

一、引言

2020年1月，习近平总书记发表重要讲话，从国家战略层面明确提出部署"成渝双城经济圈"，并于次年10月印发《成渝地区双城经济圈建设规划纲要》（以下简称《纲要》）。《纲要》的出台意味着"双城记"正式唱响。作为我国一项重大区域发展战略，成渝双城经济圈的建设引起成渝两地乃至全国人民的高度重视，从交通、医疗、教育、就业、科技、经济等多方面促进成渝双城合作一体化的进程。在这一时代背景下，各行各业都有了新的使命和发展方向，要助力推动"双城经济圈"的建设，促进企业高质量发展，会计行业势必发挥着不可忽视的作用，川渝两地也为推动会计行业发展做出许多努力。如2021年7月，举办首届成渝地区双城经济圈新时代会计发展暨"数智财务赋能企业高质量发展高峰论坛"，各位学者和业界专家纷纷为如何发展数智财务，数智财务如何助推成渝地区双城经济圈的发展建设建言献策。另外，本次会议的分论坛之一更是围绕"会计教育"展开了详细的探讨，可见双城经济圈建设下，会计发展的一大重点是数智化转型以及高校会计专业的教学模式改革。

从全球来看，我国高校课堂的会计数智化改革发展不算领先，一些发达国家有较为前沿的眼光，对数智化会计非常重视且已有一些具体的实践。如美国会计高等教育路径委员会在2012年时就鼓励将大数据技术引导进入美国高校的会计课程体系中，为了更好地将数字技术整合进入会计课堂，美国部分高校针对"教授哪些数智化技术""具体融入哪些课程之中"以及"课程开展形式"等方面的问题，面向全国经验丰富的会计专业教师发放问卷；自2015年起，美国会计学会每年定期召开一次相关专题会议，高校教师和实务工作者共同探讨数智化会计最新发展动向。这给我们提供了很大的参考意义，我国高校会计人才培养模式改革也是必然。本文将详细分析双城经济圈背景下对会计专业人才提出的新要求，然后分析目前高校会计专业人才培养方面存在的问题，最后对两地高校人才培养提出建议。

二、双城经济圈背景下对会计专业人才提出的新要求

"双城经济圈"这一重要战略决策的出台,对促进西部,特别是川渝两地经济的高质量发展具有划时代的重要意义。在这一背景下对会计的发展给予了新的期望,也对两地会计专业人才提出了新要求。成渝两地高校生源绝大多数来自两地,毕业后大多数也会留在本地,因此各高校在教育培养模式上就应充分考虑两地的发展情况和对会计专业人才的需求情况,有针对性地培养与时代环境相适应的人才。具体需求如下:

（一）具备一定的技术操控和信息处理能力

《纲要》中以不少的篇幅重点强调了大力发展数字经济。近年来,我国数字经济的热度持续高涨,大数据、物联网、人工智能、云计算、区块链这些新技术开始频繁出现在大众视野里,被运用在各行各业中。各类企业的商业运营模式和管理系统,以及企业间的竞争格局都发生了翻天覆地的变化。相较于曾经的农业经济时代和工业经济时代,当前的数字经济时代对会计这一行业有着更强的依赖,对会计专业人才的能力也有着更高、更广的要求。数字经济时代背景下,大多数基础会计工作或将被人工智能取代,这就要求会计行业向上发展,由传统会计模式向数智化会计模式转型发展。传统会计人才也要向数智化会计人才转型,以顺应时代的需求,应对时代的挑战。数智化会计人才是将会计学专业、管理学专业、计算机专业与数理统计专业等相结合的高端复合应用型人才,需要具备大数据分析处理能力,财务智能软件技术的操控甚至开发能力等。

（二）具备区域一体化的概念

习近平总书记在审议通过《纲要》时就明确了成渝两地要树立"一体化"的理念,倡导两地在各个方面联合互动,发挥利用各自优势进行互补发展。为深入推动成渝会计行业管理合作,两地也为会计区域一体化做出许多努力,如互认会计职称资格、互认会计继续教育结果、20多项纳税业务可以跨省通办、共建会计高端人才联合培养工程等。因此,作为两地的会计专业人才,我们自身应主动强化"一体化"意识,充分利用两地资源,多与区域内的专业人士交流学习,多参与两地共举的会计专业论坛,如"2021年川渝地区会计服务行业协同发展论坛"等,努力探索两地会计服务中存在的问题、未来的着力点,以及两地会计准则是否存在出入,两地会计资源如何进行优化配置与整合等问题,

为两地共创会计协同发展之路做出努力。

（三）硬知识和软实力并存

首先，会计专业人员应具备扎实深厚的会计专业知识，可以通过获取更高的学历证书，考取专业职称，考取注册会计师证等方式不断巩固提升专业知识。

其次，会计人才还需具备沟通表达能力、创新能力、团队协作能力等软实力。会计工作少不了信息的传递，这里所说的沟通表达能力既包括与同部门、其他不同职能部门的日常工作沟通协调能力，还包括书面文字撰写表达能力。成渝双城经济圈背景下，要加快推动企业高质量的发展，对管理会计也提出了更大的需求，会计工作需要定期向公司上层编写递交报告，如何逻辑清晰、简明扼要地向管理层报告会计工作情况，或是为企业财务管理建言献策，对会计人员书面表达能力提出了一定要求。会计工作的创新性体现在每一处的具体操作的优化，而不是提出什么完全创新性的概念方法，如新到一个公司发现缺乏财务分析工作，于是主动向上提议增加完善这部分工作，或是发现企业内部控制较为薄弱，提议在其中增加某种制约力量等。

（四）危机意识和终身学习意识

会计人员首先要树立危机意识和前瞻性眼光。随着数智时代的到来，"会计工作即将被智能机器人取代""会计人员将面临大波下岗潮"的顾虑充斥着整个行业。虽然，快速发展的人工智能技术确实会带来会计人才需求的巨变，但是它目前只能取代最基础的核算岗位工作，至于未来会怎样发展，我们能否成为时代需要的会计人才还要取决于自身的能力。不可否认的是，当今的会计专业人员需要比其他任何时代都更要有危机意识，认清形势，保持良好心态，主动学习转型。

同时，会计专业本身就是一个需要不断学习的行业，会有不断调整的政策条例，日新月异的行业环境。在"双城经济圈"的建设背景下更是如此，正如成渝两地开展的各项会计管理合作、两地会计高端人才培养、两地数智化管理会计人才能力提升班等项目。如今的会计人员绝不只是传统的记账、算账工作这么简单。数字财会时代已经到来，这是一个数据信息、知识信息、技术信息爆炸增长与快速更新的时代，学校里所学习的知识只是一个很基础的起步，会计人员还需具备强大的自学能力，树立终身学习的观念，不断从过往实践和最新案例中汲取经验，不断学习新的知识和方法，并将所学的新的知识与技术最大化地运用在实践工作中，以提高会计工作效率，为管理层决策提供重要参考，推动企业经济高质量发展。

三、双城经济圈背景下高校会计专业人才培养方面存在的问题

（一）数智化会计教学改革难以落实到数智实践层面

近年来，随着时代环境的变化，我国开设财会专业的高校基本都开始进行会计数智化课程改革。虽然数智化会计的观念已开始形成，但从川渝两地高校来看，部分院校的会计人才培养改革仅仅是打着数智化的噱头，将智能会计这一概念简单搬入课堂，未能将数字化、智能化真正融入会计人才教育中，课堂讲授内容停留在"什么是数智化会计""数智化会计的意义"等基础性的认知教育上面，而对于"如何进行会计数智化""会计数智化涉及哪些新兴技术、方法和平台""具体的技术、方法和平台如何进行操控运作"等偏实践应用型的课程都未能得以开展。而这些又恰好是双城经济圈背景下，两地高校会计专业学生最需要具备的能力。因此，两地高校教学模式改革始终浮于表面，培养出来的会计专业人才难以真正对接市场需求。

（二）课程体系设置存在诸多问题

首先，目前大多数高校会计专业课程都在顺应时代进行课程体系改革，但其中很多都是在原有的课程安排基础上直接插入一两节代表着数智化会计的课程，没有注意它与其他课程的关联度的考量和课程阶梯性的设计。对于学生来说，接受难度较大，学了之后也容易忘记。其次，高校如何化解会计信息技术多样性与课程有限性之间的矛盾还需进一步研究。数据经济时代，各项信息技术与科技平台蜂拥而出，各种各样的新兴技术不断出现在我们的生活中，也以不同的形态被应用于会计行业，太多的技术需要学习。但学校开设的课程是有限的，我们每个人的时间与能力都是有限的。因此，如何解决这一矛盾，如何从中取舍进行重点教学也是一大难题。

另外，通识课程与专业实践课程比例不合理，且课程具有重复性。虽然大学课程理应以夯实学生理论基础为主，但也应结合双城经济圈下智能财会的发展和会计专业对实践性的特别要求，合理分配通识课程和实践课程的开设比例。所开设的实践课程如"基础会计课程实验""财务会计课程实验""成本会计会计实验"等均浮于基础的记账做账内容，因此都大同小异，具有一定重叠性，实践课程在一定程度上被看作"走个过场"。

（三）会计数智化课程难以及时更新调整

前文就说到，由于会计这个行业的特殊性，会计教学课程内容和方法基本都在每年更新，并且由于当前信息技术的蓬勃发展，各种信息和新兴技术日新月异，这就对学校会计课程和教学模式的调整频率有了更高、更严格的要求。然而大多数高校难以做到及时更新，往往一项智能化的会计技术在业界早已更新换代，而学校教学课堂上还停留在陈旧的技术阶段，理论界和实务界稍有脱离，难以实现以先进理论引导实务发展，以有效实务反促理论演进。另外，由于我国（特别是以川渝为代表的西南地区）高校教学设施条件的限制，校内信息技术系统难以与社会最新技术同频更新，以至于即使学校教研组意识到该问题，在理论上完成了更新升级，但在教学实践操作上也难以实现。总的来说，由于信息技术本身的不断更迭、信息技术与会计结合运用的不断升级、高校教学条件的限制，数智课程的开设本就具有一定难度，要及时更新会计专业数智化课程教学更需要耗费大量的人力、物力、财力。

（四）师资力量的限制导致会计与技术分离

所谓会计数智化，是以会计学为基础，在其中融入计算机信息技术等要素，两者互相交融，彼此支撑，缺一不可，共同发挥重要作用。

然而，部分高校的会计课程教学课堂上显然与这一概念背道而驰，将会计数智化这一概念一分为二，会计部分全部交由经验丰富的纯会计学院教师讲解，计算机信息技术部分又完全交由信息技术背景出身的计算机学院教师来教授，这就导致了会计教师只讲会计，计算机教师只讲技术，两者难以相互融通，学生理解片面。

师资力量薄弱是导致出现这一现象出现的主要原因。即使是改革了教学课程体系，引入了最新技术，师生都有了要进行会计与数智技术结合运用的观念，但由于绝大多数会计专业教师，特别是经验丰富的教师，都对财会类的知识精通，但对计算机技术、大数据分析等不太了解，难以由会计专业教师进行综合教授。多是由计算机或数统学院教师来"凑数"，或来对会计专业教师进行突击"培训"，但终究不同领域的教师都是站在各自的领域来讲解，侧重点容易偏离。

（五）考试目标与授课目标不一致

很多学校都进行了或多或少的数智化会计课堂改革，但其课程考试制度仍停留在传统模式阶段。其考试目的与授课目标存在出入，其考试形式和内容仍存在重知识轻能力，重结果轻过程的倾向，考试大多沿用传统的闭卷笔试，其中实践活动只占很小比例，与信息技术相结合的会计课程的考试方式几乎也采取这种方式，很难结合所学技术方法实际操作。即使部分学校能够做到，也只是要求学生将课堂案例原封不动做出来，学生们也只是为了考试而学习，难以实现真正的活学活用，举一反三。因此，高校会计课程授课方式改革虽已在路上，但课程考试模式的改革依然任重道远，考试目标应努力与授课目标达成一致，以合理的考试制度来反促课堂教学效果。

（六）两地高校会计专业人才教育一体化程度较弱

成渝双城经济圈"一体化"发展是在政治、经济、文化、科技、交通、医疗、教育等方面的全方位一体发展。因此相较于其他地区的高校来说，成渝两地的高校还可以通过双城高等教育区域一体化发展来发力。当前，虽然以重庆大学、四川大学、电子科技大学、西南大学为代表的成渝地区20所高校加入并成立了双城经济圈高校联盟组织，也开展了多项合作项目，但相较于两地其他方面的一体化交流，在高等教育方面的合作程度仍较低。主要表现为整个区域内的高校大范围看处于分散独立的状态，从局部看部分院校之间开始进行频繁合作交流。如重庆工商大学与西南财经大学多次互访交流，共同培养财会人才，共建"重庆金融科技研究院"，在会计、财管等学科建设上深入交流，但总的来说，更多的高校还未能参与进来，特别是高校间的会计专业交流沟通与合作程度仍然不高。

四、双城经济圈背景下成渝高校会计专业人才培养的建议

在成渝双城经济圈建设的背景下，会计专业人才的高校培养模式如何与区域经济发展相适应，或者说高校如何利用好双城经济圈这一发展机遇，加快构建自身会计专业人才培养教育体系，有如下优化建议。

（一）顺应数字时代发展，调整人才培养目标

高校教育作为我国人才输出的重要途径，其人才培养目标理应以当前的或预测的该区域经济的未来发展为依托，大力培养顺应且有助于该区域经济发展的人才。在当前双城经济圈大力发展的"数字经济"时代大背景下，该区域对会计人才的需求发生了很大的变化。要成为一名优秀会计专业人才，除了本身的会计专业知识，还需交叉融合其他很多学科的知识。为此，高校首先要结合

双城经济圈背景下会计人才市场需求,重新调整定位自身的会计人才培养目标。例如,总体目标上,培养具有扎实会计理论基础、熟悉掌握重要会计信息技术、一定大数据处理分析能力、一定管理协调与决策能力的全方面复合型人才。具体目标上,可以明确学生具体要学到哪些会计知识,如成本会计、财务会计等;明确学生需要掌握哪些会计相关的信息技术,如FSSC规划设计沙盘模拟和各种以机器人流程自动化(RPA)为核心技术的财务机器人等;明确掌握哪些数据分析工具,如Excel表格、SPSS、Python等。

(二)紧抓培养改革目标,深入落实数智层面

既然要会计数智化,那么就一定要强化"数智化",除了教授基础的理论认识——"数智化"的内涵、意义和发展进程,还要具体落实到业界是如何进行"会计智能化"的,使用了哪些数字技术,这些数字技术具体有什么作用,用在会计作业的哪一步,重点落在这项技术要怎么操作运用,为会计工作节省了多少人力、物力、财力。可以再适当扩展延伸,让学生结合实际需求思考这项技术还有哪些可以改善的地方或者如何与会计工作更好地结合运用。更换不同的数据,不同的企业情况,让学生自行操作练习。只有这样才能真正理解数智技术的本质,才能在未来将其更好地与会计结合创新,适应时代的人才能力需求。

(三)优化重构课程体系,及时更新课程内容

在高校结合时代环境和当地经济发展需求的综合考虑之下,确定了新的会计人才的培养目标。那么相应的课程体系调整或重构便刻不容缓。

一方面,高校应以会计人才培养目标为总方针,结合本校教学的硬件设施条件、师资队伍情况、实践实训基地情况、业界技术发展情况、学校整体公共课程设置情况来对会计专业人才培养方案进行优化调整或重构。可以多方学习别处的优秀经验,如学习同一时代背景下相对较为前沿的"长三角"地区、"粤港澳大湾区"等各高校会计专业课程体系安排情况,再结合自身具体情况,选取应用可借鉴之处。总的来说,首先,成渝两地高校会计课程体系改革要向会计与数字化、智能化、技术化结合的方向发展,在培养方案设计上,要突出数智化课程,可以考虑加入"RPA财务机器人""大数据与会计分析""智能财务共享服务"等课程,在数智化课程的选择上要突出重点,尽可能选择具有代表性的、业界普遍使用的技术方法课程,合理安排好相关课程时间,切不可盲目地将所有沾边的信息技术统统搬入课堂,这反而容易造成学生抓不住重点,最

终一项也没学习透彻。其次，高校应按课程难易程度和知识的重要性，按从易到难、从基础到提升延展的顺序逐年进行安排设计，从而让有进阶梯度又有一些联系的课程安排更容易让学生吸收。另外，还要将注意理论与实践课程相结合，校内课堂学习和校外企业学习相结合，尽量做到两节理论一节实践的课程比例，以有助于学生即将所学知识运用于实践操作中去熟悉领悟。

另一方面，首先，高校数智化会计培养课程体系的构建不是一次性完成的，需要不断进行优化升级，特别是涉及相关会计信息技术的课程，需要紧跟时代脚步，加强与业界的交流与沟通，掌握业界最新的数智化会计进程。同时多进行尝试创新，研究如何将新兴技术更好地与会计行业需求相结合，以提高会计工作的效率和质量。其次，校方还需有意识地提升校内教学设备，特别是智能财务课堂设施系统，以便于相关课程得以开展。最后，高校可以对课程体系的安排合理度和教学效度进行科学严谨的评估。可以引入一套会计课程有效性的程评估体系和大数据分析工具，对各相关要素设置权重比例，邀请所有会计学生及教师来参与问卷调查进行打分，并加入第三方视角如各课程考试成绩、学术科研成果、实践表现情况等客观结果来进行综合评估考察，以考核评估来反促课程体系的优化，以确保会计专业人才培养方案的科学性和有效性。

（四）优化师资综合能力，避免会计数智分离

会计数智化的课程模式切不可简单分割来展开，会计与数智两者是合二为一、不可分离的关系，因此，高校在进行课程安排时，在教学内容上要将两者紧密融合，或许各项数智信息技术在各行各业都有不同的结合方式和各自的用途，但如今在我们成渝双城经济圈的背景下，在两地高校会计数智化的课堂上，其存在的意义就是教授是为了更好地与会计工作相结合，服务于会计工作，提升企业会计效率，促进企业经济高质量发展，推动成渝双城经济圈的建设。

从源头上来看，要坚决避免出现会计专业教师只懂会计的情况，在课程设计改革的同时要优化提升师资队伍，提升教师数智化技术能力。相较于沿海地区，成渝所在的中西部地区高校的人才引入政策出台较晚，对高质量人才的吸引力较弱，因此，两地高校的会计专业要发展，还需要大力做好人才引进工作，提高外地人才来川渝的安家补贴，为两地汇入新鲜流动的血脉。例如，跨学科引入会计教师人才，选择既有会计教学背景，又有信息技术、数据分析等专业背景的人才来为数智化课程的改革提供有力保障。

（五）改革考试形式和内容，促进教学目标的达成

"期末考试"之所以存在就是为了检测考查学生在这个学期对这门课程的学习掌握情况，也是教师用以评估检验课程目标的达成情况，因此课程的考试形式和内容都应与本门课程最初的教学目标相一致。在以教授数智技术为主的课程中，考试内容应以该项技术在会计工作中的操作为主。例如，在"智能财务共享服务"课程中，高校上课模式普遍是购入一套智能财务共享服务系统，如新道 VBSE，借助校内计算机教室来进行授课，教师可以一边进行操作演练，一边进行讲解，学生们可以通过面前的电脑，清晰观察到每一步该如何操作。教师在讲授完每一步后就停下来，让学生以小组为单位进行及时模拟，以便更好地吸收知识。这种课程的期末考试如果还是采用传统的纸质形式的闭卷考试形式，问一些关于系统的基础理论概念及意义或要求进行一些文字化的操作描述，对学生所学系统的理解度流程板块操作的熟练度和不同企业数据情况的处理分析能力得不到充分的考察。因此，高校应深化改革课程期末考试的模式，结合自身教学设施情况、学分和课时设置情况、课程技术难易程度、课堂参与人数以及课程教学目标等，研究决定期末考试如何展开，可以按小组进行给定模拟公司数据的全过程实操演练，也可以按个人进行不同流程不同业务活动模拟操作；可以取消期末考试成绩完全由每一次课堂小练习成绩来综合计算，也可以是平时课堂成绩与期末考查成绩按不同比例的折合。

（六）加强高校会计间联系，加深成渝一体化程度

成渝两地一体化发展对两地高等教育的发展具有诸多优势，如两地交通方式的加速升级缩短了两地的往返时间，有助于两地学者相互走访调查，加强了彼此沟通与信息互换。从会计领域来看，两地互认会计职称、通办部分纳税业务，共同建立会计高端人才培养项目等都说明了未来高校的会计专业人才培养更要紧密联系在一起，注重两地的资源共享，共同打造更多的会计合作项目，实现"1+1>2"的飞跃。

首先，"成渝地区双城经济圈高校联盟"内的高校要充分发挥联盟内的优势，享受联盟内的便利，如联盟内教师可互聘互用，学生可跨校培养。因此，联盟内的高校可以更好地发挥优势互补效应，实现资源优化合理分配，以会计专业发展较好的高校来带动相对较靠后的高校，实现联盟整体会计实力的提升。同时，就像"成渝地区双城经济圈马克思主义学院发展联盟""成渝地区双城经济圈高校外语联盟""成渝地区双城经济圈高校就业创业联盟"等一样可以在已成立的"成渝高校联盟"组织之下成立"成渝地区双城经济圈高校会计联盟"，邀

请所有开设会计专业的学校加入进来，扩大高校之间的交流范围，不局限于某一两所高校会计学院之间的交流。其次，丰富两地高校教育合作形式和内容。如通过学科联合建设、人才联合培养、教师和管理人员联合培养、共建共享技术研发平台、共同申报国家重大科研项目、多开展相关主题交流会、线上线下论坛、征文活动等形式，进一步推进深度合作。

五、结语

在当前成渝双城经济圈的建设背景下，推动两地高等教育一体化发展，加快高校会计人才数智化培养模式变革成为大势所趋。社会对会计人才的需求不再是只用熟悉账务处理的单一会计专员，而是懂技术、握信息、会分析的全方面复合型人才。所以高等院校需要及时判断掌握新环境下社会对会计人才职业能力要求的变化，构建满足社会需求的会计人才能力框架，从而为社会输送优秀人才。

参考文献

[1] 林亚囡. 本科高校数智化会计人才培养模式研究[J]. 商业会计，2021（24）.

[2] 蒋华林. 推动成渝地区双城经济圈高等教育一体化发展的思考[J]. 重庆高教研究，2020，8（4）.

[3] 毛雪黎. 财务共享服务模式下的管理会计人才培养[J]. 商业会计，2017（24）.

[4] 贾秀险，戚务念. 成渝地区双城经济圈高等教育系统构建：基础与路径[J]. 重庆高教研究，2020（5）.

[5] 王成端，叶怀凡，程碧英. 高等教育资源共建共享——基于成渝经济区现状的考察及思考[J]. 中国高教研究，2017（2）.

[6] 谷增军. 数智化环境下会计人才培养模式研究[J]. 新会计，2021（11）.

[7] 李彩凤，李晓明，陈志轩，等. 大数据财务分析融合数智化复合型财会人才培养研究[J]. 中国管理信息化，2022，25（3）.

[8] 马靖昊. 数智时代财会人才培养的变与不变[J]. 新理财，2021（9）.

[9] 陶慧芳. 数智化时代会计教学变革与创新[J]. 营销界，2020（47）.

供给侧结构性改革视角下高质量会计人才培养路径初探

◎ 唐嘉尉

一、引言

马克思曾说过:"经济越发展,会计越重要。"随着社会经济的不断发展与进步,会计职位的重要性愈发凸显,会计的工作不再仅仅停留在传统的记账做账上,而是逐渐发展成为各类组织机构日常经济管理工作的重要组成部分。尤其是在现代企业两权分离的情况下,会计所提供的信息不仅是企业管理者日常经营管理的重要工具,也是企业所有者考察管理者是否有效履行受托经济责任的重要依据。伴随着会计重要性的凸显,会计人才的需求也日益迫切。而高校是会计人才培养的基地和摇篮,会计人才的培养离不开高校,更离不开会计学课程的设置和教授。那么,如何设置会计学课程以及如何进行高质量的课堂讲授是培养高水平会计才人面临的重要问题之一。2015年习近平总书记首次提出了"供给侧结构性改革"的相关概念和要求。供给侧结构性改革旨在提高供给方质量,以高质量供给来拉动需求,从而推进经济社会全面高质量发展。教育行业亦是如此,教育行业的供给侧改革旨在提高办学质量,提供高质量的教育服务,以满足经济社会发展对各类教育服务的需求。高校作为教育体系的重要组成部分,努力提高高等教育的质量也是服务供给侧改革重大战略方针的必然要求。基于此,本文在供给侧结构性改革的背景之下,基于供给方就高质量会计人才培养路径进行初探,以期为高质量会计人才培养的理论和实践工作提供一定参考,并助力教育行业的供给侧结构性改革以及经济社会的高质量发展。

二、供给侧视角下会计学专业人才培养的现状及问题分析

(一)会计专业课程设置存在不足

现阶段,在各财经高校中,会计学一般都归属于会计学院,而在非财经高校中,会计学更多的是与财务管理和审计学等相关专业一起合并在工商管理学

院或者经济与管理学院等,并无单独的会计学院。合并设置学院的情况下,对会计学专业的专业课程设置存在不足,大量学时用于经济类或者管理类课程,容易忽略对会计学专业课程的安排。此外,会计学和财务管理以及审计学的培养方案和课程设置存在雷同的现象,三者之间缺乏区分,对自身的特色和定位不够精准,且并没有专门针对某一类专业开设单独的课程体系或培养方案。对学生而言,读取上述3个专业似乎并无差异,在课程设置和人才培养方案中大同小异,以致学生对自身所学专业产生混淆,对必要专业技能的获取也较模糊。除此之外,较多高校在课程学期安排和搭配上存在不合理之处。如较多高校将专业课设置在大一,学生大一所需要学习的课程偏多,导致专业课学习的时间不够,基础不牢,掌握得不够全面深入;再如将部分应当在高年级开设的课程放到低年级开设,导致学生学习时缺乏必要的基础知识,不知所云,进而影响课程知识和技能的获取。这些问题的存在都对高质量会计人才培养产生了不利影响。

(二)会计教学存在重理论轻实务的现象

会计是一门应用型学科,非常强调实践和经验,在会计实践工作中,会计人员不仅要掌握会计理论的相关基础知识,还需要拥有较高的实践应用能力,才能满足日益变化的工作和实践需求。但目前,高校针对会计专业开设的课程多为理论课程,更多的是教授学生一些会计的基本理论和基本知识,较少地将具体的实务带入课堂进行讲授。而且,随着财会专业的发展,越来越多的高校开设财会专业,财会专业的学生也越来越多,但学生专业实习资源实则非常有限,尤其是非财经类高校,缺乏固定的实习基地,存在"僧多粥少"的现象,学生进行工作实习和实践的机会异常难得。而且由于财会工作的特殊性,现有实习多形式化,学生实习也多处于"打杂"的基本层面,难以深入具体的实务之中,学生也就无法对会计工作实践中各环节、流程的操作和处理方式有清晰、深入的了解和认识。最终导致学生毕业后短时间内难以跟上具体的会计工作,角色转变困难,更有甚者,会计学生流入非财会类岗位,造成大面积的会计人才流失和缺口。

(三)会计教学缺乏对会计职业道德的培养

职业道德教育和培养是任何行业都需要引起重视的部分,对财会审人员而言,更为重要。当今社会,财务造假、财务舞弊、审计失败、审计人员与被审单位合谋等财会界丑闻层出不穷,这便是对相关工作人员职业道德培养的缺失所造成的。而本身来看，对会计人员职业道德的培养也在高校会计人才培养中占据非常重要的地位，是高质量会计人才不可或缺的重要组成部分。目前，我国已建立了会计诚信档案与会计黑名单制度，并将会计职业道德教育纳入会计人员继续教育的必修课，同时，会计人员的职业道德情况也将成为其职业晋升和选拔的重要依据之一。但是，在具体的实践工作中，仍旧缺乏对财会人员职业道德进行监督和规范的体系、法律法规。并且，我国对财务造假和审计失败等相关问题的惩罚、处罚相对较轻，缺乏外力的制约，对会计人员而言，更多的还是靠自身职业道德对其自身的行为进行约束。而现阶段，在各大高校的会计专业学生的教育和教学中，专业的职业道德教育非常稀缺，很多高校更是缺乏单独的审计职业道德课程，这不利于学生形成健康的职业态度和良好的道德意识，对整个财会行业来说，也不利于行业人才的可持续和健康发展。

三、供给侧视角下会计学专业人才培养的路径探讨

（一）优化会计相关课程体系

高校作为会计人才培养的主力军，应当以向社会培养优秀的会计人才为己任。那么，高校首先就需要深入社会实践了解会计工作对会计人员的具体要求和建议，同时还应加强与企业、会计师事务所和各类需求单位的沟通与合作，充分吸收相关部门的建议，更有针对地对校内会计课程建设进行修正和完善。其次，要针对社会实践需求，进一步优化会计学课程体系，完善人才培养方案。在现有基础上增加一些财会的专业课程，新开设一些大数据和计算机类关联课程，以满足新时代会计行业发展的需要。此外，在会计教学上，也应在传统的理论教学模式基础之上，适当增加和补充一些财会类的案例教学，或适时聘请实务界专家进入课堂进行实务案例教学，让会计专业的学生对具体实务有更充分的认识和感官。

（二）强化会计相关实践锻炼

会计专业与其他专业的重大区别在于其是一门更偏应用的学科。但现阶段高校对会计专业学生的培养更多的还是停留在理论上，缺乏应用实践的指导。因此，在供给侧改革以及高质量发展的现实背景下，要想更好地为社会输送会计人才，在会计教育教学中，应当注重理论联系实践、理论指导实践，将审会计相关实践植根于会计理论，从而让学生能更全面地掌握会计相关技能。具体来看，首先，应当在课堂教学中增加一些与实践紧密相关的实践教学，如开设

会计工作相关的虚拟仿真平台，模拟会计实践工作的各个环节，让学生在课堂中就能充分了解会计工作的流程；其次，还应当加强高校与校外实习基地的联系和合作，尤其是企业、政府机关、事业单位以及会计师事务所等大量从事财会业务的机关单位，为学生提供更多的实习岗位，让学生将课堂所学知识运用到具体的会计实践工作之中。

（三）深化会计相关职业道德教育

高校对于会计人才的培养应当以"育人为本、德育为先"为准则，将会计人员的职业道德教育始终放在会计人才培养和队伍建设的首要位置。引导学生实事求是，加强对学生的价值引领，用社会主义核心价值观和中华民族优秀的传统文化观念指引学生开拓思想转、变观念，以适应时代对会计人才的基本要求，从根本上提高会计人才质量，实现会计行业的供给侧改革。因此，高校应当提倡在课堂教学中补充和增加职业道德教育，从根本上改变学生的思维观念，树立起正确的职业道德观。具体来看，可以单独开设会计职业道德教育的专题课程，将会计实践工作中对职业道德的规定和要求进行汇总，形成单独的专题课程，以增加学生的职业道德教育。

参考文献

[1] 史建军. 对应用型本科会计实践教学改革的思考[J]. 时代金融，2018（11）.

[2] 查慧园，杨柳，蒋冰清. "能力本位"导向的大学本科会计专业教学问题分析[J]. 金融教育研究，2014（5）.

[3] 牛胜芹. 供给侧改革下高校会计人才培养问题[J]. 教育教学论坛，2017（46）.

[4] 王美怡，李广. 供给侧改革视角下高校会计人才培养问题的研究[J]. 金融经济，2017（12）.

[5] 石璟. 互联网背景下会计实践教学问题探究[J]. 中国国际财经，2018（9）.

[6] 刘慧凤，姜苏娱. 我国会计教育研究文献述评——基于比较研究视角[J]. 会计研究，2015（6）.

[7] 邢永梅，刘新文. 供给侧改革背景下会计教育的转型发展[J]. 钦州学院学报，2017，32（2）.

[8] 王卫星，王爽，佟金萍. 会计人才培养的思维解析[J]. 财务与会计，2017（4）.

[9] 熊焰韧. 新常态下中国企业需要什么样的管理会计人才[J]. 会计研究，2016（12）.

[10] 支磊. 基于供给侧改革的地方高校会计专业转型发展的思考[J]. 才智，2016（8）.

[11] 曹慧，陈丽芹. 供给侧改革下的高校会计人才培养问题研究[J]. 高教学刊，2016（20）.

[12] 黄珍文. 会计类课程"过程化考核"的实践与思考——以初级财务会计课程为例[J]. 黑龙江教育（高教研究与评估），2016（9）.

"一带一路"背景下审计硕士的国际化建设：需求、现状与路径

◎ 周宇杰　郭敏

审计在跨国贸易中起着经济监督检查、客观评价的作用。面对共建"一带一路"国家和地区的多元经济、政治、文化环境，高等院校作为国家输出人才的培养基地，应该讨论出如何培养具有国际化视野、理性思维和较高通识能力的复合型审计人才，推动共建"一带一路"国家与地区之间的经济文化建设，为"一带一路"倡议输出高素质、国际化审计人才。

一、"一带一路"背景下审计人才培养的特殊性

（一）语言多样性

尽管大部分审计专业硕士（Maud）已经达到英语4级或6级水平，具备相对流畅的读写水平，但由于外交语言词汇量和专业词汇量较低，因此大多数Maud在进行项目交流时存在口语表达弱的问题。但在审计项目进行交流和最终撰写审计报告时，需要审计人员精确掌握专业词汇的正确使用方式，第一时间找到最合适的外语表达。就目前审计专业硕士的英文听说读写的水平来看，大多数审计专业硕士不能达到双边或者多边审计交流的基本需求，以致影响双方的项目对接以及最终审计的结果。

而且，"一带一路"倡议横跨亚非欧大洋洲，有着各自的官方语言，涵盖九大语系，如南亚使用英语，东南亚使用中文，西亚采用阿拉伯语，部分中亚、中东国家使用俄语。虽然可以使用英语、西班牙语等国际通用语言，但是由于"一带一路"倡议涵盖的国家或地区有部分经济欠发达国家或地区，没有普及英语教育。语言作为国际化审计人才的必备条件，小语种对于审计人才的培养提出了更高的要求。

（二）宗教、文化差异

共建"一带一路"国家和地区的国情、域情各异，宗教信仰也各不相同。西亚、中亚和少数东南亚国家（如巴基斯坦、马尔代夫等）信仰伊斯兰教，大

多数东南亚国家（如泰国、斯里兰卡等）信仰佛教，东欧、中东欧和少数东南亚国家信仰基督教、天主教。宗教传统通过宗教规范潜移默化地影响个体，并通过个人的判断和态度影响组织的行为。因此不同的宗教信仰和文化氛围会对审计行为、审计结果造成不同程度的影响。审计项目无法由一个人独立完成，需要审计组成员具备良好的沟通能力，能与当地的工作人员协调合作。而获取这项能力的关键在于是否了解各地的风俗习惯、宗教文化和伦理道德。因此，通识能力就显得尤为重要。

（三）审计模式差异

"一带一路"是一种跨地区、跨民族、跨文化的全面融合模式，由于各国政治体制、宗教文化、经济环境的差异，各国的审计类型、审计准则、审计结果公告制度都不尽相同。俄罗斯、印度等48个国家的审计类型为立法形式，中国、巴基斯坦、匈牙利、捷克等11个国家的审计类型为行政形式，孟加拉、斯里兰卡、卡塔尔等4个国家的审计类型为独立形式，叙利亚、土耳其2个国家的审计类型为司法形式。

虽然国际会计师联合会制定了国际审计准则进行规范，但是由于历史传统、经济、政治等原因，部分国家和地区难以严格按照准则执行。共建"一带一路"国家或地区的部分国家法律要求必须使用国际审计准则，如马耳顿、罗马尼亚等；部分国家虽未明文规定使用国际审计准则，但国内普遍使用该准则，如新加坡、文莱等；部分国家或地区制定的准则即为国际审计准则，如中国、匈牙利等。因此，熟悉共建"一带一路"国家或地区的审计准则差异是培养成熟的国际化审计人才的重要基础。

由于各国的审计类型和适用准则不尽相同，所以各国审计结果公告制度也不同。比如，中国、俄罗斯是以行政模式作为审计结果公告制度的，利用行政手段推动审计工作开展；意大利、希腊的审计公告制度是司法模式，审计法院管理审计公告工作；德国和印度是独立模式，审计机关向议会提交审计报告，然后在公开刊物上发表。

二、Maud人才培养中的问题

财会专业一直以来都是硕士报考的热门专业，Maud初试门槛较低、不考专业课，从开设学位以来，报考Maud的考生一直呈现井喷式的增长。但是在招生规模扩大的同时，Maud的培养机制似乎还存在课程设置、教学方式等多方面的问题。

（一）缺乏实践教学，与学术型硕士培养无区分

目前，培养审计硕士的绝大多数导师都是学术型导师，他们长期从事教学研究，有着丰富的理论知识和教学经验，但是并没有太多与实务接触的机会，因此缺乏实践经验。而且，目前跨国企业审计案例的教学资源相对匮乏，学生无法获取优质的国际化教学资源，也不利于学生提升案例分析和实践能力。

大多数高校实行双导师制，聘请有着丰富实践经验的实务界人士，如资深注册会计师、财务总监、财务分析师、核心期刊编辑等，作为审计专业硕士的事业导师，主要负责指导审计硕士实地调研和撰写企业调研与诊断报告等，侧重指导学生提高实务操作能力。但从实际情况上看，由于工作时间及精力等问题，事业导师对于审计硕士的教学难以全情投入，以致学生与导师的联系并不紧密，学生难以得到导师的实质性指导。由此看来，专业硕士与学术型硕士的培养并无较大区别。

（二）师资力量不足，缺乏国际化教材

截止到目前，开设审计专业硕士学位的学校只有48家，其中有13家都是2018年新增院校。因此，高校负责审计人才培养的教师并不多，而且大多都倾向国内环境下的审计。在"一带一路"倡议背景下，要求教师在掌握我国审计相关理论知识的同时，还要了解共建国家的文化背景、法律法规、会计和审计体系，具有国际化视野，在审计准则国际趋同方面也要有自己的见解和认识，具备以上条件的教师更是凤毛麟角。

审计专业硕士缺乏国际化对口的专业课程教材，阅读外文文献的能力有限，无法第一时间获取共建国家和地区的最新研究消息。"一带一路"倡议迅速，审计准则变更频繁，再加上教材编写需要较长周期，教材变更时间滞后于实际情况。因此，难以形成国际化人才培养体系。

三、Maud 国际化人才培养研究

（一）增强 Maud 国际化师资力量，政校企联合编写教材

"一带一路"背景下的Maud人才，不仅要具备在国内适用的专业理论功底，更要将会计、审计、税法等知识向国际化方向延伸，比对学习共建国家的会计、审计理论，甚至在审计准则国际趋同方面也要有自己的见解和认识。根据人才培养目标，对Maud的师资队伍也提出了要求，一方面应该具有共建"一带一路"国家审计、会计体系知识背景和国际化视野；另一方面也需要熟悉国内环境，

可以通过引进共建国家优秀教师，输送教师到共建国家交流学习，也可以邀请客座教授访问等方式提升教师的数量与质量。教学要达到预期效果，除了教师质量与数量需要保障，还需要教师教学能力评价机制，衡量教师对审计人才培养的贡献，优化教师的教学方式。

共建"一带一路"国家和地区的审计准则，面对环境各异的经济文化环境，需要校政企合作讨论。在"一带一路"背景下，Maud人才培养的专业课程设置和符合实际的专业教材，避免与实际情况不符的现象。

（二）培养国际化通识能力

在多元化的国际社会中，通识能力就是跨民族交流的价值观桥梁。熟练掌握当地语言当然是迅速融入社会的重要能力。因此，学院应该联合外语学院，开设小语种课程，或者使用互联网教学平台学习各类语言，如中国大学慕课、网易公开课等。

（三）加强共建国家学习往来，搭建互动学习平台

作为"一带一路"的倡议国，我国应该积极主动与共建国家共同建设审计人才培养平台。一是建设共建国家的审计学习平台，建立跨区域、跨类型的大学联盟，相互分享教学资源，取长补短，加强学术研究，邀请共建国家从事审计工作或审计教育的专家来校开设专题讲座；二是设立审计专业留学生交换项目，派遣留学生到共建国家体验语言、宗教、民族文化，提升社会适应能力和文化融合能力；三是和企业建立合作，在共建国家设立实践示范基地，输送学生到共建国家实习，派遣教师实地考察调研。

参考文献

[1] 康旭华，王丽媛，丁娟．"一带一路"沿线国家间政府审计协同问题研究[J]．财会通讯，2019（16）．

[2] 仲杨梅，沈磊．需求环境变革下的高校审计人才培养研究[J]．财会通讯，2017（28）．

[3] 卢峰．"一带一路"战略下项目审计人才外交语言能力培养研究[J]．纳税，2019，13（14）．

[4] 廉芬芬．基于市场化进程的宗教传统对分所审计质量的影响研究[D]．长沙：湖南大学，2018．

[5] 张海兰,邢伟平.高校会计专业教学模式构建探讨——基于会计国际化背景下能力培养的思考[J].财会通讯,2013(28).

[6] 李雄平,李迪心,邢彪."一带一路"背景下我国会计高等教育的发展方向[J].财务与会计,2019(1).

[7] 商思争."一带一路"沿线各国会计协调策略分析[J].财会月刊,2018(23).

[8] 兰飞,蒋园园.财会专业国际化人才培养体系的构建[J].财会月刊,2016(15).

[9] 杨宝,甘孜露.服务"一带一路"倡议的输出型MPAcc人才能力框架构建及培养路径[J].商业会计,2018(13).

基于学生满意度的会计学线上课程教学研究

◎ 刘胜强 齐晨星 曾昭玥

一、引言

2019年年底,突如其来的新冠疫情,给我国各项事业的正常运行带来了极大的阻碍,尤其是各高校的教学事业,陷入了半停滞状态,而偏向理论与实务相结合的会计学类课程更是受到了沉重的打击。在此特殊情况下,为响应教育部提出的"停课不停学"的倡议,高校采用的线上教学模式成了应对疫情常态化下最为稳妥的方式。而进入后疫情时代,线上教学更是成为常态化的举措。线上教学通过整合教育资源,突破时空界限,其回放功能更是有助于学生及时巩固知识,查漏补缺。但是线上教学不可避免地存在弊端,即教师对学生课堂参与度不易把握,师生互动性存在障碍。而学生对于高校会计学线上课程的满意度不仅是会计学在线教育质量的重要衡量标准之一,也是各大高校在线教育的重要组成部分,因此提升学生满意度成为提高教学质量的重中之重。

二、会计学线上课程学生满意度分析

为了了解会计学线上课程的学生满意度及存在的问题,本文采取调查问卷的方式展开研究,根据已有的研究以及专家指导编制了20个问题项,拟选择重庆市5所高校会计学专业学生发放问卷。预测试问卷设置为50份,正式问卷为500份。该问卷基于学习者视角设计,内容包括教师、平台、考试和收获4个部分。

(一)对教师满意度情况分析

教师的专业水平需要通过教学质量来体现,而最为直观的就是来自课堂的授课质量,线上课程有别于传统的线下课程,特别是对于一些老教师,线下教

基金项目:本文得到重庆工商大学校级教改课题"《会计学》在线课程中师生交互对学习者满意度的影响研究"(2020201),研究生教改课题"会计专业硕士(MPAcc)'内涵式'培养模式改革与实践——以重庆工商大学为例"(2017YJG0110)资助。

学经验丰富但线上课程对于他们来说却是一个全新的体验，尤其是年龄较大的老教授。而教师的信息素养在线上课程尤为重要，它关系着学生的上课体验以及满意度评分。若遇到突发状况，学生学习状态被打断以后可能会出现注意力分散问题，使学习效果大打折扣，而且课堂氛围也会被大大降低。根据回收问卷分析，30%的学生对于教师的在线教学设计不满意，不同于传统课堂师生互动和生生互动，线上课程中学生将更多的注意力投入教师的课程设计中，这也要求教师要加深对在线教育的认识以及探究在线教学的规律，有针对性地组织教学活动，创新形式，充分调动镜头前的学生积极思考，从而达到教学目标。

（二）对平台满意度情况分析

高校选择一款全面、灵活、高效的学习平台能够在组织各类教学活动、开展课程考核，以及实时反馈教学结果等各方面取得优异成绩。一款好的学习平台必须具备设计简单、功能丰富、画质清晰、网络流畅等特点。通过回收问卷分析，仅有22%、23%的学生用户对平台设计和平台功能感到满意，虽然他们普遍认为当前的学习平台易于操作且对于环境无过多的要求，但是仍表示平台的设计和功能有提升的空间。对于画面清晰度的满意程度远低于其他维度，视频卡顿和不清晰影响上课质量，学生在断断续续的听课中极易失去耐性，无法保持专注力，听课效果可想而知。

（三）对考试满意度情况分析

考核是对一门课程最终掌握情况的测试，也是检验教师授课成果的最直观的证据。传统的会计学课程均是试卷考试或者结合实操进行，但是在疫情期间，视频考试、线上抽查、考勤等方式也随之出现。对回收问卷进行分析，试卷考试仍是大多数人适应的一种方式，但是线上监考的难度远大于传统线下考试，教师在突发状况下往往会顾此失彼。由于无法避免作弊行为，助长了作弊者的气焰，同时也使真正用功、刻苦的学生心寒。采用线上授课的形式，对于平时成绩，教师只能依靠考勤，而考勤可以通过一些技术手段来解决。

（四）对收获满意度情况分析

线上教学时，教师与学生拥有物理空间距离，学生的主体意识更加强烈，主体地位更加明显，需要提升自主学习能力。这是学生学习能力中非常重要的一种，约有50%的学生对于"自主学习"表现不够满意，"自我管理"能力主要通过培养自身的规律和自律来实现，对于学生自身的素质要求较高。回收问卷表明，自我管理能力的满意程度比自主学习低。自我管理不仅简单体现在学习上，其主要通过健康、熟练、行动和认知4个方面来体现。健康是指拥有良好的身体和心理素质。熟练是指对一项技能不断巩固和练习，学习会计学课程原理就是简单的两句话，但是涉及的实务种类繁多，唯有勤学苦练，才能在处理各种情况时游刃有余。行动是指坚持把事情做完、做好。及时对于行动而言尤为重要。"拖延症"是当代大学生普遍存在的问题，未到截止日期都可以先"放一放"，而真正需要时只能不追求质量勉强交差。

三、会计学线上课程存在的主要问题

本部分从上文的4个维度去深入分析造成会计学线上课程学生满意度低的原因，在分析影响的基础上为提高高校会计学线上课程学生满意度建言献策，从而提高高校教学质量，培养优秀的会计学高层次人才。

（一）教师未能适应线上模式

疫情来临前，各高校会计学专业设置普遍采取线下面对面授课的方式，聘用的教师多是领域内深耕的教授和拥有多年教学经验的老教师，他们甚至可以不备课就可以执笔上讲台。但是线上模式的开启彻底改变了此状况，讲求双向互动和选择，资源的整合使学生可以自由地选择授课教师。传统模式下的教学设计已然不能满足新形势下学生的需求，教师只有不断改变教学观念，与时俱进，才能为学生提供更加优质的课程和更加生动的讲解。

当前部分学生对于会计学线上课程持不满的态度，主要集中在以下几点：课堂没有温度，教师照本宣科，对着摄像头面无表情地讲课，学生觉得索然无味；教师使用线上平台不熟练，受周围环境的干扰，影响学生认真听课；缺乏探索适合会计学课程的输出方式，应创新授课形式以形成自身的授课风格和特色。

（二）学习平台有待完善

各类学习平台如雨后春笋般出现在大众视野中，更新换代快成为这一类产品的突出特点，但是也导致了上文提到学习平台设计不够简洁以及功能不够齐全的问题出现，追求快速势必要牺牲用户体验，另外长久打磨一款产品也需要时间和市场等待。由于国内学习在线平台的发展时间较短，处于摸索和成长阶段，许多用户的关切不能及时得到解决也未提供反馈功能，如针对学生普遍关

注的视频清晰度以及卡顿现象等，这些都是学习平台在未来需要通过技术改进来解决的。

（三）考核办法缺乏合理性

教学评价是教学活动中不可或缺的一个环节，是对教师授课质量的检验以及学生吸收效果的评价。构建系统的在线教学考核体系成为合理评价学生线上课程的保障，平时成绩由出勤、课堂活跃度、师生互动等内容构成，这些内容在线下课程中均可以直观地感受，但是线上课程教师无法在视频的一头对学生课程内容掌握程度进行充分的了解，即使是签了到也并不能肯定是本人参与，因此亟须创新评价方式和手段以获取学生真实学业成绩。

（四）学生学习收获不够理想

学习收获主要体现在 3 个方面：知识层面、能力层面以及价值观层面。通过会计学线上课程的学习，学生从中学习到了什么知识，在实际操作中灵活使用已学知识，在其他相关课程学习中能否迁移知识，这些都是学生在知识层面需要达到的要求，但是能做到以上几点的学生凤毛麟角；能力层面包含上文中提及的自主学习和自我管理能力，大多数学生对于这两种能力自我满意程度不高，但是也无法下定决心改变错误的观念和坚持正确的行为，有些虽然意识到了，但是因为行动太考验自律而选择放弃，最终这两种能力仍未有所提升；价值观层面，学生大多未经世事，未遭受过社会的考验，虽然拥有受成长环境影响的价值观念，但是脆弱易被动摇，教师的价值观是起引导作用的，若教师的价值观呈现一个负面的状态，无法向学生传述自强不息、积极向上的精神内涵，不利于实现学生全面发展的目标。

四、会计学线上课程满意度提升对策

（一）转变教师角色

教师要改变传统的观念，有针对性地设计线上课程，根据其特殊性，采用不同的教学策略，设计一套符合学生需求的会计学线上课程，遵循循序渐进的客观规律，尽量做到深入浅出，力求让每一个学生有所收获，有所成长。在会计学线上课程中，教师可以利用丰富的网络资源，结合课程中的案例进行扩展，追踪案例公司的最终走向，也可指导学生正确使用互联网收集所需公司的信息，如企业年报和审计报告等，为学生数据检索能力、资料收集能力打下坚实的基础。但是长期使用电子设备容易导致眼部疲劳，教师应充分考虑学生的接受度，合理安排教学内容和时间，从而避免学生产生厌学情绪。与此同时，信息技术能力薄弱的教师，应该意识到问题的严重性，自觉通过学习和培训提升自身的信息化素养，灵活使用最为普遍的学习平台如微课堂和腾讯会议等。当然，师生互动是弥补空间距离最稳妥的方式，教师通过答疑解惑与学生形成密切的双向沟通，从而保持学生对学习的热情。

（二）加强平台建设

优化学习平台的功能和设计是学生用户最紧急的需求，如课程开始前会提醒学生参与课程活动，监督每一位学生完成课堂练习并且可以通过回测的方式更好地了解自身的学习状态；基于提升学生线上学习的效率，优化在线学习平台的设计势在必行，简洁的界面设计更容易使学生们熟练掌握平台操作，为保质保量完成学习内容打下良好的基础。当然，保持网络的畅通无阻和性能稳定是线上教学必不可少的条件之一。只有实现了这一点，线上课程才能最大限度地发挥其自身的优势。

（三）规范考核方式

由于线上课程师生存在物理空间距离，因此试卷考试的公正性屡屡受到质疑。但是"云计算"一经问世便解决了这个老大难问题，通过实时监测考试数据以及信息状态，让作弊无所遁形，大大提高了线上考核的公正性和合理性。而且，"云计算"应用贯穿于考试的始终：从随机抽题、多种考试设置、统计分析最后到考试监管，涵盖了方方面面，不错过任何一个细小的环节。例如在线上考试全过程中，一名教师难以应对多名学生，"云计算"通过切换屏幕，教师终端将显示所有学生并且进行记录，摄像头不定时抓拍考试者的人脸进行识别，并录入考试系统中。当然，解决了考试公平性问题，还需要解决的是平时成绩的合理构成，如签到问题，可采用限时签到的方法且不能通过扫描截图完成签到。

（四）增强学生收获

自我管理能力归根到底是自律能力，自我监控能力是定期对学习方案进行检查、评价和反思。在会计学线上课程进行时，要全神贯注，保持注意力高度集中，将教师传授的知识内化于心，并且通过练习的方式外化于行，根据实际情况不断调整自己的学习方案，从而保质保量地完成学习任务。在完成任务的基础上，可以适当奖励自己进行娱乐活动。自我学习能力则需要强大的学习动机，这需要教师进行充分的引导，同时学生也要做好充足的准备，合理规划每日的学习时间。

参考文献

[1] 王冬冬，王怀波，张伟，等. "停课不停学"时期的在线教学研究——基于全国范围内的33240份网络问卷调研[J]. 现代教育技术，2020，30（3）.

[2] 刘隽，范国睿. 高校"课程思政"改革背景下师生互动对于学生自我收获感与满意度的影响机理——基于结构方程模型的实证分析[J]. 现代教育管理，2019（5）.

[3] 马艳云. 新冠疫情下大学生慕课学习研究——基于疫情防控期间与疫情前慕课学习人数的比较[J]. 中国特殊教育，2020（5）.

[4] 涂凌波，王子薇. 空间隔离与知识流动：新冠肺炎疫情时期的线上知识传播研究[J]. 现代出版，2020（3）.

[5] 李政涛. 后疫情时代，基础教育向何处去？[J]. 基础教育，2020，17（3）.

[6] 李莹莹，张宏梅，张海洲. 疫情期间大学生网络学习满意度模型建构与实证检验——基于上海市15所高校的调查[J]. 开放教育研究，2020，26（4）.

[7] 邬大光，李文. 我国高校大规模线上教学的阶段性特征——基于对学生、教师、教务人员问卷调查的实证研究[J]. 华东师范大学学报（教育科学版），2020，38（7）.